O GRANDE EXPERIMENTO

YASCHA MOUNK

O grande experimento
*Por que as democracias diversificadas
fracassam e como podem triunfar*

Tradução
Odorico Leal

Copyright © 2022 by Yascha Mounk

Grafia atualizada segundo o Acordo Ortográfico da Língua Portuguesa de 1990, que entrou em vigor no Brasil em 2009.

Título original
The Great Experiment: Why Diverse Democracies Fall Apart and How They Can Endure

Capa
Thiago Lacaz

Preparação
Débora Donadel

Índice remissivo
Probo Poletti

Revisão
Renata Lopes Del Nero
Carmen T. S. Costa

Dados Internacionais de Catalogação na Publicação (CIP)
(Câmara Brasileira do Livro, SP, Brasil)

Mounk, Yascha
O grande experimento : Por que as democracias diversificadas fracassam e como podem triunfar / Yascha Mounk ; tradução Odorico Leal. — 1ª ed. — São Paulo : Companhia das Letras, 2024.

Título original: The Great Experiment: Why Diverse Democracies Fall Apart and How They Can Endure.
ISBN 978-85-359-3515-8

1. Autoritarismo 2. Ciência política 3. Democracia 4. Política social I. Título.

23-157713	CDD-321.8

Índice para catálogo sistemático:
1. Democracia : Ciência política 321.8
Tábata Alves da Silva – Bibliotecária – CRB-8/9253

Todos os direitos desta edição reservados à
EDITORA SCHWARCZ S.A.
Rua Bandeira Paulista, 702, cj. 32
04532-002 — São Paulo — SP
Telefone: (11) 3707-3500
www.companhiadasletras.com.br
www.blogdacompanhia.com.br
facebook.com/companhiadasletras
instagram.com/companhiadasletras
twitter.com/cialetras

À amizade
(pessoal e cívica)

Sumário

Introdução 9

PARTE I: POR QUE SOCIEDADES DIVERSIFICADAS
FRACASSAM

1. Por que não sabemos conviver? 41
2. Três modos de fracassar das sociedades diversificadas. . 57
3. Como manter a paz 92

PARTE II: O QUE AS DEMOCRACIAS DIVERSIFICADAS
DEVEM VIR A SER

4. Qual deve ser o papel do Estado?. 109
5. O patriotismo pode ser bom?. 132
6. Os muitos devem virar um só?. 154
7. Uma vida genuinamente compartilhada é possível?. . . . 173

PARTE III: COMO AS DEMOCRACIAS DIVERSIFICADAS
PODEM TRIUNFAR

8. Razões para otimismo 204
9. Demografia não é destino 235
10. Boas políticas públicas 257

Conclusão 286

Agradecimentos 297
Notas 303
Índice remissivo 373

Introdução

Um minuto antes da entrevista, percebi o quão nervoso eu estava.

O alemão é minha língua materna. Mas, como fiz graduação na Inglaterra e pós-graduação nos Estados Unidos, hoje me sinto mais confortável falando sobre política em inglês. Assim, quando me sentei para uma entrevista ao vivo com o *Tagesthemen*,[1] um dos maiores telejornais da Alemanha, tive receio de fazer papel de bobo, expressando-me mal ou parecendo incoerente.

Felizmente, quando a apresentadora me pediu que apresentasse alguns dos principais argumentos do meu último livro — quais, perguntou ela, são as causas para a recente ascensão do populismo autoritário? —, comecei a pegar o jeito. Aos poucos, meus nervos foram se acalmando.

Existe uma raiva generalizada em relação à estagnação econômica, expliquei. Tivemos também a ascensão das redes sociais, que ampliaram o público dos demagogos, disseminando mentiras e incitando o ódio. E há uma terceira razão, bem pertinente em um país ainda às voltas com a recente chegada de milhões de refugiados da África e do Oriente Médio.

"Estamos embarcando em um experimento historicamente único", comentei. "Transformar uma democracia monoétnica e monocultural em uma democracia multiétnica. Pode dar certo. Acho que vai. Mas, claro, isso também provoca muitas perturbações."

Depois da entrevista, fui tomado por uma onda de alívio. Meu alemão, em geral, fluiu bem. Consegui transmitir os argumentos centrais do livro. E, mais importante, não fiz nada constrangedor ou sem sentido. O pior resultado de qualquer entrevista ao vivo — viralizar sem querer — não havia, assim pensei, se materializado.

Segui para a estação com um grande sorriso no rosto. Sem um minuto a perder, peguei o trem para Frankfurt, fiz check-in num hotel de aeroporto e caí num sono profundo.

Só quando conferi meu celular na noite seguinte, depois de um voo de dez horas de volta para os Estados Unidos, descobri que a entrevista havia, sim, viralizado. Minha caixa de entrada transbordava de mensagens raivosas: "Pare de nos dizer como viver!", alguém demandava. "Como se atreve a fazer experimentos com a gente?", perguntava outro. Um terceiro me agradecia: "Obrigado por confessar tudo sobre sua vil conspiração".

Fiquei pasmo com o nível de causticidade das mensagens. Mas me impressionava ainda mais o conteúdo. Que conspiração eu havia revelado? Quem era o alvo dos meus experimentos?

Uma pesquisa na internet logo me respondeu tudo. Poucos minutos depois da minha entrevista, o *Tichys Einblick*, site de extrema direita, postou um artigo insinuando que Angela Merkel e eu andávamos fazendo experimentos com o povo alemão. "Quem concordou com esse experimento?", indagava o autor do artigo.[2]

A partir desse breve post, o ódio à minha suposta confissão havia se espalhado numa velocidade assombrosa. Apresentadores de programas de rádio de extrema direita, youtubers e até políticos eleitos citavam a entrevista como prova das forças nefastas que vinham levando a cabo uma "grande substituição" cujo objetivo era aniquilar a população nativa da Europa.

Por fim, a notícia chegou ao site *The Daily Stormer*, página neonazista americana.[3] Pondo meu nome entre parênteses triplos para indicar que eu era judeu, a manchete alertava os leitores sobre o Experimento Histórico Único de (((Yascha Mounk))).[4] A chamada do artigo invocava a pérfida inscrição presente nos portões do campo de extermínio de Auschwitz — ARBEIT MACHT FREI [O trabalho liberta] — e dizia: "*Diversity Macht Frei* [A diversidade liberta] — O povo hebreu ataca de novo".[5]

Em certo sentido, meus quinze minutos de fama na extrema direita e os cinco minutos de ódio que se seguiram têm por base um evidente mal-entendido. Para dizer o óbvio, Angela Merkel e eu não estamos mancomunados para levar a cabo um experimento grandioso envolvendo o povo alemão. Ninguém está. As mudanças aceleradas na composição étnico-racial e religiosa de vários países ao redor do mundo, da Alemanha à Suécia e da Austrália aos Estados Unidos, não se devem às preferências deliberadas de alguma associação secreta; é a consequência, muitas vezes não intencional, de uma série de decisões que os políticos tomaram por uma variedade de razões econômicas, políticas e humanitárias.

No entanto, não me arrependo de ter usado a palavra "experimento". Pois ainda acredito que, bem entendida, é a palavra que melhor descreve a situação em que se encontra a maioria das democracias desenvolvidas do mundo.

Em sentido estrito, um experimento é um processo conduzido por cientistas que, antes de iniciá-lo, estabelecem conscientemente uma série de parâmetros. De acordo com *The Oxford English Dictionary*, trata-se de "um procedimento científico desenvolvido para chegar a uma descoberta, testar uma hipótese ou demonstrar um fato conhecido".[6] Foi assim que meus críticos interpretaram a alegação de que muitos países embarcaram em um experimento histórico único. Na cabeça deles, onde há um experimento, há alguém conduzindo o experimento — de preferência um judeu com sotaque de origem difícil de ser identificada, filiado a instituições como a Universidade Harvard.[7]

Mas, em outro sentido, um experimento pode ser apenas uma tentativa de fazer com que certo empreendimento importante triunfe em circunstâncias imprevistas ou anômalas. Nas palavras do mesmo dicionário, é "um curso de ação adotado de forma cautelosa, sem certezas quanto ao resultado".[8]

Era esse, claro, o sentido que eu tinha em mente.

No século XVIII, os Pais Fundadores dos Estados Unidos embarcaram em um grande experimento democrático, estabelecendo uma república autônoma em uma época em que empreendimentos semelhantes haviam fracassado terrivelmente em todos os países onde haviam sido testados. Embora não pudessem ter certeza do resultado, eles reconheceram que uma "longa série de abusos" já não deixava alternativa — caso desejassem se manter fiéis a seus ideais.[9]

Hoje, estamos embarcando em um empreendimento igualmente novo. Com poucos precedentes, tropeçamos nesse grande experimento de construção de democracias enormemente diversificadas — democracias que consigam perdurar e, se possível, tratar todos os seus membros de maneira justa.

Esse grande experimento é o empreendimento mais importante da nossa época. Não é uma invenção deliberada de cientistas. E ainda não chegamos a um consenso em relação às regras e instituições que podem ajudá-lo a triunfar. Para piorar, temos perdido de vista nosso objetivo: uma visão do futuro que tanto os membros dos grupos majoritários quanto dos grupos minoritários possam aceitar de bom grado.

O propósito deste livro é delinear a natureza desse experimento, comentar os custos proibitivos que pagaremos caso ele fracasse e oferecer uma visão otimista quanto a suas chances de sucesso.

A DEMOCRACIA DIVERSIFICADA E SEUS DESCONTENTES

É tentador pensar que seria fácil fazer esse grande experimento funcionar.

Da Suécia aos Estados Unidos, os políticos gostam de alegar que "nossa força está na diversidade". Além disso, aqueles que valorizavam as instituições democráticas naturalmente acreditam que, para a preservação da paz entre grupos étnico-raciais ou religiosos diferentes, tais instituições são mais eficientes do que as ditaduras. Sendo assim, construir democracias marcadas pela diversidade deveria ser algo bem simples, correto?

Infelizmente, há duas razões, não raro negligenciadas, que explicam por que democracia e diversidade podem, na verdade, *dificultar* o sucesso das sociedades. Primeiro, o confronto entre grupos identitários diferentes tem sido um dos grandes motores dos conflitos humanos ao longo da história. Para muitas sociedades, a diversidade revelou-se uma pedra no meio do caminho, não uma força. Em segundo lugar, as instituições democráticas podem tanto aliviar quanto exacerbar o desafio da diversidade.

Em muitos casos, governar de acordo com a maioria só serviu para inflamar a violência entre rivais étnico-raciais ou religiosos e para aprofundar a exclusão de minorias.

Para que o grande experimento triunfe, precisamos encarar sem medo os obstáculos no caminho.

Ao olhar moderno, vítimas e perpetradores em alguns dos conflitos mais sangrentos da história pareceriam compartilhar a mesma identidade. Os humanos são perfeitamente capazes de perseguir seus próprios compatriotas e correligionários, de infligir as maiores agruras a pessoas que compartilham da mesma cor de pele e que são membros de sua própria família.

Mas a história de muitos países, da Índia à Indonésia, também demonstra que a diversidade aumenta consideravelmente a possibilidade de conflitos violentos. Em muitos dos crimes mais hediondos da humanidade, identidades "acidentais", herdadas, como raça ou religião, desempenharam um papel decisivo. Das deportações em massa do Império Assírio no século IX a.C. à expulsão dos muçulmanos da Espanha medieval, do Holocausto ao genocídio em Ruanda, a suposta iniquidade ou inferioridade de determinado grupo serviu, mais de uma vez, como pretexto para violência e assassinatos em larga escala.

Ao longo da história, o confronto entre grupos que descendem de ancestrais diferentes ou que cultuam um deus diferente tem sido uma das maiores causas de conflitos violentos, do fracasso de inúmeras nações e mesmo de guerras civis. Esta é a primeira dificuldade das sociedades diversificadas.

Diante disso, pode-se perguntar: certas características essenciais da democracia, como eleições periódicas, podem ajudar a evitar que as sociedades diversificadas caiam nas armadilhas nas quais frequentemente se veem presas?

O registro histórico não dá muitas esperanças. Nas democracias mais celebradas do mundo, os cidadãos orgulhavam-se de sua pureza étnica. De Atenas a Roma, de Veneza a Gênova, as tentativas democráticas pré-modernas restringiram-se a grupos étnicos fechados.

Ao mesmo tempo, os exemplos mais celebrados de sociedades de grande diversidade étnico-racial e religiosa foram, com poucas exceções, impérios ou monarquias. De Bagdá no século IX a Viena no século XIX, os episódios nos quais vários grupos viveram juntos de forma pacífica, influenciando-se culturalmente, ocorreram em períodos históricos em que as pessoas tinham pouco controle sobre seu destino coletivo.

Não é mera coincidência. Como súdito de um rei ou imperador, o número relativo de pessoas em seu próprio grupo não tem impacto direto nas leis que você é obrigado a seguir. Desde que se acredite que o monarca irá tolerar a presença da sua comunidade, pode-se encarar um novo influxo de pessoas pertencentes a um grupo étnico-racial ou religioso diferente com certa equanimidade.

Por outro lado, se você vive numa democracia, o número relativo de pessoas de seu próprio grupo determina diretamente sua capacidade de influenciar os resultados políticos. Enquanto pertencer à maioria, você é o mandachuva. Mas, caso passe subitamente à condição de minoria, por conta da imigração ou de outras formas de transformação demográfica, as leis às quais você está sujeito podem mudar drasticamente. A própria lógica da democracia, com seu imperativo constante de articular uma maioria de eleitores com posições semelhantes, torna tentador aos cidadãos excluir da participação política plena aqueles que são considerados diferentes.

Esta é a segunda dificuldade para as democracias diversificadas. As instituições democráticas muitas vezes tornam mais difícil, não mais fácil, preservar a paz entre grupos identitários em competição.

A diversidade frequentemente leva ao conflito. Instituições democráticas muitas vezes agravam tensões étnico-raciais e religiosas. Assim, para que democracias diversificadas perdurem, ou, mais ainda, prosperem, seria útil poder olhar para trás e refletir sobre uma longa história de esforços em prol da criação de sociedades justas e inclusivas.

Infelizmente, não é este o caso. A maioria das democracias tem uma extensa tradição de exclusão étnica e religiosa, com pouquíssima experiência em como lidar com a imensa variedade de grupos identitários que hoje marca sua realidade.

A maioria das democracias só veio a aceitar os forasteiros de outrora como compatriotas em uma escala considerável nas últimas cinco ou seis décadas. Ao fim da Segunda Guerra Mundial, menos de uma em cada 25 pessoas no Reino Unido havia nascido no exterior.[10] Hoje, conta-se uma para cada sete.[11] Até poucas décadas, a Suécia era um dos países mais homogêneos do mundo. Hoje, um de cada cinco residentes suecos tem raízes estrangeiras.[12] Países como Áustria e Austrália passaram por mudanças igualmente aceleradas.

As razões para essa transformação demográfica variam a depender do lugar. Na Alemanha e na Suíça, havia uma demanda por trabalhadores não especializados — o combustível para o "milagre econômico" desses países nas décadas de 1950 e 1960.[13] Na França e no Reino Unido, a transformação era consequência da imposição, e posterior dissolução, de impérios brutais.[14] Na Dinamarca e na Suécia, leis generosas de asilo desempenharam um papel significativo.[15]

Mas, apesar de importantes diferenças, todos esses países compartilham um aspecto comum: a transformação que atravessaram se deve a consequências imprevistas, não intencionais, de políticas cujos objetivos não correspondiam ao resultado. Nenhum desses países pretendia se transformar numa democracia plural, e, por isso mesmo, nenhum deles jamais desenvolveu um plano coerente para lidar com os principais desafios que viriam a enfrentar.

Uma versão dessa história também vale para a América do Norte.

Como a maioria de seus cidadãos tem raízes em terras distantes, o Canadá e os Estados Unidos jamais poderiam fingir que uma longa história de heranças ou experiências compartilhadas uniam seus compatriotas. Ao contrário da maior parte dos países europeus, ambos se viam, desde a origem, como nações de imigrantes. No entanto, as duas maiores democracias do Novo Mundo foram marcadas, por boa parte de sua existência e a seu próprio modo, pela exclusão étnica, adentrando o grande experimento com pouquíssimas ferramentas apropriadas.

A conexão entre raça e cidadania é particularmente forte nos Estados Unidos. Pelos primeiros noventa anos de república, afro-americanos não tiveram acesso às mais básicas proteções da cidadania: o direito de preservar os frutos de seu próprio trabalho, o direito de escolher onde viver ou de com quem se casar.

Quando a instituição peculiarmente cruel da escravidão foi enfim abolida, em 1865, o país embarcou em um período esperançoso de reinvenção, e os afro-americanos, por um breve período, pareceram conquistar plenos direitos cívicos.[16] Contudo, à medida que as resistências à Reconstrução cresceram, eles se viram mais uma vez subtraídos da participação plena na vida pública da nação.[17] Sob as leis opressivas que tomaram conta do Sul do país pela maior parte dos cem anos seguintes, os negros se viram segregados de seus compatriotas nominais, sem acesso a muitos serviços sociais básicos e impedidos de participar da política eleitoral.

Por boa parte de sua história, os Estados Unidos mostraram-se também menos abertos a imigrantes de fora da Europa — bem menos do que sugere a narrativa tradicional. Na segunda metade do século XIX, quando trabalhadores chineses começaram a chegar à Costa Oeste em número considerável, os políticos da região passaram a se preocupar com o impacto que o influxo dessa "raça estrangeira" teria na composição étnica da população americana.[18] A partir de 1875, uma série de leis foram criadas para impedir que "indesejáveis" imigrantes do Leste Asiático entrassem no país.[19]

Nas primeiras décadas do século XX, quando a proporção de residentes nascidos no estrangeiro bateu recordes, democratas e republicanos concordaram em fechar o cerco ainda mais. Leis aprovadas na década de 1920 limitavam o número total de recém-chegados a 165 mil por ano, impondo restrições adicionais a imigrantes não ocidentais.[20]

Só em 1965 a Lei de Imigração e Nacionalidade começou a remover as pesadas restrições voltadas aos imigrantes de fora do hemisfério ocidental.[21] Mesmo então, políticos de destaque atuaram para garantir que o novo regime não alterasse a composição demográfica do país. Ao assinar a lei, o presidente Lyndon Johnson insistiu que aquela não era "uma lei revolucionária. Ela não afeta a vida de milhões de pessoas. Não remodelará a estrutura do nosso dia a dia".[22]

De início, o número de imigrantes provenientes da Ásia, da África e da América Latina cresceu lentamente. Mas, à medida que a proporção de imigrantes não europeus aumentava, e os novos residentes valiam-se livremente do direito de patrocinar a vinda de familiares para a terra prometida, essa categoria passou a representar a maior porção dos recém-chegados. Durante os anos 2010, de cada cinco imigrantes legalmente admitidos nos Estados Unidos, algo em torno de quatro vinham da Ásia ou da América Latina.[23]

Mesmo nos Estados Unidos, o grande experimento é resultado mais de pressuposições equivocadas sobre o impacto a longo prazo de certas políticas públicas do que um atestado do compromisso moral com os benefícios da diversidade. Nem Woodrow Wilson ou Franklin Delano Roosevelt, nem Lyndon Johnson ou Ronald Reagan decidiram conscientemente deflagrar o grande experimento. Todos apenas tropeçaram nele.

Isso ajuda a explicar muitos dos problemas de que padecem hoje as democracias diversificadas ao redor do mundo.

Muitas democracias juraram, desde sua origem, tratar todos os cidadãos de forma igualitária, independentemente de religião ou etnia, lutando para fazer o grande experimento funcionar. Ainda assim, as histórias que essas mesmas democracias repetem sobre si mesmas dependem de uma homogeneidade ficcional.

Se perguntássemos aos residentes de Estocolmo, Viena ou Tóquio cinco décadas atrás quem pertencia de fato ao país, eles provavelmente dariam a mesma resposta: alguém cujos ancestrais falassem a mesma língua, vivessem no mesmo território, pertencessem ao mesmo grupo étnico e talvez até cultuassem o mesmo deus. Mesmo hoje, muitos desses países impõem dificuldades à prática religiosa ou ao reconhecimento cultural de grupos minoritários, dando pouca importância aos capítulos mais sombrios de seu passado. Em alguns casos, continuam a insistir que um membro "verdadeiro" do país tem de compartilhar a mesma cultura e a mesma raça ou etnia.

Sobretudo em países que sempre se orgulharam de sua coesão cultural, sem receberem um número significativo de imigrantes por muito tempo, essa disposição eleva o risco de uma divisão permanente entre "nativos" e "forasteiros". Em certas partes da Europa e da Ásia Oriental, muitos imigrantes e membros de outros grupos minoritários temem jamais pertencer de fato ao país onde nasceram.

O resultado é que o risco da fragmentação cultural, hoje, é real. Alguns grupos de imigrantes passaram a representar uma subclasse socioeconômica. Nos *banlieues* franceses ou nas *inner cities* americanas, uma pequena parcela da população vem se comprometendo a rejeitar as regras mais básicas de suas sociedades e até mesmo a se envolver em atos de terrorismo doméstico, expressando simpatia por extremistas violentos.

Outras democracias, altamente diversificadas desde a fundação, têm endossado há séculos um esquema muito mais explícito de dominação. Boa parte de sua história consiste em um lento esforço para superar uma hierarquia racial que punha os protestantes anglo-saxões no topo, uma miscelânea diversificada de religiões e etnicidades no meio, e negros e povos indígenas na base.

O sucesso dessa superação não deve ser menosprezado. A diferença espantosa entre os direitos e oportunidades de que gozam hoje os afro-americanos e a situação cinquenta ou cem anos atrás atesta a capacidade de reinvenção até mesmo das democracias mais profundamente problemáticas.

No entanto, a história brutal de dominação continua a lançar sua sombra sobre essas sociedades. Aqueles cujos ancestrais foram subjugados ainda sofrem graves desvantagens socioeconômicas. A desconfiança entre grupos demográficos distintos segue profunda. E, embora esses países tenham há muito aderido à igualdade jurídica para todos os seus cidadãos, os ecos da velha subjugação continuam a reverberar em injustiças chocantes, como os lamentáveis assassinatos de homens negros desarmados perpetrados pela polícia.

A história das sociedades diversificadas é desoladora. E, embora muito tenha melhorado nas últimas décadas, o passado continua a assombrar o presente. Por tudo isso, não surpreende que muitas pessoas hoje se sintam pessimistas quanto às chances de sobrevivência dessas democracias.

A ASCENSÃO DOS PESSIMISTAS

Para passar o tempo antes do começo da partida, os torcedores cantavam. Um homem de cabelo castanho bem curto, voltado para a multidão, entoava: "Lá vai ele, o mosquito, ele te morde na frente e atrás". A multidão batia o pé. "Rápido, pegue um repelente", concluía, sob aplausos estrondosos, "e o mosquito já era."

O homem tomou um bom gole de cerveja e ergueu o braço direito numa saudação fascista. A multidão o imitou sem pestanejar: uma centena de homens e mais ou menos uma dúzia de mulheres retribuíram o gesto.

Uma das poucas pessoas que não ergueram o braço estava ao meu lado. "Hoje em dia tenho de tomar cuidado com as minhas comemorações", explicou Paolo Polidori, italiano de meia-idade, numa camiseta da Marinha, calças cáqui e sapatilhas azuis. "Não quero que façam estardalhaço sobre isso…"

Nascido em Trieste, Polidori desde criança frequenta Curva Furlan, lar dos torcedores mais devotos do time de futebol local. Embora naquele dia não estivesse ali em caráter oficial, Polidori, nos últimos anos, tornou-se um dos homens poderosos dessa cidade de médio porte no nordeste da Itália.

Faz muito tempo que Polidori é líder do grupo majoritário na câmara municipal de Trieste, e recentemente tornou-se vice-prefeito da cidade. Se seu partido — Lega, de extrema direita — vencer as próximas eleições parlamentares, ele talvez assuma responsabilidades mais augustas. "Polidori", disse-me um jornalista local, "é o nome da vez."

Naquela manhã, durante uma conversa no pitoresco Caffè degli Specchi, na praça central da cidade, Polidori repassou uma litania de temas recorrentes da extrema direita — temas que ouvi em viagens a trabalho em vários países, da Polônia ao Brasil. Políticos do mainstream, insistia ele, obedecem secretamente aos desígnios de George Soros. Os governos apoiados por eles escondem os efeitos nocivos das vacinas para elevar os lucros da indústria farmacêutica. E a imigração, especialmente de países muçulmanos, é um perigo terrível para a Itália. É por isso que seu partido, resistindo com orgulho à sociedade multiétnica, é a única força política que pode salvar o país.

O jogo finalmente teve início no estádio. Quando o goleiro do time adversário bateu o tiro de meta, a multidão começou a imitar sons de macaco. "Não tem problema, ele é branco", Polidori me disse, com um sorriso malicioso nos lábios. "Um pequeno paradoxo..."

Em muitas democracias desenvolvidas, o pessimismo em relação ao grande experimento é agora a grande característica de parte da direita. Como Polidori, os racistas e demagogos do mundo compartilham um mesmo credo: o sucesso histórico das democracias, da Itália aos Estados Unidos, assenta-se na herança cultural e na composição étnico-racial, às quais a imigração e a mudança demográfica representam uma ameaça existencial, fadando países e culturas ao empobrecimento e incitando caos e guerra civil.

Nas últimas décadas, essas vozes migraram das margens da vida pública para o centro. Há importantes diferenças entre líderes da extrema direita como Donald Trump, Marine Le Pen, Viktor Orbán, Narendra Modi e Recep Tayyip Erdoğan. Eles vêm de tradições religiosas diferentes, aliam-se a tribos ideológicas distintas e miram seu ódio contra inimigos particulares. No entanto, compartilham uma forte vertente de majoritarismo étnico: tratam a minoria mais visível em seu país como uma ameaça central ao bem-estar da nação — e prometem defender os interesses da maioria.

Esses líderes governam hoje algumas das maiores democracias do mundo. Em dúzias de países que antes pareciam estáveis, eles agora alimentam o dissenso, solapando instituições independentes e atacando o estado de direito. Em certos lugares, conseguiram mesmo remodelar fundamentalmente a natureza da cidadania democrática.[24]

Da Itália à Índia, grandes segmentos da direita global estão hoje dominados por apaixonados detratores da democracia diversificada. Mas o mais surpreendente nesse momento histórico não é que uma parte da direita se oponha à diversidade; o mais surpreendente é que uma parte da esquerda, a seu próprio modo, também venha se tornando notavelmente pessimista em relação às perspectivas do grande experimento.

Quando criança, Heidi Schreck cultuava a Constituição Americana. Nascida em Wenatchee, Washington, Heidi construiu uma reputação fazendo discursos patrióticos sobre o documento de fundação dos Estados Unidos em auditórios da American Legion por todo o país.[25]

Mas, à medida que Schreck cresceu e estudou mais a fundo o passado americano e as injustiças presentes, ela foi se tornando mais cética — tanto em relação ao país quanto ao documento fundador da nação. Como, perguntava-se ela, as coisas foram arranjadas de modo tão equivocado? Será que a Constituição não consegue cumprir seu propósito original?[26]

Num monólogo que tomou a Broadway de assalto, angariando indicações tanto para o Tony quanto para o Pulitzer, Schreck responde a essas perguntas negativamente: "Não acho que a Constituição não consiga. Acho que ela cumpre exatamente o que foi projetada para fazer desde o início, ou seja: proteger o interesse de um pequeno número de homens brancos ricos".[27]

No final da peça, de sucesso estrondoso, Schreck pede a alguém do público para decidir se os americanos deveriam abolir a Constituição.[28] Ela não deixa dúvidas quanto à sua preferência; ainda assim, uma resenha na *The Atlantic* criticou o espetáculo por não apresentar um argumento ainda mais poderoso contra "o decrépito albatroz nacional".[29]

Por boa parte da história americana, mesmo os críticos mais ardentes das injustiças do país sustentaram que os ideais fundadores da nação podiam ajudar a apontar um futuro mais luminoso. No discurso que escreveu sobre o sentido da Declaração de Independência, Frederick Douglass ressaltou a ironia amarga de se celebrar a liberdade quando a escravidão continuava sendo a lei do país: "Este Quatro de Julho é de vocês, não meu", ele dizia. "Vocês podem se alegrar; eu devo verter o meu lamento." No entanto, Douglass não rejeitava os princípios defendidos pelos Pais Fundadores: "Apesar do quadro sombrio que apresentei neste dia acerca do estado da nação", concluía ele, "não perco as esperanças em relação a este país [...]. Despeço-me, portanto, por onde comecei: com esperança. Buscando encorajamento na Declaração de Independência, nos grandes princípios que ela contém, e no gênio das Instituições Americanas".[30]

Ao relembrar as crueldades de Jim Crow cem anos depois, Martin Luther King Jr. ecoou Douglass, acusando os Estados Unidos de não honrar "sua nota promissória", que garantia a todas as pessoas "os direitos inalienáveis da vida, da liberdade e da busca pela felicidade". Mas ele continuava determinado a "sacar esse cheque", recusando-se a "acreditar que o banco da justiça está falido".[31]

Hoje, uma nova geração renega esses sentimentos, considerando-os ingênuos. Para artistas como Schreck, a injustiça racial não é uma traição aos Estados Unidos; é sua característica definidora. O racismo não é um pecado terrível cometido por indivíduos particulares; é uma força social onipresente da qual todos os brancos são inescapavelmente culpados. Do mesmo modo, os últimos cinquenta anos não contam uma história de progresso — irregular e desigual — em direção à justiça e à igualdade; na melhor das hipóteses, tivemos meras suspensões momentâneas da supremacia branca que compõe o DNA do país.

Recusando-se a ver qualquer progresso significativo no último meio século, escritores e escritoras, naturalmente, perdem toda esperança em relação ao meio século à frente. Na cabeça deles, "brancos" e "pessoas de cor"* sempre se enxergarão como inimigos implacáveis. Para que países como os Estados Unidos avancem significativamente rumo a uma maior justiça racial, os historicamente oprimidos terão de triunfar contra seus opressores históricos numa guerra total pelo poder.

Muitas das injustiças contra as quais esses escritores inves-

---

* No contexto norte-americano, a expressão "people of color" e suas variações se referem a pessoas não brancas, como indígenas, negras, latinas etc. O uso não é pejorativo. (N. E.)

tem são reais. Ainda assim, tal como a xenofobia da direita etnonacionalista, esse fatalismo não representa uma visão realista de como construir uma democracia diversa pulsante. Para que o grande experimento triunfe, precisamos desenvolver uma visão mais otimista.

A NECESSIDADE DE UMA VISÃO OTIMISTA

Os pessimistas não pintam uma visão realista da situação atual ou do futuro provável das democracias diversificadas.

Alguns desses pessimistas argumentam que imigrantes e outros membros de grupos minoritários não vêm conseguindo integrar-se ao mainstream social por serem estúpidos, preguiçosos ou simplesmente maus. Outros rejeitam, com razão, essa análise, atribuindo as condições socioeconômicas mais precárias dos grupos minoritários à opressão que sofreram no passado e aos obstáculos que ainda hoje enfrentam. O que as duas perspectivas deixam de ver, contudo, é que esses grupos têm dado, sim, uma série de passos significativos rumo à igualdade.

Na maioria das democracias diversificadas, descendentes de imigrantes e membros de grupos minoritários vêm subindo rapidamente na hierarquia social. São eles que vêm conquistando títulos acadêmicos em maior número. Sua renda cresce rápido. Do mundo dos negócios à cultura e à política, essas pessoas vêm alçando posições de poder e prestígio quase inconcebíveis na geração de seus pais ou avós.

Os pontos de vista tradicionais sobre questões de raça e religião também têm mudado rapidamente. Da Suécia à Austrália, as pessoas têm se mostrado bem menos inclinadas a sustentar posições hostis em relação a minorias étnicas ou raciais e muito mais propensas a reconhecer que alguém que não tem a mesma cor da pele ou a mesma religião pode, sim, ser um verdadeiro sueco ou um verdadeiro australiano.

Não faz muito tempo os Estados Unidos eram um país marcado pela segregação oficial e pelo ódio explícito, um país onde a força da lei tornava difícil a amizade entre brancos e negros e onde o casamento entre os dois grupos era proibido. Hoje, leis rígidas punem empresas que praticam formas ilegais de discriminação e prendem indivíduos que incorrem em crimes de ódio. O número de amizades, relacionamentos e famílias inter-raciais cresce sem parar, e, embora o descompasso racial em termos de renda e educação, expectativa de vida e encarceramento permaneça significativo, ele vem diminuindo consistentemente.[32]

Apesar da sombra do passado, a maioria das democracias demonstra avanços reais no sentido de incorporar a diversidade à concepção que elas têm de si mesmas.

Uma avaliação pessimista em excesso das presentes condições das democracias diversificadas não é apenas factualmente equivocada; ao pintar uma visão tão desagradável do futuro, esse pessimismo também atua para diminuir as chances do grande experimento.

As pessoas que mais se interessam por política tendem a ter opiniões superpolarizadas sobre os debates mais acalorados. Muitas defendem as democracias diversificadas, acreditando que qualquer empecilho para sua criação se deve, em grande parte, a uma população majoritária racista e intolerante; outras se opõem à diversidade e culpam imigrantes e grupos minoritários por todos os problemas de hoje. A vasta maioria da população, contudo, interessa-se muito menos pelo partidarismo político e nutre sentimentos muito mais ambivalentes no que diz respeito a questões-chave das políticas públicas. Esses cidadãos querem que o grande experimento triunfe. Mas também se perguntam se a crescente diversidade poderá criar problemas reais ou mudar o país de forma imprevista. Eles sentem uma ojeriza genuína das injustiças sofridas por muitos de seus compatriotas, mas também temem que altas taxas de imigração possam levar ao aumento do crime ou do terrorismo.[33]

Qualquer pessoa que torça pelas democracias diversificadas terá de conquistar o apoio de gente decente que nutre esse tipo de sentimento ambíguo em relação à natureza do grande experimento. Mas esses indecisos não serão conquistados se lhes disserem que eles precisam adotar uma avaliação totalmente negativa de seu próprio país. Também é pouco provável que trabalhem pela construção de democracias mais justas se acreditarem que essas democracias, mesmo na melhor das hipóteses, serão sempre consumidas por conflitos de vida ou morte entre grupos identitários diferentes.

Há boas razões para crer que o grande experimento vai dar errado. É possível que as democracias diversificadas, mesmo em 25 ou cinquenta anos, sofram das mesmas injustiças que as caracterizam agora. Mas é cedo demais para nos resignarmos a uma visão do futuro em que a maioria das pessoas ainda olha com suspeita para quem tem outra cor ou outra religião; em que os grupos identitários têm pouco contato no dia a dia; em que todos escolhemos enfatizar as diferenças que nos dividem em vez das semelhanças que poderiam nos unir; e em que as fronteiras básicas da batalha política e cultural ainda dizem respeito a cristãos e muçulmanos, nativos e imigrantes ou negros e brancos.

Rotular visões mais ambiciosas do futuro de utópicas ou ingênuas pode parecer muito esperto ou sofisticado. Mas o fato é que o grande experimento terá mais chances de triunfar se seus defensores mais fervorosos tentarem criar sociedades onde a maioria das pessoas de fato queira viver.

Para construir essa sociedade, precisamos insistir que as deficiências do presente não precisam ser as realidades do amanhã. É possível, sim, que os membros das sociedades diversificadas construam conexões ainda mais fortes de cooperação e mesmo de amizade. Culturas nacionais podem vir a acomodar os recém-chegados como membros de pleno e igual direito. Pessoas de grupos étnicos ou culturais diferentes podem, sem necessariamente abandonar suas identidades, embarcar em uma vida compartilhada cheia de sentido. Identidades acidentais, como raça, podem vir a desempenhar um papel bem menos relevante — não porque fecharemos os olhos para sua importância, mas porque teremos abolido muitas das injustiças que ora as tornam tão marcantes.

Toda pessoa que leve a sério a criação de democracias diversificadas que perdurem e prosperem precisa apresentar uma visão positiva e realista de como o grande experimento pode vir a funcionar. É o que pretendi fazer neste livro.

Na Parte I, explico por que a vitória do grande experimento é tão difícil. Os humanos são muito propensos a formar grupos fechados e a discriminar os de fora, o que ajuda a explicar por que as sociedades diversificadas muitas vezes padeceram de anarquia, invasões e fragmentação. Para evitar essas armadilhas recorrentes, é preciso encontrar formas de domar a inclinação humana para o sectarismo.

Na Parte II, apresento uma visão ambiciosa do que as democracias diversificadas podem vir a ser. Nelas, os cidadãos vivem de acordo com suas convicções mais profundas, confiantes de estarem livres tanto dos poderes opressivos do Estado quanto das normas restritivas impostas por tradições coletivas específicas, compartilhando um compromisso com o país que tem por base as tradições cívicas e a cultura cotidiana. Nessa visão, os espaços públicos se assemelham a um parque público vibrante onde cada grupo pode se ocupar de suas coisas isoladamente, mas onde pessoas de origens diferentes muitas vezes optam por interagir. Por fim, nessa sociedade, as regras informais que regem como as pessoas tratam umas às outras encorajam-nas a buscar uma maior solidariedade e compreensão, apostando na ideia de que os cidadãos das democracias diversificadas podem, sim, criar uma vida compartilhada significativa.

Por fim, na Parte III, explico por que é uma atitude realista buscar essa visão para o futuro das democracias diversificadas e falo do que os cidadãos comuns e as autoridades responsáveis pelas grandes decisões podem fazer para ajudá-la a se tornar realidade. Nas últimas décadas, as democracias diversificadas tiveram grandes conquistas quanto à elevação da qualidade de vida dos grupos minoritários e à aceitação desses grupos nas correntes sociais dominantes. É possível criar uma cultura e um sistema político mais integrado, evitando um futuro distópico em que as principais cisões políticas dizem respeito a nativos e imigrantes ou a brancos e "pessoas de cor". Embora não haja panaceia para os desafios e injustiças que persistem, mudanças realistas nas políticas públicas, em certos procedimentos eleitorais e nas decisões que tomamos no dia a dia podem acelerar a chegada de tais democracias diversificadas pulsantes.

Antes de começar, vale dizer também o que este livro não fará. Diversidade é algo que se apresenta nas mais variadas formas. Sociedades humanas sempre se dividiram, por exemplo, em termos de classe e gênero. Países como a França, cujos residentes "originais" parecem relativamente homogêneos para um observador contemporâneo, são compostos de regiões que outrora se orgulhavam das próprias regras, leis, tradições e dialetos. Várias democracias, como a Bélgica e o Canadá, tiveram de descobrir como sustentar um governo conjunto, apesar de serem compostas de territórios com línguas e culturas distintas. Ainda que, em certos momentos, eu recorra a exemplos históricos que tratam dessas diferentes dimensões, meu foco principal aqui é o desafio que parece mais urgente em muitas partes do mundo no que diz respeito ao sucesso e à sobrevivência das principais democracias globais: nações cujos residentes estão divididos de acordo com algumas das identidades acidentais de maior relevo, como raça e religião.

Nessa conjuntura histórica complicada, o otimismo está em falta. E, como alguém que apontou como os populistas autoritários representavam uma grave ameaça para as democracias diversificadas muito antes da eleição de Trump em 2016, talvez eu não seja a escolha mais óbvia para propagar esse otimismo. Ainda assim, admito que me sinto mais confiante do que o normal em relação ao futuro.

Claro, só um otimista cego não veria que nossas democracias precisam de melhorias urgentes. Por outro lado, só um cínico ainda mais cego acreditaria que nos tornamos incapazes de levar adiante o progresso dos últimos cinquenta anos ou que nossas sociedades estão condenadas, independentemente do que façamos, a permanecerem marcadas pelo racismo e pela exclusão.

A estrada para o sucesso do grande experimento é tortuosa. Mas os custos do fracasso são altos demais para nos resignarmos a um destino inferior ou desistirmos no meio do caminho.

PARTE I
POR QUE SOCIEDADES
DIVERSIFICADAS FRACASSAM

Minha mãe detesta multidões. Quando eu era pequeno, fazíamos de tudo para evitá-las. Eventos esportivos, com dezenas de milhares de torcedores apoiando seu time — e provocando os adversários —, a deixavam particularmente desconfortável.

Morávamos no centro de Munique e às vezes víamos pequenos grupos de torcedores de futebol que tinham vindo apoiar seu time numa partida contra o Bayern, principal clube local. Rondavam a cidade em busca de bares ou cervejarias. Mesmo quando me pareciam inofensivos, tão logo os avistava, minha mãe mudava de calçada.

Mesmo assim, sempre acabávamos no lugar errado na hora errada. Uma vez, por volta das três da tarde, num sábado, decidimos pegar o metrô para visitar amigos no norte da cidade. Tão logo chegamos a Marienplatz, centenas de torcedores a caminho da partida embarcaram no trem, cantando e pulando e se provocando. Minha mãe apertou bem forte a minha mão e disse que eu não precisava me preocupar. Mesmo novinho, eu sabia que era ela que precisava ser acalmada.

O medo que minha mãe tinha de multidões tinha a ver com sua disposição; ela é uma pessoa discreta que sempre preferiu a companhia de alguns poucos amigos às grandes festas ou reuniões. Mas é também uma questão de convicção política.

Poucos anos antes de minha mãe nascer, muitos parentes seus pereceram no Holocausto. Quando ela tinha vinte e poucos anos, uma onda violenta de antissemitismo expulsou sua família da Polônia. Para ela, a ideia de grupos estava intimamente relacionada à história trágica do século XX. Quando se deparava com centenas de torcedores cantando em uníssono, não via nisso um monte de pessoas se conectando pelo amor comum ao esporte ou expressando certo orgulho local. Aqueles cantos e provocações representavam, de forma incipiente, o lado mais sombrio da natureza humana, recordando-lhe da tendência dos seres humanos de fecharem-se em grupos, trocando o julgamento individual pelas paixões coletivas e, muito frequentemente, infligindo sofrimento a supostos forasteiros.

Eu não compartilho da mesma disposição da minha mãe.

Quando pequeno, eu amava futebol e torcia fanaticamente pelo Bayern. Quando já tinha idade suficiente, sempre assistia às partidas no Olympiastadion, curtindo toda a algazarra de cânticos, provocações e "olas". No entanto, as suposições de minha mãe em relação à natureza dos grupos e dos riscos do tribalismo moldaram profundamente minha visão de mundo.

Embora eu excluísse disso atividades inofensivas como os esportes, eu também acreditava que a melhor defesa contra formas perigosas de tribalismo era permanecer resolutamente individualista. À medida que a sociedade progredisse e se tornasse mais tolerante, eu pensava, a importância da identidade grupal se dissolveria pouco a pouco. Em vez de nos vermos como alemães ou franceses, como judeus ou gentios, como brancos ou negros, nós nos compreenderíamos apenas como humanos. A era do nacionalismo daria lugar a uma era de cosmopolitismo em que a maioria de nós se importaria com aqueles que nunca conhecemos tanto quanto nos importávamos com aqueles que sempre foram nossos vizinhos.

Ainda acredito que esta é, em muitos sentidos, uma visão nobre. O mundo seria melhor se as pessoas se mostrassem mais relutantes em favorecer seu próprio grupo ou nação e mais capazes de demonstrar empatia por quem está distante. Quem ousa se posicionar quando membros de seu próprio grupo estão sendo injustos, ou que se dispõe a realizar verdadeiros sacrifícios por aqueles com quem não compartilha quase nada em comum, merece nossa admiração mais profunda.

Mas, tendo viajado o mundo e estudado história, passei a crer que uma hostilidade generalizada a qualquer forma de identidade coletiva é uma forma equivocada de construir sociedades tolerantes. Para domesticar os aspectos mais sombrios da nossa natureza, não temos de superar nosso instinto grupal; temos é que descobrir como usar seu enorme potencial para o bem, domando ao mesmo tempo sua terrível capacidade para o mal.

Nossa tendência à congregação é responsável não apenas pelos capítulos mais sombrios da história humana, mas também pelas maiores conquistas da nossa espécie.

Chimpanzés são incrivelmente inteligentes. Contudo, por mais que desejem certa fonte de alimento que poderiam alcançar se subissem num tronco, é pouco provável que se unam a fim de manobrar o tronco para a posição certa. De acordo com a maioria dos cientistas, eles simplesmente não são sociáveis o suficiente para realizarem um feito tão básico de coordenação.[1] Como disse certa vez Michael Tomasello, psicólogo especializado em cognição social: "Ver dois chimpanzés carregando um tronco juntos é inconcebível".[2]

Os humanos, por outro lado, são marcados tanto pela sociabilidade quanto pela inteligência. Por volta dos três ou quatro anos de idade, já somos capazes de formas de cooperação nunca observadas em chimpanzés.[3] Trabalhando juntos, construímos cidades gigantes, criamos belas obras de arte e enviamos o homem à Lua.

Muitos desses feitos foram realizados em nome de grupos identitários particulares: os romanos incrementavam o esplendor de sua cidade para conter o poder de Cartago. Artistas devotos criaram belas pinturas de Jesus Cristo — ou estátuas gigantes de Buda — para exaltar as próprias civilizações. E os americanos investiram recursos insondáveis em uma corrida à Lua para dar uma lição nos soviéticos.

Mesmo minha mãe, aquela individualista fanática, passou toda a sua vida profissional dedicada a uma atividade que os cientistas sociais muitas vezes citam como exemplo paradigmático da prodigiosa habilidade humana de formar grupos em torno de um propósito comum: seu trabalho como regente era mesclar as vozes e instrumentos de mais de cem músicos, forjando uma obra de arte coesa.

Quando falamos dos desafios para construir uma democracia plural hoje, é tentador focar nas condições atuais das nossas sociedades ou debater os tópicos mais polêmicos que dividem opiniões nas redes sociais e na TV a cabo. Mas, antes de estabelecer o tipo de sociedade que desejamos construir, ou como iremos fazê-lo, é preciso colocar essas questões no contexto da história humana e da psicologia. Pois é impossível enxergar as reais razões para os problemas que as democracias diversificadas enfrentam — ou analisar como essas democracias poderiam se sair melhor — sem entender o que incomoda os humanos ou como as sociedades responderam quando se viram diante do desafio da diversidade no passado.

É por isso que o capítulo 1 deste livro apresenta primeiro as grandes questões que precisamos abordar antes de considerar os problemas das democracias diversificadas hoje. Os humanos inclinam-se naturalmente à formação de grupos? Eles necessariamente favorecem seu próprio grupo, discriminando os demais? Categorias como raça e religião sempre vão nos dividir? Como as sociedades diversificadas costumam fracassar? E que lições tudo isso nos oferece quanto à sorte das democracias diversificadas no futuro?

1. Por que não sabemos conviver?

Quando Henri Tajfel nasceu em Włocławek, pequena cidade no centro da Polônia, seus pais tinham razões para crer que um futuro melhor o esperava. A Primeira Guerra havia acabado. Por toda a Europa novas democracias derrubavam monarquias e ocupações estrangeiras. A Polônia se tornou uma nação independente pela primeira vez em mais de um século.

Mas, quando Tajfel chega à adolescência, essas esperanças vinham sendo rapidamente esmagadas. A democracia polonesa dera lugar a uma ditadura comandada por uma claque de generais. O antissemitismo crescia por toda a Europa. Por conta de uma cota local para judeus, Tajfel não pôde se matricular numa universidade em seu próprio país.

Em busca de oportunidades, Tajfel mudou-se para Paris, onde estudou química na Sorbonne. Quando veio a Segunda Guerra, voluntariou-se para o exército francês, mas logo foi capturado pelos alemães, sobrevivendo por alguns dos anos mais letais da história europeia como prisioneiro de guerra. Ao ser libertado, descobriu que os nazistas tinham assassinado a maior parte de sua família.[1]

Tentando dar algum sentido ao destino que recaiu sobre seus pais e irmãos, Tajfel decidiu estudar como o ódio pôde dominar nações supostamente "civilizadas" a ponto de seus cidadãos abaterem milhões de pessoas. Graças a um ensaio sobre a natureza do preconceito, ganhou uma bolsa para estudar psicologia no Birkbeck College, em Londres.

Enquanto progredia nos estudos, Tajfel tomou conhecimento de uma série de experimentos recentes que mostravam como era fácil levar seres humanos a cometerem as maiores atrocidades. O que acontece quando um cientista de jaleco branco num laboratório o orienta a não parar de administrar choques elétricos em um voluntário, mesmo que esse voluntário implore para que você pare? Se você for como a maioria dos americanos — ou, como demonstraram estudos posteriores, como a maioria dos alemães, dos jordanianos ou dos australianos —, você continuará administrando os choques mesmo que sua vítima esteja definhando de dor.[2]

Da mesma forma, o que acontece quando bons garotinhos de classe média de uma pacata cidade americana são divididos em dois grupos e levados a competir por comida e lenha? Depois de alguns poucos dias, eles estabelecem uma profunda conexão com os membros de seu grupo — e desenvolvem um ódio escaldante pelos membros do outro grupo.[3]

Como psicólogos nos anos 1950 e 1960 provaram seguidas vezes, é impressionantemente fácil levar humanos a odiarem outros humanos quando os dividimos. Mas, à medida que as evidências da depravação humana se acumulavam — não apenas nos campos de extermínio da Segunda Guerra Mundial, mas também nos imaculados laboratórios de universidades de ponta —, Tajfel continuava frustrado com o fato de que os cientistas sociais ainda não compreendiam *por que* grupos divididos se mostravam dispostos a fazer coisas tão terríveis. O que é necessário para que um grupo se estabeleça e o que há nesses grupos que torna as pessoas capazes de atos de crueldade tão tenebrosos?

Este é o enigma intelectual que Tajfel, já catedrático de prestígio da Universidade de Bristol na área de psicologia social, se propôs a resolver.[4]

Para encontrar uma resposta, Tajfel bolou um estudo brilhante e contraintuitivo. Sua ideia era criar grupos tão sem sentido que ninguém pudesse favorecer o seu. Aos poucos, pensou Tajfel, ele acrescentaria certas características a cada grupo e observaria em que momento os participantes cruzavam o limiar mágico que os levava à discriminação de elementos estranhos.

Em 1970, Tajfel reuniu 64 garotos adolescentes de uma escola suburbana das redondezas. Em um grande auditório, propôs aos garotos o exercício mais arbitrário que conseguiu imaginar: seus assistentes exibiriam quarenta imagens contendo conjuntos de pontos, e os garotos teriam de adivinhar quantos pontos havia em cada imagem.

Tajfel explicou aos meninos que algumas pessoas tendem a subestimar o número de pontos. Outros tendem a superestimar. Nenhum dos grupos tem qualquer vantagem na hora de palpitar.

No segundo estágio do experimento, Tajfel dividiu os garotos entre "subestimadores" e "superestimadores",[5] pedindo-lhes que distribuíssem pontos — que mais tarde poderiam ser trocados por dinheiro — a seus colegas de classe. Sem saber a identidade exata da pessoa a quem estavam dando esses pontos, os estudantes eram orientados a decidir se atribuiriam séries diferentes de recompensas ao "membro número 1 do seu grupo" e ao "membro número 1 do outro grupo".

Em um artigo que transformou vastas áreas das ciências sociais, Tajfel escreveu que, como os garotos "foram divididos em grupos definidos por critérios aleatórios e desimportantes", ele não esperava que se inclinassem a favorecer seu próprio grupo. Não faria muito sentido.

No entanto, praticamente todos favoreceram seu próprio grupo.

A diferença entre como os garotos tratavam "subestimadores" e "superestimadores" era notável. Quando tinham de alocar dinheiro entre membros do seu próprio grupo, procuravam dar a cada garoto o mesmo valor. Mas, tão logo podiam escolher entre um membro do seu próprio grupo e um membro do outro grupo, favoreciam seu colega. "A única coisa que foi preciso fazer para alcançar esse resultado", reportou Tajfel, "foi associar as estimativas deles em relação ao número de pontos ao uso da expressão 'seu grupo'."

Impressionado com o resultado, Tajfel tentou criar outros grupos a partir de critérios igualmente aleatórios. Em uma iteração, mostrou a estudantes quadros de Paul Klee e de Wassily Kandinsky, perguntando qual preferiam. Para sua consternação, o "time Klee" logo começou a antagonizar o "time Kandinsky" (e vice-versa).

Ao longo dos anos, muitos outros pesquisadores replicaram as descobertas de Tajfel, conseguindo fazer com que pessoas favorecessem membros de seu próprio grupo a partir dos critérios mais bobos, como a cor da camisa que receberam aleatoriamente ou a questão de se um cachorro-quente é ou não um sanduíche.[6]

"Discriminação intergrupal", concluiu Tajfel, é "muitíssimo fácil de se deflagrar."[7]

Para os que tiveram a sorte de crescer em sociedades comparativamente pacíficas e tolerantes, é tentador pensar nas rivalidades tribais ou ódios étnicos como anormalidades. Era como eu pensava. Longe de ser natural, a tendência a formar grupos era inculcada nos humanos. Se pudéssemos transcender o condicionamento do passado, ou esquecer os analistas e políticos cínicos que querem inflamar nossas paixões mais violentas, poderíamos todos viver em harmonia.

A pesquisa de Tajfel desmente essa pressuposição reconfortante. Como ele demonstra, a tendência de formar grupos fechados e discriminar aqueles que não pertencem a ele existe em todos nós.

Mesmo gente educada, que teve a oportunidade de crescer nas circunstâncias mais confortáveis, está condicionada a formar grupos. Podemos até pensar que somos bons individualistas, sempre justos com todos, mas, na realidade, somos suscetíveis a acabar favorecendo os subestimadores contra os superestimadores, ou a lutar pelo time Klee contra o time Kandinsky.

O "paradigma do grupo mínimo" de Tajfel nos oferece um insight importante. Mas os últimos cem anos estão cheios de instâncias nas quais as pessoas se mataram por conta de diferenças muito mais significativas do que aquelas que ele pôde criar em seu laboratório.

Da Primeira à Segunda Guerra Mundial, a principal distinção em muitos dos conflitos mais letais da história se deu entre uma nação e outra. Em outros conflitos momentosos — dos combates violentos entre muçulmanos moderados e terroristas islâmicos ao extermínio em massa de "inimigos de classe" por governos comunistas —, a principal distinção era religiosa ou ideológica. Por fim, dos campos de matança em Ruanda às montanhas assassinas de Sarajevo, a principal distinção era, por vezes, racial ou étnica.

Cabe, então, perguntar: a maioria dos conflitos letais é motivada por grupos cuja formação é tão arbitrária quanto a dos grupos de Tajfel? Ou a maior parte desses conflitos é instigada por diferenças reais relacionadas a certos atributos que persistiram ao longo de muito tempo?

NEM NATURAL NEM ALEATÓRIO

Muitos acreditam que, na vida real, os grupos mais importantes são entidades profundamente significativas que marcam distinções naturais, biológicas ou históricas de longa data.

Estudantes franceses estudam "os gauleses, nossos ancestrais".[8] Os chineses chamam seu país de Reino Médio.[9] Os maoris alegam ser os filhos da terra.[10] De certa forma, todos esses mitos implicam duas afirmações sobre a natureza do grupo em questão: ele é uma unidade natural, e sua origem remonta à aurora dos tempos. Na linguagem das ciências sociais, as histórias que quase todos os grupos contam sobre si mesmos são histórias "primordiais".

A visão primordial dos grupos sociais tem algum fundamento na realidade. Como todos sabemos, existem diferenças visuais manifestas entre muitos grupos étnicos. Na maioria dos casos, só levamos um milésimo de segundo para adivinhar se os ancestrais de alguém que vemos na rua eram europeus, asiáticos ou africanos. Conhecendo bem uma cultura ou um continente, pode-se também discernir a diferença entre um italiano e um espanhol, entre um queniano e um nigeriano, entre um bengali e um biari ou entre um japonês e um coreano.

Em muitos casos, membros de grupos étnicos atuais também compartilham uma linhagem comum. Até onde se sabe, judeus e zoroastrianos, por exemplo, descendem de fato de pequenos bandos que assumiram essas identidades pela primeira vez há milhares de anos.[11] E, se você se dispuser a enviar um pequeno frasco contendo sua saliva junto com 99 dólares, a simpática turma do 23andMe criará uma tabela bem bonita informando que você é, digamos, 75% africano ocidental, 10% sul-asiático, 10% oceânico e 5% sul-europeu. (Também dirá se você é 100% *Homo sapiens* ou se tem um tiquinho de sangue neandertal correndo nas veias.)

Diferenças genéticas entre grupos étnicos podem ser relevantes até em termos clínicos. Ao longo das décadas, os médicos têm percebido que muitos leste-asiáticos carecem de uma enzima que torna o álcool mais digerível.[12] Afro-americanos têm uma propensão maior a sofrer de anemia falciforme.[13] Mulheres judias correm maior risco de morrer de câncer de mama.[14]

Por mais que quiséssemos que as coisas fossem diferentes, não podemos abolir por vontade própria as diferenças entre os grupos étnicos. Contudo, embora muitos grupos tenham de fato uma base histórica ou uma ancestralidade comum, em outros casos eles são mais fluidos do que a maioria das pessoas tende a admitir.

Muitas afirmações sobre as diferenças médias entre membros de grupos distintos são significativamente exageradas, quando não inteiramente equivocadas. Os modos como traçamos fronteiras entre grupos diferentes depende bastante de velhas batalhas políticas e de outras circunstâncias históricas.

Esquemas de categorização racial que parecem naturais para quem cresceu dentro de uma cultura particular podem parecer estranhos e ilógicos aos que cresceram em outra. Mesmo dentro do mesmo país haverá casos complexos que revelam o quanto discordamos sobre quem deve ser considerado parte de determinado grupo.

Vejamos os Estados Unidos. Os americanos que descendem de espanhóis devem ser considerados latinos? (O censo americano afirma que sim.)[15]

Uma pessoa é nativa americana por ter certa ancestralidade ou é necessário que seja reconhecida oficialmente por um grupo étnico relevante? (Muitos americanos nativos protestaram quando Elizabeth Warren argumentou a favor da primeira opção.)[16]

Por fim, os filhos de imigrantes africanos recentes devem ter acesso a políticas afirmativas, cujo objetivo é, em parte, mitigar as persistentes injustiças provocadas pela escravidão? (Um novo grupo de ativistas, os American Descendants of Slavery [Os Descendentes Americanos da Escravidão], acreditam que não.)[17]

Não há nada natural nas categorias raciais específicas que animam os debates políticos contemporâneos. Como Karen e Barbara Fields apontaram, esses debates baseiam-se numa espécie de "artifício racial" (*racecraft*): "ao tomar práticas sociais coletivas como traços individuais inatos", elas argumentam, transformamos "racismo em raça".[18]

Mas dizer que as raças, em certa medida, são socialmente construídas não implica que falte a elas qualquer fundamento na realidade. Adoramos falar sobre raça e etnia como se fossem pura fantasia ou como se o esquema racial de classificação específico que cada sociedade adotou fosse a única opção lógica apresentada pela realidade. Ambas as respostas são simplistas.

Em paradoxo, identidades étnicas são bem reais, mas também bastante maleáveis. Muitos dos grupos aos quais conferimos o significado mais profundo relacionam-se a algo real que é de grande importância para os seus membros. Não é sem razão que muitas pessoas se importam tanto com sua classe ou etnia, sua nação ou religião. E não surpreende que, no mundo real, as pessoas se mostrem bem mais dispostas a arriscar sua vida para realizar as aspirações políticas do proletariado, demonstrar a superioridade do povo han, reivindicar os direitos da Ucrânia ou defender o hinduísmo do que para derrotar os negacionistas do cachorro-quente.

48

Mas, apesar de toda base real que há nas identidades que mais engajam os seres humanos — e que os deixam mais propensos a arriscar a própria vida ou mesmo a agredir outras pessoas —, o papel que elas desempenham é profundamente moldado pelas circunstâncias. Não há nada natural no fato de certo grupo ser o mais proeminente em determinado momento ou em como duas populações específicas tendem a se tratar. Daí vem a questão: em que ponto pessoas de identidades diferentes passam a se antagonizar ou, pelo contrário, a coexistir pacificamente?

AMIGOS E INIMIGOS

Os chewas e os tumbukas, grandes tribos do sudeste africano, têm uma longa história de inimizade. Quando Daniel Posner, jovem doutorando de Harvard, viajou até o Malaui para conversar com membros das duas tribos a respeito desses conflitos, os entrevistados foram admiravelmente francos sobre suas queixas.

Os tumbukas, disseram os chewas, são dados a todo tipo de prática cultural esquisita. Suas danças estão erradas. Eles cobram um preço muito mais alto pelas noivas. Os recém-casados precisam residir perto da família do noivo. A maioria dos interlocutores admitiu que jamais votaria em um candidato a presidente que fosse tumbuka nem se casaria com uma mulher tumbuka.

A recíproca era verdadeira? Para descobrir, Posner viajou algumas dúzias de quilômetros ao norte, e, de fato, as queixas de seus interlocutores tumbukas espelhavam as que ele havia ouvido dos chewas.

As danças tradicionais dos chewas, explicaram os tumbukas, estão erradas. Eles cobram um preço baixo demais pela noiva. E os recém-casados têm de residir perto da família da esposa. A maioria dos entrevistados reportou, sem hesitar, que não votaria em um candidato a presidente chewa, nem se casaria com uma mulher chewa.

Se Posner tivesse encerrado sua pesquisa depois de conversar com as pessoas nessas duas vilas, poderia concluir que a antipatia entre chewas e tumbukas era *primordial* — um daqueles ódios imemoriais sobre os quais os jornalistas adoram escrever quando mais uma guerra civil se deflagra na África, nos Balcãs ou no Oriente Médio. "Os chewas sempre odiaram os tumbukas. Os tumbukas sempre odiaram os chewas", Posner talvez escrevesse. "O que se pode fazer?" Contudo, em vez de se render apressadamente a essa conclusão, Posner viajou mais alguns quilômetros a oeste, cruzando a fronteira entre o Malaui e a Zâmbia.

Traçada como resultado de uma disputa colonial entre Bélgica, Alemanha, França e Inglaterra em 1884, a fronteira não reflete quaisquer características históricas ou geográficas relevantes.[19] Tanto os chewas quanto os tumbukas habitam ambos os territórios, falando os mesmos dialetos e seguindo os mesmos costumes, independentemente da nacionalidade registrada em seus passaportes.

Posner ficou, primeiro, admirado com quão semelhante era a situação na Zâmbia. As estradas eram igualmente ruins; as vilas que viu tinham estilos arquitetônicos similares e níveis comparáveis de desenvolvimento econômico.

Mas então ele começou a conversar com as pessoas.

Quando Posner perguntou aos tumbukas no lado zambiano da fronteira como eles se sentiam em relação aos chewas, a resposta foi muito mais elogiosa. Embora esperasse a costumeira litania de queixas sobre o outro grupo, seus entrevistados enfatizaram o quanto respeitavam os chewas. Poucos disseram que se recusariam a casar com um chewa. Um número ainda menor se oporia terminantemente a um candidato presidencial chewa.

O sentimento se mostrou recíproco. O mesmo espírito tolerante estava presente quando se falava com os moradores da vila chewa da vizinhança.

No Malaui, chewas e tumbukas se detestavam. Cruzando a fronteira arbitrária da Zâmbia, chewas e tumbukas confiavam uns nos outros e se respeitavam. Por quê?

A razão, demonstrou Posner depois de eliminar meticulosamente as explicações alternativas, é política.[20]

No Malaui, tanto chewas quanto tumbukas compõem uma porção razoável da população geral. Ambas as tribos nutrem reais esperanças de capturar a presidência do país e aprovar medidas que as favoreçam. Como resultado, são adversárias políticas e se tratam com absoluta má vontade.

A Zâmbia, por outro lado, é muito mais diversa do ponto de vista étnico-racial. Nem chewas nem tumbukas compõem uma porcentagem muito grande da população geral, nem têm uma chance realista de conquistar a presidência do país sozinhos. Em um esforço para garantir que prevaleçam sobre candidatos do oeste da Zâmbia, cujas diferenças culturais são ainda mais ressaltadas, eles com frequência apoiam os mesmos candidatos. Na maior parte do tempo, são aliados políticos — e adotam atitudes muito mais positivas em relação uns aos outros.

O que de início pode parecer um ódio imemorial é, na verdade, profundamente influenciado por circunstâncias contemporâneas. Se chewas e tumbukas podem ser aliados num dos lados da fronteira e inimigos no outro, é possível que mudanças de circunstância deflagrem a mesma transformação nas relações de outros grupos que se veem como inimigos históricos. Por mais estranha que pareça a história dos chewas e tumbukas, ela guarda lições sobre a natureza da identidade que transcende o sudeste da África.

Nas últimas décadas, cientistas políticos têm descoberto dúzias de exemplos semelhantes. No mundo todo, tanto a proeminência quanto o impacto de determinadas identidades parecem depender de certos incentivos criados pela conjuntura local.

Chineses radicados na Jamaica foram mudando os critérios que regiam o pertencimento a seu grupo à medida que sua condição econômica evoluía.[21] Em países como Uganda e Nigéria, agitadores políticos exacerbaram tensões entre diferentes grupos tribais a fim de maximizar suas chances eleitorais.[22] Por fim, a deterioração nas relações entre sérvios e croatas era estimulada em parte pelo modo como certas características geográficas da federação arruinada da Iugoslávia condicionavam determinadas garantias de cada grupo.[23]

Com isso não se quer dizer que esses grupos fossem inteiramente arbitrários. As diferenças culturais entre chewas e tumbukas, as diferenças étnico-raciais entre jamaicanos negros e chineses e as diferenças religiosas entre sérvios e croatas não são nem novas nem imateriais. Mas o modo particular pelo qual esses grupos se constituem — e o grau em que se enxergam como aliados ou adversários — depende, sim, de circunstâncias particulares e dos incentivos que essas circunstâncias estabelecem.

Esses tipos de incentivos não regem apenas a discrepância no modo como grupos distintos se relacionam; nas muitas situações em que indivíduos têm identidades múltiplas, tais incentivos também ajudam a determinar qual delas é a proeminente.

Nos Estados Unidos, a raça é o marcador de identidade mais importante. Na Índia, a casta retém imenso poder. Na África subsaariana, os conflitos sangrentos geralmente envolvem tribos diferentes. Em boa parte do Oriente Médio, a distinção religiosa entre sunitas e xiitas é a mais relevante. E, em praticamente todos os países, diferenças ressaltadas de classe e gênero também ajudam a delinear os conflitos políticos.

Mesmo dentro do mesmo país, a proeminência dessas categorias pode estar sujeita a rápidas mudanças. Por exemplo, por boa parte de sua vida meus avós, judeus, se viam como proletários em luta por uma sociedade mais igualitária ao lado de camaradas gentios no Partido Comunista Polonês. Quando os líderes do partido decidiram reavivar as brasas do antissemitismo no fim dos anos 1960, meus avós descobriram que agora eram vistos, essencialmente, como judeus.

O antissemitismo era bastante presente na Polônia antes de 1968. Alguma forma de consciência de classe persistiu mesmo no ápice da campanha do governo dedicada a expulsar os últimos judeus do país.[24] Mas a demarcação do grupo que mais importava se transformou numa velocidade impressionante. E, para os que tinham o azar de se encontrar do lado errado da fronteira, as consequências foram duras e imediatas. Até determinado momento, meus avós ocupavam posições de prestígio e ganhavam a vida de forma digna. No ano seguinte, o governo já os via como membros de um exogrupo que podiam ser legitimamente intimidados, dispensados de seus empregos e expulsos do país.

Diferentemente dos experimentos de laboratório de Tajfel, a maior parte dos conflitos no mundo real enraíza-se em distinções que guardam significados profundos.[25] As formas peculiares que esses conflitos assumem variam demais de um lugar para outro. Mas não é coincidência que a maior parte dos conflitos violentos ao redor do globo em geral se relacione a quatro distinções essenciais: classe, raça, religião e nação.[26]

Ao mesmo tempo, o papel que essas distinções desempenham em contextos particulares é muito marcado pelas circunstâncias. Se um conflito reflui ou avança depende das escolhas dos poderosos, das instituições com as quais eles precisam lutar e da capacidade das pessoas comuns de construírem relações cooperativas, marcadas pela confiança.

Em alguns países, as pessoas encontram fortes incentivos para se apegar ainda mais a uma identidade dominante. Os membros de um grupo relevante mal interagem com os membros de outros grupos relevantes. Como mal se conhecem, vivem na ignorância de que talvez compartilhem interesses pertinentes. E como têm a perspectiva de imensos ganhos caso controlem o governo — ou de grandes atribulações caso seus adversários se tornem mais poderosos do que eles —, estão sempre prontos para se engajar em disputas intergrupais. Nisso, conflitos violentos costumam se deflagrar.

Em outros países, as circunstâncias ajudam a abrandar os conflitos. Pessoas que diferem em uma dimensão identitária relevante, como a raça, compartilham outra dimensão identitária, como a religião. Passando muito mais tempo juntas, constroem uma maior consciência de seus interesses comuns e tornam-se mais céticas em relação a alarmistas e agitadores que gostariam de fazê-las pensar o pior umas das outras. Nos melhores casos, instituições políticas ajudam a mitigar os conflitos, garantindo que todos os cidadãos possam ter acesso a um tratamento justo, mesmo que o presidente ou primeiro-ministro não integre seu grupo particular.

Quase todas as regiões do mundo têm de lidar com tensões e inimizades de longa data. A diferença nem sempre é benigna. Mas a paz e a cooperação em sociedades diversificadas dependem não (apenas) dos eventos do passado, mas (também) das ações que são tomadas hoje.

* * *

Quando reflito sobre as muitas tensões e injustiças que empesteiam democracias marcadas pela diversidade, do Brasil à Zâmbia, da Índia aos Estados Unidos, vejo-me tentado a ficar impaciente. Por que as pessoas nesses países não podem viver à altura dos ideais cosmopolitas que minha mãe e eu compartilhávamos na minha infância? Será impossível conviver pacificamente?

À medida que fui estudando história, política comparada e psicologia social, essas perguntas foram se tornando ingênuas. Os seres humanos têm uma tendência forte demais a constituir grupos. O espantoso não é que sociedades vastíssimas que contêm milhões de pessoas extremamente diversas por vezes entrem em conflito; o que espanta é que muitas delas, durante boa parte do tempo, sejam capazes de sustentar uma cooperação pacífica em grande escala.

Não quero sugerir aqui o quietismo. Todas as evidências que temos apontam para a possibilidade sempre presente de que mesmo democracias diversificadas comparativamente pacíficas sofrerão com desconfianças mútuas, opressões persistentes ou guerras civis.

Mas a história e a ciência social também nos ensinam que temos ferramentas para evitar esses conflitos. Não há nada inevitável em como as pessoas se identificam, nem é necessário que escolham meios violentos para resolver suas diferenças. Todas as evidências sugerem que nossa habilidade de manter sociedades pacíficas e prósperas depende, em larga medida, de como lidamos com a poderosa inclinação humana ao tribalismo.

Assim, que lições podemos extrair de tudo isso? Que ações e instituições tendem a prevenir ou a exacerbar os conflitos?

Eu adoraria responder a essas perguntas convidando todos para um passeio por todas as democracias diversificadas que conseguiram resolver esses problemas e construir sociedades admiravelmente justas. No entanto, esses países não existem. O melhor que posso fazer, por ora, é propor uma alternativa imperfeita: para começar a pensar em como fazer as coisas do jeito certo, precisamos examinar exemplos específicos de como as coisas deram errado — e avaliar que tipos de lições esses fracassos podem oferecer para que evitemos as mesmas armadilhas daqui para a frente.

2. Três modos de fracassar das sociedades diversificadas

Famílias felizes, escreveu Tolstói, são todas iguais; famílias infelizes são infelizes à sua própria maneira. Há muita verdade nisso. Ainda assim, os psicólogos identificam certos padrões recorrentes.

Algumas famílias são infelizes por serem extremamente pobres; outras porque os pais não se suportam. E há as que são infelizes porque um ou mais de um de seus integrantes infligem abusos mentais, físicos ou sexuais a seus familiares.

O mesmo vale para sociedades diversificadas. Centenas de livros foram escritos sobre praticamente todos os países que sofrem com conflitos étnico-raciais, subjugação racial ou genocídio. Cada um tem sua própria história e merece ser compreendido por si mesmo. No entanto, podemos extrair muitos insights examinando certas semelhanças nas formas pelas quais sociedades diversificadas desmoronaram ao longo da história.

Neste capítulo, explicarei as três mais importantes: anarquia, dominação e fragmentação.

ANARQUIA

Thomas Hobbes, filósofo inglês do século XVII, foi o primeiro grande teórico dos perigos da anarquia.

"A natureza", argumentou Hobbes em *Leviatã*, seu livro mais importante, fez os homens relativamente "iguais nas faculdades do corpo e do espírito."[1] Alguém pode ser mais forte, mais rápido ou mais inteligente do que os demais, mas, "quando se considera tudo isto em conjunto, a diferença entre um e outro homem não é suficientemente considerável para que um deles possa com base nela reclamar algum benefício a que outro não possa igualmente aspirar".[2]

Hobbes não encontrava consolo na igualdade entre os homens, pelo contrário: insistia que suas implicações eram terríveis. Uma vez que são relativamente iguais em habilidade, os humanos tendem a buscar os mesmos bens e as mesmas honrarias. E, como uma pessoa pequena e fraca também pode usar de sua inteligência para ferir ou matar alguém grande e forte, há sempre razão para a desconfiança mútua. Cercadas por potenciais competidores, e nunca certas de que poderão resistir a um assalto organizado, mesmo pessoas pacíficas encontram fortes incentivos para atacar preventivamente.

A partir dessas premissas básicas, Hobbes deduziu que, na ausência de uma autoridade central, uma "guerra de todos contra todos" rapidamente se deflagraria. Os resultados seriam devastadores. No que ele chamou de "estado de natureza",

não há lugar para o trabalho, pois o seu fruto é incerto; consequentemente, não há cultivo de terra, nem navegação, nem uso de mercadorias que podem ser importadas pelo mar. [...] nem artes, nem letras; não há sociedade; e o que é pior de tudo, um medo contínuo e perigo de morte violenta. E a vida do homem é solitária, miserável, sórdida, brutal e curta.[3]

De acordo com Hobbes, as privações do estado de natureza continuavam relevantes mesmo entre pessoas criadas nos confortos da civilização. Escrevendo em uma época de revoluções, conquistas e guerras civis, ele temia que os desafios contemporâneos à autoridade dos Estados pudessem, a qualquer momento, permitir que o estado de natureza erguesse sua feia cabeça de novo — e isso o desesperava a ponto de se dispor a salvaguardar a ordem política a praticamente qualquer custo.

O conteúdo específico das regras que o Estado nos impõe, acreditava Hobbes, é menos importante do que o fato de que a existência dessas regras é necessária. É melhor viver sob o jugo de um monarca imoral e egoísta do que sofrer com o caos e a anarquia. Pois onde não há Estado, todos sofrem.

Nos séculos desde que Hobbes publicou *Leviatã*, filósofos e cientistas sociais nunca cessaram de discutir se a ausência de um poder estatal levaria, de fato, à anarquia desastrosa que o filósofo previra. As evidências que apresentaram são tão ambíguas que um veredito final permanece em aberto.

Na maioria das sociedades que carecem do tipo de soberano que Hobbes propunha, a vida não parece ser tão terrível quanto ele antecipou. Mesmo na ausência de um estado formal, muitas sociedades tradicionais conseguem sustentar um conjunto forte de normas. Quando as regras universais impostas por governos modernos se fazem ausentes, são os laços familiares, os costumes culturais e os ritos religiosos que regem quem tem direito a quê.

Entre os inuítes da costa ártica canadense, por exemplo, os conflitos são mitigados por meio de "duelos de canções". Quando dois indivíduos entram em conflito, reporta o antropólogo Jean Briggs, os partidos resolvem suas diferenças destilando canções cheias de desprezo diante de um público que se diverte. O litígio chega ao fim quando a comunidade — julgando os méritos artísticos das canções, não apenas a "legitimidade do caso" — declara quem é o vencedor.[4]

Antropólogos que estudam tribos em lugares distantes, das montanhas da África à floresta amazônica, chegaram a conclusões semelhantes. Muito antes da criação dos Estados modernos, os humanos parecem ter descoberto como evitar alguns dos custos do caos. Em vez de se submeterem à anarquia que Hobbes temia, nossos ancestrais, em geral, eram refreados por uma intricada "gaiola de normas" que regulava comportamentos minuciosamente.*

Ao mesmo tempo, pesquisadores também encontraram muitas evidências que sugerem que os seres humanos pagam um alto preço quando não conseguem se organizar em torno de um poder superior — um poder que estabelece regras e pune infratores. De acordo com cuidadosos estudos de antropólogos que examinaram esqueletos humanos descobertos em escavações arqueológicas, por exemplo, sociedades pré-históricas e assentamentos humanos sofriam com enormes taxas de mortes violentas.[5] Mas, à medida que governantes foram pouco a pouco conquistando o poder de estabelecer suas regras, os níveis de violência declinaram nitidamente. "Entre o final da Idade Média e o século XX", escreve Steven Pinker em *Os anjos bons de nossa natureza*, "os países europeus tiveram um declínio de 10 a 20 vezes em suas taxas de homicídio."[6]

Mesmo hoje, as partes do mundo onde o Estado é fraco sofrem com níveis de violência mais elevados. Singapura, com um Estado altamente desenvolvido, tem uma taxa de homicídio de 0,2

---

* Explicarei em detalhes a gaiola de normas, e suas implicações, no capítulo 4.

para 100 mil pessoas. Os Estados Unidos, que sempre sofreram com níveis anormalmente altos de violência para uma democracia rica, tem uma taxa de 5 para 100 mil. Em El Salvador, onde o Estado é fraco e o governo é marcado pela corrupção generalizada, a taxa alcança a marca impressionante de 62 para 100 mil.[7] Alguns dos lugares mais perigosos do mundo, da Venezuela à República Centro-Africana, estão em países onde o governo central carece de autoridade efetiva sobre vastas áreas de seu território nominal — ou em lugares onde o governo central sequer existe.[8]

Cabe perguntar: por que alguns grupos conseguem manter a paz mesmo sem uma autoridade central, ao passo que a ausência de Estado condena outras sociedades à proliferação de assassinatos, violência ou mesmo à guerra civil?

A resposta é que a tendência humana a estabelecer grupos fechados ajuda tanto a manter a paz *dentro* dos grupos quanto a estimular conflitos *entre* eles.

Quando Hobbes escreveu sobre o estado de natureza, ele imaginava indivíduos solitários incapazes de sustentar empreendimentos cooperativos. Sua visão de uma guerra de todos contra todos era a visão de uma *anarquia atomizada*.

Na realidade, os humanos viveram por centenas de milhares de anos em famílias, bandos ou tribos. Dentro desses grupos, regras informais e afeições de longa data geralmente ajudam seus membros a preservar um nível significativo de cooperação.

Por outro lado, embora os humanos em geral encontrem formas de evitar a guerra de todos contra todos no interior de seus pequenos grupos, eles não podem contar com a paz da gaiola de normas quando um grupo encontra outro. Grupos diferentes geralmente carecem dos laços familiares ou da cultura comum que suavizam as razões para a desconfiança mútua — desconfiança que sempre exercerá alguma influência sobre suas mentes na ausência de um poder superior. Quando dois bandos de caçadores-coletores se encontram, quando duas vilas lutam pelo acesso a uma fonte importante de subsistência, ou quando dois grupos étnicos competem para controlar a poderosa máquina do Estado, eles não têm as ferramentas para evitar que o medo mútuo opere sua mágica venenosa.

Se, no interior dos grupos, as coisas nunca foram tão terríveis quanto Hobbes previu, *entre* grupos, a ausência de uma autoridade central frequentemente descamba em mortes arbitrárias e crueldades indizíveis. O risco que espreita os humanos na ausência de um Estado forte não é a anarquia atomizada de uma guerra de todos contra todos; é a luta destrutiva entre grupos rivais, que proponho chamar aqui de *anarquia estruturada*.

Em muitas partes do mundo, a ameaça da anarquia estruturada permanece muito viva.

O PESO DA ANARQUIA ESTRUTURADA

No dia 12 de maio de 2020, um grupo de homens jovens com granadas e rifles a tiracolo forçaram a entrada no Hospital Dasht-e-Barchi, na zona oeste de Cabul. Quando alcançaram a maternidade, abriram fogo contra enfermeiras, mulheres grávidas e bebês recém-nascidos.

Algumas jovens mães conseguiram escapar. Umas poucas mulheres de gravidez já bastante avançada se abrigaram num quarto. Uma das mulheres deu à luz enquanto se escondia; uma parteira a auxiliou sem instrumentos ou luvas, envolvendo a criança em seu lenço de cabeça.

As outras mulheres não tiveram tanta sorte. Quando as forças do governo enfim conseguiram dominar os agressores, cerca de quatro horas de pesadelo haviam se passado, e a maioria das mulheres — e vários recém-nascidos — havia sido assassinada a tiros. No total, 24 mulheres e crianças morreram no ataque.

Durante o impasse, o hospital parecia um cenário de filme de terror, uma cena caótica de matança sem sentido. Em retrospecto, ficou claro que os perpetradores haviam planejado tudo.

Os atiradores sunitas provavelmente tomaram o Dasht-e--Barchi como alvo pelo fato de o hospital se localizar numa vizinhança povoada por xiitas hazara. Ignorando vários setores do hospital, não terminaram na maternidade por acaso. Como disse Frederic Bonnot, funcionário dos Médicos Sem Fronteiras, a organização que cuida do hospital: "Eles vieram matar as mães".[9]

Nos dias depois do ataque, houve muita confusão sobre a identidade dos culpados. Um porta-voz dos Estados Unidos declarou que o Estado Islâmico era o responsável. Ashraf Ghani, então presidente do Afeganistão, pareceu culpar o Talibã. Ambos os grupos negaram qualquer responsabilidade.[10] O que ficou claro é que aquele ataque espetaculoso era mais uma tentativa da parte de um dos muitos grupos insurgentes do país de demonstrar a fraqueza do governo central em Cabul, que colapsaria no verão seguinte.

Mesmo as áreas mais rurais e remotas do Afeganistão orgulham-se de suas belas peças de artesanato, sua rica culinária e seu amplo repertório de saberes tradicionais. Longe de se perderem numa guerra caótica de todos contra todos, a maior parte das regiões do país é imensamente hierárquica, com anciãos locais exercendo enorme poder sobre os membros de seu clã.[11] O país nunca pareceu viver sob o "estado de natureza".[12]

No entanto, o Afeganistão há muito sofre com sérios problemas, pois carece de uma autoridade central que detenha o monopólio da violência legítima, evite as constantes disputas entre os grupos e oferte serviços públicos significativos.

O país como um todo divide-se entre mais ou menos catorze grupos étnicos principais, incluindo pastós, tajiques, hazaras e uzbeks.[13] Os pastós, por sua vez, dividem-se em quatro tribos maiores: os bettani, os gharghashti, os karlani e os sarbani. Os bettani, então, dividem-se em mais de vinte subtribos, cada uma delas abrangendo dúzias de clãs separados.

A vida de um morador comum de uma pequena vila no interior do Afeganistão está sujeita a essas estruturas de poder de uma maneira que quem tem a sorte de viver numa democracia funcional mal consegue imaginar. Seu acesso a terras aráveis e sua capacidade de defender-se de seus inimigos, sua forma de culto religioso e sua escolha matrimonial são reguladas nos mínimos detalhes.[14] As mulheres, sujeitas a normas profundamente patriarcais, têm ainda menos liberdade do que seus pais e maridos.[15]

Dentro de cada um desses clãs, os costumes e estruturas de poder ajudam a evitar a guerra de todos contra todos. Contudo, como há uma profunda desconfiança entre vários desses grupos, o país inteiro há muito vive imerso em conflitos violentos. A maioria de seus cidadãos tem, na melhor das hipóteses, uma relação meramente abstrata com uma identidade afegã comum.[16]

Isso ajuda a explicar por que o governo democraticamente eleito do Afeganistão sofre para conquistar um controle significativo sobre o território nacional. Em grandes partes do país, o Talibã segue no comando. Em outras partes, oficiais do governo só conseguem exercer certa influência — limitada — graças à cooperação condicional de senhores da guerra locais. Mesmo em Cabul e arredores, o governo nunca foi capaz de evitar os sangrentos ataques de uma pletora de forças insurgentes.

Como nunca foi capaz de se impor em grande parte do país, o governo central tem dificuldade em conseguir fontes de renda, o que impossibilita a oferta substancial de serviços públicos em boa escala. A qualidade das escolas no Afeganistão permanece abismal.[17] Os auxílios governamentais são mínimos.[18] Mesmo antes da pandemia de covid-19, o sistema público de saúde vivia constantemente à beira do colapso.[19] Há regiões inteiras do país onde quase não há estradas pavimentadas, as escolas são pouquíssimas e, em geral, não há médicos.[20]

O impacto terrível na qualidade de vida fica nítido em praticamente qualquer comparação internacional. Só 43% da população afegã sabe ler ou escrever.[21] De cada mil crianças, sessenta morrem antes dos cinco anos de idade.[22] Em 2018, a expectativa de vida média era de 66 anos para mulheres e 63 para os homens, quase duas décadas a menos do que nas democracias desenvolvidas.[23]

Em agosto de 2021, a conquista de Cabul pelo Talibã uniu temporariamente o Afeganistão sob um governo teocrático. Mas é improvável que isso ponha fim à longa história de conflitos étnicos e religiosos no país. É muito possível que os senhores da guerra que ora se aliaram ao Talibã busquem recompensas generosas pelo apoio e possam se voltar contra o novo governo caso se sintam inadequadamente recompensados. Uma vez que a base tradicional do Talibã é formada por pastós, são altas as chances de que outros grupos étnicos se levantem contra o domínio de seus rivais históricos. O governo do Talibã, portanto, não será apenas intoleravelmente cruel com mulheres e grupos minoritários; ele também pode provar-se muito menos estável do que as primeiras imagens divulgadas de seu triunfo sugerem.

Hobbes estava errado ao imaginar que a maioria das pessoas em um país como o Afeganistão se veria sujeita a uma anarquia atomizada. Mas tinha razão sobre o fato de que a ausência de uma autoridade central responsável pela ordem e pela solução de problemas de natureza coletiva custaria caro. Enquanto muitas partes do mundo seguirem marcadas pela anarquia estruturada, seus residentes sofrerão gravemente com a ausência de serviços públicos básicos.

Os custos da anarquia estruturada são altos. Mas essa não é a única forma pela qual as sociedades diversificadas fracassam.

Em certas épocas e lugares, um único grupo subjugou os demais por longos períodos. Comparado à falência do Estado em países como a Somália e o Afeganistão, esse cenário apresenta vantagens consideráveis. Mesmo um estado imensamente opressor pode pôr fim a conflitos endêmicos. E, ainda que favoreça um grupo específico de maneira nitidamente injusta, a presença de uma autoridade central bem fornida de recursos pode ajudar a preservar serviços públicos essenciais, desde estradas pavimentadas à água canalizada.

Países que sofrem de anarquia estruturada são quase sempre muito pobres. Já os países onde um grupo em particular é dominante não raro alcançam níveis de vida mais elevados. A presença de um Estado efetivo pode fazer a diferença entre viver, morrer de fome ou sucumbir a uma doença infecciosa. Para membros da minoria subjugada, contudo, os benefícios muitas vezes se provam duvidosos — ou seus custos são altos demais.

DOMINAÇÃO

Anthony Burns nasceu escravizado em Stafford County, Virgínia, no fim da primavera de 1834.[24] Determinado desde cedo a conquistar a liberdade, aprendeu a ler e a escrever com os filhos de um de seus senhores,[25] criando uma escola clandestina onde ensinava outros escravizados.[26]

No fim da adolescência, Burns foi levado para Richmond

para fazer bicos.[27] Embora obrigado a repassar uma grande parte de seus ganhos ao seu senhor, desfrutou ali de um controle inédito sobre seus movimentos diários. Percebendo que uma oportunidade como aquela talvez não voltasse a surgir, fez amizade com marinheiros no porto da cidade e bolou um plano audacioso.

Numa fria manhã de fevereiro de 1854, um amigo ajudou Burns a se meter num pequeno compartimento de um navio com destino a Boston.[28] A viagem era tortuosa. Ele mal podia se mover, tinha pouco acesso a comida ou água e sofria de enjoos severos. Mas, quando finalmente caminhou pela praia depois de uma jornada de três semanas, sentiu-se um homem livre pela primeira vez em sua curta vida.

Tomando cuidado para não revelar demais sobre suas origens, Burns encontrou trabalho numa loja de roupas em Brattle Street, no centro comercial da cidade. Contudo, quando escreveu a um irmão para informá-lo sobre sua nova circunstância, a carta foi descoberta, e seu antigo senhor soube de seu paradeiro.

Determinado a recuperar sua "propriedade", Charles F. Suttle buscou um mandado para a captura de Burns. Tendo por base a Lei do Escravo Fugitivo, aprovada no Congresso apenas quatro anos antes, um juiz em Alexandria emitiu o mandado, ordenando que o Serviço de Delegados dos Estados Unidos prendesse Burns, que deveria ser enviado de volta à Virgínia.[29] Em poucas semanas, um notório caçador de escravizados de nome Asa O. Butman capturou Burns no centro de Boston.[30]

As autoridades locais desejavam julgar o caso da forma mais rápida e discreta possível. Mas a notícia se espalhou pela cidade, e uma rede de abolicionistas fervorosos entrou em ação. Richard Henry Dana Jr., herdeiro de uma poderosa família de Massachusetts que se tornara advogado dedicado a causas sociais, ofereceu-se para representar Burns.[31] Milhares de manifestantes se reuniram do lado de fora do Faneuil Hall exigindo sua libertação. Ali,

Wendell Phillips, um dos cabeças do movimento abolicionista, disse a uma multidão predominantemente branca: "Anthony Burns não tem outro senhor além de Deus!".

Ao cair da noite, a multidão que crescia tentou libertar Burns à força. Os guardas impediram a ação disparando tiros para cima.[32] O presidente Franklin Pierce ordenou que um destacamento de oficiais da Marinha protegesse o tribunal enquanto o julgamento acontecia.[33]

No fim, o juiz Edward Loring condenou Burns. "Enquanto um contingente de oficiais da Marinha conduzia Burns do tribunal para o navio que o levaria para a Virgínia, de volta à escravidão, 50 mil pessoas ladeavam as ruas que levavam ao cais", escreve Joshua D. Rothman, historiador. "Elas haviam hasteado bandeiras americanas de cabeça para baixo como sinal de revolta, cobrindo também as janelas com panos negros, típicos de processões funerárias."[34]

Burns foi posto num navio para a Virgínia e escravizado novamente.[35]

Mesmo pelos critérios mais terríveis da história humana, a escravidão nos Estados Unidos foi especialmente brutal. E, mesmo pelos critérios brutais da própria escravidão nos Estados Unidos, a história de Anthony Burns foi especialmente trágica.

Mas, em certo sentido, sua história não é de todo atípica. Muitas — talvez a maioria — das sociedades diversificadas lidaram com a própria diversidade de uma maneira simples: permitindo que um grupo dominasse os demais. Das monarquias nos primórdios da Ásia do sul moderna às democracias da Europa no século xx, a diversidade frequentemente caminhou com algum esquema de dominação.

Três foram particularmente importantes. Nas formas *duras* de dominação, uma maioria arvora-se explicitamente no direito de dominar uma minoria. Em formas *brandas* de dominação, a maioria finge garantir igualdade a todos os cidadãos, quando, na verdade, marginaliza e limita os direitos de uma grande parcela da população. Por fim, há a dominação por parte de uma minoria, quando alguns poucos governam a maioria.

DOMINAÇÃO DURA

Colônias de povoamento, como o Canadá e a Austrália, foram fundadas em terras ditas virgens, mas que, na realidade, continham grande número de povos originários. Em outros lugares, do Brasil à Jamaica, logo se acrescentou à diversidade nativa milhões de africanos escravizados. A hierarquia resultante era, em geral, rígida e bem demarcada. Um grupo dominava aberta e explicitamente os outros.

Aos olhos de muitos colonos, como não demonstraram interesse em plantar ou cultivar os campos, os povos originários abriram mão do direito à terra em que viviam; as campanhas genocidas contra eles eram, pensava-se, santificadas pelo imperativo divino de semear e colher. Os negros escravizados, por sua vez, eram descritos como inferiores moral e mentalmente; sua condição de cativos era, de acordo com os defensores da escravidão, um estado natural que, na verdade, beneficiava os subjugados.

Os Estados Unidos combinaram os dois sistemas de dominação *dura*. Nas primeiras décadas depois da independência, o país logo expandiu-se a oeste, expulsando números crescentes de nativos de suas terras e matando muitos deles em uma série de batalhas. Ao mesmo tempo, nos 87 anos antes de Abraham Lincoln assinar a Proclamação de Emancipação, os estados do Sul importaram cerca de 300 mil escravizados.[36]

Nos primeiros anos, a República Americana praticou uma das formas mais extremas de dominação da era moderna. Não obstante, os princípios nos quais havia sido fundada também conferiam às vítimas daquela hierarquia — e aos brancos que se aliavam a essas vítimas — as ferramentas para desafiar o sistema.

Em geral, conjuntos de regras contêm dois componentes. O primeiro rege quem está incluído em seu âmbito. O segundo especifica direitos e deveres daqueles a quem as regras se aplicam. Isso ajuda a explicar tanto o fracasso desastroso quanto o grande triunfo dos documentos fundadores dos Estados Unidos.

Os princípios entronizados na Declaração de Independência e na Carta de Direitos criaram uma moldura política e moral que ajudou a preservar a democracia e a espalhar liberdade por 250 anos. A ideia de que "todos os homens são criados iguais" permanece tão nobre e inspiradora hoje quanto no século XVIII.

Mas, enquanto os direitos e deveres estabelecidos nesses documentos fundadores conservam sua relevância, a história do país tem sido marcada pela exclusão brutal de grupos-chave. Povos originários e escravizados, em particular, não figuravam entre os que eram tratados como iguais, e isso até uma data lamentavelmente recente.

Muito da história americana, portanto, resume-se a uma luta pela inclusão dos que foram proibidos de desfrutar das liberdades prometidas pelos documentos fundadores do país. E, embora a história dos últimos 250 anos não tenha sido exatamente de progresso constante, as fileiras daqueles que podem reivindicar os mesmos direitos se expandiram enormemente. De modo lento, mas firme, trinfou o argumento moral para a emancipação dos escravizados, para a garantia da autonomia política dos povos nativo-americanos e para o fim da segregação no Sul.

Os Estados Unidos são um exemplo extremo de como os países podem, a partir do que há de melhor em suas tradições, atenuar mesmo as hierarquias raciais mais rígidas. Em praticamente todos os países desenvolvidos, os tipos de limitações legais que condenaram Anthony Burns de volta à escravidão na Virgínia estão hoje abolidos. Seria impertinente minimizar ou desprezar a imensa diferença que esse fato representa na vida de populações antes subjugadas. Alegar, como virou moda hoje, que um país como os Estados Unidos não fez qualquer progresso considerável rumo à igualdade é um insulto à memória das pessoas que, no passado, foram vitimadas pelas formas mais extremas de injustiça racial.

No entanto, não faltam evidências — nos Estados Unidos e em muitos outros países — de que as vítimas de tais esquemas de dominação continuam a sofrer com graves desvantagens econômicas muito tempo depois de as limitações explícitas às quais estavam sujeitas terem sido abolidas. Como resultado, os negros nos Estados Unidos,[37] os aborígenes na Austrália,[38] os membros das castas mais baixas na Índia[39] e inúmeros outros grupos em todo o mundo seguem significativamente mais pobres e com menor grau de educação formal do que aqueles que pertencem a grupos historicamente favorecidos.

Infelizmente, os problemas criados por um legado de dominação persistem muito tempo depois de as injustiças originais terem sido abolidas.

DOMINAÇÃO BRANDA

A dominação *dura* é especialmente hedionda. Nação nenhuma que barre os direitos de muitas pessoas em seu território por conta da cor da pele ou do país de origem de seus progenitores pode se considerar uma verdadeira democracia. Mas outras formas de dominação, às vezes mais difíceis de se reconhecerem, também são perniciosas.

Muitas das democracias fundadas durante o século XX alegaram garantir direitos iguais a todas as pessoas que habitavam seu território. Com muito orgulho, repudiavam as interdições legais explícitas de minorias desfavorecidas que caracterizaram historicamente países como os Estados Unidos.

Contudo, em não poucos casos, essas democracias só podiam se dizer igualitárias pelo fato de que um passado sangrento as tornara largamente homogêneas. Isso permitiu que uma maioria étnico-racial ou cultural impusesse suas preferências sem precisar limitar explicitamente os direitos das minorias nem revelar as raízes de seu domínio.

Como essas sociedades agora vêm se tornando mais diversas, fica cada vez mais difícil ignorar o legado dessa dominação *branda*. Pois as regras que funcionavam quando o país era largamente homogêneo agora começam a ser contestadas por uma porção considerável da população. O principal problema que se apresenta a um país como os Estados Unidos hoje é como lidar com a grande sombra da dominação dura; já o problema que se apresenta a países como Alemanha ou Itália é como reconhecer e abolir as formas de dominação branda que ainda garantem vantagens injustas aos cidadãos que pertencem à maioria histórica.

Para compreender esses desafios, devemos compreender como esses países foram fundados.

Na Europa medieval, infiéis eram regularmente exilados; heréticos, por sua vez, eram queimados em fogueiras. Quando assumiram o controle da Península Ibérica durante a Reconquista, os cristãos forçaram os judeus a se retirar ou se converter.[40] Ainda no século XVII, boa parte da Europa seguia operando sob o lema *cujus regio, ejus religio*; a população de cada território tinha de se acomodar à religião de seu monarca.[41]

Contudo, durante os muitos milênios em que a monarquia foi a forma predominante de governo em boa parte do mundo, havia também algumas instâncias de sociedades mais tolerantes. Na Bagdá do século IX, na Istambul do século XVII e na Viena do século XIX, grupos minoritários desfrutavam de privilégios muito maiores do que em outras partes do mundo: podiam preservar sua religião, comercializar sem grandes impedimentos e acumular uma riqueza considerável. Os resultados foram admiráveis. Cada uma dessas sociedades desfrutou de níveis de prosperidade econômica incomuns para sua época, viram as artes florescer e fizeram importantes descobertas científicas.[42]

Depois, esses impérios multiétnicos começaram a desmoronar.

Por muitos séculos, impérios multiétnicos toleraram a diversidade sem tentar homogeneizar a população, mas também sem garantir igualdade genuína aos diferentes grupos. Numa era de grande letramento e rápida industrialização, esse cenário os deixava vulneráveis ao crescimento acelerado dos ideais nacionalistas. Nem sérvios ou húngaros, nem gregos ou armênios desejavam ser governados por monarcas que não compartilhavam de sua cultura, sua língua e religião. Desejavam a autodeterminação nacional.

Lenta e, depois, subitamente, os impérios multiétnicos colapsaram, sendo substituídos por Estados-Nação que só conseguiram evitar o problema da dominação dura porque conseguiram impor uma homogeneidade.

A primeira metade do século XX assistiu, então, a um vasto processo de limpeza étnica. Uma violência indizível transformou territórios onde pessoas de diferentes credos, culturas e religiões haviam vivido lado a lado por séculos a fio em Estados-Nação marcadamente monocromáticos. Sobretudo na Europa Ocidental, onde grupos minoritários foram em larga medida expulsos ou mortos, era fácil para os residentes quase inteiramente homogêneos das democracias que floresceram após a derrota do fascismo imaginarem-se capazes de evitar o problema da dominação de um só grupo sobre os demais.

Fundadas no desejo de que grupos culturalmente coesos devem poder governar a si mesmos, muitas democracias europeias tenderam a marginalizar as poucas minorias que permaneceram dentro de suas fronteiras — e tiveram grande dificuldade de integrar os milhões de imigrantes que se dirigiram a elas no curso das décadas seguintes. Hoje, muitas dessas democracias continuam a padecer de um sistema de dominação branda.

São democracias que foram construídas na pressuposição de uma homogeneidade que já não se aplica. Embora não necessariamente projetadas para excluir outros grupos, o fato é que tanto sua concepção tradicional sobre o que faz de alguém um membro genuíno da nação quanto as regras formais que concedem cidadania a recém-chegados conferem o status de forasteiros ou "deslocados" a muitos dos que hoje vivem dentro de seus territórios. Como resultado, muitos imigrantes e descendentes sentem-se permanentemente excluídos da cidadania plena em países que eles têm como lar.

A questão que se coloca a esses países nas próximas décadas é se serão capazes de expandir a compreensão que têm da nação a ponto de evitar um endurecimento das hierarquias informais que os caracterizaram nas últimas décadas. Se conseguirem superar o legado da dominação branda, poderão tratar grupos minoritários de maneira mais justa e integrar de maneira plena os descendentes de imigrantes. Se não o fizerem, irão, ao fim, fraturar-se em nações compostas de blocos mutuamente hostis, ou talvez passar de um sistema que exclui implicitamente certos grupos a um sistema que permita explicitamente que uma maioria tradicional subjugue os demais.

O DOMÍNIO DA MINORIA

Quando falamos sobre o problema da dominação, geralmente pressupomos que se trate de uma situação em que uma maioria oprime uma minoria. Contudo, em países como Iraque, Ruanda, Síria e Guatemala,[43] a elite governante é tradicionalmente recrutada no interior de uma minoria poderosa.[44]

A maior parte dos países em que uma minoria governa a maioria não é uma democracia. Sabendo que, caso se dobrem à vontade popular, a derrota pelo voto é quase certa, os poderosos se agarram a um monarca longevo ou apoiam um ditador resoluto. Em geral, a democracia não se mescla bem ao domínio de uma minoria.

Há, contudo, exceções importantes, da Atenas do século 5 a.C. à Grã-Bretanha do século XVIII. Talvez o exemplo mais notável seja a África do Sul. Os colonos holandeses que ocuparam a ponta sul do continente africano desde o século XVII trouxeram consigo uma aspiração de autogoverno coletivo, próprio da cultura crescentemente democrática de seus ancestrais. Por outro lado, também sabiam que representavam apenas uma pequena parcela da população da África do Sul. Se permitissem que a maioria negra votasse, os colonos brancos dificilmente poderiam desfrutar dos benefícios que angariavam com seu domínio.

A solução foi cruel e engenhosa. No que o cientista político

Pierre L. van den Berghe chamou de "democracia supremacista", os colonos holandeses restringiam o direito ao voto aos membros da raça branca, supostamente superior.[45]

Isso garantia o melhor dos mundos possíveis para um pequeno grupo — os chamados africâneres. Havia instituições democráticas tradicionais, como um parlamento eleito, e eleições razoavelmente livres e justas; os cidadãos plenos tinham até uma pequena dose de liberdade de expressão e de reunião. Mas todas essas regras só se aplicavam a uma pequena minoria. A grande maioria não podia votar, não gozava de direitos civis e sofria as humilhações diárias do apartheid racial.[46]

Grupos minoritários historicamente dominantes têm diante de si um dilema especialmente difícil quando veem seu poder questionado.

Quando pressionados a compartilhar o poder, grupos majoritários podem ter uma relativa certeza de que o custo em caso de aquiescência será limitado, pois sabem que sua voz sempre terá um grande peso em qualquer sistema democrático.

Grupos minoritários não podem ter a mesma certeza. Se acatarem procedimentos democráticos justos, muito provavelmente serão sempre voto vencido. Em vez de aceitarem a erosão gradual de seu poder, esses grupos mostram-se muito mais inclinados a se agarrar à hegemonia por todos os meios necessários. Isso os estimula a adotar medidas brutais para oprimir a maioria subjugada — e cria a possibilidade de revanchismos violentos caso sejam destituídos.

A incapacidade de lidar com essa dinâmica foi uma das muitas razões pelas quais a guerra no Iraque deu tão errado. Por muitas décadas, o país fora governado por um ditador fascista que justificava seu cruel regime por meio de um vago apelo a valores seculares de esquerda. Na verdade, Saddam Hussein, sunita em um país predominante xiita, foi sempre tanto um líder ideológico quanto um sectário.

Depois da invasão do Iraque, era compreensível que as forças de ocupação procurassem garantir que nenhum membro do partido de Hussein continuasse no poder. Contudo, estando insuficientemente informados sobre a dimensão sectária do conflito no país, americanos e aliados não perceberam que isso estimularia os xiitas a se vingarem da antiga opressão. Em poucos meses, mesmo sunitas que nunca tiveram qualquer apreço por Hussein agora tinham toda razão para temer uma opressão igualmente cruel.[47]

Com um Estado central enfraquecido e forças de ocupação incapazes de estabelecer um laço de confiança entre grupos historicamente hostis, o Iraque logo degringolou para a anarquia estruturada. Entre as tentativas dos xiitas de monopolizar o Estado e a resistência sunita à perda de poder, o país rumou para uma guerra civil fatal.[48]

Seja na forma de dominação dura, dominação branda ou dominação pela minoria, a hegemonia de um grupo em particular é um perigo sempre presente nas sociedades diversificadas. Da escravidão ao genocídio, a ideia de que membros de um determinado grupo são superiores tem sido responsável por alguns dos capítulos mais sangrentos na história humana.

Comparada aos perigos da hegemonia, uma sociedade em que grupos diferentes conseguem compartilhar o poder, mantendo-se fiéis a suas comunidades e a suas próprias regras, mas convivendo como cidadãos do mesmo Estado, parece muito mais atraente. Assim, muitos países, no rescaldo de guerras civis e violências de natureza étnica, abraçaram esquemas de partilha de poder que permitiriam, supostamente, que grupos diferentes vivessem em paz no mesmo território.

Infelizmente, no geral, essas supostas soluções não conseguiram cumprir suas promessas. As sociedades que elas criaram se depararam com um terceiro risco que as democracias diversificadas tendem a enfrentar: a fragmentação.

FRAGMENTAÇÃO

No começo do século XX, alguns poucos países na ponta noroeste do território eurasiano governavam boa parte do mundo. Nunca em nossa história uma porção tão pequena do globo conquistara tamanho poder.

Contudo, ao fim da Segunda Guerra Mundial, mesmo nações que se contavam nominalmente entre os vitoriosos perceberam que haviam perdido a força necessária para preservar seus impérios. Inglaterra e Portugal ainda travariam sangrentas guerras de retirada por décadas a fio, mas já estava claro que a era do colonialismo estava chegando ao fim.

Nacionalistas como Mahatma Gandhi na Índia e Jomo Kenyatta no Quênia finalmente alcançaram o tão esperado objetivo de construir nações independentes. Mas garantir a paz doméstica, como logo ficou claro, provou-se desafio ainda maior do que vencer a guerra anticolonial.

Antes de serem governados por poderes coloniais, poucas partes do mundo se assemelhavam aos Estados-Nação modernos. Em alguns lugares, imperadores comandavam grandes extensões de terra, habitadas por populações largamente diversas. Em outros, mal existira um Estado centralizado, com boa parte do poder concentrada nas mãos de potentados locais e chefes tribais. Agora os fundadores da Índia e do Quênia, da Costa do Marfim e de

Guiné Bissau se deparavam com a difícil tarefa de plasmar Estados-Nação funcionais a partir de populações largamente diversas, englobadas por fronteiras frequentemente arbitrárias.

Em muitos países, essa aspiração não demorou a naufragar. Nos anos 1950 e 1960, dezenas de Estados que acabavam de se tornar independentes tentaram consolidar instituições democráticas, mas logo a maioria se viu às voltas com guerras civis ou capitulou para regimes autoritários sob a liderança de ditadores que dependiam da lealdade de sua própria tribo ou grupo religioso para se entrincheirar no poder.

Na Europa e nos Estados Unidos, uma geração de cientistas sociais idealistas observava o processo de descolonização com muita esperança. Quando conquistaram a independência, países da Ásia à África esperavam testemunhar o nascimento de democracias prósperas. Naturalmente, quando esses países foram se afundando em tiranias ou guerras civis, esses cientistas sociais buscaram compreender como democracias diversificadas poderiam evitar um destino tão lamentável. A resposta mais influente para essa questão foi dada por um jovem cientista político chamado Arend Lijphart.

Os Países Baixos, onde Lijphart cresceu antes de imigrar para os Estados Unidos, há muito eram uma sociedade profundamente dividida. Católicos, protestantes e socialistas tinham as próprias escolas, os próprios jornais e, claro, os próprios partidos políticos. Até instituições como hospitais e organizações de assistência social dividiam-se frequentemente de modo sectário.[49]

De acordo com a maioria das teorias da ciência política, a fragmentação do país deveria ter dificultado a preservação de suas instituições democráticas. Como tinham pouquíssimo contato intergrupal, era de se esperar que fosse impossível que católicos, protestantes e socialistas cooperassem em um governo funcional. Não obstante, os Países Baixos, disse Lijphart numa entrevista recente, era "um país estável, muito bem governado".[50]

Como era possível?, ele se perguntou. E mais: será que alguma das novas nações imersas em ditaduras ou guerras civis seria capaz de replicar esse sucesso?[51]

COMO A PARTILHA DO PODER PROMETE RESOLVER O PROBLEMA DA FRAGMENTAÇÃO

Numa democracia, quem manda, geralmente, é a maioria.

Todos os cidadãos de um país têm boas razões para buscar um mecanismo imparcial pelo qual escolher quem governará. Embora perder uma eleição sempre doa, é mais fácil aceitar a derrota quando se sabe que tudo que se precisa fazer para vencer a próxima rodada é persuadir um número maior de compatriotas. Contanto que a maioria dos eleitores possa esperar, com razoável confiança, que seu partido vencerá uma eleição de vez em quando, o governo da maioria é uma forma promissora de reduzir a probabilidade de conflito.

Contudo, em sociedades profundamente fragmentadas nas quais quase todos votam de acordo com divisões étnico-raciais ou religiosas, a natureza majoritária da democracia gera imediatamente uma série de problemas. Em muitos desses países, uma parcela grande da população compõe uma minoria permanente. Mesmo quando as eleições são justas, os membros desse grupo muito provavelmente continuarão na oposição. Excluídos permanentemente do poder, eles não têm como garantir que as escolas em suas vizinhanças, por exemplo, sejam bem cuidadas ou que as ruas sejam devidamente pavimentadas.

Se "a maioria e a minoria são fixas em vez de fluidas, dado

que ambas se veem como grupos definidos pelo nascimento, sem interesses e afinidades que possam ser compartilhados", alertou três décadas atrás o cientista político Donald L. Horowitz, as eleições se tornam, em larga medida, tribais.[52] Com cada partido político representando os interesses de um grupo identitário principal, e com pouca alternância de poder, "o típico caso de governo democrático exercido pela maioria rapidamente se torna um caso flagrante de exclusão de uma minoria".[53]

Isso ajuda a explicar por que a fragmentação étnico-racial e religiosa frequentemente representa um grande desafio para a estabilidade das instituições democráticas. Temendo que seus inimigos capturem as instituições mais poderosas do Estado, muitos grupos se recusam a cooperar na incrementação das capacidades governamentais ou procuram monopolizar as instituições para os seus propósitos. Nesse cenário, esses grupos ficam empacados na anarquia estruturada ou partem para a dominação brutal.

Os Países Baixos, argumentou Lijphart, poderiam servir como modelo de abrandamento desses riscos. À época, muitas das principais decisões relativas ao país eram tomadas pelo Conselho Social e Econômico, composto de membros que representavam os três principais "pilares" da sociedade holandesa.[54] Em vez de conceder aos vitoriosos da última eleição o poder de mando por quatro ou cinco anos, as instituições do país garantiam que todos — incluindo a minoria — preservassem seu lugar à mesa de negociação.[55]

Inúmeros países europeus, incluindo Áustria e Bélgica, se valeram de seus próprios arranjos de "partilha de poder". A Suíça chegou a convidar todos os partidos que conquistavam um número significativo de mandatos na Assembleia Federal a tomar parte no governo. Sem nenhum partido de grande porte banido para os bancos da oposição, todos os líderes compartilhavam a responsabilidade pela direção do país.

Lijphart depois descobriu, não sem alegria, que alguns países marcados por uma história recente de conflitos severos pareciam ter se apoiado em instituições similares a fim de dissipar tensões e garantir a paz — exemplo disso seria o Líbano, há muito dividido entre cristãos, sunitas e xiitas, entre outros grupos. Quando o país conquistou a independência da França em 1943, os líderes de suas denominações mais populosas chegaram a um acordo para compartilhar o poder. Em vez de permitir que o vencedor de uma determinada eleição tocasse o barco, decidiu-se que cada grupo contaria com um representante no governo. O presidente da República sempre seria maronita; o primeiro-ministro, sunita; e o presidente do parlamento, xiita.[56]

Para apaziguar a dramaticidade da política nacional ainda mais, a constituição do país também garantiu aos seus principais grupos o direito de reger seus assuntos internos. Em vez de estabelecer leis uniformes sobre casamento e divórcio, educação e herança, o governo libanês delegou o poder de decidir essas questões ao clero sunita, xiita e cristão. Como muitas das leis mais íntimas às quais estavam sujeitos dependiam de decisões tomadas dentro de suas próprias comunidades, os membros desses grupos religiosos teriam, em teoria, menos incentivos para lutar pelo controle total do governo.

Em vez de tentar superar as divisões do país, os fundadores do Líbano decidiram abraçar a fragmentação. Esse arranjo, escreveu Lijphart nos anos 1960, ajudava a explicar por que o país conseguiu manter um sistema democrático. "Uma balança de poder múltipla", escreveu, foi a contribuição essencial "para o sucesso".[57]

Os livros e artigos de Lijphart tiveram grande impacto. O que ele chamou de "democracia consociativa" parecia dar aos cientistas políticos uma arma que eles raramente tinham em mãos: a capacidade de oferecer conselhos práticos que poderiam ajudar a acelerar o advento da democracia ou mesmo impedir a deflagração de uma guerra civil. Invocando a lista sempre crescente de publicações de Lijphart e de seus seguidores, uma série de consultores europeus e americanos partiu em busca de países marcados por conflitos com o intuito de aconselhá-los a adotarem formas de partilha de poder.

Quando Lijphart apresentou sua teoria pela primeira vez em 1968,[58] só um punhado de países eram considerados consociativos. Na década de 1990, quando muitas democracias fundadas recentemente vinham consultando cientistas sociais para o projeto de suas respectivas novas constituições, e com Lijphart no cargo de presidente da Associação Americana de Ciência Política,[59] muitas outras já haviam adotado alguma forma de partilha de poder. (Até que ponto essas mudanças se devem à influência de Lijphart, e não a outras forças que empurravam os países numa direção similar, é difícil dizer.)

Mas os resultados não foram tão bons quanto se esperava. Na maioria dos países, as novas instituições levaram a impasses ou foram ignoradas. Muitos recaíram na autocracia ou na guerra civil. A fragmentação tornou-se ainda mais perigosa.

Isso talvez não devesse ser motivo de espanto. Afinal, até mesmo o principal país no qual Lijphart se baseou ao defender o argumento de que as instituições que funcionavam tão bem nos Países Baixos poderiam ser transplantadas para outras partes do mundo também havia, nos anos decorridos desde então, saído dos trilhos.

Justo quando Lijphart fazia os retoques finais em seu último livro — *Democracy in Plural Societies* [Democracia nas sociedades plurais] —,[60] o Líbano naufragou numa guerra civil sangrenta e demorada.[61] Entre 1975 e 1990, mais de 100 mil pessoas foram mortas e muitas mais ficaram feridas ou desabrigadas. No país que serviu por mais tempo como exemplo central de sua promessa, a partilha de poder fracassou.[62]

COMO A PARTILHA DE PODER APROFUNDA A FRAGMENTAÇÃO

Conheci Abdallah Salam, figura conversadora, com rosto de bebê e olhos curiosos, há mais ou menos doze anos, durante um curso de verão em Cortona. Junto com outros vinte estudantes e professores, passamos duas semanas idílicas debatendo religião e identidade em um monastério abandonado com vista para as colinas toscanas. Lembro-me com carinho daquelas semanas, e pensava nelas de vez em quando, mas praticamente me esquecera de Abdallah — até me deparar com seu rosto, só um pouco mais amadurecido, olhando para mim nas páginas do *Guardian*.[63]

Na foto, Abdallah vestia black-tie e segurava a mão de uma linda mulher envolta em um vestido de noiva requintado. Cerca de cem convidados aplaudiam os recém-casados em um jardim suntuoso. Contudo, apesar da impressão de harmonia que a fotografia glamorosa passava, o casamento de Abdallah com Marie-Joe Abi-Nassif era motivo de grande escândalo em seu país natal.

Abdallah é muçulmano sunita. Marie-Joe é cristã. Mesmo hoje, o casamento entre essas divisões religiosas e sectárias é raro no Líbano.[64] Quando acontecem, os casais enfrentam dificuldades tremendas para garantir o reconhecimento jurídico de sua união. Como os casamentos são geralmente efetuados e registrados por cada um dos principais grupos religiosos do país, os casais de fé mista ficam sem lugar.

Ao longo dos anos, os poucos casais que enfrentaram esse problema contentaram-se com uma manobra insatisfatória. Em vez de se casarem em casa, a cerimônia era conduzida na vizinha Chipre. Embora ao retornar seguissem lidando com muitas desvantagens, o registro civil geralmente reconhecia o casamento "estrangeiro".

Isso nunca passou pela cabeça de Abdallah e Marie-Joe. Determinados a superar a divisão sectária que havia despedaçado o país durante todo o curso de sua vida, os dois pretendiam lutar por uma mudança real. "Nós não existimos como cidadãos — apenas como membros de grupos determinados. A sensação é a de que o Estado teve sua soberania completamente subjugada", disse Marie-Joe.[65]

O casamento dos dois — essa era a esperança deles — faria uma pequena contribuição no sentido de conceder às pessoas de sua geração mais liberdade para viver de acordo com suas próprias escolhas. "Queremos que o Líbano seja um país para todas as pessoas, com igualdade perante a lei, livre de leis arcaicas confessionais e de tribunais religiosos convocados a todo instante", disse ela.[66] Não obstante, passados alguns meses desde o casamento, as autoridades do país ainda não haviam reconhecido o novo status dos jovens como esposo e esposa.

Os desafios enfrentados por Abdallah e Marie-Joe são representativos das formas pelas quais as democracias consociativas tanto exacerbam quanto aliviam a fragmentação de países profundamente divididos.

Instituições de partilha de poder muitas vezes subvertem uma das promessas essenciais da democracia: deixar que as pessoas decidam seu próprio destino. Se todos os principais partidos estão sempre representados no governo, as eleições não têm consequências claras. Assim, as elites políticas muitas vezes podem se valer do sistema para atender a seus próprios interesses, deixando as pessoas comuns sem as ferramentas para desafiar o desgoverno, a corrupção ou a incapacidade persistente do Estado no que toca à oferta de serviços básicos.

Esse déficit democrático é particularmente problemático para indivíduos que desejem transformar os costumes de suas próprias comunidades. No Líbano, o estatuto pessoal está sujeito a um sistema inteiramente separado de adjudicação. Se você é um sunita que deseja se divorciar, está sujeito a regras e juízes sunitas.[67] Se quiser mudar essas regras, é possível, claro, publicar editoriais ou organizar algum tipo de protesto. Mas a decisão cabe, em última instância, a autoridades religiosas não eleitas.[68]

Democracias consociativas geralmente subtraem seus cidadãos da capacidade de controlar as leis que governam sua vida. Nessas sociedades, em muitas áreas da vida pública, simplesmente não há democracia.

Soluções reais para os problemas de países como a Índia e o Líbano deveriam torná-los menos fragmentados. Qualquer conjunto de instituições que de fato viesse a atenuar a probabilidade de conflitos futuros teria de encorajar uma maior confiança e um contato mais próximo entre os membros de cada grupo.[69]

Instituições voltadas para a partilha de poder fazem o oposto. Pela forma como são projetadas, elas impõem obstáculos imensos no caminho de qualquer pessoa que procure estabelecer laços mais próximos com os membros de outros grupos. São instituições que glorificam e entrincheiram identidades já existentes. E, nesse processo, tornam muito mais difícil o surgimento de um senso comum de cidadania.

Democracias consociativas forçam os indivíduos a se conceberem, em primeiro lugar, como membros do grupo identitário no qual nasceram. Há quem prefira se definir primeiramente como libanês em vez de sunita, xiita ou cristão. Outros se orgulham de seus atributos pessoais ou de suas conquistas profissionais, não dos laços de sangue ou de fé. E há ainda aqueles que se apaixonam por alguém de outra comunidade. Contudo, sempre que uma pessoa pisa além dos limites comunais preestabelecidos que as instituições consociativas cristalizam, ela se vê às voltas com obstáculos e injustiças de proporções kafkianas.

Surpreendentemente, Lijphart, desde o início, previu — e até celebrou — essas limitações da fragmentação. Como escreveu em seu primeiro ensaio sobre consociativismo, o sistema só funcionaria se os membros de cada grupo tivessem pouco contato entre si. "Linhas nítidas de demarcações entre subculturas", argumentou, eram uma precondição importante para a democracia consociativa, pois "sobreposições intergrupais" tornariam mais difícil para as elites governarem suas subculturas. Ele concluiu que era precisamente a compartimentalização rígida *entre* grupos que criaria a "coesão política interna" *dentro* dos grupos, necessária para que o sistema funcionasse.[70]

O impacto desse sistema deveria ser previsível desde o começo. Tentar pacificar sociedades fragmentadas por meio de instituições de partilha de poder é um pouco como tentar curar um viciado em crise de abstinência oferecendo-lhe a droga que ele deseja. A curto prazo, pode-se evitar convulsões violentas. A longo prazo, o problema apenas se exacerba.

LIÇÕES DO FRACASSO

Sociedades marcadas pela diversidade têm sofrido com pelo menos três deficiências: dominação, anarquia e fragmentação. Cada uma dessas deficiências é emblemática de um risco que, mesmo em algumas das democracias mais desenvolvidas do mundo, segue relevante ainda hoje.

A maioria das democracias desenvolvidas foi historicamente construída a partir de formas de dominação. Em muitos países europeus, essa dominação ficava oculta. Como eram peculiarmente homogêneos à época de sua fundação, podiam fingir-se tolerantes sem jamais ser verdadeiramente inclusivos. Em outras democracias, a dominação era muito mais explícita. Nas primeiras décadas ou séculos de sua existência, um país como os Estados Unidos só pôde conciliar suas aspirações democráticas com a determinação de subjugar povos originários e afro-americanos excluindo-os abertamente da proteção de seus nobres documentos, como a Carta de Direitos.

Nas últimas décadas, os dois conjuntos de democracias se tornaram muito mais inclusivos de modo significativo. Pela primeira vez, países como Alemanha, Uruguai e Japão ofereceram a imigrantes e descendentes um caminho para a cidadania.[71] Os Estados Unidos finalmente concederam aos grupos minoritários direitos civis plenos, aprovando legislações ambiciosas contra a discriminação.[72]

Em praticamente todas as democracias, a maioria da população adotou atitudes muito mais inclusivas em relação a imigrantes e minorias. E esses grupos, por sua vez, não perderam tempo em tomar partido das novas oportunidades que se lhes abriram. Nos últimos anos, progrediram rapidamente nos principais indicadores de sucesso, incluindo renda e educação.*

No entanto, essas melhorias, embora animadoras, não foram suficientes para desfazer os efeitos persistentes da dominação passada. Embora o vão tenha se estreitado significativamente, grupos há muito dominantes retêm consideráveis vantagens socioeconômicas. E, ainda que o entendimento popular sobre quem pertence de fato a um país tenha se tornado muito mais inclusivo, muitos

---

* Descrevo esse progresso em detalhes no capítulo 8.

imigrantes e membros de minorias étnicas ainda se sentem tratados como convidados ou intrusos.

O primeiro grande risco para as democracias diversificadas nas próximas décadas, então, é não conseguir superar a sombra persistente da dominação. Embora formalmente igualitárias, suas sociedades podem, na prática, estratificar-se em castas, com membros da maioria étnica no topo e todos os demais embaixo.

A anarquia estrutural é outra grave armadilha para as sociedades diversificadas. Em muitas partes do mundo, grupos diferentes nutrem uma desconfiança mútua tão profunda que se recusam a cooperar para preservar um Estado efetivo.

Em um primeiro olhar, não é esse o problema que a maioria das democracias desenvolvidas enfrenta hoje. Elas contam com recursos gigantes, empregam muitos funcionários públicos e comandam grandes exércitos. Algumas têm o poder de destruir o mundo várias vezes seguidas. O fracasso estatal não parece um cenário realista em países como França, Reino Unido ou Estados Unidos.

Não obstante, pesquisas recentes sugerem que também esses poderosos países podem assistir à decadência de seus serviços básicos nos próximos anos. Por toda a América do Norte e Europa Ocidental, a crescente diversidade demográfica tem se associado fortemente a um declínio no apoio aos programas de assistência social.[73] Quando acreditam que o dinheiro de seus impostos irá para "gente como nós", os cidadãos se mostram mais inclinados a apoiar um seguro-desemprego generoso ou bons serviços de saúde pública; o caso é diferente quando temem que esses programas sirvam a pessoas que não compartilham de sua identidade.

O segundo perigo para as sociedades diversificadas, então, é que a crescente diversidade solape sua capacidade de oferecer a seus cidadãos serviços públicos essenciais ou um sentido de destino comum. Para que as democracias diversificadas preservem as benesses de um Estado funcional, precisam garantir que os membros de todos os grupos acreditem que as instituições operam em benefício de todos.

Há ainda uma outra armadilha para a qual as democracias diversificadas precisam estar atentas: a fragmentação. Muitos lugares mundo afora conseguiram — pelo menos temporariamente — solucionar o problema da diferença por meio de uma espécie de cessar-fogo. Países como o Líbano abriram mão de criar um senso compartilhado de identidade. Em vez de construir laços de confiança e conexões entre os grupos que representam, as elites políticas traçaram um acordo entre si. Regras minuciosas garantem que cada grupo retenha uma fatia significativa do poder (e que as elites continuem no controle).[74]

O preço que a população paga por esse acordo revelou-se, contudo, bem alto. Carecendo de um senso compartilhado de cidadania, o libanês comum sente que é praticamente impossível contestar a profunda corrupção de suas elites.[75] E, como todas as instituições do país encorajam o apego à identidade, a fragmentação da sociedade dá poucos sinais de arrefecer de uma geração para outra. Assim, instituições cujo propósito era manter a paz terminaram apenas retardando a deflagração da sangrenta guerra civil no país.

Na maioria das democracias desenvolvidas, os cidadãos, felizmente, compartilham uma dimensão identitária muito mais forte. Brancos e afro-americanos nos Estados Unidos, como cristãos e muçulmanos na França, têm um laço muito mais forte de cidadania compartilhada do que xiitas, sunitas e maronitas no Líbano.

No entanto, países como França e Estados Unidos também correm o risco de ver a fragmentação étnica atravancar ou desfazer o progresso dos últimos anos. Em boa parte do mundo democrático, vemos "empreendedores" do dissenso encorajando maiorias étnicas minguantes a lutarem por seus interesses antes que seja "tarde demais". Ao mesmo tempo, círculos acadêmicos e ativistas que outrora defendiam o universalismo cada vez mais partem do pressuposto de que instilar um senso mais forte de identidade étnico-racial ou religiosa em grupos historicamente desfavorecidos (ou mesmo em grupos historicamente dominantes, como os brancos nos Estados Unidos)[76] é o único caminho realista para a igualdade.

Esses acontecimentos conspiram para impulsionar a importância dos mesmos tipos de grupos que despedaçaram sociedades diversificadas em todo o mundo. Ainda que muitos cidadãos comuns venham pensando a noção de identidade em termos mais fluidos, instituições de elite e novas políticas públicas têm criado fortes incentivos para que esses cidadãos retomem o apego a identidades raciais ou religiosas.

Para preservar um sentido de cidadania compartilhada e de solidariedade mútua, as democracias diversificadas precisam encontrar formas de enfrentar a sombra da dominação passada sem encorajar seus cidadãos a darem mais atenção às diferenças que os marcam do que às semelhanças. O terceiro perigo, portanto, é que, nos próximos anos, as democracias diversificadas se fragmentem em grupos cada vez mais rígidos e hostis.

3. Como manter a paz

No dia 6 de dezembro de 1992, 150 mil hindus[1] de toda a Índia participaram de uma manifestação gigantesca em frente à mesquita Babri Masjid, famoso templo na cidade de Ayodhya.[2] Portando bandeiras religiosas e cantando slogans políticos, a multidão reivindicava um trecho de terra onde teria existido um templo hindu que marcava o local de nascimento de Lord Rama.[3]

À medida que o dia se arrastava, e aliados políticos do Bharatiya Janata Party (BJP), partido nacionalista hindu hoje capitaneado pelo primeiro-ministro Narendra Modi, cantavam slogans incendiários,[4] a multidão seguia crescendo — e sua raiva também. Por volta do meio-dia, um jovem devoto venceu as barricadas, escalou o muro exterior da mesquita e sacudiu triunfante uma bandeira cor de açafrão.[5]

A multidão avançou. A polícia, em menor número, abandonou a mesquita aos martelos e machados da turba vitoriosa. Bastaram algumas horas para que a construção, que contava muitos séculos de existência,[6] fosse obliterada.

Nos dias que se seguiram à destruição de Babri Masjid, o

anjo da morte visitou muitas vilas e cidades da Índia. Mais de 2 mil pessoas morreram em conflitos e manifestações violentas.[7]

Aligarh, no norte do país, foi uma das cidades em que a prolongada disputa sobre Babri Masjid inspirou violências terríveis. Mesmo antes de a mesquita ser destruída, a tensão local já fervilhava. Quando os dois maiores jornais da cidade reportaram falsamente que médicos e enfermeiras muçulmanos haviam assassinado pacientes hindus, ativistas juraram vingança. Uma gangue local interceptou um trem que seguia para a estação central da cidade, fez descer os passageiros muçulmanos e matou todos em plena luz do dia. Alguns dias depois, quando a carnificina finalmente cessou, mais de setenta pessoas, entre hindus e muçulmanos, haviam morrido.[8]

Muitas cidades ao redor do país viram incidentes semelhantes[9] — incidentes sangrentos que os jornais e políticos indianos chamam, de forma bastante eufemística, de "violência comunal".[10] Contudo, estranhamente, algumas cidades conseguiram de maneira consistente evitar o mesmo destino.[11]

Kozhikode, no sul do país, por exemplo, tem muitas semelhanças com Aligarh. Ambas são cidades de médio porte.[12] Nas duas, um pouco menos de dois em cada três habitantes são hindus, e um pouco mais de um em cada três é muçulmano. Nas duas, rumores — falsos — sobre supostos massacres perpetrados pelo grupo adversário se espalharam sempre que as tensões sobre Babri Masjid se acirraram.[13] No entanto, Kozhikode até aqui foi poupada da violência que ceifou tantas vidas em Aligarh.[14]

"Aligarh figura na lista das oito cidades indianas mais propensas aos conflitos de rua", notou o cientista político Ashutosh Varshney.[15] Kozhikode, por outro lado, "não teve um único conflito do tipo no século xx".[16]

O que poderia explicar essa diferença? E como essa explicação nos ajuda a descobrir estratégias que as sociedades diversificadas possam adotar hoje para mitigar os perigos correntes da dominação, da anarquia e da fragmentação? Uma grande parte da resposta a essas questões reside no trabalho de um psicólogo que nasceu não na Índia, mas em Indiana.

QUANDO O CONTATO ENTRE GRUPOS HOSTIS INSPIRA TOLERÂNCIA (E QUANDO NÃO INSPIRA)

Gordon W. Allport nasceu pouco antes da virada do século XX, em Montezuma, Indiana,[17] cidadezinha a meio caminho entre Decatur e Indianápolis. Criado por um pai devoto cuja pretensão à fama residia em figurar em *The Great American Fraud* [A grande fraude americana], best-seller que expunha uma série de trapaceiros, vigaristas e médicos curandeiros,[18] Allport foi sempre um aluno aplicado. Ainda adolescente, fundou uma pequena editora. Depois de estudar em Harvard com bolsa de estudos e passar um ano formativo em Hamburgo e Berlim sob a tutela de alguns dos psicólogos mais renomados do mundo, tornou-se professor influente, especializado em um novo campo: a personalidade humana.[19]

Nos anos seguintes, Allport observou à distância boa parte do Velho Mundo sucumbir ao barbarismo. "Os homens civilizados", escreveu depois da guerra, "dominaram magistralmente a energia, a matéria e a natureza inanimada em geral e vêm aprendendo rápido a controlar o sofrimento físico e a morte prematura." Contudo, apesar do progresso tecnológico impressionante conquistado durante a primeira metade do século XX, "parece que ainda vivemos na Idade da Pedra, pelo menos no que diz respeito a como lidamos com as relações humanas [...]. Cada canto do planeta tem seus próprios fardos especiais de animosidade".[20]

Se os humanos conseguissem reduzir seus preconceitos, pensou Allport, talvez alcançassem um pouco de progresso moral. Com isso em mente, buscou identificar instituições sociais e políticas capazes de ajudar a conter esse perigoso instinto psicológico.

Um dia, as pressuposições que ele próprio fazia sobre outras pessoas lhe deram uma ideia-chave de como fazer isso. Durante o tempo livre, Allport às vezes trabalhava como voluntário numa organização dedicada à assistência a refugiados. De início, ele ficava apreensivo em relação a alguns dos grupos com os quais deparava. Quanto mais tempo passava com eles, no entanto, mais seus preconceitos se dissipavam. Talvez, pensou, sua própria experiência não fosse peculiar — e um contato mais próximo entre grupos que compartilhavam uma aversão mútua e histórica pudesse ajudá-los a superar essas reservas.

Durante os anos e as décadas seguintes, um grande programa de pesquisa confirmou sua intuição. Investigando uma ampla variedade de contextos em que membros de grupos historicamente hostis haviam sido obrigados a interagir, psicólogos encontraram evidências do impacto salutar do "contato intergrupal" em todas as esferas da vida social e profissional.[21]

Soldados americanos em contato frequente com civis alemães mostravam-se muito mais inclinados a ter uma opinião favorável sobre eles do que os que não haviam tido qualquer contato.[22] Soldados brancos em destacamentos com soldados negros tendiam a apoiar unidades de combate inclusivas no Exército Americano mais do que os soldados que atuavam em destacamentos segregados.[23] Entre civis, comparados aos que viviam em unidades segregadas, os brancos que viviam em conjuntos habitacionais inclusivos eram muito mais propensos a reportar que os afro-americanos eram "basicamente iguais aos brancos que vivem aqui".[24]

A intuição de Allport parecia indicar um futuro luminoso. Contanto que pessoas de grupos diferentes tivessem a oportunidade de interagir, os preconceitos se dissipariam aos poucos.

* * *

Não deve haver hipótese no campo da psicologia social mais debatida pelos pesquisadores nos últimos três quartos de século. Em geral, as evidências têm validado aquela que veio a ser conhecida como a "hipótese do contato intergrupal".

Graças a muito trabalho, pesquisadores identificaram centenas de casos ao redor do mundo em que a exposição a desconhecidos de fato tornou as pessoas mais tolerantes em relação a grupos que elas outrora haviam discriminado ou mesmo desprezado.[25] Mas também confirmaram uma preocupação que tinha incomodado Allport desde o início: que o contato intergrupal não renderia os benefícios desejados caso as condições sob as quais os grupos interagissem os predispusessem à antipatia ou ao menosprezo pelo outro.

Evidências desse pequeno detalhe se fizeram presentes desde o início. Em determinado estudo, 64% dos brancos que haviam trabalhado com afro-americanos na realização de tarefas de qualificação elevada ou em carreiras profissionais tinham uma impressão favorável deles. Mas entre os brancos que só haviam trabalhado com afro-americanos que ocupavam posições subalternas na condição de trabalhadores de baixa qualificação profissional, apenas 5% tinham uma impressão favorável.[26]

Baseando-se em outros estudos com resultados igualmente decepcionantes, Allport formulou quatro condições gerais[27] que precisam ser contempladas para que uma exposição maior a outros grupos tenha o impacto desejado:

1. *Status igual*: embora os dois grupos possam ser em larga medida desiguais na sociedade em geral, eles precisam ter um status relativamente semelhante no contexto em que se dá o contato.

Trabalhar lado a lado como colegas funciona; como chefe e subordinado, não.

2. *Objetivos comuns*: os membros dos dois grupos precisam atuar juntos em busca de um objetivo comum. Buscar o título em um campeonato como colegas de time funciona; participar do mesmo torneio como membros de times adversários, não.

3. *Cooperação intergrupal*: membros de ambos os grupos precisam ter um incentivo para trabalhar juntos de maneira colaborativa. Idealmente, precisam trabalhar juntos para solucionar um problema, com cada membro do grupo dando uma contribuição clara.[28]

4. *Apoio das autoridades e dos costumes*: figuras de autoridade precisam favorecer e encorajar a compreensão intergrupal. Se uma maior compreensão mútua é contra a lei ou pressupõe o risco de irritar um líder, ela tem menos chances de acontecer.

Trabalhos subsequentes confirmaram boa parte dessa visão.[29] Como Allport concluiu em um best-seller de 1954, o preconceito "pode ser reduzido por meio de contato de status semelhante entre grupos majoritários e minoritários em busca de objetivos comuns". Mas esses benefícios só se acumularão se a natureza do contato "levar a uma percepção da existência de interesses compartilhados ou de uma humanidade comum entre os membros dos dois grupos".[30]

Psicólogos tendem a investigar atributos de indivíduos. Cientistas políticos gostam de estudar as características de entidades maiores, como os Estados. Contudo, mesmo sem dar uma atenção especial às descobertas de Allport, eles se depararam com uma série de insights correspondentes nas últimas décadas.

De acordo com alguns cientistas políticos, como Robert Putnam, vínculos associativos densos entre cidadãos de uma cidade ou região funcionam como indicadores de instituições democráticas mais saudáveis e de maior crescimento econômico nas décadas seguintes. Quanto maior o número de associações voluntárias, corais e ligas de boliche numa determinada área, mais luminoso o futuro dessa região tende a ser.[31]

Contudo, assim como uma análise mais minuciosa revelou que o contato intergrupal só tem efeitos positivos nas circunstâncias certas, também a natureza específica desse "capital social" é determinante para que ele de fato incremente a capacidade de um país de evitar conflitos. Quando uma localidade tem, predominantemente, capital social "fechado", que conecta apenas membros de um grupo particular, o efeito em termos de mitigar o risco de hostilidade em relação a outros grupos não é considerável. Mas quando há muito capital social "interacional", que articula conexões entre membros de diferentes grupos, a sociedade se torna muito mais propensa a atuar conjuntamente em prol de serviços públicos, como o Estado de bem-estar social.[32]

Para ajudar as democracias diversificadas a sustentarem uma cooperação pacífica, corais e ligas de boliche precisam abarcar uma seção transversal ampla da sociedade.

Estes são os principais insights das ciências sociais nos quais Ashutosh Varshney se baseou quando se propôs a compreender o contraste marcante entre a capacidade de Kozhikode de manter a paz e o fracasso de Aligarh em evitar a violência comunal.[33]

A variedade de contextos positivos em que hindus e muçulmanos se encontram variam de uma cidade para a outra. "De acordo com o resultado das pesquisas", reporta Varshney,

quase 83% dos hindus e muçulmanos em Kozhikode costumam comer juntos em situações sociais; em Aligarh, apenas 54% o fazem. Cerca de 90% das famílias hinduístas e muçulmanas em Kozhikode reportam que seus filhos brincam juntos; em Aligarh, meros 42% afirmam o mesmo.[34]

Tanto os residentes de Aligarh quanto de Kozhikode têm bastante contato intergrupal.[35] Mas apenas em Kozhikode hindus e muçulmanos se encontram como iguais.

A dinâmica da cultura associativa também difere de forma marcante. Aligarh tem muitas organizações cívicas, como associações religiosas e comitês de assistência social. Mas a maior parte delas se dedica a hindus ou muçulmanos.[36] O capital social da cidade é predominantemente do tipo "fechado".

Já em Kozhikode, as associações cívicas criam muitas oportunidades para hindus e muçulmanos buscarem interesses comuns e cooperarem em prol dos mesmos objetivos. Há grupos inclusivos de comércio e sindicatos, ligas esportivas e sociedades artísticas, associações de puxadores de riquixá e clubes de leitura.[37] "Como na América de Tocqueville", Varshney afirma, Kozhikode é "um lugar de associados".[38]

Em momentos de crise, como na disputa em relação a Babri Masjid, essas ligações intergrupais podem fazer uma diferença crucial. Em Aligarh, onde a maioria dos vínculos se limita ao interior de cada comunidade, o capital social ajudou a espalhar boatos pérfidos e a reforçar o ódio; em Kozhikode, onde ligações sociais longevas conectam diferentes comunidades, ele ajudou a dissipar a boataria e a preservar a empatia.[39]

"Contatos intergrupais" e "capital social interacional" não

são meros conceitos abstratos criados por psicólogos e cientistas políticos; são ativos concretos que podem, mesmo em momentos de tensão extrema, ajudar as democracias diversificadas a preservarem a paz.

A ESTRADA À FRENTE

Quando mais novo, eu pensava que havia algo artificial na tendência humana a estabelecer grupos e a discriminar "intrusos". Não fossem os preconceitos ou a história, os políticos venenosos e os cínicos demagogos, todos conseguiríamos conviver em paz.

Eu já não acredito que esta seja uma visão de mundo realista. A tendência a favorecer nosso grupo acontece naturalmente.

Em certas épocas e lugares, essa tendência levou humanos a infligir sofrimentos terríveis uns aos outros. Houve longos períodos históricos em que alguns grupos foram subjugados com brutalidade. Ainda hoje temos áreas do globo nas quais o conflito entre grupos distintos permanece endêmico, e a maioria das pessoas, carecendo de serviços públicos oferecidos por um Estado amplo, vive na pobreza extrema. No futuro próximo, sociedades diversificadas correrão o risco de sofrer uma fragmentação tão notável que pessoas de posse da mesma cidadania não terão qualquer senso de propósito comum ou destino compartilhado.

Nos longos anais da história, relações entre grupos diferentes raramente foram justas ou harmoniosas. Não obstante, não precisamos nos desesperar.

Embora os humanos tenham uma tendência natural a formar grupos, a natureza e as atitudes desses grupos são dependentes das circunstâncias. Distinções de raça e religião são, sim, bastante reais. Mas, apesar de suas diferenças, um cristão branco em Boston, um hindu de pele escura em Chicago e um muçulmano negro em Los Angeles podem torcer pelo mesmo time nas Olimpíadas.

Ainda que diferenças manifestas entre grupos sempre tragam à tona o espectro do conflito e da desconfiança mútua, muitos grupos que foram inimigos mortais em certos lugares e épocas já conseguiram conviver muito bem em outros momentos, por vezes até concebendo a si mesmos, com o tempo, como membros iguais de um grupo maior. Alemães e franceses, chewas e tumbukas, xiitas e sunitas não estão destinados a se odiarem eternamente.

Dadas as condições certas, pessoas de diferentes culturas, religiões e etnias são capazes de realizar feitos admiráveis de cooperação. A questão é como criar as condições adequadas e que tipo de sociedade buscar. É nessa questão que me concentro no restante deste livro.

Na Parte I, tentei descrever o mundo como ele é hoje, dando ênfase aos fracassos e às injustiças que tão frequentemente caracterizaram as sociedades diversificadas ao redor do mundo; até aqui, a argumentação foi em essência *empírica*. Na Parte II, busco considerar como podemos aperfeiçoar o mundo; minha argumentação nos próximos capítulos é *normativa*. Que tipos de democracias diversificadas, pergunto, devemos tentar criar?

A resposta para essa questão depende, em parte, dos tipos de limitações reais de que padecem as diferentes sociedades. E porque essas limitações diferem de maneira especialmente forte entre democracias ricas e estáveis e sociedades pobres e instáveis, o foco geográfico das próximas seções do livro será um tanto mais estreito. Embora a análise empírica dos primeiros capítulos tenha se baseado em exemplos do Afeganistão à Zâmbia, os próximos capítulos serão voltados para os cidadãos das democracias desenvolvidas, países como França, Japão e Estados Unidos.

A natureza humana é outra limitação importante.[40] Como não acredito que a maioria das pessoas consiga se desvencilhar inteiramente de suas lealdades tribais, foco na questão de como administrar o impulso de favorecer nosso próprio grupo, evitando, assim, o combate direto. Em vez de imaginar um mundo sem tribos ou nações, pergunto como podemos estruturar nossas relações de forma a engendrar a menor quantidade possível de conflito, preservando a cooperação ao máximo.

Como os capítulos anteriores nos indicaram, isso significa que precisamos analisar com muita atenção as formas pelas quais as pessoas constroem suas identidades e os tipos de conjuntura em que elas tendem a abraçar os aspectos que têm em comum. Para prosperar, as democracias marcadas pela diversidade precisam criar muito capital social interacional e garantir o tipo certo de contato entre grupos.

PARTE II
O QUE AS DEMOCRACIAS
DIVERSIFICADAS DEVEM VIR A SER

Não é possível dizer com absoluta certeza que as democracias diversificadas que surgiram ao redor do mundo nas últimas décadas serão capazes de perdurar sem violências ou injustiças graves.

Tendo em vista o grau de incerteza do sucesso do grande experimento — e de quão aterrorizantes são as consequências em caso de fracasso —, alguns de seus defensores baixaram bastante as expectativas sobre o que devemos almejar coletivamente. Quando visualizam como serão as democracias diversificadas em cinquenta ou cem anos, imaginam sociedades em que o equilíbrio de poder pode ter oscilado a favor de grupos historicamente oprimidos, mas onde alguns dos piores problemas do presente persistem. Seus residentes terão pouco em comum, e as principais frentes de batalha ainda jogarão um grupo identitário contra o outro.

De acordo com essa visão pessimista, os direitos e deveres dos membros das sociedades marcadas pela diversidade dependerão fortemente das comunidades subnacionais em que nasceram. A maioria das pessoas terá um forte laço com seu próprio grupo étnico ou religioso e pouca lealdade em relação a um projeto nacional comum. A sociedade como um todo consistirá numa grande variedade de grupos diferentes, mas os membros desses grupos só terão contato esporádico uns com os outros. Por sua vez, as leis informais que regem a vida cotidiana terão por base o pressuposto de que a raça e a orientação religiosa de determinado cidadão serão para sempre seus atributos mais relevantes.

Por tudo isso, quando escuto alguns defensores autodeclarados do grande experimento, mal consigo lembrar por que deveríamos sequer torcer para que ele seja bem-sucedido.

À luz das injustiças que definem o momento presente e da dificuldade de construir sociedades diversificadas, compreendo por que tantos sonham com tão pouco. Estou convencido, contudo, de que seria um grave equívoco — moral e prático — desistir de construir um futuro melhor.

Seria um equívoco moral, pois devemos construir sociedades diversificadas prósperas, não apenas perseverantes. O mundo mudou dramaticamente no curso dos últimos cinquenta anos. Seria um grande fracasso imaginativo da nossa parte pensar que ele não possa ser transformado de modo também dramático nos próximos cinquenta. Por mais difícil que seja fazer com que democracias diversificadas triunfem, o custo é alto demais para aceitar um segundo ou terceiro cenário menos positivo.

Mas seria também um erro prático. Parece corretíssimo afirmar que nossas sociedades são tão marcadas pelo racismo e pela intolerância que as identidades acidentais determinarão eternamente as grandes frentes de batalha — e que o máximo que podemos esperar é que os oprimidos de sempre conquistem algum poder numa batalha de soma zero pela dominação social. O problema é que a longa história das sociedades democráticas sugere que países com grau severo de fragmentação são, em geral, profundamente disfuncionais. Com muita frequência, terminam imersos em conflitos violentos.

Por isso, suspeito que uma visão que nos diga para aceitar resultados menos satisfatórios não seja muito sábia, mas perigosamente ingênua. Há boas razões morais para buscar um futuro em que os cidadãos de diferentes grupos étnicos ou religiosos sentem que têm muito em comum. Contudo, para aqueles que têm consciência de como as democracias diversificadas desmoronam com facilidade, as razões práticas para buscar o melhor cenário são ainda mais substanciais. Enquanto as democracias diversificadas consistirem em tribos mutuamente hostis, sempre haverá o risco de injustiças terríveis ou de violências aterradoras.

Assim, que cara têm as democracias diversificadas que são não apenas perseverantes, mas prósperas?

Como nas últimas décadas as democracias diversificadas embarcaram em uma viagem sem precedentes, falta-lhes um mapa claro que indique o caminho. Há poucos relatos de viajantes anteriores bem-sucedidos, e não há GPS sugerindo por onde seguir a cada esquina.

Uma das principais tarefas para qualquer pessoa que deseje que o grande experimento funcione é, portanto, refletir sobre regras e ideais básicos que possam orientar a viagem que temos pela frente. Para esse fim, é particularmente importante responder a quatro questões fundamentais — e enormemente controversas:

1. Qual deve ser o papel do Estado nas democracias diversificadas?

2. As sociedades diversificadas devem abraçar ou evitar o patriotismo?

3. Até que ponto se deve esperar que imigrantes e membros de outros grupos minoritários "integrem-se" à sociedade majoritária?

4. Que tipos de regras informais devem estruturar a maneira como as pessoas levam a vida no dia a dia?

Tento responder a essas questões nos próximos capítulos. Como argumento no capítulo 4, as democracias diversificadas precisam garantir que seus cidadãos vivam livres do perigo da opressão estatal, que possam se manter fiéis a suas identidades *e* que possam (se assim o escolherem) escapar ao cerco de suas comunidades. No capítulo 5, argumento que nossas sociedades devem encorajar um patriotismo inclusivo, que alimente a solidariedade entre membros de grupos diferentes, baseando-se em ideais cívicos e no amor à cultura do cotidiano. Para o futuro que estão buscando construir, pode-se pensar na metáfora do parque público, que permite que todos os visitantes o desfrutem isoladamente, mas que fica mais bonito e vibrante quando muitos deles se dispõem a estabelecer novas amizades. Por fim, como concluo no capítulo 7, é preciso abraçar regras informais que inspirem cidadãos de diferentes origens a cultivar formas verdadeiras de empatia mútua e solidariedade.

Construir sociedades diversificadas é difícil. É provável que, mesmo em cinquenta ou cem anos, elas continuem sofrendo com uma série de limitações. Mas, para que o grande experimento tenha chances de triunfar — e para que aqueles que o veem com ceticismo percebam que deveriam trabalhar por ele —, precisamos insistir numa visão atraente do que as democracias diversificadas podem vir a ser: uma visão em que compatriotas de diferentes religiões e etnias embarcam numa vida compartilhada cheia de significado, sem abrir mão daquilo que os torna únicos.

4. Qual deve ser o papel do Estado?

Os Estados modernos exercem uma autoridade tremenda sobre seus cidadãos.

Eles dizem a milhões de pessoas o que devem ou não fazer, demandam uma boa porcentagem de seus rendimentos por meio de impostos, regulam detalhes mínimos de sua vida, desde que tipo de substância é permitido ingerir até a cor com que se deve pintar o muro de suas casas. E, embora seus mecanismos de coerção sejam frequentemente invisíveis, seu poder de fogo é a garantia última. Caso você se recuse a pagar os impostos, um agente do Estado baterá na sua porta e o levará preso.

Assim, uma das questões fundamentais que qualquer Estado moderno que busque se legitimar aos olhos de seus cidadãos precisa responder é o que poderia justificar esse tipo de coerção. Por que seria legítimo que um bando de políticos determine o quanto você deve pagar de impostos, que certa secretaria o multe caso você pinte seu muro da cor errada ou que um policial o interrogue sobre as drogas recreativas que você consome?

Essas questões se tornam ainda mais complicadas nas democracias diversificadas.

Para estabelecer essas regras, nações homogêneas podem se basear em um repertório de tradições há muito enraizadas. Muitos de seus cidadãos tendem a concordar com pelo menos algumas questões essenciais no que diz respeito à religião ou à moralidade pública, como as regras determinando que aspecto devem ter os templos e se o comércio pode ou não abrir aos domingos. Mesmo nesse tipo de sociedade, sempre haverá dissidentes que discordam das preferências de seus compatriotas. Mas é pouco provável que provenham de um grupo religioso ou étnico coeso vivendo sob dominação sistemática.

O dilema que as sociedades marcadas pela diversidade enfrentam é mais complicado. Nessas sociedades, o desacordo sobre questões morais e religiosas básicas tende a ser mais profundo. Embora também possuam tradições longevas, estas tendem a ter sido criadas pela maioria e talvez não reflitam as necessidades e preferências de minorias étnicas e religiosas. Para complicar ainda mais, os que contestam a preferência da maioria não são apenas dissidentes individuais que por acaso têm ideias diferentes sobre o mundo; são membros de comunidades que podem vir a sentir que suas crenças mais arraigadas ou suas identidades estão sendo desrespeitadas.

Todos esses fatos tornam mais difícil para as democracias diversificadas justificarem o poder do Estado. E potencializam as consequências em caso de fracasso. Se alguns grupos chegarem à conclusão de que o governo de seu país é ilegítimo, aumenta a probabilidade de que conflitos violentos, tentativas de secessão ou mesmo guerras civis se deflagrem.

Diante disso, como as democracias marcadas pela diversidade deveriam definir a relação entre o Estado e seus cidadãos, alcançando um módico básico de legitimidade aos olhos de seus membros?

Na maioria das democracias desenvolvidas, a resposta para essa questão se enraíza nos preceitos do "liberalismo filosófico".

Há muitas formas de expressar o que há no cerne dessa tradição. Mas, em linhas gerais, ela reside na ideia de que qualquer Estado legítimo protegerá as liberdades de seus cidadãos por meio de certos procedimentos essenciais. Embora o governo tenha o direito de impor regras à sociedade e extrair impostos, não tem autoridade moral para dizer aos cidadãos o que pensar, o que cultuar ou como levar sua vida privada. (O liberalismo, nesse sentido filosófico, não supõe uma posição particular no espectro esquerda--direita. No sentido em que uso aqui o termo, Willy Brandt e Helmut Kohl, Margaret Thatcher e Tony Blair, Ronald Reagan e Barack Obama, todos contam como liberais.)

Os detalhes do que isso implica para uma ampla gama de tópicos controversos não são exatamente óbvios. Liberais filosóficos discordam em relação a muitas questões importantes, como a educação domiciliar, a presença de símbolos religiosos em espaços públicos ou possíveis licenças de certas regras gerais que cidadãos com fortes convicções religiosas podem desfrutar.

Ainda assim, o maior compromisso do liberalismo filosófico é bastante claro. Os liberais creem que a autoridade do Estado é condicionada pela obrigação de respeitar a autonomia moral de seus cidadãos. E isso implica que — mesmo em um país com muitas religiões, culturas e etnias diferentes — as peças fundamentais da sociedade são os indivíduos, não os grupos aos quais eles pertencem.

Esse princípio básico pode dar sustentação a democracias cada vez mais diversificadas? Um número crescente de pensadores acredita que não.

Críticos do liberalismo gostam de alegar que o foco da filosofia nos direitos e deveres do indivíduo tornam-na incapaz de lidar com os desafios das democracias marcadas pela diversidade.

De acordo com esse ponto de vista, o liberalismo pressupõe, erroneamente, que a maioria das pessoas escolhe suas crenças religiosas e laços morais da mesma forma desimpedida com que escolhemos um restaurante ou um par de jeans. Isso, dizem seus críticos mais sofisticados, torna os liberais incapazes de apreciar o papel fundamental que as comunidades étnicas ou religiosas desempenham na vida da maioria dos indivíduos. Pois, na verdade, quase todas as pessoas nascem dentro de uma rede intrincada de relações que estabelecem laços profundos de afeição mútua.

"Indivíduos herdam um espaço particular dentro de uma série entrelaçada de relações sociais", argumentou o filósofo Alasdair MacIntyre em *After Virtue* [Além da virtude]. "Saber-se esse ser social é [...] encontrar-se em certo ponto de uma jornada que tem objetivos definidos; avançar vida afora é progredir — ou fracassar nesse progresso — em direção a um determinado fim."[1]

Os críticos do liberalismo dividem-se sobre como substituí-lo. Alguns esperam que uma maioria étnica ou religiosa coesa volte a impor sua vontade sobre o restante da sociedade. Para estes, a resposta correta para o individualismo da sociedade liberal é a afirmação coletiva de uma cultura nacional. É isso, por exemplo, que Viktor Orbán tem em mente quando defende o ideal de uma "democracia iliberal", prometendo que, como primeiro-ministro húngaro, garantirá a preservação dos valores tradicionais do país.[2]

Mas a tradição antiliberal com mais adeptos no mainstream acadêmico e político da maior parte das democracias desenvolvidas enraíza-se não no elogio da maioria de Orbán, que pretenderia impor as preferências do grupo majoritário a todos os outros, mas, antes, em uma espécie de relativismo moral, que permitiria que cada grupo na sociedade governasse seus integrantes o máximo possível. Nas últimas décadas, inspirados por críticos do liberalismo, uma gama de ativistas e acadêmicos tentaram criar uma concepção "comunitarista" das democracias diversificadas. Em vez de conceberem os indivíduos como as peças fundamentais dos Estados modernos, eles sugerem que tomemos como base os grupos étnicos e religiosos.

De acordo com o filósofo comunitarista Chandran Kukathas, por exemplo, as regras estabelecidas pelo Estado não são mais legítimas do que as normas que governam as comunidades étnicas e religiosas que o constituem. Em vez de concebermos os indivíduos como possuidores de direitos que os protegem de um Estado opressor, devemos pensar no conjunto dessas "associações" como o verdadeiro poder constitutivo nas sociedades diversificadas. O próprio Estado, ele argumenta, não é mais do que uma "associação de associações".[3] Como tal, seu direito de interferir nos assuntos internos de todos os grupos deve ser extremamente limitado, quiçá inexistente.

Essas concepções comunitárias que põem grupos e não indivíduos no centro das democracias diversificadas podem garantir uma boa fundação para uma alternativa ao liberalismo?

Para responder a essa questão, precisamos primeiro analisar as várias maneiras como os cidadãos das democracias diversificadas devem poder levar sua vida. Argumento que há pelo menos dois conjuntos de liberdades que precisam estar presentes para que possamos desfrutar de um mínimo de autodeterminação:

1. *Liberdade em relação a perseguições da parte de um exogrupo*: Em uma democracia plural próspera, os indivíduos devem estar livres de perseguições feitas por agentes de fora de seu grupo identitário, seja uma perseguição vinda do Estado ou de uma maioria

composta por seus próprios compatriotas. Isso significa que, se devem desfrutar de proteções essenciais contra o poder arbitrário do Estado, como a liberdade de expressão e de associação, é preciso também que saibam que o Estado protegerá ativamente todos os cidadãos contra o ódio de uma maioria intolerante que porventura desaprove sua raça ou etnia, suas tradições culturais ou suas práticas religiosas.

2. *Liberdade em relação à coerção exercida pelo próprio grupo*: Numa democracia plural próspera, os indivíduos devem estar livres de formas de coerção às quais seus próprios parentes, chefes comunitários ou sacerdotes podem vir a submetê-los. Isso significa que eles devem ter o direito de violar as normas de suas comunidades ou mesmo, se assim o desejarem, abandoná-las.

Em um segundo passo, podemos discutir que modelo — liberalismo ou comunitarismo — é mais capaz de garantir aos cidadãos ambas as proteções de que eles necessitam para serem fiéis a suas identidades e, ao mesmo tempo, terem poder de autodeterminação em sua vida. A resposta a que cheguei é clara. As democracias diversificadas serão mais capazes de respeitar as convicções de todos os seus cidadãos — incluindo aqueles que dão enorme importância aos seus laços étnico-raciais e religiosos e aqueles que não dão —, se adotarem uma concepção liberal.

AS LIBERDADES ESSENCIAIS (E COMO ELAS SÃO AMEAÇADAS)

No dia 20 de agosto de 2020, às 8h06, o voo 2614 da S7 Airlines decolou do aeroporto Tomsk Bogashevo, na Sibéria, rumo a Moscou.[4] Os primeiros minutos da viagem se passaram sem grandes acontecimentos. Então, um passageiro começou a gritar de dor. O gemido longo e agudo inundava a cabine. Desorientado, o homem conseguiu alcançar o banheiro, onde desmaiou.[5]

O avião fez um pouso de emergência, e os paramédicos retiraram o passageiro adoecido numa maca.[6] Quando chegou ao Hospital Emergencial Nº 1, em Omsk, Alexei Navalny, o líder de oposição mais famoso do país, encontrava-se em coma.[7]

Nos dias que se seguiram, Navalny tornou-se uma marionete de forças políticas. Numa coletiva de imprensa convocada às pressas, Alexander Murachovsky, chefe da equipe médica, descartou de modo taxativo a possibilidade de envenenamento.[8] Quando a esposa de Navalny, Yulia, chegou ao hospital, as autoridades de início a impediram de acessar Alexei, sob a alegação de que ela não apresentara a certidão de casamento.[9]

Preocupada com a possibilidade de que os médicos locais não estivessem fazendo todo o possível para salvar a vida do marido, Yulia pressionou as autoridades para conseguir uma transferência para tratamento no exterior. De início, as autoridades se recusaram a deixar que Navalny partisse. No fim, graças a uma imensa pressão internacional, um avião fretado recebeu permissão para levá-lo ao Charité Hospital, em Berlim.[10]

Os novos médicos logo estabeleceram que Navalny havia sido envenenado "com uma substância do grupo dos inibidores de colinesterase".[11] Tratado com medicamentos que neutralizavam agentes neurais, ele apresentou boa recuperação. Menos de um mês depois do colapso, Navalny anunciou que ele e a esposa pretendiam voltar à Rússia, apesar do claro risco de vida.[12]

Quando Navalny estava pronto para retornar, em janeiro de 2021, metade do avião estava ocupado por jornalistas dedicados a registrar seu temerário ato de bravura.[13] Citando um filme russo cult do começo dos anos 2000, Yulia voltou-se para a comissária de bordo e disse: "Traga-nos um pouco de vodca. Estamos indo pra casa".[14]

Como esperado, a alegria do casal ao voltar para a Rússia não durou muito. O avião foi redirecionado para evitar que uma multidão de apoiadores de Navalny celebrasse seu retorno. Tão logo pisou em solo russo, foi preso.[15]

Poucas semanas depois, um tribunal em Moscou sentenciou Navalny a mais de dois anos de prisão.[16] O juiz, numa decisão cuja perversidade se destaca nos anais dos regimes opressores, argumentou que, ao deixar a Rússia para ser tratado na Alemanha, Navalny violara os termos de sua condicional, relacionada a uma condenação anterior sob acusações igualmente dúbias.[17]

"Isso é para intimidar muita gente", disse Navalny, num discurso desafiador no tribunal. "Estão prendendo uma pessoa para amedrontar milhões."[18] Sua experiência, insistiu Navalny, era a essência da ditadura. Embora o poder bruto do Kremlin por vezes goste de se esconder sob as togas dos juízes, a disposição para prender ou matar oponentes "é o que acontece quando a tirania e a ilegalidade se tornam a essência do sistema político".[19]

LIVRE DE PERSEGUIÇÕES

A história de Alexei Navalny não é uma anomalia. Nos momentos mais sombrios da história humana, o anjo da morte frequentemente se cobriu com os mantos oficiais. Em muitas partes do mundo — na Alemanha dos anos 1930 e na União Soviética dos anos 1950, na China dos anos 1960 e no Brasil dos anos 1970 —, a história do século xx foi a história da perseguição estatal.

Mesmo hoje, regimes de opressão em países totalitários como a Coreia do Norte controlam a vida de seus cidadãos nos detalhes mais íntimos.[20] Uma tímida manifestação de desacordo, pronunciada a uma esposa ou marido dentro de casa, pode lhe valer o encarceramento ou mesmo a execução. Não expressar lealdade de uma maneira clara o bastante pode provocar as punições mais indizíveis.[21] Algumas almas desafortunadas já foram enviadas para campos de trabalho cujos horrores desafiam toda descrição apenas por não terem celebrado o regime com suficiente efusão — ou por não terem gritado com doses apropriadas de desespero quando a morte do "querido líder" foi anunciada.[22]

Felizmente, Estados totalitários, hoje, são raros. No século XXI, a maioria dos ditadores aprendeu que não precisa politizar todos os aspectos da vida da população. Diferentemente da Coreia do Norte, os cidadãos de ditaduras menos convictas — na Rússia ou na Nicarágua, na Turquia ou no Zimbábue — conseguem, de maneira geral, deixar a política de lado.[23] Se tocam a vida sem reclamar do regime, sem se preocupar com a corrupção ou sem apoiar a oposição, podem, em grande parte, viver como bem quiserem.

Por outro lado, tão logo se metam a falar demais, emitindo opiniões heterodoxas ou incomodando os arranjos dos lobistas políticos, o Estado pode apontar suas armas para eles. Se, por razões racionais ou nem tanto, o governo decidir que certo indivíduo representa uma ameaça, logo convocará sua incrível parafernália de intimidação. Talvez ele se veja subitamente impedido de conseguir um empréstimo ou um visto de saída. Talvez perca o emprego ou o apartamento. Talvez seja interrogado, preso, executado ou assassinado em plena rua.

Mesmo países cujos cidadãos até há pouco se orgulhavam de suas liberdades começam agora a derivar para o absolutismo.[24] Como reportou Larry Diamond, estamos hoje no meio de uma grave "recessão democrática".[25] Nos últimos quinze anos, mais países se afastaram do que se aproximaram de um sistema com instituições políticas livres.[26] De acordo com a Freedom House, até o fim de 2020, a parcela da população mundial que vive em países livres caiu para os níveis mais baixos em 25 anos. Menos do que uma em cada cinco pessoas vive hoje em países onde ainda é possível desafiar o governo sem medo de uma retaliação séria.[27]

Qualquer democracia digna desse nome deve manter o poder arbitrário do Estado sob controle. Seus cidadãos precisam saber que não serão perseguidos por criticarem os poderosos ou apoiarem a oposição. Mas, especialmente nas sociedades marcadas pela diversidade, as proteções para os cidadãos individuais devem ir além: para se levar uma vida livre e digna, é preciso que nem o Estado nem seus próprios compatriotas possam persegui--los por conta de suas identidades.

De xerifes locais encarregados de supervisionar leilões de escravizados a soldados responsáveis pela limpeza étnica em vilarejos, de agentes da Gestapo caçando judeus a hutus massacrando tutsis indefesos, o assassinato e os maus-tratos de minorias desfrutaram com frequência da sanção do Estado.

Mesmo em democracias supostamente consolidadas,[28] membros de minorias étnico-raciais e religiosas vivem hoje sob riscos que não existem para os seus compatriotas. No Ocidente, populistas de extrema direita vêm ganhando imenso poder, prometendo defender o país contra o suposto perigo que certos "intrusos" representam. Em muitos casos, incitaram o ódio contra grupos minoritários e instruíram agentes do Estado a violar direitos civis básicos.

Mas nem sempre a ameaça ou a perseguição vem direto do Estado. Em muitos países da Europa Oriental, por exemplo, grandes parcelas da população nutrem fortes preconceitos contra a população queer. Como as autoridades estatais muitas vezes não os protegem adequadamente, os cidadãos que são publicamente reconhecidos como homossexuais ou que ousam comparecer a uma parada de orgulho gay não podem senão temer severos riscos físicos. Um Estado, portanto, pode facilitar a perseguição de grupos minoritários apenas por fazer vista grossa para a tirania da maioria.[29]

Assim, não é suficiente que o Estado não persiga seus próprios cidadãos por conta de visões políticas, convicções religiosas ou orientação sexual; ele precisa atuar para proteger as comunidades minoritárias da opressão que vem de atores não relacionados ao Estado. Numa sociedade livre, é preciso que os membros de todos os grupos possam viver de acordo com suas identidades, sem temer perseguições, seja da parte do Estado ou de seus compatriotas.

Mas há uma liberdade bem diferente de que os cidadãos das sociedades diversificadas também devem desfrutar. Para que tenham poder sobre a própria vida, não é suficiente que estejam protegidos da perseguição de um exogrupo; precisam ser protegidos também das terríveis formas de coerção às quais os membros de sua própria comunidade podem submetê-los.

LIVRES DE COERÇÃO

Entre o fim de 2017 e o começo de 2018, Saif Ali Khan, fruteiro de 22 anos de idade que ganhava a vida nos mercados de Bikaner, no pitoresco noroeste da Índia, conheceu uma jovem que morava nas redondezas. Eles se apaixonaram, passaram a se encontrar sempre que podiam e decidiram se casar. Até que a família da futura noiva descobriu.

Horrorizados que sua filha, uma hindu, estabelecesse uma relação com Khan, um muçulmano, os pais da noiva logo arranjaram um casamento mais "apropriado", enviando-a para ficar sob a tutela de parentes em Rampura Basti, a mais ou menos três quilômetros de distância. Mas Khan não desistiria tão facilmente da mulher que amava. Quando descobriu onde a família a havia escondido, foi em busca de sua pretendida. Se tudo desse certo, o casal fugiria antes do casamento arranjado.

Mas as coisas não deram nada certo. Tão logo Khan apareceu na casa, seis homens o imobilizaram. Depois de o espancar a ponto de Khan perder a consciência, os parentes de sua amada — incluindo pai, irmãos e primos — levaram-no à Karni Industrial Area, na periferia de Bikaner, e o largaram numa poça de efluentes. "Bateram sem piedade, quebraram suas pernas", contou Asmal, irmão de Khan, a um jornalista da região. "No fim, passaram com o carro em cima das pernas dele e o largaram no esgoto."

Quando os trabalhadores da fábrica encontraram seu corpo horas depois, Khan ainda estava vivo. No amanhecer do dia seguinte, sucumbiu aos ferimentos.[30]

A sangrenta história do século XX fez filósofos e cientistas sociais concentrarem-se nos poderes opressivos do Estado moderno. Mas isso pode ocultar uma ameaça à liberdade individual mais antiga e igualmente potente: a chamada "gaiola de normas".

Como Daron Acemoglu e James A. Robinson reportaram em *O corredor estreito*,[31] a ausência de um Estado não precisa resultar numa vida de anarquia, "sórdida, brutal e curta".[32] Para que a aparência de ordem social seja mantida "em sociedades sem uma autoridade centralizada", regras informais frequentemente exercem "uma dominação diferente, mas não menos opressora, sobre as pessoas".[33] Essas regras ditam o que cultuar, o que vestir, o que é apropriado dizer, quando fazer sexo e com quem casar.

Na maioria das sociedades tradicionais, pais e sacerdotes, chefes comunitários e vizinhos punem severamente quem busca seu próprio caminho ou fraterniza com um exogrupo. Essa "gaiola de normas" minuciosamente regulada pode ser mais estável e pacífica do que a guerra de todos contra todos que aterrorizava Hobbes. Mas é profundamente claustrofóbica e hierárquica — e, por vezes, igualmente sórdida.

As democracias desenvolvidas aboliram, ainda bem, muitas das práticas que Acemoglu e Robinson descrevem. Mas, mesmo hoje, membros de comunidades étnicas ou religiosas muito fechadas podem, como Saif Ali Khan e sua pretendida, verem-se sujeitos ao poder das autoridades de seu grupo das formas mais horrendas. De fundamentalistas cristãos em Topeka forçados a comparecer a "terapias de conversão" para suprimir impulsos homossexuais a judeus ortodoxos no Brooklyn que perdem o direito de ver os filhos que abandonam a comunidade, de somalianas no norte da Suécia que padecem mutilações genitais a turcas em Berlim que temem morrer assassinadas "em nome da honra", a gaiola de normas persiste — muitas vezes de maneira invisível; outras vezes, violenta — nas democracias diversificadas ao redor do mundo.[34]

Uma sociedade livre deve proteger seus cidadãos contra a perseguição do Estado ou de uma maioria intolerante. Mas deve também escancarar os pesados portões que aprisionaram a maior parte da humanidade ao longo da história em claustrofóbicas gaiolas de normas. Para que vivam livres da coerção humilhante, os cidadãos das democracias diversificadas precisam ter a opção de desconsiderar as normas dos grupos nos quais nasceram ou mesmo, se assim o desejarem, abandoná-los de todo.

As democracias diversificadas podem proteger seus cidadãos tanto da perseguição de forças exteriores ou da coerção infligida por membros de seus próprios grupos? E quem oferece uma visão mais realista de como fazê-lo: o liberalismo ou o comunitarismo?

NEUTRALIZANDO PERSEGUIÇÕES

Felizmente, nossa longa e sangrenta história nos dá bastante informação sobre como neutralizar as piores formas de perseguição.

Por milênios, grandes porções da Europa e da Ásia foram governadas por monarcas que desfrutavam de poderes plenipotenciários. E, sempre que um homem ou mulher tinha o monopólio do poder, a injustiça e a opressão eram generalizadas. Como disse Lord Acton, em 1887, resumindo séculos de história europeia em quatro simples palavras: "poder absoluto corrompe absolutamente".[35]

Porque o poder absoluto corrompe absolutamente, a história da liberdade é, em grande parte, a história de como impor limites criativos ao Estado. Ao longo dos séculos, três tipos de limites ao poder estatal evoluíram: limites na capacidade dos poderosos de permanecerem no poder sem o consentimento daqueles que lhes estão submetidos; limites nos tipos de decisões que esses líderes podem tomar sem a cooperação de instituições rivais; e limites na gama de assuntos com os quais o Estado pode se ocupar legitimamente.

Com o tempo, essas características essenciais da democracia liberal tornaram-se tão centrais às sociedades livres de todo o mundo que é tentador tomá-las como uma situação quase natural. Contudo, vale a pena relembrar qual é o objetivo central dessas características e por que todas as três precisam existir ao mesmo tempo para que possamos conter o perigo da perseguição — tanto da perseguição a indivíduos, como Alexei Navalny, quanto da perseguição a comunidades inteiras, como os rohingya.

1. *Eleições regulares*: Na maioria das sociedades ao longo da história humana, era impossível retirar os poderosos do governo

sem muita violência e conflagração. Se a maior parte das pessoas se ressentia do comportamento de seu rei ou chefe tribal, havia duas escolhas. Podiam esperar pela morte do monarca, torcendo sem grandes esperanças para que seu sucessor se provasse mais benevolente. Ou podiam, nas palavras de John Locke, recorrer a um "apelo aos céus",[36] encenando uma revolta que tinha poucas chances de sucesso, mas que quase certamente provocaria muito derramamento de sangue.

Felizmente, hoje há uma alternativa melhor. Ao longo de muitos séculos, alguns Estados inventaram e refinaram mecanismos que nos permitem remover do governo aqueles que abusam do poder. Esse é o propósito central das eleições regulares.

As eleições conferem aos cidadãos uma forma de influenciar as decisões de seus governos. Mas como qualquer cidadão de qualquer democracia sabe, os políticos frequentemente não cumprem as promessas que fazem para serem eleitos. Se eleições fossem um evento isolado, que transformassem os vitoriosos em monarcas vitalícios, a democracia dificilmente constituiria um avanço em relação à autocracia.

É por essa razão que os poderosos só podem ocupar os cargos mais importantes do país por períodos limitados. Depois de um número determinado de anos — dois para deputados americanos, quatro para presidentes e seis para senadores (uma duração excepcionalmente longa) —, os indivíduos em posições-chave no Estado precisam buscar a renovação de seus poderes.[37] Se já não estiver convencido que essas pessoas representam seus interesses, o eleitorado pode mandá-los para casa.

2. *Separação de poderes*: Quando falamos de eleições regulares, um problema óbvio se apresenta: E se um presidente ou primeiro-ministro incumbente se recusar a deixar o governo depois de per-

der uma eleição — ou se manipular os resultados para garantir a vitória?

Trata-se de um medo nada abstrato. De Robert Mugabe do Zimbábue a Hugo Chávez na Venezuela, diversos líderes procuraram concentrar vastos poderes em suas mãos tão logo venceram eleições democráticas. Solaparam a liberdade de imprensa, entupiram os tribunais e comitês eleitorais com súditos fiéis e prenderam líderes da oposição.

Com isso, logo se tornou praticamente impossível retirar do poder, por meios democráticos, esses líderes democraticamente eleitos. Embora Mugabe, Chávez e dezenas de outros ditadores preservassem uma fachada de instituições democráticas — encenando eleições regulares que lhes davam um verniz superficial de legitimidade popular —, o que eles fizeram, de fato, foi se transformar em monarcas vitalícios.[38]

Uma segunda inovação, portanto, é necessária para garantir que os cidadãos preservem a capacidade de remover do governo líderes opressores: o executivo precisa ser restringido por instituições antagônicas. Partidos de oposição têm de poder fazer seu trabalho, à revelia do governo. Jornalistas têm que poder criticar os presidentes, mesmo sob a ameaça de serem presos. E os juízes precisam reter sua independência política, manifestando-se sempre que os presidentes ultrapassarem os limites de sua autoridade legítima.

Este é o propósito do conjunto de regras e normas aparentemente paradoxais que os cientistas políticos conhecem por "separação dos poderes" ou, dito de outro modo, "pesos e contrapesos". Um presidente ou primeiro-ministro comanda o Executivo, gerindo o governo, liderando esforços diplomáticos e administrando a oferta de serviços públicos. Mas seus poderes não são ilimitados. Pois as leis são redigidas pelo Legislativo, que pode discordar do Executivo ou até, como em muitos países, afastar do poder um presidente ou primeiro-ministro. Por fim, disputas sobre a interpretação de leis já existentes, ou do alcance dos poderes legítimos dos presidentes, são arbitradas pelo Judiciário, com juízes independentes resguardando a Constituição.

3. *Direitos individuais*: Eleições regulares permitem que seus cidadãos removam líderes do poder quando eles se tornam impopulares. A separação dos poderes ajuda a garantir que as eleições sejam, de fato, justas e livres. Mas, por si só, essas inovações institucionais não são suficientes para garantir que os cidadãos levem uma vida significativamente livre. Pois se uma maioria dos cidadãos *desejar* que o Estado invada a vida de seus compatriotas, mesmo governos livremente eleitos podem vir a se tornar opressores.

O perigo de que a maioria venha a se tornar tirânica é especialmente agudo em democracias étnica e religiosamente divididas. Mesmo quando os países realizam eleições regulares, havendo uma real separação entre os poderes, ainda é possível a essa maioria proibir as práticas de culto de minorias religiosas, impedir que minorias étnicas cultivem sua própria cultura e língua ou fazer corpo mole quando turbas fanáticas perseguem grupos minoritários. Algo mais se faz necessário para proteger tais grupos tanto do estado quanto da tirania da maioria.

Felizmente, uma terceira inovação institucional faz muito para conferir a todos os cidadãos a possibilidade de viver a vida de acordo com seus próprios valores: o reconhecimento de que há uma esfera da vida na qual todos devem poder fazer o que lhes apetece, sem se preocupar com a opinião dos outros.

Tanto a Carta de Direitos, nos Estados Unidos, quanto a Declaração dos Direitos do Homem e do Cidadão, na França, reconhecem que há muitas decisões essenciais que cabem aos cidadãos tomá-las. A maioria pode desprezar profundamente as palavras que você decide publicar, as pessoas que você convida para jantar ou as práticas religiosas de que você participa. Mas enquanto o Estado adotar os princípios centrais do liberalismo, como liberdade de expressão, liberdade de reunião e liberdade religiosa, punindo energeticamente qualquer um que busque solapá-los ameaçando minorias desprestigiadas, todos os cidadãos estarão a salvo de perseguições.[39]

Em conjunto, eleições regulares, separação de poderes e direitos individuais garantem aos cidadãos das democracias diversificadas proteções preciosas contra perseguições. Contudo, será que as instituições centrais da democracia liberal lhes permitem orientar sua vida em torno dos profundos laços que muitos deles têm com sua comunidade? Ou será que alternativas ao liberalismo, como o comunitarismo, se saem melhor quando se trata de equilibrar a liberdade individual e a grande importância que tantas pessoas dão a seus grupos religiosos ou culturais?

PROTEGENDO OS CIDADÃOS CONTRA A COERÇÃO DE SEU PRÓPRIO GRUPO

Comunitaristas acreditam estar em melhores condições do que os liberais para respeitar a profunda relevância que os laços culturais têm na vida de muitas pessoas. Em vez de pensar nas democracias diversificadas em termos de cidadãos individuais, pensadores como Kukathas propõem que as concebemos como federações de comunidades étnicas e religiosas desatreladas.

É possível que uma democracia plural que adotasse o comunitarismo se saísse bem na defesa de um objetivo plausível das democracias diversificadas: garantir que comunidades religiosas ou culturais prosperem. Ao reconhecer, digamos, a Igreja Católica, a Convenção Batista do Sul e o Conselho de Relações Americano-

-Islâmicas como componentes constitutivos básicos da sociedade, conferiríamos a elas amplos poderes e privilégios. Isso permitiria, em tese, que os membros dessas comunidades vivessem de acordo com suas identidades.

Mas há muitos problemas graves nessa proposta. Um deles diz respeito à dificuldade de conferir reconhecimento oficial a uma série de grupos e de estabelecer demarcações precisas entre eles. Como as democracias diversificadas determinariam que grupos poderiam desfrutar de reconhecimento oficial e quais seriam novos demais, pequenos demais ou "levianos" demais para contarem como componentes constitutivos básicos?[40] Como elas se certificariam de que os líderes desses grupos de fato falam pela comunidade? E o que acontece com as muitas pessoas que não cabem confortavelmente em nenhum dos grupos reconhecidos?

Um problema ainda maior é que, embora pareça proteger as pessoas de perseguições e permitir que elas vivam de acordo com as identidades que herdaram, tal concepção comunitarista torna impossível que cada indivíduo determine por conta própria seu caminho na vida. No modelo de democracia plural proposto por Kukathas e seus aliados, os indivíduos que não concordam com os costumes das comunidades em que nasceram ficariam para sempre à mercê de opressivas gaiolas de normas.

Os Estados que se concebem como meras "associações de associações" não têm qualquer justificativa aparente para interferir nos assuntos "internos" desses grupos. Ficam obrigados, então, a se omitir quando não conseguem tolerar dissensos internos, quando impedem seus filhos de viverem uma vida emancipada ou quando perseguem aqueles que desejam seguir seu próprio caminho e abandonar a comunidade. Se você é um homem gay que nasceu no seio de uma seita cristã que acredita que a homossexualidade é coisa do demônio, ou uma criança intelectualmente curiosa no seio de um secto hassídico que não o encoraja a buscar uma educação secular, você terá de se acostumar a viver dentro da gaiola construída pela "sua" associação.[41]

Comunitaristas não têm como garantir aos cidadãos das democracias diversificadas um módico suficiente de liberdade quanto à coerção dos grupos identitários. Isso faz do comunitarismo uma visão nada atraente do futuro que devemos construir. Mas será que os liberais podem se sair melhor quando se trata de conciliar o desejo de tantos cidadãos de serem fiéis a suas identidades com a necessidade que alguns sentem de se libertarem da gaiola de normas?

A resposta é sim.

Na visão liberal, as democracias marcadas pela diversidade são constituídas por uma ampla variedade de indivíduos, não por um conjunto de grupos. Elas devem se comprometer a proteger as liberdades essenciais desses indivíduos. Assim, parece claro que uma democracia justa tem uma razão legítima, e até a obrigação, de se posicionar quando grupos étnicos e religiosos tentam coagir seus próprios membros.[42]

Contudo, embora os liberais se saiam bem quando se trata de assegurar liberdade em relação à gaiola de normas, não fica muito claro como eles podem garantir que as pessoas dedicadas a seus laços religiosos ou culturais possam se manter fiéis a suas identidades. Não será um equívoco, como alertou Alasdair MacIntyre, falar da profunda fé religiosa na qual muitos cidadãos das democracias diversificadas são criados — e que muitos deles talvez não compartilhem — como mera "escolha"?

Essa objeção não compreende bem a natureza do projeto liberal. Frequentemente se diz que a ênfase dos liberais nos indivíduos nos torna incapazes de apreciar a importância que os grupos desempenham na vida de tantas pessoas. Mas não é verdade: estamos muito cientes do significado primordial com que muitas pessoas imbuem os grupos aos quais elas pertencem, como também ao fato de que a maioria das pessoas jamais se afasta dessas relações. As pessoas não "escolhem" livremente preservar ou abandonar seus laços culturais e religiosos, como quem escolhe um jantar num aplicativo.

Liberais filosóficos nutrem, assim, profundo respeito pela importância da família, da religião e da tradição nas sociedades contemporâneas. Estamos plenamente conscientes de que muitos cidadãos levam sua vida de acordo com normas que eles enxergam como ditames da consciência. E é precisamente por isso que nos preocupamos tanto em proteger as garantias de liberdade pessoal, como a liberdade de expressão e de culto, que asseguram que os cidadãos não sejam forçados a abdicar de suas crenças mais íntimas.

É também por isso que Estados liberais do mundo todo devem permitir e de fato permitem que seus cidadãos estruturem sua vida em torno de seus compromissos culturais e religiosos de uma forma que, por vezes, a maioria talvez considere até extrema. Contanto que ofereçam a seus pupilos uma dose suficiente de educação secular para que possam fazer escolhas genuínas sobre como levar sua vida quando adultos, as comunidades religiosas podem perfeitamente encontrar escolas que instruam suas crianças nas tradições de sua fé. Os cidadãos que genuinamente sentem que servir no exército violaria sua consciência desfrutam de dispensas do serviço militar obrigatório. E quando comunidades como os amish decidem viver em grande isolamento em relação aos costumes da sociedade dominante, ninguém os força a adotar tecnologias modernas ou a se misturar com seus vizinhos.

Contudo, para os liberais, esse respeito profundo por comunidades religiosas ou culturais particulares deriva, em última instância, dos compromissos de seus membros. Se respeitamos as igrejas batistas ou a fé muçulmana ou a União Humanista, não é porque consideramos esses grupos como componentes básicos de nossa sociedade, mas porque eles têm um significado imenso para milhões de pessoas.

Para serem livres de fato, os cidadãos das democracias diversificadas devem saber que não encontrarão hostilidade ou discriminação baseada na cor de sua pele; que podem cultuar o que bem quiserem; e que são, se assim o desejarem, livres para passar a maior parte da vida dentro das comunidades étnicas ou religiosas nas quais nasceram. Garantir que seus cidadãos vivam livres das opressões de um exogrupo é tarefa essencial de um estado liberal. Contudo, os cidadãos das democracias diversificadas também devem saber que são livres para deixar os grupos nos quais nasceram, para violar suas normas sem medo de sofrerem destituições, violências ou mesmo a morte na mão de seus irmãos — e para se definirem pelas identidades e associações que eles próprios escolherem. Qualquer Estado que negligencie a liberdade de seus cidadãos no que diz respeito à coerção por parte de seu próprio grupo negligencia uma segunda tarefa igualmente importante.

Para ficar à altura de sua promessa, portanto, as democracias diversificadas devem proteger ativamente seus membros contra esse duplo risco. Os cidadãos precisam se beneficiar de todas as inovações institucionais que se provaram capazes de neutralizar pretensões tirânicas do Estado, além de saber que as comunidades às quais eles pertencem poderão praticar seus costumes em paz. E devem também poder convocar a assistência do Estado para defendê-los contra qualquer grupo que venha a aprisioná-los contra sua vontade numa gaiola de normas. Só uma democracia plural construída com base nos princípios do liberalismo filosófico é capaz de proteger esse conjunto de valores essenciais ao mesmo tempo.

Apenas Estados fortes o bastante para proteger indivíduos

contra os grupos que buscam oprimi-los, mas suficientemente circunscritos de modo a não se tornarem eles próprios opressivos, podem garantir o par de liberdades que todos merecem.

Uma sociedade em que todos os cidadãos desfrutem dessa dupla liberdade está bem equipada para combater as mais variadas formas de opressão e para dissipar algumas das fontes mais óbvias de conflito intergrupal. Contudo, como base para uma democracia plural próspera, isso não é suficiente. Pois, para que os cidadãos de diferentes raças e religiões se comprometam de fato a viverem juntos como parte do mesmo Estado, eles também precisam compartilhar algum tipo de sentimento.

Tradicionalmente, o patriotismo e o nacionalismo funcionaram como uma espécie de cola social na maior parte das democracias, instilando-lhes uma preocupação para com a causa comum da nação e o bem-estar de pessoas que eles jamais conheceram. Mas, hoje, por boas razões, muitas pessoas se mostram céticas em relação a esses sentimentos e se perguntam se seria possível encorajar uma forma saudável de patriotismo sem abrir a porta para a exclusão e a discriminação étnico-racial e os conflitos internacionais sangrentos.

É para essa questão que me volto agora.

5. O patriotismo pode ser bom?

Nos meses mais desesperadores da Segunda Guerra Mundial, quando os aviões da Wehrmacht despejavam bombas sobre Londres e os nazistas pareciam destinados a governar vastas áreas da Europa, George Orwell propôs-se a escrever sobre um tópico surpreendente: as virtudes do patriotismo.

Orwell estava tão ciente do potencial destrutivo do nacionalismo quanto qualquer um de seus compatriotas. Poucos anos antes, ele se aliara a um grupo internacional de idealistas para defender a República Espanhola contra os fascistas.[1] "A energia que molda o mundo", alertou, dirigindo-se àqueles que ainda descartavam Hitler como uma figura absurda demais para representar uma ameaça real, "nasce das emoções — o orgulho racial, o culto ao líder, as crenças religiosas, o amor à guerra —, emoções que os intelectuais liberais dispensam, mecanicamente, como anacronismos".[2]

Precisamente por saber do poder com que essas emoções conduziam a política, e quão destrutivas elas podiam se tornar quando se deterioravam em um nacionalismo fervoroso, Orwell propôs-se a defender a necessidade de uma forma construtiva de patriotismo.[3]

"O que manteve a Inglaterra de pé durante o último ano?", perguntou ele em plena Segunda Guerra Mundial. Em grande parte, respondeu, foi "a emoção atávica do patriotismo. [...] Pelos últimos vinte anos, o principal objetivo dos intelectuais de esquerda da Inglaterra foi destruir esse sentimento. E, caso tivessem conseguido, agora mesmo poderíamos estar vendo os homens da ss patrulhando as ruas de Londres".[4]

Para Orwell, a inferência era clara. Muitos ativistas e intelectuais tinham conseguido destruir o senso de patriotismo "dentro deles mesmos de forma tão absoluta que haviam perdido todo poder de ação".[5] Mas a forma correta de lutar contra o nacionalismo assassino não era insistir em ações políticas puramente racionais, desprezando com orgulho os laços locais; o correto era estimular e abraçar um patriotismo saudável que funcionasse como um bastião contra as piores manifestações do sentimento nacional.

Na primeira metade do século xx, o nacionalismo era a força política mais poderosa no mundo. Durante o período relativamente pacífico que o seguiu, muitos escritores e acadêmicos rapidamente voltaram a cair na armadilha que Orwell havia identificado. Foi nessa atmosfera intelectual que fui criado.

Quando jovem na Alemanha, meus amigos e eu nos referíamos aos nacionalistas de direita como *Ewiggestrige*, os "passadistas". O futuro residia numa maior tolerância e cooperação e na integração europeia. O nacionalismo, acreditávamos, era mero anacronismo — uma forma de preconceito coletivo apropriado a canastrões e demagogos, destinado à lata de lixo da história.

Anos depois, nacionalistas de extrema direita, como Narendra Modi na Índia, Jair Bolsonaro no Brasil e Donald Trump nos

Estados Unidos, começaram a vencer eleições. Para qualquer um que atentasse seriamente a essas mudanças, era óbvio que nosso desprezo não passava de mais um surto de esperança infundada. Enquanto escrevíamos ensaios elevados sobre o futuro pós--nacional, líderes políticos inspirados por um nacionalismo belicoso conquistavam o mundo.

O nacionalista está de volta, e é provável que se mantenha tão influente neste século quanto foi no passado. Como os defensores das democracias diversificadas devem reagir?

Uma resposta seria insistir no abandono de toda forma de sentimento nacional. Talvez essa ascensão dos nacionalistas nocivos represente mais uma boa razão para as pessoas decentes se transformarem em "cosmopolitas", dispostas a acolher a todos, sejam nossos vizinhos ou pessoas do outro lado do mundo.[6] Afinal, os filósofos têm certa razão quando perguntam por que alguém deveria ter uma consideração especial por pessoas que são nossas vizinhas apenas por acaso, uma vez que pode haver gente muito mais necessitada em outro lugar.[7]

Nisso há certa verdade. Temos obrigações morais consideráveis também para com pessoas com quem não compartilhamos laços de cultura, raça, etnia ou cidadania. Se mais pessoas levassem a sério essas obrigações, o mundo provavelmente seria um lugar muito melhor.[8] Os poucos capazes dessa empatia sem fronteiras têm minha total admiração.

Mas, com o tempo, também me tornei profundamente cético (como expliquei na Parte I) quanto à possibilidade de a maioria das pessoas ser capaz de sustentar esse tipo de altruísmo. Os humanos gostam de panelinhas. Nossa tendência a estabelecer grupos fechados e a discriminar os que não pertencem a eles é profunda.

Tendo em vista esses fatos, temo que seja ingenuidade supor

que uma sociedade que não estimule seus cidadãos a nutrirem alguma forma de sentimento nacional consiga com isso inspirá-los a se importar com os que estão mais distantes. Na prática, uma sociedade sem patriotismo muito provavelmente não se tornará uma sociedade de cosmopolitas altruísticos que doam todo o seu dinheiro para acabar com a fome em países distantes, mas, sim, uma sociedade de tribos que alimentam hostilidades entre si e lutam implacavelmente por seus interesses.

Isso é de especial importância nas sociedades marcadas pela diversidade. Para que prosperem, cidadãos oriundos dos mais variados grupos étnicos e religiosos precisam sustentar um senso real de solidariedade entre eles. Compartilhar uma devoção pelo país pode ajudar a atenuar os conflitos intergrupais, instilando um senso de respeito pelo bem comum.

É por isso que há muito tenho pensado no patriotismo como um animal domesticável. Se permitirmos que as piores pessoas instiguem seus instintos mais violentos, ele pode causar danos terríveis. Mas quando pessoas decentes se esforçam para domesticá-lo, ele pode ser imensamente útil para incentivar os cidadãos dos Estados modernos a se importarem com o destino uns dos outros.[9]

Com isso em mente, como as sociedades diversificadas poderiam domesticar essa fera, tornando o patriotismo uma ferramenta já não perigosa, mas útil? E o que poderia servir de base para um patriotismo inclusivo em sociedades que carecem de pontos de contato comuns, como práticas religiosas compartilhadas?

Há três respostas básicas.

A primeira diz que as democracias devem adotar uma concepção étnica do nacionalismo. Levando em conta a história de povos específicos, países como o Japão ou a Itália deveriam continuar a reconhecer aqueles que descendem de seus habitantes originais como dignos de tratamento especial.

Esse tipo de concepção étnica não pode funcionar como base para sociedades diversificadas que tratem todos os seus membros de maneira justa. Embora não haja nada de errado em honrar o papel histórico especial que certos grupos particulares desempenharam na formação de suas nações, imigrantes e seus descendentes, daqui em diante, precisam ser tratados como iguais.

A segunda resposta diz que as democracias devem se definir por suas culturas cívicas e seus valores constitucionais. Fundados com base em certos ideais, como a liberdade política, países como Índia e Estados Unidos há muito enfatizam seus documentos fundadores como fonte de identidade comum.[10] Mesmo um país como a Alemanha, que outrora se definia em termos mais explicitamente étnicos, hoje vem seguindo por esse caminho.[11]

O patriotismo cívico pode ajudar nações largamente diversificadas a operarem com base em ideais e aspirações compartilhadas. É um importante papel a desempenhar, sem dúvida. Mas acredito que a concepção cívica envolve uma descrição incompleta do sentido de patriotismo que a maioria dos cidadãos das democracias contemporâneas tem de fato em mente.

Isso nos leva à terceira resposta. Uma razão central para o profundo apego patriótico das pessoas é, simplesmente, o fato de que elas amam a cultura de seus países. Embora possam se sentir profundamente incomodadas com alguns problemas, lamentando injustiças sociais, as pessoas sentem uma conexão com as coisas que ajudam a definir a nação no dia a dia: sua língua e suas cidades, suas celebridades e seus programas de tevê, seus hábitos instintivos e suas convenções sociais.

Para que contagie as pessoas, esse tipo de patriotismo cultural precisa olhar para o futuro, evitando a obsessão pelo passado. E para que seja inclusivo, precisa abrir espaço para todos os residentes do país em vez de colocar um único grupo em um pedestal imerecido. Mas, compreendido corretamente, esse patriotismo pode dar uma contribuição essencial para inspirar o sentimento de propósito comum, necessário à prosperidade das democracias diversificadas.[12]

O PODER E O PERIGO DO NACIONALISMO ÉTNICO

Em 451 a.C., o mais famoso orador de Atenas ergueu-se de seu assento para se dirigir aos compatriotas. Sua cidade amada, argumentou Péricles, tinha diante de si uma crise urgente.[13] Imigrantes e seus descendentes metiam-se em assuntos que por direito deveriam ficar reservados àqueles cujos ancestrais haviam nascido na pólis. Já passava da hora de restringir a cidadania aos atenienses de verdade.

Mesmo antes da reforma proposta por Péricles, as leis que regiam as questões de cidadania em Atenas eram bastante restritivas. Para falar na assembleia, participar da votação de uma lei, tomar parte em um júri ou comprar terrenos, um residente de Atenas tinha de traçar a genealogia de seu pai até os fundadores originais da cidade.[14]

Quando a assembleia aprovou a lei capitaneada por Péricles, a cidade passou a velar pela "pureza" de seus cidadãos com zelo ainda maior. Agora, só os residentes que descendiam dos fundadores da cidade tanto por parte do pai quanto da mãe desfrutavam de todos os privilégios cívicos. Alguns dos escritores, cientistas e filósofos que mais associamos às glórias de Atenas — Aristóteles, Diógenes, Demócrito e Protágoras — foram, por toda a vida, cidadãos de segunda classe.

Na longa história da democracia, Atenas é mais regra do que exceção. Pelos últimos 3 mil anos, os cidadãos das democracias mais celebradas do mundo sempre se orgulharam de sua pureza étnica.

A República de Roma, por exemplo, alcançou rapidamente vastas dimensões. Pela época do nascimento de Júlio César, as fronteiras do império localizavam-se a milhares de quilômetros das sete colinas da cidade, e mais de 1 milhão de pessoas gozavam dos privilégios da cidadania romana. Buscando um modelo que inspirasse seu próprio experimento democrático quase 2 mil anos depois, os Pais Fundadores dos Estados Unidos voltaram-se mais para Roma do que para Atenas.

Contudo, ainda que a vasta República de Roma fosse muito mais diversa do que a pequena pólis de Atenas, ela também estipulava critérios étnicos para o ingresso dos seus membros. Os habitantes de territórios conquistados que se situavam na península italiana eram concebidos como parte da mesma grande tribo e podiam conquistar o direito de se considerarem romanos. Já os habitantes de territórios mais distantes, vistos como etnicamente distintos, permaneciam relegados a um status inferior.[15]

Na era moderna, a obsessão democrática com a pureza étnica se intensificou. Nos séculos XVIII e XIX, os movimentos nacionalistas da Europa opuseram-se de maneira decidida a monarquias esclerosadas que mantinham milhões de camponeses cativos na servidão feudal, negando a quase todas as outras pessoas qualquer participação política significativa. Entretanto, mesmo no auge do nacionalismo progressista, a democracia permaneceu muito associada à etnia. Quando patriotas alemães ou italianos lutavam para fundir inúmeros reinos e principados em nações unificadas, a pressuposição era a de que seus habitantes compartilhariam um idioma, uma história e uma herança.

Lutando para se libertar de grandes reinos multiétnicos, os movimentos nacionalistas colocavam uma ênfase ainda mais forte na descendência comum. Os patriotas tchecos, poloneses e romenos que buscavam se desvencilhar da dominação do Império Austro-Húngaro, por exemplo, desejavam criar Estados restritos aos que compartilhavam de sua cultura e costumes. Ao longo do século seguinte, eles concretizaram esse objetivo, e o fizeram, em boa parte, expulsando ou limitando os direitos de minorias étnico--raciais que viviam dentro dos territórios dessas novas nações.

Os estados asiáticos e africanos que se libertaram de seus colonizadores europeus durante o século XX talvez representem uma possível exceção. Como suas fronteiras haviam sido traçadas dando-se pouca atenção à cultura ou à geografia, a maioria deles continha grupos étnico-raciais demais em seu interior para que se criasse um Estado para cada um. Ainda assim, os líderes políticos rapidamente identificaram supostos intrusos, atribuindo-lhes a culpa pelos problemas de suas jovens nações. Dos hindus na atual Bangladesh aos sul-asiáticos na atual Uganda,[16] o nascimento dos Estados pós-coloniais muitas vezes andou de mãos dadas com a purga violenta de grupos minoritários.[17]

Qualquer análise crível sobre o significado do patriotismo hoje precisa levar a sério as raízes étnico-raciais das nações modernas.

Da antiga Atenas à Uganda contemporânea, critérios étnico--raciais sempre foram fundamentais para determinar quem está dentro e quem está fora. Assim, mesmo hoje, é impossível compreender a natureza da Dinamarca, da Tailândia ou de Ruanda sem fazer referência à forma como esses países foram plasmados por um ou por múltiplos grupos etnoculturais específicos. Quem quer que ame esses países deve também nutrir algum apreço pelos povos que os moldaram ao longo dos séculos.

Ainda assim, as mudanças no último meio século, especialmente nas democracias desenvolvidas que vivenciaram influxos elevados de imigração, tornaram impraticável uma concepção pura ou predominantemente étnico-racial.

Muitas das pessoas que hoje vivem e amam a Dinamarca, por exemplo, não descendem dos vikings que dominaram aquela região durante a Idade Média. Assim como Atenas condenou Aristóteles e Protágoras ao status de "metecos", impossibilitados de conviver com seus contemporâneos como cidadãos de igual direito,[18] também uma concepção étnico-racial do patriotismo dinamarquês condenaria quase um de cada cinco habitantes a um status de segunda classe.

Além disso, o nacionalismo étnico-racial representaria cada vez menos a vida como ela é na maioria dessas democracias modernas. Celebrando eternamente as conquistas de apenas uma parte da população, mostrar-se-ia incapaz de reconhecer em que medida essas democracias, nos últimos cinquenta anos, foram moldadas por imigrantes e seus descendentes. Cidadãos pertencentes a grupos minoritários jamais receberiam crédito total por suas contribuições e, com o tempo, muito provavelmente se tornariam amargos e ressentidos.

Para construir democracias prósperas que valorizem todos os seus cidadãos de maneira justa, os países diversificados precisam forjar uma nova concepção de patriotismo. Um nacionalismo que tenha por base a descendência comum não serve. Assim, que outra forma de identidade comum poderia ajudar a criar laços entre compatriotas de um país grande e diverso?

DUAS SALVAS PARA O PATRIOTISMO CÍVICO

Numa bela manhã da primavera de 2017, entrei na Biblioteca Presidencial John F. Kennedy no sul de Boston vestindo terno, camisa branca e lenço azul, vermelho e branco. Junto com duzentas pessoas do mundo todo, adentrei um auditório iluminado para ouvir uma sucessão de discursos oficiais.

O diretor da Biblioteca Kennedy nos falou das raízes imigrantes do 35º presidente dos Estados Unidos, cujos avós desembarcaram no porto de Boston vindos da Irlanda. Um juiz se emocionou ao falar da ocasião em que presidiu uma cerimônia de naturalização que incluía sua própria nora. Um homem chamado Mohamad Ali — CEO de uma empresa de tecnologia, não o famoso boxeador — lembrou como ele e seus pais chegaram ao país com poucos dólares no bolso.

Em seguida, o juiz pediu que nos levantássemos. De pé entre um homem de meia-idade nascido na China e uma jovem que crescera no Marrocos, jurei "apoiar e defender a Constituição e as leis dos Estados Unidos da América contra todos os seus inimigos, estrangeiros e domésticos". Ao fim do juramento, éramos cidadãos americanos.

A cerimônia de naturalização encapsula um componente essencial da ideia que os Estados Unidos têm de si. A maioria dos países sempre se definiram de acordo com parâmetros étnicos; George Washington, Thomas Jefferson e Alexander Hamilton, por outro lado, afirmaram que a República Americana fundava-se em uma ideia. O que diferenciava os Pais Fundadores dos monarcas britânicos cujo governo eles já não podiam tolerar não era nem o idioma nem as tradições; era o comprometimento — ainda que imperfeito — com a liberdade moral, a autodeterminação política e os princípios entronizados na Declaração de Independência.

Muitos filósofos veem com ceticismo todas as formas de sentimento nacional. Mas se for o caso de defender esse sentimento, que muitos deles consideram baixo e inadequado, não há muita dúvida sobre como proceder. Partindo da história particular da fundação do país, sugerem, prepara-se uma defesa do "patriotismo cívico". Por exemplo: ter orgulho de ser americano é amar os ideais com os quais o país se comprometeu na Constituição.[19]

As raízes modernas dessa concepção remontam, de fato, aos Estados Unidos. Mas, com o tempo, ela se ramificou pelo mundo.

Quando os fundadores da Índia tentaram decidir como conferir uma identidade a um grande novo país — um país de maioria hindu, mas com grandes populações de muçulmanos, cristãos, sikhs e parsis —, Mahatma Gandhi capitaneou uma versão indiana do patriotismo cívico. "Quando a República da Índia foi criada em 1950, seus cidadãos buscaram se unir em torno de um conjunto de ideais", escreve o historiador indiano Ramachandra Guha. "A base da nacionalidade era a adesão a esses valores, não uma [...] fé compartilhada ou um inimigo comum."[20]

Mesmo alguns países que por muito tempo se definiram por critérios étnico-raciais vêm agora tentando se reinventar em termos cívicos. Depois da Segunda Guerra Mundial, intelectuais alemães se perguntavam como seus compatriotas poderiam desenvolver uma afeição saudável pelo país sem recair no tipo de política racial que o havia desvirtuado terrivelmente. Pensadores como Jürgen Habermas argumentavam que os cidadãos que se orgulhavam das instituições democráticas da Alemanha do pós-guerra tinham de transformar a lei básica do país em objeto de devoção. A *Grundgesetz* devia se tornar para os alemães o que a Constituição havia tempos representava para os americanos.[21]

As vantagens do patriotismo cívico são significativas. Ao contrário do nacionalismo étnico, ele permite que qualquer pessoa disposta a incorporar um conjunto de valores políticos compartilhados se torne membro pleno da comunidade. Contanto que o judeu alemão, a jovem de Marrocos e o chinês de meia-idade concordem em respeitar a Constituição, a convivência há de ser pacífica entre eles, e os três se tornarão tão americanos quanto um protestante anglo-saxão branco cujos ancestrais aportaram nessas praias centenas de anos atrás.

Há também razões para pensar que o patriotismo cívico seja menos propenso a levar países a conflitos internacionais do que as modalidades étnicas do nacionalismo. Um amor pelo país que tem por base a crença na superioridade inerente de seu próprio grupo étnico-racial é um pretexto fácil para aqueles que desejam menosprezar os interesses legítimos de outras nações. Já uma nação fundada na importância da autodeterminação deve ser capaz de reconhecer que outros países também têm um interesse legítimo na própria autonomia.

O patriotismo cívico, portanto, deve ser mais eficaz do que o nacionalismo étnico no que tange tanto à integração de recém-chegados quanto à sustentação da cooperação internacional genuína.[22]

A ideia do patriotismo cívico me atrai. No lugar dos instintos mais baixos, ele define as nações a partir de seus ideais mais elevados, oferecendo aos cidadãos um modo de se orgulhar do país sem resvalar no preconceito ou no chauvinismo. Se não hesitei em fazer o juramento de nacionalidade naquela manhã de março de 2017, foi, em parte, porque amo a Constituição dos Estados Unidos e a inspiração que ela representa para o patriotismo cívico, tanto dentro do país quanto no exterior.

No entanto, temo que o patriotismo cívico, sozinho, seja uma resposta insuficiente para a questão de como as democracias diversificadas podem vir a forjar uma identidade nacional comum.

A maioria dos alemães hoje aceita que alguém chamado Ali ou Mustafa possa ser considerado um verdadeiro membro da nação, por exemplo. Mas, quando pensam sobre o que amam no país, mostram-se menos propensos a mencionar a *Grundgesetz* do que certos marcadores culturais e linguísticos, do idioma alemão à salsicha ao curry.

Na Índia, o patriotismo cívico encontra-se ainda mais em perigo. Para Narendra Modi, o poderoso primeiro-ministro do país, a Índia é uma nação hindu — e ele vem aprovando uma série de políticas discriminatórias que contribuirão bastante para transformar a Índia justamente nisso.[23]

Mesmo em países onde o patriotismo cívico tem raízes mais profundas, como nos Estados Unidos, muitas pessoas não se interessam suficientemente por história ou política a ponto de sentirem um apego profundo pela constituição ou de reconhecerem quando determinado político representa uma ameaça para ela. A maioria dos americanos sabe quem venceu o Super Bowl ano passado e tem uma opinião sobre Megan Thee Stallion. Muitos americanos nutrem uma forte simpatia por um partido político — ou pelo menos sentem um grande desprezo pelo outro partido.[24] Mas poucos americanos conseguem explicar os três poderes ou sabem de memória o significado da Primeira Emenda.[25]

O patriotismo é um dos sentimentos mais universais do mundo moderno. A maioria dos cidadãos das democracias o sentem pelo menos até certo ponto. Mas um interesse pelos documentos cívicos, como a Constituição dos Estados Unidos, permanece exclusivo de uma minoria politicamente curiosa. Por mais nobre que seja a ideia, o patriotismo cívico nunca descreverá por completo o que as pessoas sentem quando pensam em seu país com amor e afeição.

Outra razão que pode explicar por que o patriotismo cívico não descreve adequadamente o que desperta em muitos cidadãos uma afeição especial por seu país é o fato de que o orgulho nacional é, por natureza, um vínculo em relação a um lugar *específico*. Embora patriotas franceses não precisem odiar ou desrespeitar outros países, eles sentem um frisson especial por sua própria

144

nação. Qualquer análise do patriotismo que não faça justiça à natureza desses sentimentos precisa explicar por que a França é diferente da Alemanha ou dos Estados Unidos.

O patriotismo cívico tem dificuldade em fazer isso. Os valores que animam a constituição da França, da Alemanha e dos Estados Unidos são muito semelhantes. Embora tenham, sim, algumas diferenças notáveis, esses documentos não conseguem explicar por que a maioria dos cidadãos franceses sente uma afeição mais profunda pela França do que pela Alemanha ou os Estados Unidos.

A noção do patriotismo cívico coloca princípios políticos abstratos no centro de nossos sentimentos coletivos, correndo o risco de caracterizar mal um sentimento que se relaciona, pelo menos em igual medida, às nossas ligações emocionais com pessoas e lugares reais. Esse tipo de patriotismo, então, não captura o que a maioria das pessoas quer dizer quando diz amar seu país.

Isso não é razão para descartar o patriotismo cívico. Em certa medida, um comprometimento compartilhado com os valores políticos básicos de um país pode, sim, dar esteio a democracias diversificadas. Mas, para desenvolver uma noção de patriotismo inclusivo que expresse bem a devoção que a maioria dos cidadãos sente por suas nações, precisamos acrescentar uma outra dimensão: o patriotismo cultural.

O ARGUMENTO A FAVOR DO PATRIOTISMO CULTURAL

No dia 22 de abril de 1993, John Major, primeiro-ministro do Reino Unido e da Irlanda do Norte, tentava explicar ao país que uma relação mais próxima com a Europa não transformaria seu caráter essencial. Mesmo se o Parlamento ratificasse o Tratado de Maastricht, que estabelecia a União Europeia, disse ele, a Grã-

-Bretanha "ainda seria o país das longas sombras nos campos de críquete, da cerveja quente, dos imbatíveis subúrbios verdes, dos que amam cachorros e das apostas do campeonato de futebol".[26]

O discurso foi largamente ridicularizado. Major, reclamou um editorial do *The Independent*, estava "confundindo a Grã--Bretanha com certas partes da Inglaterra".[27] A ideia de que cervejas quentes e apostas de futebol[28] definiriam eternamente a Grã--Bretanha pareceu uma tolice para muitos de seus compatriotas.

O fracasso de Major não foi uma aberração. Sempre que tentam definir a natureza de seus países, os políticos tendem a soar cafonas, antiquados ou ambos. Seria fácil concluir que esses políticos sabichões e seus escritores fantasmas muito bem remunerados estão tentando dar voz a algo que não existe. "Características nacionais", escreveu Orwell em 1941, "não são fáceis de apontar, e, quando o fazemos, elas muitas vezes parecem triviais."[29] Será que os países modernos, com seus vastos territórios e milhões de habitantes das mais variadas origens, não compartilham nada real em termos culturais, e por isso tantas pessoas fracassaram ao tentar colocar em palavras a essência de suas nações?

Não é o que penso. Como alguém que viveu em cinco países diferentes e que passou bastante tempo em outros dez ou mais, eu sempre fico espantado com as grandes diferenças que continuam a marcar as culturas nacionais. Embora seja difícil colocá-las em palavras, essas particularidades, como qualquer pessoa que viveu no estrangeiro poderá dizer, são traços fundamentais da vida cotidiana.

Poucos anos atrás, subi num trem na cidade de Hamburgo, no norte da Alemanha, passei algumas horas caminhando por Offenburg, no sul, durante uma escala, e cheguei, por fim, à cidade francesa de Estrasburgo.

Hamburgo e Offenburg apresentam diferenças importantes. Uma é uma cidade grande; a outra, pequena. Uma tem ligações históricas com os Países Baixos, a Suécia, a Rússia e os estados bálticos.[30] A outra já foi muito influenciada e até ocupada pela França.[31] Mais de seiscentos quilômetros separam Hamburgo de Offenburg.

Mas ao chegar a Offenburg, fiquei imediatamente admirado: muito da cidade era exatamente como em Hamburgo. Os prédios em ambas as cidades tinham um estilo notavelmente similar. As ruas ao redor da estação compartilhavam muitas das mesmas lojas. Quando entrei na padaria em Offenburg, ela oferecia os mesmos *Butterbrezeln* e *Mohnschnecken* que eu havia comprado ao me abastecer de suprimentos no começo da viagem.

Offenburg e Estrasburgo deveriam, por comparação, ser muito mais similares. Cerca de trinta quilômetros separam as duas cidades. Elas guardam maiores semelhanças em termos de tamanho, clima e geografia. Embora fique hoje na França, Estrasburgo foi por muitas décadas parte do Império Alemão.

No entanto, ao chegar, logo constatei, novamente admirado, o quão diferente é Estrasburgo tanto de Hamburgo quanto de Offenburg. O estilo arquitetônico predominante não é nem de longe o mesmo. Um conjunto diferente de lojas domina a rua principal. Na padaria, encontramos as mesmas delícias — do *pain au chocolat* à *tarte au citron* — da minha *pâtisserie* favorita de Paris.

A Alemanha e a França são membros da União Europeia. A fronteira entre os dois países mal existe hoje. E, no entanto, as culturas nacionais da França e da Alemanha seguem notavelmente distintas.

A influência das nações modernas também molda os hábitos, pressupostos e maneirismos que estruturam a vida cotidiana. Ajudam a determinar os "scripts culturais" que, como dizem os sociólogos Cliff Goddard e Anna Wierzbicka, configuram "as normas, padrões, guias e modelos de fundo para os modos de pensar, agir, sentir e falar".[32]

Esses scripts culturais não precisam ser os mesmos no país inteiro. E mudam de forma considerável com o tempo. E não são necessariamente bem recebidos ou incorporados por todos os membros da nação. Mas, como apontam Goddard e Wierzbicka, "mesmo os que não se identificam pessoalmente com o conteúdo de determinado script [...] estão familiarizados com ele. [...] Ele forma uma parte do pano de fundo interpretativo do discurso e do comportamento social em um contexto cultural específico".[33]

Tudo isso sugere que um terceiro tipo de patriotismo desempenha um papel muito mais importante do que a maioria dos filósofos e cientistas sociais tende a reconhecer. Quando a maioria das pessoas diz que ama seu país, não está necessariamente celebrando os laços étnico-raciais que unem os membros do grupo majoritário. Nem precisa estar pensando em questões políticas ou na Constituição. Pode, antes, estar expressando uma afeição pelas coisas que compõem o dia a dia das nações modernas: seus campos e cidades, seus pratos e costumes, edifícios e padrões culturais.

Os céticos talvez fiquem preocupados, temendo que a celebração dessas semelhanças termine em uma espécie de imperialismo cultural. Ainda que a maioria das pessoas nas democracias diversificadas tenha mesmo algo em comum, dizem eles, essas semelhanças refletem a experiência dos grupos dominantes. O patriotismo cultural tenderia a focar em aspectos estereotipados da cultura — certas tradições históricas ou velhas vitórias militares. Com isso, privilegia grupos historicamente dominantes em detrimento dos imigrantes recentes, sendo sempre estático, exclusivista e retrógrado.

É um perigo que merece ser levado a sério. Para os nacionalistas que pensam a cultura de forma excludente, a Itália deixaria de ser a Itália se um número maior de italianos escolhesse não mais celebrar o Natal, e a Índia deixaria de ser a Índia se começasse a celebrar o Halloween. O modo como os nacionalistas invocam a cultura põe os mortos acima dos vivos, a continuidade acima da mudança e a pureza acima da inclusão.

Mas, na prática, não é isso que confere poder ao patriotismo cultural. Embora políticos, na falta de inspiração, invoquem clichês ou símbolos históricos quando fazem discursos patrióticos, a maioria das pessoas chega ao patriotismo cultural por uma rota mais direta e despretensiosa. Seu amor pelo país está profundamente imbuído da apreciação por lugares, cheiros, sons e sabores do cotidiano. E numa democracia diversificada, esses elementos carregam a marca de muitas culturas diferentes.

Quando questionados sobre suas comidas preferidas, os alemães hoje tendem mais a mencionar uma iguaria "estrangeira", como espaguete à bolonhesa ou *döner kebab*, do que um prato "local", como o *Schweinshaxe*.[34] Os americanos, por sua vez, mencionam tanto pizza e tacos quanto bolo de carne e torta de maçã.[35]

Os imigrantes e as minorias étnicas também não estão alheios a essa cultura cotidiana viva, em constante transformação. Embora grupos minoritários muitas vezes preservem o orgulho por elementos de sua cultura ancestral, a vasta maioria sente-se, ao mesmo tempo, perfeitamente confortável dentro da cultura majoritária.

Na maioria das democracias diversificadas, membros das minorias étnicas ou religiosas contam-se entre os fãs mais ardorosos dos times de futebol e das celebridades locais e comemoram com grande entusiasmo os feriados sem fé específica, como o Dia de Ação de Graças e o Ano-Novo. Em alguns lugares, chegam a se apropriar dos aspectos mais tradicionais e estereotipados da cultura nacional: grande número de escoceses de origem indiana adotaram o kilt, por exemplo, e bávaros de origem turca tendem cada vez mais a vestir as tradicionais *lederhosen* quando vão à Oktoberfest.[36]

Eu amo Nova York.

Ninguém acha isso estranho. Mas é difícil explicar o que torna esse lugar tão especial. Claro, Nova York tem muitas comidas maravilhosas — mas Paris e Tóquio também. E, claro, Nova York é um dos lugares mais pulsantes que conheci na vida — mas Beijing e a Cidade do México também são.

Nós todos entendemos instintivamente que a cultura de certa cidade pode ter um lugar especial em nosso coração, mesmo quando ela compartilha atributos com outras cidades. O fato de que Nova York não é a única cidade do mundo que tem uma pizza maravilhosa ou arranha-céus altíssimos não invalida o fato de que nutro uma afeição especial por esse lugar em particular, por seu espírito específico, por sua história e arquitetura, sua mescla de influências culturais.

O que parece óbvio no caso das cidades muitas vezes soa mais estranho ou inexplicável quando falamos de países. Como amar a cultura de uma nação específica, quando todas as nações estão cada vez mais parecidas, todas contendo uma grande diversidade dentro de suas fronteiras e sofrendo de graves injustiças?

Mas isso é não compreender a natureza do vínculo que muitas pessoas têm com suas próprias culturas. Quando alguém diz que ama o Brasil, a Indonésia ou os Estados Unidos, não quer dizer que os atributos desses países são únicos, que não há nada de errado com eles ou que outros países são horríveis. Estão apenas expressando uma afeição especial pelo que é deles.

"Nações existem mesmo?", perguntou Orwell em sua defesa do patriotismo. Sua resposta era ambígua:

> Quando voltamos de qualquer país estrangeiro para a Inglaterra, temos de imediato a sensação de que respiramos um ar diferente. Mesmo nos primeiros minutos uma dúzia de coisinhas conspiram para nos dar essa sensação. A cerveja é mais amarga, as moedas pesam mais, a grama é mais verde, os anúncios são mais descarados. As multidões nas grandes cidades, com suas faces enrugadas, comuns, seus dentes estragados e modos gentis, são diferentes da multidão europeia.[37]

Orwell sabe que não há nada objetivamente melhor nos dentes estragados ou nos anúncios descarados. E não considerava a cultura nacional da Inglaterra superior à da Espanha. Mas ele a amava fervorosamente porque era a sua cultura.

Esse patriotismo cultural, como passei a acreditar, é parte essencial e bastante subestimada do que significa amar o próprio país. Democracias diversificadas que precisam desesperadamente que seus cidadãos nutram um sentimento verdadeiro de solidariedade mútua devem — sem imposições de cima para baixo, ou sem permitir que ele se torne exclusivista — fazer uso dele convictamente.

Patriotismo e nacionalismo muitas vezes serviram aos piores propósitos, arregimentados para a causa da exclusão ou da discriminação, da guerra ou da limpeza étnica. Como resultado, muitos defensores bem-intencionados da democracia plural passaram a acreditar que deveríamos abdicar completamente desse tipo de identidade coletiva. Para eles, a solução óbvia para os riscos impostos pelo abuso do nacionalismo é montar guarda contra o patriotismo em todas as suas formas.

Como judeu alemão cujos ancestrais morreram no Holocausto, tenho muita simpatia por essa posição. No mínimo, posso dizer que nem o patriotismo nem o nacionalismo me chegaram de forma natural. Mas, como cientista político procurando compreender como domar os piores instintos da humanidade, fui revisando gradualmente meus instintos iniciais. Para que o grande experimento tenha sucesso, precisamos recrutar o patriotismo para a nossa causa.

O patriotismo nunca poderá ser completamente purificado dos riscos que o acompanham. Contudo, e isso é também importante, ele é a fundação mais poderosa para a solidariedade entre pessoas que, no mais, teriam pouco em comum. Historicamente, ele desempenhou um papel significativo na ampliação do círculo de nossa simpatia para além da nossa família, nossa vila ou nossa tribo. E, hoje, pode vir a ser a cola que unirá os cidadãos de nações muito diversificadas. No que tem de melhor, o patriotismo é capaz de inspirar um cristão branco no interior do Tennessee a sentir uma preocupação especial por um ateu hispânico de Los Angeles — e vice-versa.

Para que as democracias diversificadas prosperem, seus cidadãos precisam compartilhar uma identidade comum. Sem um sentido inclusivo de patriotismo, as pessoas ficam eternamente condenadas a se considerarem estranhas ou adversárias.

Contudo, muitas das questões em aberto que dizem respeito a como as pessoas vivem lado a lado transcendem o fato de elas se considerarem patriotas ou não. Membros de diferentes grupos podem viver na mesma rua ou se confinar em vizinhanças separadas. É possível que tenham muitos amigos de outras origens ou apenas de seu próprio grupo. Não é difícil imaginar um país onde muitos cidadãos são bastante patrióticos, mas membros de diferentes grupos mal se encontram.

Uma democracia diversificada e próspera seria definida, então, não apenas pelo que vai no coração de seu povo, mas também pela forma como as pessoas se relacionam na vida cotidiana. Diante disso, há alguma forma de possibilitar que os cidadãos das democracias diversificadas sejam autêntica e verdadeiramente eles mesmos, mas sem abdicar da esperança de que muitos escolham cooperar e se engajar uns com os outros de maneira profunda e significativa?

É sobre essa questão que me debruço agora.

6. Os muitos devem virar um só?

Quase todas as democracias desenvolvidas se tornaram muito mais diversas no curso dos últimos cinquenta anos, e é provável que passem a incluir uma variedade ainda maior de grupos étnico-raciais e religiosos nos próximos cinquenta. Por outro lado, embora a diversidade da maioria das democracias pareça razoavelmente certa, ainda restam muitas dúvidas sobre qual será a cara dessa diversidade na vida cotidiana.

Uma cultura dominante será imposta, com os filhos de imigrantes e minorias abandonando muitas das características que hoje os particularizam? Ou, pelo contrário, as democracias diversificadas vão se fragmentar em uma série de sociedades paralelas, com os membros de cada grupo raramente se encontrando ou embarcando em empreendimentos conjuntos? É possível conceber uma terceira possibilidade, um cenário que permita que os cidadãos se mantenham, sim, fiéis a suas identidades, mas sem privar suas nações de uma cultura compartilhada ou de um forte senso do bem comum?

No curso das últimas décadas, essas questões muitas vezes

foram respondidas pelo prisma de certas metáforas, como o "caldeirão" ou a "salada" de culturas. Debates sobre que metáfora usar podem por vezes parecer acadêmicos num sentido pejorativo: são discussões de eruditos debatendo prós e contras de um ideal abstrato que pouco se relaciona com a realidade. Contudo, determinar corretamente o ideal que as democracias diversificadas devem buscar é importante. Essas metáforas ajudam a estabelecer o futuro pelo qual essas democracias vão lutar, os objetivos que organizações influentes, como escolas, universidades e fundações, hão de buscar, e as expectativas que muitos cidadãos têm de seus compatriotas.

Por isso é especialmente preocupante que duas das metáforas mais proeminentes das últimas décadas tenham conduzido tão mal, cada qual a seu modo, nossas democracias diversificadas. De acordo com a metáfora do "caldeirão", os imigrantes e membros de grupos minoritários devem se deixar assimilar em suas sociedades sem se apegarem a suas culturas originais. Trata-se de um ideal de homogeneidade inadequado, que não respeita o suficiente as tradições culturais dos cidadãos que vêm de outras partes do globo, e ajudou a criar uma realidade em que muitos membros de minorias étnicas, culturais e religiosas se sentiram obrigados a ocultar sua verdadeira identidade para serem plenamente aceitos.

Já de acordo com a metáfora da "salada", os cidadãos de origens diferentes devem viver lado a lado, preservando, contudo, a integridade de seus grupos. O problema aqui é que os defensores dessa metáfora muitas vezes desistem da esperança de que os membros das democracias diversificadas venham a ter alguma coisa importante em comum. Como resultado, as práticas concretas que esse ideal encoraja muitas vezes ajudaram não a unir, mas a fragmentar as sociedades diversificadas.

Nem o caldeirão nem a salada pintam uma visão atraente do futuro. Para que as democracias diversificadas prosperem, precisamos de ferramentas mais eficazes. Neste capítulo, sugiro uma alternativa possível.

O CALDEIRÃO CULTURAL: UMA VISÃO NOBRE DEMAIS

David Quixano, protagonista ficcional de uma famosa peça de teatro que teria enorme influência nas nossas ideias sobre imigração e integração, escapou dos terríveis pogroms russos do começo do século xx e refugiou-se em Nova York.[1]

David era um garoto neurótico dado a frequentes arroubos de imaginação e ocasionais colapsos nervosos. À menor provocação, era tomado por visões terríveis em que se deparava com o "rosto do açougueiro" que havia assassinado seus pais e irmãos durante o infame massacre de Kishineff.[2] Mas agora que estava seguro nos Estados Unidos, David decide se valer de seus talentos musicais prodigiosos para prestar homenagem à nova pátria.[3] Sua ambição não era nada mais nada menos do que compor a Grande Sinfonia Americana.[4]

Essa sinfonia, explicava David a qualquer um que se dispusesse a escutá-lo, expressaria o espírito do Novo Americano. Ao aportar em Ellis Island, os imigrantes não eram mais do que "cinquenta grupos, com seus cinquenta idiomas e histórias e seus cinquenta ódios e rivalidades sangrentas".[5] Mas "não continuariam assim por muito tempo",[6] pensava David. O cadinho da América se provaria "uma bandeira branca para todas as disputas e vendetas! Alemães e franceses, irlandeses e ingleses, russos e judeus — todos juntos no cadinho! Deus está fazendo o americano".[7] A sinfonia de David expressaria o som desse novo homem pela primeira vez.[8]

Só uma pessoa reconhecia o talento de David. Ativista radical que abandonara os confortos da família aristocrática na Rússia para tentar a vida nos Estados Unidos, Vera Revendal devotava-se a cuidar de imigrantes pobres.[9] Inspirada pela visão de David, foi em busca de uma orquestra que pudesse executar sua sinfonia.[10] De um jeito inevitável — e impossível —, eles se apaixonaram.

"Ele não vai nos separar?", perguntou David a Vera, quando soube que seu pai era um barão.

"Nada pode nos separar", ela garantiu.[11]

O mês seguinte foi uma grande benção. Até que o barão Revendal cruzou o Atlântico para impedir que a filha se casasse com um judeu. Vera o convenceu a conhecer seu amado. Mas, quando viu o rosto do barão pela primeira vez, David logo percebeu que aquele era o homem que havia supervisionado a matança de sua família e que hoje assombrava suas visões.[12]

Vera jurou cortar todos os laços com o pai. Mas, ao tentar abraçar David, ele se afastou: "Você não pode me alcançar", ele lhe disse. "Há um rio de sangue entre nós."[13]

O casamento foi cancelado.

Quatro meses se passam.[14] No dia 4 de julho, a sinfonia de David tem sua estreia, apresentada para um público composto, na maior parte, de imigrantes. Era o primeiro triunfo do que prometia ser uma carreira excepcional. Mas David se sentia terrivelmente mal. Incapaz de suportar as parabenizações e os bons votos pelo sucesso, ele foge para a cobertura da sala de concertos.[15]

"Como posso aceitar essas celebrações, quando sei do meu fracasso", conta ele a Vera, que, cheia de formalidade forçada, vai a seu encontro na cobertura.

"Fracasso?", ela pergunta.[16]

"Fiz um grande sermão pelo cadinho de Deus, este grande novo continente que dissolveria todas as diferenças e revanchismos de raça", explicou David. Mas, então,

Deus me impôs o teste supremo. Deu-me uma herança do Velho Mundo, o ódio, a vingança e o sangue, e disse: "Jogue tudo isso no meu caldeirão". E eu disse: "Mesmo o teu caldeirão não pode derreter esse ódio, não pode engolir esse sangue". E assim me sentei, amargurado com o passado morto, regozijando-me com velhas manchas de sangue — eu, o apóstolo da América, o profeta do Deus dos nossos filhos. Ah — minha música zombava de mim![17]

Desorientada, Vera se prepara para se retirar. "Que mais posso fazer?", ela pergunta, quando David parece sugerir uma reconciliação. "A sombra de Kishineff recairá sobre você todos os anos por vir? Se eu te beijar, mancharei teus lábios de sangue? Se te abraçar, serei rechaçada por todas aquelas mãos mortas e frias?"[18]

"Sim", respondeu David, "abrace-me, apesar de todas elas, agarre-se a mim até que todos os fantasmas sejam exorcizados, envolva-me até que nosso amor triunfe sobre a morte."[19]

Abraçando-se pela primeira vez desde que romperam o noivado, os amantes reconciliados assistem ao sol se pôr sobre Nova York. À medida que a cortina se fecha, David contempla, admirado, "como o grande Alquimista dissolve e funde" todos os residentes da cidade — celtas e latinos, gregos e sírios, negros e asiáticos — "com sua chama purificadora".[20]

A peça *The Melting Pot*, de Israel Zangwill, estreou com sucesso estrondoso no Columbia Theatre, em Washington, DC, em 1908. A visão que ela expressava dos Estados Unidos era comovente e nobre, ainda mais em um momento em que a realidade do país mal fazia jus ao idealismo do protagonista.[21] Em sua origem, o ideal do caldeirão se enraizava em uma percepção aguda das tragédias da história e numa profunda consciência das injustiças que muitas pessoas haviam sofrido por conta de sua raça ou religião.

Longe de negar a sombra que essa história lançava sobre as tentativas de construir sociedades diversificadas, era uma exortação a transcendê-la, mesmo sob imenso custo pessoal. Por sua representação de David Quixano e Vera Revendal, Israel Zangwill merece nossa eterna admiração.

O poder moral dessa visão ajuda a explicar por que o caldeirão cultural se tornou a metáfora paradigmática da experiência americana por boa parte do século xx. Os devaneios de David, especialmente depois de a Segunda Guerra aproximar milhões de americanos das mais diversas origens étnico-raciais e culturais nos acampamentos e campos de batalha, pareciam proféticos. Distinções que antes eram imensas — entre italianos e irlandeses, católicos e protestantes, judeus e gentios — começaram a perder a importância. No auge da Guerra Fria, o caldeirão cultural parecia uma descrição precisa do que estava acontecendo nas ruas, bem como um objetivo natural para as instituições americanas.

Talvez por nunca terem lido a peça de Zangwill — apesar das muitas referências sarcásticas —, muitos acadêmicos e ativistas que hoje falam sobre o caldeirão parecem imunes ao que ele tem de atraente.[22] É um ideal, eles dizem, que ignora os profundos conflitos entre culturas e religiões. Pior, pressupõe que os imigrantes seriam "assimilados" de forma acrítica numa cultura americana preexistente. Acatariam normas e valores, transformando-se em imitações imperfeitas dos protestantes brancos anglo-saxões que há muito compunham a aristocracia informal do país.

Trata-se aqui de uma caricatura que ignora intencionalmente por que a ideia do caldeirão exerceu tanto poder sobre a imaginação americana. A sinfonia de David expressaria o som do Novo Americano, não o som dos antigos habitantes de Beacon Hill em Boston. Mas, apesar de todos os exageros, a crítica que acusa o caldeirão de culturas de ser muito homogeneizante ajuda a explicar por que essa metáfora não serve como principal prisma pelo qual visualizar o futuro das democracias diversificadas.

De fato, a metáfora do caldeirão supõe que os indivíduos devem abandonar, pelo menos até certo ponto, suas culturas ancestrais para se tornarem americanos de verdade (ou italianos ou australianos de verdade). A peça de Zangwill, por exemplo, ia além de condenar aqueles que, como o barão Revendal, buscavam impedir que seus parentes se casassem com os companheiros de sua escolha; ela implicava também que as culturas do Velho Mundo precisavam se dissolver, criando um substituto inteiramente novo, mas homogêneo, para que os Estados Unidos realizassem seu verdadeiro propósito. Isso é pedir demais da maioria das pessoas — e corre, sim, o risco de forjar uma cultura enfraquecida.

Embora o ideal do caldeirão de culturas possa parecer algo abstrato, ele representa bem o que começou a acontecer nos Estados Unidos depois da Segunda Guerra Mundial. Por conta das políticas de imigração restritivas aprovadas no começo do século xx, a proporção de residentes nascidos no estrangeiro havia, nos anos 1960, caído de maneira inédita.[23] A penetração dos aparelhos televisivos oferecia aos americanos um conjunto comum de pontos de referência. A cultura do país era a mais homogênea desde sua fundação. E, embora o mainstream americano já tivesse incorporado frango kung pao e espaguete com almôndegas, os filhos e netos de imigrantes italianos e chineses eram muitas vezes alvos de zombaria se levassem comidas mais aventurosas ou "exóticas" nas lancheiras.

Naqueles anos, milhões de americanos tinham vergonha de sua herança cultural. Muitos trocaram a comida dos ancestrais por hambúrgueres e pratos congelados. E alguns observadores contemporâneos começaram, de fato, a usar a metáfora do "caldeirão de culturas" como uma espécie de porrete para castigar imigrantes que recusavam a assimilação. O que era, obviamente, errado.

O ideal certo para sociedades de imigrantes deve guardar algo do insight de Zangwill. Parte de sua beleza tem a ver com a capacidade das pessoas de culturas diferentes, cujos ancestrais em outros tempos nutriram profunda animosidade, de forjar um espírito comum enquanto compatriotas. A questão aqui é se as democracias diversificadas podem alcançar esse nobre objetivo sem demandar que seus cidadãos abandonem, até onde sugere a metáfora do caldeirão, suas culturas e identidades originais.

A SALADA: UM FUTURO FRAGMENTADO DEMAIS

A pressão para que as pessoas se deixassem assimilar pelo mainstream homogêneo logo provocou um contramovimento. Uma nova geração de acadêmicos e ativistas considerava um grande erro insinuar que imigrantes e seus descendentes precisavam afundar suas culturas em um caldeirão que os obrigava a abandonar muitos dos símbolos de suas identidades ancestrais. Em vez disso, defendia-se agora uma visão das democracias diversificadas centrada na sustentação e na celebração de comunidades distintas.[24]

Essa rejeição da assimilação logo deu à luz uma nova série de metáforas — oriundas da arte e da culinária. Alguns diziam que deveríamos utilizar um novo conceito para pensar as sociedades diversificadas, tomando-as como "mosaicos"; sua beleza derivaria de cada elemento que as constituía separadamente. Outros argumentavam que deveríamos pensar no ideal apropriado como uma tigela de salada; um prato cujos ingredientes constitutivos podem permanecer integrais, dizia-se, é mais saboroso do que uma receita que tritura tudo para formar uma pasta uniforme.[25]

Tanto o mosaico quanto a salada capturam um dado importante das cidades e países que mais me atraem. Uma das maravilhas de Nova York, por exemplo, é que você pode experimentar muitas culturas no mesmo dia. Pensando na culinária, é possível tomar um brunch em um restaurante de comida sulista no Harlem, apreciar um café no El Barrio, almoçar em Chinatown, parar para outro cafezinho em um estabelecimento georgiano em Bay Ridge e fechar a noite com um jantar russo regado a muita vodca em Brighton Beach.

O anseio por construir uma sociedade "multicultural"[26] inspirada por metáforas como a do mosaico ou da salada também ajudou a estimular a celebração da herança de grupos imigrantes. Especialmente na Europa, a maioria dos países até então fingia que os imigrantes eram apenas visitantes temporários.[27] Mesmo quando esse cômodo mito se tornou insustentável, alguns dos políticos de maior destaque nos anos 1970 e 1980 ainda insistiam que os imigrantes deveriam se deixar assimilar, desapegando-se de sua herança cultural.[28] No curso dos anos 1980 e 1990, isso enfim começou a mudar.

Conselhos municipais por toda a Europa passaram a organizar festivais culturais que destacavam danças turcas, pratos argelinos e designs de roupas africanas.[29] Na Alemanha, o Partido Verde celebrava o que chamavam de Multikulti,[30] uma visão do futuro que enfatizava as contribuições que as diferentes culturas poderiam oferecer à vida cotidiana do país. No Reino Unido, a nostalgia imperial da *"Rule, Britannia!"* deu lugar à celebração jubilosa da heterogeneidade cultural no coração da *"Cool Britannia"*.[31]

O ideal da salada remediava as principais falhas de seu predecessor e ajudava a inspirar uma maior apreciação pela diversidade do mundo real. Há muito o que elogiar aí. Mas, apesar de todas as suas virtudes, tanto o ideal quanto as práticas por ele inspiradas também tinham as próprias limitações.

* * *

Os defensores da metáfora da salada transformaram a imaginação popular, dando outra cara às sociedades imigrantes. Como celebração da multiplicidade de culturas que ora florescem em seus territórios, as sociedades "multiculturais" constituem um avanço considerável em relação ao ideal do caldeirão.

Contudo, tanto na teoria quanto na prática, a salada foi muito além disso. Como os comunitaristas que favorecem uma "associação de associações", alguns de seus defensores endossam explicitamente a visão de uma sociedade em que os membros dos diferentes grupos têm pouco contato entre si ou estão sujeitos à autoridade ilimitada de seus líderes.[32] Uma aceitação acrítica desse tipo de multiculturalismo corre o risco de aprofundar a fragmentação das democracias diversificadas.

Na Grã-Bretanha, por exemplo, o último governo trabalhista encorajou a criação de escolas públicas para religiões específicas — ou seja, instituições públicas, financiadas pelo contribuinte, em que judeus, sikhs, hindus e muçulmanos seriam educados separadamente, isolados uns dos outros e da sociedade em geral.[33] Passados dez anos desde a formação dessas escolas, educadores começaram a expressar grande preocupação quanto ao seu impacto na sociedade. "Preocupa-me que muitos jovens estejam sendo educados em escolas religiosas, com pouca apreciação pelas responsabilidades e obrigações mais amplas para com a sociedade britânica", escreveu, em 2005, David Bell, então inspetor-geral das escolas no England's Office for Standards in Education.[34]

"A menos que haja mudanças cruciais no modo como muitas escolas religiosas são geridas, tememos que as divisões na sociedade se exacerbem", ecoou Mary Bousted, secretária-geral da Associação de Professores e Docentes do país, em 2008. "Por que deveríamos permitir que escolas financiadas pelo Estado promovam uma fé específica em vez de educar nossas crianças para compreender e respeitar todas as religiões, de forma que consigam viver em nossa sociedade diversa e multicultural?"[35] Não obstante, embora a maioria da população há muito se oponha à existência de escolas religiosas financiadas pelo Estado, os contribuintes ingleses continuam a financiá-las contra a sua própria vontade.[36]

Um Estado liberal deve, claro, permitir que escolas particulares selecionem seus estudantes de acordo com a fé. E, se alguns de seus cidadãos desejam se isolar entre os membros de sua própria comunidade, deve-se, na maior parte das vezes, respeitar essa escolha. Mas quando o Estado encoraja e financia ativamente a criação de escolas que minimizam o contato que as crianças nascidas em comunidades religiosas têm com o mundo exterior, fica claro que a lógica da salada pode acabar promovendo formas contraprodutivas de separatismo cultural.

Em algumas democracias desenvolvidas, o respeito pela autonomia cultural dos grupos constitutivos tem tido resultados ainda mais perniciosos — tanto para a sociedade como um todo quanto para aqueles nascidos no interior dessas comunidades.

No Reino Unido, por exemplo, Mohammad Lutfur Rahman serviu como prefeito do bairro londrino de Tower Hamlets. Por mais de uma década, ele construiu um admirável sistema de corrupção e intimidação. Em abril de 2015, foi finalmente declarado culpado por manipular eleições, financiar organizações comunitárias em troca de votos e se valer de "influência espiritual indevida",[37] recrutando imames locais para sua campanha eleitoral. Críticos locais que ousavam se posicionar acabavam tendo as janelas de suas lojas quebradas ou eram acusados de ser "escravos dos britânicos".[38]

Políticos e a mídia tradicional havia muito relutavam em pôr fim aos abusos de poder de Rahman. Embora muitas das suas vítimas fossem imigrantes de Bangladesh, como ele, temia-se a acusação de hostilidade contra uma minoria étnica. Jogando com essa relutância, o próprio Rahman acusava de "racismo" o adversário político — branco — que veio a afastá-lo do poder.[39]

Por conta de uma inapropriada relutância em se meter nos assuntos culturais de comunidades minoritárias, autoridades em inúmeros países, nas últimas décadas, fizeram vista grossa para a prática da mutilação genital feminina.[40] Em 2014, por exemplo, Anissa Mohammed Hassan, imigrante somali e ativista feminista na Suécia, descobriu que uma proporção significativa de meninas numa escola em Norrköping havia sido submetida à prática.[41]

No entanto, alguns acadêmicos argumentam que o multiculturalismo pressupõe que respeitemos esse tipo de rito cruel.[42] Outros pareciam mais preocupados com as manchetes negativas relacionadas às comunidades minoritárias do que com a injustiça cometida com as meninas imigrantes. Como uma antropóloga sueca, Sara Johnsdotter, disse ao jornal *The Guardian*, depois das revelações de Hassan: "Trabalhei nessa área nos últimos quinze anos e, de tempos em tempos, há um novo impulso do governo para descontinuá-la, junto com um relato de jornal para chamar mais atenção. Pessoalmente, acho que isso é perigoso".[43]

A versão mais atraente da metáfora da salada são os festivais culturais que eu costumava frequentar quando criança na Alemanha. Num belo dia de verão, algum bairro rico numa cidadezinha simpática preparava uma festa de rua. Junto com barraquinhas de comida e lojinhas de roupa, havia um palco em que se apresentavam os diferentes grupos que agora viviam na nova Alemanha: bandas curdas, danças africanas e um pouco de música klezmer.

Mas há também uma versão mais sombria dessa mesma visão, na qual a segregação residencial é a norma, a amizade entre membros de grupos diferentes é rara, crianças de origens e culturas diferentes frequentam escolas separadas, as comunidades mal toleram a ideia de que suas crianças se casem com alguém de fora, e muitos de seus membros não são livres para fazer suas próprias escolhas.

A salada remediava alguns dos problemas do caldeirão. Mas também levantava o espectro de uma sociedade cujos membros têm pouco contato ou simpatia entre si. Cada ingrediente do novo prato multicultural, sugere a metáfora, apenas toleraria a proximidade dos outros — jamais se orgulhando do todo comum.[44]

Penso que necessitamos de uma metáfora-guia mais positiva para o que uma democracia diversificada próspera deve ser — uma metáfora que encapsulasse os aspectos mais atraentes de suas predecessoras. Como na salada, deve preservar a ideia de que uma sociedade multiétnica não será nem de longe homogênea. Mas, como o caldeirão, deve reconhecer que os compatriotas de uma democracia bem-sucedida devem embarcar numa vida que é, em larga — e significativa — medida, compartilhada.

Que cara deve ter uma democracia diversificada à altura desses valores? E que tipo de metáfora pode ajudar a expressar o destino pelo qual devemos lutar?

UMA NOVA VISÃO: O PARQUE PÚBLICO

Quando morava em Nova York, uma vez por semana eu pegava minhas chuteiras, tomava o metrô até a parada da Sétima Avenida em Park Slope, caminhava alguns quarteirões ladeados de edifícios de tijolos avermelhados e entrava no Prospect Park para jogar futebol.

Eu amava esse ritual, pois me permitia encontrar velhos amigos, conhecer novas pessoas e jogar meu esporte favorito — e também porque o passeio exibia, de alguma forma, a energia e a diversidade da cidade e do país.

A caminho do campo de futebol improvisado, eu passava por adolescentes tirando selfies com smartphones novos em folha; hipsters de vinte e poucos anos discutindo o último disco de uma banda favorita; grandes famílias porto-riquenhas reunidas para um aniversário de criança; grupos de afro-americanos curtindo um churrasco; e uma turma da velha guarda ítalo-americana jogando baralho.

Muitas vezes, cada um desses grupos se divertia isoladamente. Mas, em outras ocasiões, eu os via entabulando conversas entre si, com italianos e porto-riquenhos dividindo comida e seus filhos brincando juntos de pega-pega.

Certa vez, quando cortava caminho por uma mata do parque, um casal de adolescentes assustados se separou subitamente e me olhou com óbvia preocupação. Por um segundo, fiquei sem entender. Não parecia que estivessem fazendo nada de muito escandaloso; estavam aos beijos, só isso.

Foi quando percebi: a garota, que usava batom vermelho e um top que expunha sua barriga, parecia porto-riquenha. O menino, que tinha tirado a jaqueta e o chapéu preto, dobrando-os cuidadosamente sobre um galho, vestia uma camisa branca limpinha e longas meias marrons: era claramente um judeu hassídico.

Enquanto me desculpava por interromper essa versão moderna de David Quixano e sua Julieta, apressando-me para encontrar meus amigos, eu me peguei pensando que não seria a pior coisa do mundo se o mundo fosse mais parecido com o Prospect Park.

Nenhuma metáfora pode encapsular perfeitamente o ideal de uma democracia diversificada. Mas, para que seja útil, deve, ao contrário do caldeirão, reconhecer que cidadãos diferentes precisam ter o direito de levar sua vida de acordo com seus próprios gostos. Ao mesmo tempo, deve, ao contrário da salada, inspirar a criação de um espaço comum no qual pessoas de diferentes origens encontram oportunidades significativas de interagir e cooperar. Por mais simples que pareça, a imagem de um parque público satisfaz ambos os requisitos — e três de suas características são especialmente úteis ao se pensar que tipo de sociedade as democracias diversificadas deveriam construir.

1. *Um parque público está aberto a todos.* Parques permitem que seus visitantes se entretenham sozinhos, congreguem-se em grupos de pessoas de pensamento semelhante ou se engajem em atividades com estranhos. E embora não haja a pressuposição de que todos os visitantes compartilhem um propósito comum, os parques oferecem um espaço maravilhoso para quem quer se misturar ou mesmo convidar estranhos a participarem de seus grupos.

Da mesma forma, democracias diversificadas devem garantir que ninguém seja alvo de discriminação ou antagonização generalizada por conta de uma identidade hereditária. Isso implica também que elas devem permitir que todos os seus membros usem espaços públicos — ou construam estruturas privadas — nos mesmos termos. Assim como um parque é para todos, também a sociedade diversificada precisa tratar os membros de toda etnia, raça e religião com o mesmo respeito e dignidade.

2. *Um parque público dá opções aos seus visitantes.* Os visitantes buscam uma variedade de atividades legítimas nos parques. Correm ou caminham, leem ou conversam, praticam esportes e compartilham comida.

Essa grande variedade é uma coisa muito boa. Mas para que um parque permaneça seguro e atraente, seus visitantes precisam estender uns aos outros os mesmos direitos e liberdades de que eles próprios desejam desfrutar. Você não pode roubar, não pode forçar ninguém a jogar beisebol por não gostar de futebol nem pode ditar que tipo de comida deve ser consumida. E se alguém não cumprir as regras, todos precisam saber que podem contar com ajuda rapidamente.

Da mesma forma, nas democracias diversificadas, todos os cidadãos devem ser livres para levar sua vida de acordo com sua própria visão e seus próprios valores. Podem ser seculares ou religiosos, priorizar a família ou o emprego, assistir TV ou ir à academia.

Mas as democracias diversificadas devem também garantir que alguns cidadãos não comecem a atacar os outros, intimidar pessoas de quem eles não gostem por conta de opiniões ou questões identitárias ou controlar aqueles que nasceram dentro de suas comunidades. Assim como os parques precisam de regras que garantam que seus frequentadores possam escolher entre interagir ou se isolar, também as democracias liberais precisam garantir que seus cidadãos se sintam livres tanto da opressão do Estado quanto da coerção que pode ser imposta por líderes comunitários.

3. *Um parque público cria um espaço vibrante para o encontro.* Quando eu o frequentava, o Prospect Park sempre parecia animado, bonito e seguro. Mas há muitos parques no mundo que são perigosos, degradados e estranhamente vazios.

Como é sempre o caso em questões estéticas, nem sempre concordaremos sobre qual é o melhor parque ou que atributos ele deve ter. Há quem goste de grandes espaços abertos; outros preferem matas que parecem um pouco mais selvagens. Há quem prefira a agitação de um gramado que atrai centenas de visitantes animados num dia quente de verão; outros preferem caminhos sinuosos por onde se perder solitariamente.

Esses julgamentos estéticos determinam nossa opinião sobre questões importantes do parque. Se não resta dúvida de que é errado excluir cidadãos por conta da cor de sua pele, outras questões são passíveis de desacordo legítimo. Partindo de nossos valores e preferências peculiares, é possível que haja certo debate para escolher se o parque terá jardins mais bem cuidados ou um ambiente mais natural ou se terá regras mais rígidas ou mais frouxas sobre barulho.

Assim como há desacordos legítimos sobre que tipo de regras ou aspectos arquitetônicos tornam um parque especialmente atrativo, há também diferenças legítimas sobre que tipos de normas e hábitos têm mais chance de estimular democracias diversificadas mais prósperas.

Há os que querem impor um conjunto mais rígido de regras e normas culturais a todos os cidadãos. Outros parecem ter desistido da esperança de que membros de grupos diferentes se vejam como amigos e aliados em vez de competidores ou mesmo inimigos. Discordo de ambos. Minha esperança para o futuro das democracias diversificadas é que elas tenham muitos dos aspectos que me fizeram amar o Prospect Park. Elas devem ser animadas, mas pacíficas; heterogêneas, mas não fragmentadas.

E mais importante: espero que elas criem muitos espaços para o tipo de encontro aleatório que os espaços públicos, quando bons, facilitam. Nessa visão, embora todos tenham a liberdade de permanecer dentro dos limites de seu próprio grupo ou comunidade, muitas pessoas reconheceriam o quanto têm em comum com compatriotas que, em um primeiro momento, em nada se parecem com elas.

O melhor tipo de espaço público permite que cada pessoa cuide de sua vida, mas também facilita encontros inesperados que podem levar a laços duradouros. Do mesmo modo, a democracia diversificada que devemos construir respeitará aqueles que preferem ficar sempre entre os seus, mas encorajará a maioria de seus cidadãos a embarcar numa vida que é, em larga medida, genuinamente compartilhada.

Nem o caldeirão nem a salada podem apontar o caminho para a construção de uma democracia diversificada próspera. Nesse tipo de sociedade, as pessoas não teriam de decidir entre sacrificar a própria cultura para se tornar membro da nação ou se fechar na própria cultura de tal forma que a nação mal exista. Idealmente, as democracias diversificadas poderão tanto desfrutar de um sentimento real de coesão quanto celebrar uma variedade imensa de subculturas. Não devemos aceitar menos do que isso.

Com isso em mente, a imagem do tipo de democracia diversificada que devemos construir começa a emergir. Seus cidadãos desfrutariam de uma liberdade dupla, livres para expressar sem medo suas personalidades plenas, protegidos da opressão tanto do Estado quanto da gaiola de normas. Abraçariam um patriotismo inclusivo, enraizado na tradição cívica e na cultura cotidiana. E cultivariam suas sociedades como parques públicos vibrantes — um lugar onde os visitantes podem se ocupar de seus próprios interesses, mas onde também optam muitas vezes por travar contato com estranhos com simpatia e curiosidade.

Mas para chegar a um quadro mais completo do tipo de democracia diversificada que estamos tentando construir, há um último conjunto de questões que precisamos responder. Pois, como parques públicos, sociedades não são definidas apenas pelas regras formais que determinam os direitos e deveres dos cidadãos, pelo modo como eles pensam sua identidade coletiva ou por quanto tempo convivem no dia a dia. As sociedades também são moldadas por normas sociais e políticas que influenciam ou condicionam as escolhas dos indivíduos sem a força da lei.

Assim, em que medida as democracias precisam mudar antigas narrativas nacionais para acomodar os recém-chegados? Como elas podem sustentar a solidariedade política entre membros de grupos identitários diferentes? É bom ou ruim que as culturas se influenciem? Instituições sociais importantes — das escolas públicas às grandes fundações — devem encorajá-las a enfatizar suas semelhanças ou a marcar suas diferenças?

Estas são as questões, tão importantes quanto contestadas, às quais me volto a fim de completar a visão que as democracias diversificadas precisam abraçar para que prosperem.

7. Uma vida genuinamente compartilhada é possível?

Nos últimos anos, em quase todo o mundo democrático, batalhas febris envolvendo controvérsias culturais ou sociais aparentemente pequenas têm consumido uma considerável atenção pública. No Reino Unido, ativistas têm travado debates acalorados sobre até que ponto os grupos privilegiados deveriam ceder aos desfavorecidos, abdicando de suas opiniões — sobre como remediar injustiças históricas, por exemplo — para acatar a dos oprimidos. Nos Estados Unidos, comentaristas do mundo da gastronomia discutem com fervor se chefs brancos comandando *food trucks* de taco representariam uma forma perigosa de apropriação cultural.

Esses debates podem parecer exagerados. Seria fácil menosprezá-los como parte de uma guerra cultural em que os principais combatentes buscam desesperadamente assuntos sensacionalistas que mantenham a indignação de seus apoiadores. Embora não haja dúvidas de que alguns dos participantes nesses debates operam de má-fé, seria um equívoco ignorar tais questões, pois os lados que as pessoas escolhem ao reagir muitas vezes sugerem desacordos profundos e importantes sobre como as sociedades democráticas deveriam lidar com os desafios da diversidade.

De modo genérico, as posições que os participantes desses debates tendem a escolher fundamentam-se em três abordagens diferentes das regras informais que devem reger as democracias diversificadas.[1] Uma corrente de pensamento quer abandonar o grande experimento para recuperar um passado supostamente superior, em que a maioria das democracias era largamente homogênea ou tinha uma clara hierarquia étnico-racial e religiosa. Esse desejo de "fazer o relógio andar para trás", que encontra expressão em movimentos políticos cada vez mais poderosos de extrema direita, não é realista nem desejável.

Outra corrente argumenta que as democracias diversificadas podem acomodar os recém-chegados sem necessidade de fazer qualquer ajuste sério nas regras que governam suas sociedades ou nas narrativas que contam sobre sua própria história. Nesse caso, os que "recusam a mudança" não conseguem ver como regras formalmente neutras podem prejudicar membros de minorias étnico-raciais ou religiosas que não estavam presentes à época da criação dessas mesmas regras.

Por fim, uma última corrente de pensamento argumenta que as democracias diversificadas devem abandonar os princípios liberais e as pressuposições individualistas nas quais elas se fundamentam, remodelando a sociedade desde a base com foco nos direitos dos grupos oprimidos. Contudo, ao "dobrar a aposta identitária", corremos o risco de jogar o bebê fora junto com a água do banho, abandonando muitas ideias que podem ajudar a preservar as democracias diversificadas e particularizando a identidade dos grupos minoritários de uma forma que tende a prejudicar a causa da igualdade verdadeira.

Não há uma forma humanizada ou realista de abandonar o grande experimento. Construir sociedades justas demandará mudanças reais. E desistir dos princípios filosóficos liberais que escoram as democracias diversificadas só serviria para aprofundar as injustiças que hoje as caracterizam. Para que o grande experimento vingue, precisamos acolher uma nova visão das regras informais que devem governar as democracias diversificadas no futuro — uma visão muito mais otimista no que diz respeito à nossa capacidade de construir uma vida genuinamente compartilhada.

FAZENDO O RELÓGIO ANDAR PARA TRÁS

Na juventude em Chemnitz, cidade industrial do leste alemão, Benjamin Jahn Zschocke fez parte de um grupo antifascista. "Sou esse tipo de gente", contou-me no restaurante de um grande hotel decadente na avenida das Nações. "Quando alguém apanha, eu corro para defender."[2]

As posições políticas de Zschocke, depois, começaram a mudar. Ele passou a ver a imigração como a ameaça mais urgente à sua cidade natal. Suas preocupações alcançaram novo patamar quando, no começo do verão de 2015, mais de 1 milhão de refugiados chegaram à Alemanha. Zschocke tornou-se direitista, vindo a ser um dos principais líderes da cena ultranacionalista local.

De acordo com Zschocke, que apareceu em trajes impecáveis, sempre muito educado, as grandes cidades no oeste da Alemanha estão com os dias contados, pois a maioria de seus residentes logo descenderão de imigrantes. "Se seus habitantes fossem às ruas, clãs de árabes tiranizariam suas crianças no dia seguinte", alegou. "Para os que gostam da própria cultura, o oeste já está perdido."

Felizmente, disse Zschocke, os brancos ainda são maioria nas cidades do leste do país. "Para os que não querem uma sociedade multiétnica, o leste está se tornando uma espécie de refúgio."

Depois de quase uma hora de conversa, sirenes de carros de

polícia atravessaram a gentil calmaria do hotel. Poucos dias antes de minha chegada a Chemnitz, um sírio em busca de asilo havia matado a facadas Daniel Hibbing, carpinteiro cubano-alemão, numa discussão noturna, provocando protestos espontâneos da extrema direita. Desde então, Zschocke vinha ajudando a organizar manifestações diárias contra a leniência de Angela Merkel para com imigrantes em busca de asilo. Outra manifestação estava prestes a começar.

Perguntei a Zschocke quando ele iria para a manifestação que ele próprio havia ajudado a organizar. Com um sorriso maroto, Zschocke balançou a cabeça e disse: "Sou sensível demais para esse tipo de coisa. Grandes multidões, toda aquela emoção — eu vou pra casa ouvir música clássica".

A maioria das democracias do mundo vem enfrentando transformações desorientadoras. A tentativa de construir cidades diversas, democráticas e genuinamente justas não tem precedentes. Isso tende a provocar mudanças culturais e políticas significativas, custando aos grupos que há muito estiveram no topo da hierarquia étnica e religiosa de seus países um pouco das vantagens indevidas de que desfrutavam antes.

Ao longo da última década, uma nova geração de ativistas e políticos destacaram-se explorando o medo que essas transformações provocam em parte da população. Se tiverem a chance, prometem, levarão o país de volta para o que consideram um tempo melhor.

Matteo Salvini, líder do partido de extrema direita italiano Lega, por exemplo, escreveu que, com ele, os italianos "provariam de novo a alegria de poder ter filhos, evitando o horror da transformação populacional por meio da imigração descontrolada".[3] O slogan da campanha de Donald Trump colocava a coisa de modo mais incisivo, jurando "Make America Great Again" [Tornar a América Grande de Novo].[4]

O que a promessa de fazer o relógio andar para trás significa na prática varia muito. Políticos de direita nas poucas democracias que continuam comparativamente homogêneas querem garantir que seus países jamais venham a se tornar heterogêneos. Opondo-se à maioria das formas de imigração, alguns líderes em sociedades democráticas na Europa Central e no Leste Asiático esperam contornar os problemas que hoje assolam tantas democracias diversificadas.[5]

Mas essa opção não está disponível para ativistas de direita nas democracias, muito mais numerosas, que já são altamente diversificadas. Alguns insistem em alcançar o mesmo objetivo e prometem fazê-lo valendo-se de meios bem mais cruéis: sonham em "restaurar" a homogeneidade de seus países expulsando os grupos minoritários ou induzindo-os a se retirar. Zschocke, o ativista de extrema direita que conheci em Chemnitz, por exemplo, espera que ele e seus camaradas consigam criar uma atmosfera suficientemente hostil para que a maioria dos imigrantes deixe a cidade "por vontade própria".

Líderes de extrema direita como Trump e Salvini reconhecem que se trata, em grande parte, de um objetivo irrealista. Seus países, bem sabem eles, muito provavelmente continuarão diversificados. Em vez de tentar transformá-los em entidades homogêneas, o que eles buscam é restabelecer as hierarquias bem definidas de outrora.

Algumas democracias já até adotaram políticas concretas que buscam impedir que grupos minoritários conquistem reconhecimento na cultura dominante. Na Suíça, por exemplo, a maioria dos cidadãos votou para proibir a construção de minaretes em um referendo de 2009.[6] Inúmeras outras democracias baniram rituais envolvendo o abate de animais, numa tentativa mal disfarçada de dificultar a adaptação de judeus e muçulmanos.[7]

Os problemas que há nessas "soluções" são óbvios.

Países como o Japão ou a Bulgária podem, se aceitarem viver com as consequências adversas do despovoamento, optar por permanecer relativamente homogêneos. Mas a maioria das democracias já é bastante diversificada. Ainda que se corte de modo radical o fluxo migratório, a diversificação continuará a crescer nos anos por vir.

É difícil que planos para impedir essas mudanças funcionem sem recorrer à violência. As provocações retóricas a que os populistas amam se entregar podem alimentar o ódio e o ressentimento de uma parte da população; contudo, apesar de toda a fanfarronice, o impacto é pequeno. Indicativo disso é o fato de que a população dos Estados Unidos, por exemplo, tornou-se ainda mais diversificada, e a visão sobre imigração entre os eleitores, mais permissiva, durante o mandato de Trump.[8]

A única forma realista de reverter as transformações demográficas, então, envolveria crueldades indizíveis. Democracias diversificadas precisariam remover à força pessoas que agora têm o direito jurídico de habitá-las ou expulsar grupos minoritários por meio da atmosfera hostil que Zschocke espera criar.

Na história da humanidade, não faltaram instâncias de limpeza étnica. Mesmo hoje, tais ideias extremas desfrutam de certo apoio. Não devemos ser imprudentes a ponto de excluir essa possibilidade. Mas se trata aqui de um futuro que nos cabe temer, não desejar.

A conclusão é óbvia. As democracias podem ter debates legítimos sobre quão receptivas elas devem ser em relação a novas ondas migratórias. Mas, nos países que já são largamente diversificados, esforços para fazer o relógio andar para trás tendem a ser cruéis, inúteis ou ambos: as formas humanizadas de suspender o grande experimento tendem a fracassar, e as formas que poderiam, de fato, suspendê-lo costumam ser intoleráveis do ponto de vista moral.

LUTANDO CONTRA A MUDANÇA

Felizmente, a maioria dos cidadãos nas democracias diversificadas não se sente muito tentada pela promessa de fazer o relógio andar para trás. Eles encaram muitos de seus novos compatriotas com afeição ou admiração e opõem-se vigorosamente às medidas cruéis necessárias para suspender ou, pior ainda, reverter as mudanças demográficas. Embora tenham preocupações reais quanto ao grande experimento, reconhecem que um retorno aos anos 1950 — ou mesmo aos anos 1980 — é uma ilusão.

Ao mesmo tempo, parte dessas mesmas pessoas continua aferrada a certos aspectos culturais e nacionais que têm raízes em um passado mais homogêneo e que são difíceis de justificar em um presente cada vez mais heterogêneo. Embora rejeitem, com orgulho, o esquema explícito de dominação capitaneado pelos que querem fazer o relógio andar para trás, sua visão de mundo ainda perpetua, de forma inconsciente, um esquema implícito de dominação que divide as sociedades em grupos privilegiados que se sentem nativos plenos e grupos de forasteiros que seguem marginalizados.

Exemplo disso é a relutância em fazer certas acomodações necessárias para que imigrantes e outros grupos minoritários se sintam membros plenos da comunidade. Em teoria, não há nada de errado com a aspiração de construir ou preservar uma cultura pública compartilhada que acolha cidadãos das mais diversas origens. Uma sociedade que carece de um senso de cultura ou identidade comum tende a se fragmentar de forma perigosa.

Mas, na prática, os defensores do que os alemães por vezes chamam de *Leitkultur*, ou cultura-guia, muitas vezes pressupõem que as normas e expectativas que forneceriam uma base comum para as interações sociais entre membros de diferentes grupos foram gravadas na pedra muito antes de as democracias se tornarem tão diversificadas quanto hoje. É possível que, ao perpetuar certos hábitos antigos, como exibir símbolos cristãos nas salas de aula ou proibir que o comércio abra aos domingos, não se queira com isso excluir os recém-chegados. Mas recusando-se a mudar — ou mesmo a reconhecer que, longe de serem neutras, essas tradições atendem às preferências da maioria —, é provável que os grupos minoritários se sintam alienados.

Outro exemplo é certa relutância em pensar o papel que a raça e outras identidades herdadas desempenham nas democracias diversificadas hoje. A aspiração de "não ver cor" se baseia em um importante insight moral: os seres humanos não valem mais ou menos — nem são mais nem menos capazes de se tornar excelentes cidadãos — por conta de sua herança étnico-racial. A determinação de tratar as pessoas de acordo com suas ações e caráter, não de acordo com sua cor, é nobre.

Mas, por vezes, a aspiração de "não ver cor" pode se tornar uma realidade em que o que não vemos é o racismo. Embora seja positivo desejar uma sociedade em que as identidades arbitrárias dos cidadãos importam o menos possível, o racismo e o preconceito ainda persistem. Essas injustiças precisam ser estudadas, reconhecidas e remediadas.

A recusa em admitir que uma sociedade cada vez mais diversificada precisa romper com algumas de suas antigas práticas torna mais difícil a construção de democracias de fato inclusivas.

Mesmo quando se mostram, em teoria, comprometidas com o acolhimento dos imigrantes, muitas nações continuam se definindo nos termos das conquistas históricas e das tradições culturais do grupo majoritário. Pensa-se nos Estados Unidos como uma construção dos passageiros do Mayflower e dos correligionários do Boston Tea Party, como se pensa na França como sinônimo dos revolucionários que invadiram a Bastilha ou das belas igrejas que embelezam tantas praças das cidades.

Até aí, não há nada de errado. As democracias diversificadas serão sempre moldadas por suas origens e suas narrativas históricas de longa data. Os Estados Unidos não seriam os Estados Unidos sem os Pais Fundadores, e a França não seria a França sem a Revolução Francesa. Mas isso se torna um problema quando o foco nesses aspectos da identidade nacional começa a obscurecer as mudanças que ocorreram nas democracias diversificadas. Isso nos leva a ignorar a importante contribuição dos recém-chegados e negligencia a importância que a cultura cotidiana do presente tem na formação de uma identidade nacional coesa.

Esse problema se agrava quando as democracias diversificadas se apegam a uma versão edulcorada de sua própria história. A maioria dos países tem capítulos sombrios em seu passado. Claro, não seria apropriado que esses capítulos consumissem toda a sua identidade; nenhum grupo deve ser reduzido aos seus piores crimes — nem a seus feitos mais heroicos.

No entanto, é importante lidar com essa história de forma honesta. Muitos membros de democracias diversificadas se recusam a fazê-lo. Negando ou subestimando a dimensão dos malfeitos passados, apegam-se a uma versão parcial ou simplesmente desonesta de seu país.

Quando grupos minoritários sofreram nas mãos de seus compatriotas, qualquer tentativa de criar um horizonte comum entre eles precisa ter como premissa o reconhecimento dos erros históricos — e as desculpas mais sinceras. Quando nem o reconhecimento nem as desculpas se fazem presentes, não surpreende que muitos se recusem a engolir a história maquiada que seu país conta sobre si mesmo e relutem em acolher uma identidade compartilhada.

O projeto de construir democracias diversificadas que prosperem de verdade envolve certas mudanças difíceis em antigos costumes, narrativas e autopercepções. Os que se recusam a abandonar esses hábitos não são motivados necessariamente pela malícia. No entanto, precisam reconhecer que a preservação dos valores que prezam de modo tão arraigado — como a manutenção da paz social e o cultivo da afeição mútua entre compatriotas — requer que eles se adaptem à natureza mais diversificada de suas sociedades.

A APOSTA IDENTITÁRIA

Um terceiro modelo de como construir democracias diversificadas nasce motivado pelas deficiências dos anteriores. Por um lado, enraíza-se na frustração daqueles que, agarrando-se a um imaginário inadequado, recusam-se a aceitar as mudanças necessárias para acomodar todos os cidadãos das democracias marcadas pela diversidade. Por outro, alimenta-se também da raiva legítima contra os que querem voltar no tempo, tentando recuperar velhas hierarquias por meio de crueldades indizíveis.

Visto por vezes como "*woke*",* como uma forma aplicada da

---

* "Despertos", no sentido de "os que despertaram" para as injustiças históricas e a necessidade de desconstruir privilégios estruturais. O termo nasce, primeiro,

"teoria crítica da raça" ou como uma possível "ideologia sucessora" do liberalismo,[9] esse movimento compromete-se a remodelar a sociedade radicalmente. Para fazê-lo, muitos de seus defensores mais ativos estão dispostos a repensar os princípios fundamentais nos quais as democracias liberais foram tradicionalmente construídas, como a ênfase nos indivíduos e não nos grupos.

Como acontece com qualquer movimento político ou intelectual, os partidários do que proponho chamar de *ideologia desafiante* não necessariamente concordam com todas as posições comumente associadas a ele.[10] No entanto, três questões que se entrelaçam são centrais para a visão do futuro das democracias diversificadas proposta pelo movimento: que papel as identidades herdadas, como raça e religião, devem desempenhar; até que ponto membros de grupos diferentes são capazes de se entender e as implicações disso para o tipo de solidariedade política que se deve almejar; e qual deve ser a cara da cultura coletiva.

1. *Essencialismo estratégico*: nos anos 1970 e 1980, muitos cientistas sociais começaram a argumentar que categorias raciais eram "socialmente construídas". Rótulos como branco ou negro, argumentavam, não se referiam a realidades biológicas; eram, antes, construtos artificiais inventados com propósito político. E, em quase todos os casos, o objetivo dessa invenção era simples: encontrar uma justificativa para elevar os membros de alguns grupos e subjugar os membros de outros.

Essa ênfase teórica na natureza artificial das categorias de identidade sugeria dois modos de ação bem diferentes para os que se opunham ao racismo havia muito embutido nelas. No primeiro modo, a sugestão seria rever a importância das raças. Se catego-

---

no interior dos movimentos progressistas, mas é logo satirizado e ressignificado na mídia e nas redes sociais, ganhando uma conotação pejorativa. (N. T.)

rias como branco ou negro são artificiais, e foram sempre usadas para fins nefastos, argumentavam estudiosos como Karen e Barbara Fields, então seria melhor se as pessoas dessem o mínimo de importância a elas. Transcender o racismo implicaria transcender o próprio conceito de raça.[11]

Houve um tempo em que essa interpretação foi muito influente, sobretudo na esquerda. Mas hoje, na maior parte da academia, uma forma diametralmente oposta de interpretar as implicações políticas das construções sociais ganhou a dianteira.

Muitas pessoas sofrem severas desvantagens por serem vistas como parte de um grupo subordinado. Diante disso, estudiosos como Gayatri Chakravorty Spivak argumentaram que, se categorias como latino e afro-americano têm consequências reais, determinando como seus membros são tratados, então esses grupos têm toda razão em se unirem para buscar justiça. Para todos os efeitos, aqueles a quem esses rótulos artificiais têm sido tradicionalmente atribuídos devem agir como se eles tivessem por base uma realidade objetiva. Na linguagem das ciências sociais, essa estratégia consistiria em se portar como se as explicações essencialistas de raça e identidade fossem verdadeiras.[12]

No curso das últimas décadas, essa forma de essencialismo estratégico triunfou na esquerda anglo-saxã, ramificando-se rapidamente nas correntes sociais dominantes de muitos países, da Austrália ao Reino Unido.

O resultado tem sido uma ênfase renovada no tema da raça e das identidades. Se antes os políticos de esquerda preferiam apresentar seus objetivos em termos de classe, agora tendem a enfatizar a necessidade da igualdade racial; se antes favoreciam uma visão universalista para o Estado de bem-estar social, que ofereceria benefícios essenciais para todos os cidadãos, legisladores de esquerda cada vez mais favorecem a introdução de políticas marcadas por um viés racial, que condicionam o recebimento de certas formas de auxílio ao pertencimento a grupos étnico-raciais específicos. Por fim, se no passado escritores e artistas de esquerda tendiam a enfatizar a universalidade da condição humana, eles agora acham mais importante representar as "experiências vividas" dos grupos identitários aos quais pertencem.

2. *A impossibilidade da compreensão mútua*: Das grandes obras da literatura aos posts mais virais do Instagram, boa parte da arte insiste na universalidade da experiência humana. No monólogo mais famoso de *O mercador de Veneza*, de Shakespeare, Shylock, o protagonista judeu, insiste que ele ri e chora tal como seus contemporâneos cristãos. ("Se nos furam, não sangramos? Se nos fazem cócegas, não rimos?")[13] Nos *stories* postados pelo Humans of New York, residentes da cidade oriundos de todos os cantos do mundo contam histórias de amor e perda, de adversidade e triunfos improváveis que repercutem em milhões de leitores de todas as cores e credos.[14]

Para muitos escritores, esse tipo de compreensão mútua é um objetivo central da literatura. Como Salman Rushdie disse certa vez, a ficção ganha vida quando estabelece uma "visão idiossincrática de determinado ser humano na qual, para nosso prazer e enorme surpresa, talvez encontremos nossa própria visão refletida".[15] Alguns cientistas chegaram inclusive a tentar provar os benefícios da literatura demonstrando que as pessoas que leem ficção tornam-se mais aptas a sentir empatia por pessoas bastante diferentes delas.[16]

Contudo, muitos proponentes da ideologia desafiante mostram-se céticos em relação aos argumentos universalistas. Não negam, claro, a importância da compaixão ou a existência de traços humanos compartilhados. Mas as diferenças entre grupos, dizem eles, ao fim e ao cabo, são mais profundas do que essas convergências. Aqueles que têm uma posição comparativamente privilegiada, argumentam, jamais compreenderão as experiências angustiantes a que estão sujeitos os grupos desfavorecidos.[17] Os homens não entendem como passar a vida temendo abusos sexuais impacta as mulheres. E os americanos brancos não podem conceber o medo de ser tratado injustamente pela polícia por conta da cor de sua pele.

Até aí, essa observação não é — ou não deveria ser — controversa. É claro que pessoas que não vivenciaram certa forma particular de injustiça são mais propensas a subestimá-la ou não compreendê-la, e é possível que nunca a "entendam" por completo.

Mas muitos defensores da ideologia desafiante vão além, extraindo uma inferência bem mais radical dessa observação. Se os membros dos grupos mais ou menos privilegiados não sofrem nenhuma exposição direta a certas formas de injustiça, eles, então, não são capazes de se identificar com as experiências vividas pelos grupos desfavorecidos — mesmo que escutem com atenção mil relatos sobre essas injustiças. Assim, não podem julgar o que é necessário para remediar esses problemas. Em vez de formarem uma opinião própria, devem simplesmente acatar as demandas dos mais oprimidos.

Assim, uma análise perfeitamente plausível do que as pessoas podem ver ou compreender com base em suas próprias experiências culmina muitas vezes em um conjunto de afirmações muito mais controversas sobre como deve ser a solidariedade política nas democracias diversificadas. Ser um bom aliado, nessa visão, vai além de escutar o outro e tentar plasmar uma vida genuinamente compartilhada. Para os membros dos grupos favorecidos, a verdadeira solidariedade política demanda nada menos que "descentrar-se", abdicando de seus próprios julgamentos para "privilegiar" as demandas dos oprimidos.

3. *O perigo da apropriação cultural*: Em décadas passadas, a esquerda humanista costumava celebrar a mescla de culturas. Dos hippies de sári indiano às assistentes sociais cujos apartamentos

(como dizia certo poema satírico) eram "repletos de esculturas de madeira e raridades, decorado com batiques",[18] um engajamento com a moda, a música e a comida de outras culturas era visto como um indicativo de abertura para o mundo.

Hoje, essa demonstração de cosmopolitismo vem perdendo espaço para preocupações relacionadas a como a influência cultural mútua pode levar a toda sorte de injustiças. Partindo de uma preocupação compreensível associada à longa história de artistas brancos que roubaram o trabalho de cantores negros[19] ou ao hábito de se adotar as vestimentas de culturas minoritárias para ridicularizá-las,[20] os defensores da ideologia desafiante têm adotado cada vez mais uma proibição total à "apropriação cultural".[21]

Em muitos ambientes progressistas, hoje se considera um grave *faux pas* quando membros do grupo majoritário usam roupas que costumam ser associadas aos historicamente desfavorecidos. E, embora ainda seja aceitável preparar pratos típicos de outras culinárias em casa, cozinheiros brancos, de Portland[22] a Toronto, se viram em maus lençóis por se "apropriarem" da culinária de países asiáticos e latino-americanos.[23] Longe de ser um sinal de que as democracias diversificadas estão construindo uma cultura cotidiana mais inclusiva, a incorporação de influências culturais é vista cada vez mais como suspeita de saída.

A ideologia desafiante pode ser compreendida, em parte, como uma tentativa de sanar pontos cegos graves nos modelos alternativos do grande experimento. Sua força deriva do fato de que muitas das deficiências que ela aponta são reais. Muitos cidadãos das democracias diversificadas permanecem, de fato, confortavelmente alheios aos obstáculos enfrentados pelos mais desfavorecidos. E é, sim, ingênuo da parte dos membros mais idealistas da sociedade se recusar a pensar em termos de raça quando reacionários continuam a discriminar qualquer um que, de acordo com eles, pertença a um grupo "inferior".

No entanto, temo que muitas das respostas substanciais e muitas das prescrições oferecidas pela ideologia desafiante não são capazes de levar adiante os valores de seus próprios proponentes. Em vez de ajudar o grande experimento, corre-se o risco de empoderar e fortalecer seus detratores mais devotos.

Encorajar grupos dominantes a acatar em silêncio as visões e demandas dos grupos oprimidos, por exemplo, dificilmente construirá o tipo de solidariedade política necessária para abolir injustiças reais. Os integrantes das democracias diversificadas que se sentem confortáveis no status quo ou que sonham em voltar no tempo vão simplesmente ignorar essas solicitações; como ferramenta para ampliar a preocupação com o destino dos menos favorecidos, elas são inúteis. Mas mesmo os mais dispostos a construir sociedades mais justas terão dificuldade de seguir esse preceito de forma genuína.

Além disso, como latinos e afro-americanos,[24] por exemplo, têm uma ampla gama de posições políticas, fica difícil dizer a quem os americanos brancos deveriam dar ouvidos. No fim, sobram duas possibilidades. Eles vão acatar os ditames dos membros comparativamente poderosos desses grupos, membros que conseguiram sobressair como porta-vozes (com a ajuda da grande mídia ou de partidos políticos controlados, quem sabe, por membros da maioria branca em geral), ainda que as posições desses líderes dificilmente representem os membros menos privilegiados do mesmo grupo. Ou escolherão os porta-vozes apropriados com base em suas próprias preferências políticas, tomando como vozes autênticas as figuras com quem concordam e taxando todos os demais como inautênticos. De qualquer modo, é duvidoso que a demanda para que o grupo majoritário acate os desígnios dos desfavorecidos sirva, de fato, aos interesses daqueles que mais necessitam de solidariedade.

Mas os problemas com o essencialismo estratégico são ainda mais profundos. Os proponentes da ideologia desafiante estão convencidos de que adotar uma forma pura de abolição racial seria ingenuidade. Nos países onde existem partidos políticos que tentam limitar a participação política dos membros dos grupos minoritários, por exemplo, pode ser necessário que ativistas se organizem com o objetivo de ampliar a consciência política e a participação eleitoral entre suas fileiras. Para o bem e para o mal, as injustiças que sempre caracterizaram as democracias diversificadas precisam ser pensadas, até certo ponto, em termos de raça.

O caso é que encorajar membros das democracias diversificadas a se conceberem, *em primeiro lugar*, como membros de grupos étnicos ou religiosos é ingênuo tanto quanto. Programas de benefícios voltados explicitamente para grupos étnico-raciais particulares, por exemplo, dão um forte incentivo para que as pessoas, incluindo aí as brancas, identifiquem-se com seus grupos raciais e se organizem de modo sectário — aprofundando, assim, o tipo de consciência racial que, historicamente, informaram formas graves de injustiça e discriminação.

Esses problemas tornam-se particularmente agudos quando a ênfase essencialista abandona seu caráter supostamente estratégico e torna-se uma visão em longo prazo. Muitos partidários da ideologia desafiante vêm adotando uma visão pessimista do grande experimento. A história das democracias diversificadas, creem eles, sempre girou em torno do conflito entre diferentes grupos religiosos e étnico-raciais. No futuro, grupos antes oprimidos talvez se vejam em melhor posição para lutar por uma fatia mais justa; é possível até que se tornem hegemônicos. Ainda assim, a questão racial, mesmo em 25 ou cinquenta anos, seguirá sendo a mais importante categoria política e social nas democracias diversificadas ao redor do mundo.

De acordo com essa visão, a raça é não apenas parte importante da realidade social de hoje. É, antes, parte inescapável de nosso destino coletivo. Curiosamente, tendo partido de um ataque ao essencialismo, a ideologia desafiante acabou endossando a visão essencialista de que a raça sempre foi e sempre será o atributo mais importante de cada ser humano.

Temo que essa não seja uma visão nem atraente nem construtiva para o avanço do grande experimento. Felizmente, há uma alternativa melhor.

UM MODELO MELHOR

As três formas dominantes de responder às guerras culturais que ora consomem tantas democracias diversificadas revelaram-se falhas.

Qualquer esperança de voltar no tempo, anulando as mudanças das últimas décadas, é uma perigosa quimera. É um erro também resistir às mudanças políticas e culturais necessárias para conferir igual reconhecimento aos grupos minoritários. E, por fim, deve-se evitar a insistência redobrada nas questões identitárias, que leva a uma visão profundamente pessimista sobre o futuro das democracias diversificadas — visão, hoje, capitaneada pelos defensores da ideologia desafiante.

Pessoas de diferentes grupos identitários são, sim, capazes de compreender os problemas e prioridades uns dos outros, desenvolvendo uma solidariedade política real e construindo uma cultura nacional genuinamente compartilhada. Os que querem que o grande experimento triunfe devem oferecer uma visão que seja tanto realista em relação aos desafios do presente quanto otimista sobre a possibilidade de um futuro pelo qual valha a pena lutar.

Para isso, é preciso seguir três princípios fundamentais. As democracias diversificadas devem buscar uma forma de solidariedade política que se baseie em uma maior empatia entre seus cidadãos. Elas devem festejar quando as diferentes culturas de seus membros influenciam-se umas às outras. E, mais importante, devem tentar construir um futuro em que raça e religião importem menos — não porque mais pessoas negarão o papel que essas categorias hoje desempenham no mundo real, mas porque menos pessoas sofrerão desvantagens por conta de suas identidades arbitrárias.

1. *Mais empatia e uma solidariedade mais profunda*: É ingenuidade pensar que os humanos compreendem naturalmente as experiências uns dos outros. Se você nunca passou fome, você terá dificuldade em imaginar o que é viver sem acesso garantido à comida. E se você faz parte de um grupo majoritário dominante, talvez não capte bem o medo de que outros o tratem com desprezo ou hostilidade por conta da cor da sua pele. Os defensores da ideologia desafiante estão certos em dizer que há sérias barreiras à compreensão mútua nas democracias diversificadas — e que muitos de seus compatriotas têm uma postura ingênua em relação às dificuldades implicadas nesse fato.

Mas embora um membro de um grupo talvez nunca possa conceber o mundo do mesmo modo como um membro de outro grupo, é um equívoco desistir da promessa da comunicação efetiva. Um homem não precisa ter vivenciado assédio sexual para reconhecer sua injustiça. Do mesmo modo, uma pessoa branca não precisa ter "vivências" com o racismo para reconhecer como ele é vil.

É por isso que, em vez de desistir da compreensão mútua, as democracias diversificadas devem redobrar seus esforços para estimular a empatia. Os cidadãos das democracias diversificadas devem atentar à possibilidade, sempre presente, de que talvez eles sejam um tanto ignorantes no que diz respeito às experiências dos outros ou demasiadamente desconfiados quanto às suas motivações. Mas devem continuar acreditando que, esforçando-se para escutar com atenção uns aos outros, eles podem, sim, vir a sentir uma profunda compaixão.

Isso também implica uma visão de solidariedade política diferente da que tem sido acolhida por muitos ativistas. Os homens são capazes de lutar por uma sociedade que trate as mulheres de maneira mais justa, insistindo que qualquer outra situação violaria seus próprios critérios morais. Da mesma forma, muitos brancos, graças às suas próprias aspirações em relação ao tipo de país em que desejam viver, querem tornar suas democracias mais justas para as minorias étnico-raciais.

Ninguém se inclina a lutar pelos interesses de outro grupo por ter sido obrigado a abdicar de suas visões. Mas todos são capazes de atos de coragem e altruísmo verdadeiros quando creem que suas próprias ideias sobre o que é justo estão sendo violadas. E é precisamente por isso que as democracias diversificadas devem insistir em um modelo ambicioso de solidariedade política.

2. *A virtude da influência mútua*: É uma antiga tradição entre escritores e políticos denunciar como suas nações mudam por conta da imigração ou de outras formas de contato com o mundo exterior. Em fins do século XIX, Richard Wagner investia contra o efeito deletério que a cultura francesa supostamente exercia sobre sua terra natal. No começo do século XX, muitos americanos temiam que o influxo de imigrantes católicos oriundos de países como a Itália mudaria o país para pior. E, hoje, políticos como Narendra Modi, da Índia, criticam sem freios as influências estrangeiras, do

Halloween[25] ao Valentine's Day,[26] vistos como perigosos ataques à integridade cultural de suas nações.

Para que o grande experimento triunfe, as democracias diversificadas devem rejeitar essa forma de purismo cultural. Culturas são construtos fluidos que refletem as escolhas e preferências em constante mutação de seus membros, não entidades estáticas que, como uma exposição de borboletas no Museu de História Natural de Nova York, precisam ser preservadas com hidrato de cloral.[27] Não se pode esperar que novos residentes se integrem às práticas culturais existentes sem a chance de fazerem suas próprias contribuições. As democracias diversificadas não se transformarão, e não devem se transformar, em sociedades homogêneas em que todos os cidadãos adotem o mesmo conjunto de gostos e preferências.

A esquerda por muito tempo defendeu o valor dessas formas de influência mútua. Mas recentemente uma ansiedade diferente, relacionada ao escambo cultural, ganhou proeminência nos círculos artísticos e ativistas. Críticos da "apropriação cultural" preocupam-se com a dor provocada quando membros dos grupos majoritários trajam zombeteiramente as vestes de um grupo minoritário, ou com a exploração que muitos artistas de comunidades desfavorecidas sofrem quando outros mais afluentes roubam sua propriedade intelectual, ou ainda com a raiva que crianças do ensino fundamental sentem quando seus colegas de classe as ridicularizam pelos lanches diferentes que elas levam para a escola.

Essas injustiças são reais. As crianças não devem fazer bullying por conta do conteúdo das lancheiras de seus colegas. Artistas que roubam o trabalho de outros artistas devem ser penalizados com rigor. E as pessoas que zombam dos grupos minoritários devem ser criticadas. Mas o que torna essas coisas erradas não é a presença de uma influência cultural mútua entre membros de uma democracia diversificada; é o modo pelo qual alguns membros do grupo dominante exploraram seus compatriotas ou os ridicularizaram.

Uma suspeita generalizada em relação à influência cultural faria muito pouco para remediar esses problemas e, ao mesmo tempo, "problematizar" as formas de livre troca cultural que podem ajudar as democracias diversificadas a embarcarem em uma vida genuinamente compartilhada.

As culturas humanas sempre se influenciaram. Grupos identitários não têm um direito coletivo de propriedade sobre certas ideias, pratos ou práticas culturais (nem deveriam ter). As democracias modernas não podem ser bem-sucedidas se seus membros estão sempre com medo de influenciarem uns aos outros. Por tudo isso, a influência cultural mútua não é um pecado preocupante, é antes uma das grandes alegrias das democracias diversificadas prósperas.

Quando afro-americanos pedem comida chinesa antes de ir dançar salsa, quando coreano-americanos vendem confeitos franceses para turistas latino-americanos, ou quando um grupo de amigos oriundos dos mais diversos grupos raciais e religiosos se embebeda em um restaurante Tex-Mex ao som de "Old Town Road",[28] temos um primeiro vislumbre do tipo de futuro que devemos tentar construir. Aqueles que querem que o grande experimento triunfe devem defender orgulhosamente as alegrias da influência e da inspiração mútuas contra os defensores do purismo cultural.

3. *Uma ênfase no que compartilhamos*: Mesmo em uma democracia diversificada com uma cultura compartilhada de modo significativo, muitos cidadãos continuarão fortemente identificados com seus grupos subnacionais. Em larga medida, eles tenderão a continuar praticando os ritos culturais de seus ancestrais ou cultuando os deuses de seus pais. Uma sociedade liberal que reconheça o papel que as comunidades culturais e religiosas — enquanto "construtoras de significado", como dizem os sociólogos — desempe-

nham na vida da maioria das pessoas deve celebrar, não combater, o pluralismo.

Da mesma forma, categorias de identidades hereditárias, como raça, também tendem a preservar um significado real nas décadas por vir. Em países que têm uma longa história de dominação, lentes raciais seguirão importantes para examinar em que medida as presentes condições perpetuam essas injustiças. E mesmo uma vez que as condições que fundamentaram essas injustiças já não existirem, grupos que há muito foram discriminados por conta de sua raça provavelmente preservarão formas de solidariedade política e coesão cultural.[29]

No entanto, as democracias diversificadas não devem jamais abdicar de uma visão do futuro em que as identidades hereditárias desempenhem um papel menor, não maior, do que desempenham hoje. Devem buscar construir uma sociedade onde pessoas de grupos diferentes já tenham tido contato suficiente para compreender as preocupações uns dos outros e se importar com o destino de todos. E devem tentar remediar injustiças históricas para que as lentes raciais se tornem menos importantes — não porque as pessoas vão ignorar sua prolongada relevância, mas porque elas de fato estruturarão muito menos a sociedade.

Há muitos problemas com o parque (metafórico) que habitamos.

Suas regras foram escritas tempos atrás e precisam urgentemente de atualização. Algumas pessoas sentem-se bem-vindas em seus gramados e passarelas, ao passo que outras ainda têm razão em se sentirem intrusas. E embora seus visitantes por vezes entabulem conversas, eles ainda tendem a se olhar com ceticismo e hostilidade.

Todos esses problemas nos estimulam a baixar nossas expectativas coletivas em relação ao futuro. Talvez o máximo que possamos fazer seja negociar uma espécie de trégua, ainda que tensa, desistindo da esperança de promover um espaço significativamente compartilhado. Será que cada grupo deve receber um cantinho do parque onde possa se isolar com os que compartilham a mesma origem ou visão de mundo? Ou seria o caso de terem acesso ao parque em momentos separados, evitando arengas?

Esse cenário seria um equívoco tremendo. Todo mundo deve se sentir bem-vindo nesse espaço compartilhado. É possível atualizar as regras do parque para permitir que todos desfrutem de suas atividades favoritas ao mesmo tempo. E, com o tempo, grupos que hoje se olham com desconfiança talvez venham a se enxergar como compatriotas ou mesmo amigos.

O futuro do parque pode ser mais luminoso do que seu presente.

Os céticos costumam ridicularizar esse sentimento.

Dirão que não há sinal de que as injustiças que sempre caracterizaram as democracias diversificadas estejam desaparecendo. Os membros dos grupos minoritários têm feito pouco progresso rumo à igualdade verdadeira. As políticas de muitos países ainda preservam demarcações étnico-raciais e religiosas. E os legisladores não fazem o bastante para remediar essas deficiências.

É este o argumento que desenvolvo na parte final deste livro: embora as democracias diversificadas continuem imperfeitas, os grupos minoritários vêm progredindo muito mais rápido do que creem tanto os proponentes quanto os oponentes do grande experimento. Embora muitos países permaneçam politicamente polarizados de acordo com demarcações demográficas, já vemos os primeiros sinais de que seus sistemas políticos estão começando a promover integrações significativas. E embora o poder das políticas públicas para mudar o mundo seja limitado, há muitas ações razoáveis que as democracias diversificadas podem realizar para antecipar a chegada de um futuro melhor.

Na Parte I, expus por que as democracias diversificadas têm tanta dificuldade para perdurar. Na II, desenvolvi uma visão ambiciosa sobre como devem ser as democracias diversificadas do futuro. Por fim, na Parte III, tento mostrar por que construir democracias diversificadas prósperas de verdade é difícil, mas possível.

PARTE III
COMO AS DEMOCRACIAS
DIVERSIFICADAS PODEM TRIUNFAR

Para que o grande experimento triunfe, devemos construir democracias diversificadas que conquistem o apoio sincero de seus membros: sociedades cujos residentes sintam orgulho de seus feitos coletivos, sejam receptivos com estranhos e capazes de sustentar uma solidariedade verdadeira.

Poucos leitores vão discordar que seria maravilhoso se pudéssemos construir democracias diversificadas capazes desse tipo de espírito de cuidado mútuo. Mas muitos talvez duvidem de que esse objetivo seja realista. É possível que o grande experimento se torne um sucesso real? E, se sim, o que podemos fazer para que ele funcione?

Qualquer pessoa analisando a situação das democracias diversificadas, da Suécia aos Estados Unidos, descobrirá muitas razões para ficar deprimido em relação à presente realidade e temeroso quanto às perspectivas futuras. Alguns de seus membros continuam a ser bastante discriminados. Conflitos de longa data entre grupos étnico-raciais e religiosos assomam. E algumas sociedades são regularmente abaladas por violentos crimes de ódio ou sangrentos ataques terroristas. É natural que tudo isso desperte nossa profunda preocupação.

Mas, nos últimos anos, preocupações nascidas de um olhar objetivo para a realidade têm por vezes se metamorfoseado em um pessimismo modista que distorce a realidade. É curioso que hoje esse pessimismo seja compartilhado por pessoas cujas posições políticas têm pouco em comum — incluindo defensores e detratores apaixonados do grande experimento.

De acordo com essa coleção heterogênea de cínicos, a maioria das democracias diversificadas teve pouco progresso nas últimas décadas. Imigrantes e membros de outros grupos minoritários têm ido muito mal em termos econômicos e seguem marginalizados na corrente dominante da sociedade. Os conflitos que jogam os membros da maioria histórica contra minorias étnico-raciais e religiosas só se intensificam a cada dia.

Essa descrição pessimista do presente frequentemente anda de mãos dadas com uma prescrição derrotista para o futuro. De acordo com essa narrativa, as democracias diversificadas muito provavelmente não conseguirão realizar qualquer progresso significativo. E, para que tenham alguma chance de superar os horrores do presente, precisarão se afastar radicalmente dos princípios básicos sobre os quais foram fundadas.

Se as últimas décadas não trouxeram qualquer progresso significativo, como nutrir esperanças?

Eu digo que esse pessimismo é exagerado. Nas últimas décadas, a maioria das democracias diversificadas obteve, sim, enorme progresso.

Como mostro no capítulo 8, "Razões para otimismo", muitas sociedades têm conseguido integrar seus recém-chegados, ampliando seu conceito de cidadania e oferecendo oportunidades econômicas reais aos grupos historicamente desfavorecidos. Embora graves problemas persistam, há razão para crer que certos desenvolvimentos no mundo real constituam bons presságios para o futuro.

No capítulo 9, "Demografia não é destino", argumento que as fronteiras e alianças entre diferentes grupos demográficos são muito mais fluidas do que políticos e comentaristas gostam de supor. Com as escolhas certas, é possível evitar um futuro que coloque os membros da maioria histórica contra uma coalizão de grupos minoritários.

Isso, como explico no capítulo 10, "Boas políticas públicas", sugere que uma série de princípios e políticas públicas podem ajudar a fazer do grande experimento um sucesso. Embora dificilmente se provem uma panaceia, ações concretas de políticos e cidadãos comuns podem ajudar as democracias diversificadas a prosperar.

Muitos dos desenvolvimentos que temos visto no mundo real são positivos. A fé num futuro melhor não precisa se basear na perspectiva improvável de que políticos em algum momento levem a cabo uma estratégia brilhante que reverta uma situação terrível. É muito mais uma questão de reforçar tendências positivas e evitar equívocos.

Para construir democracias diversificadas onde valha a pena viver, precisamos insistir numa visão com a qual tanto os membros dos grupos minoritários quanto majoritários possam concordar, insistindo em políticas que atenuem, não fortaleçam, a fragmentação. Se o grande experimento triunfar, não será por conta de um único político ou grupo de ativistas. Certamente não será por conta de políticas inteligentes criadas por algum escritor solitário em sua mesa de estudos. Será, antes, porque milhões de pessoas terão preferido cooperar em vez de discriminar, escutar em vez de gritar e fazer amigos ou se apaixonar em vez de odiar ou matar.

8. Razões para otimismo

Esta é uma época de profundo pessimismo em relação ao presente estado e ao provável futuro do grande experimento.

Embora as democracias desenvolvidas estejam mais polarizadas hoje do que o foram nos últimos cinquenta anos, muitas pessoas que mal se entendem em relação a qualquer tópico político têm chegado à mesma conclusão: por uma variedade de razões, todas acreditam que as democracias desenvolvidas não têm conseguido lidar com sua crescente heterogeneidade.

Na direita, muitos escritores culpam os imigrantes e as minorias étnico-raciais por esses problemas. Da França ao Japão e da Alemanha aos Estados Unidos, autores de best-sellers improváveis têm argumentado que esses grupos são menos educados do que os membros da maioria nativa, ganham menos dinheiro e cometem mais crimes.[1]

Nos últimos tempos, populistas de extrema direita conquistaram muito poder político com ataques semelhantes. Viktor Orbán na Hungria, Marine Le Pen na França e Donald Trump nos

Estados Unidos, todos prosperaram usando grupos minoritários como bodes expiatórios para supostos problemas de seus países.

Boa parte da esquerda discorda apaixonadamente de ambos os diagnósticos e dessas prescrições. Como eu, rejeita a ideia de que a maioria dos imigrantes e membros de minorias étnico-raciais representem uma ameaça, que sejam incapazes de serem bem-sucedidos ou que sua mera presença desestabilize as nações desenvolvidas. Pelo contrário, o objetivo de boa parte da esquerda, como o meu, é fazer com que as democracias diversificadas prosperem.

No entanto, partes crescentes da esquerda, na última década, vêm adotando uma visão igualmente pessimista.

Elas também tendem a enfatizar como vão mal os grupos minoritários — hispânicos nos Estados Unidos e norte-africanos na França, por exemplo. E embora culpem as injustiças do sistema em vez de supostas deficiências desses grupos, elas também parecem pensar que as coisas têm poucas chances de melhorar no futuro.

Neste capítulo, procuro levar a sério o argumento pessimista. Para esse fim, apresentarei de modo justo as razões que costumam ser mais citadas — incluindo tanto aquelas às quais sou mais naturalmente simpático quanto as que me deixam instintivamente cético — que levaram tantas pessoas a se desiludir em relação ao provável futuro das democracias diversificadas.

Essas preocupações, como mostro, são centrais para o clima pessimista de hoje. Há uma impressão generalizada de que imigrantes e grupos minoritários não são aceitos por completo nas correntes sociais dominantes e que serão sempre vistos como cidadãos de segunda classe. Há receios de que eles apresentem um mau desempenho nas escolas, nas universidades, no mercado de trabalho e que constituam sempre uma espécie de subclasse socioeconômica. E há também o medo de que sejam responsáveis por crimes e ataques terroristas, eternizando-se como uma ameaça fundamental aos valores mais básicos das democracias diversificadas.[2]

Minha conclusão, depois de considerar essas três fontes de pessimismo, não está na moda: ela é otimista. Para entender o que está acontecendo, precisamos reconhecer que há perigos e injustiças reais. Mas não devemos permitir que nossa atenção inflexível à gravidade dos desafios nos cegue para o fato de que a maioria das democracias diversificadas tem, sim, dado grandes passos rumo a um futuro melhor — e que essa tendência pode continuar nos próximos anos, desde que lutemos pelos princípios certos e adotemos as políticas certas.

EXCLUSÃO E INTEGRAÇÃO

Poucos anos atrás, presenciei uma aula de religião islâmica numa escola secundária em Dinslaken, cidadezinha no noroeste da Alemanha, fronteira com a maior estação de tratamento de esgoto da Europa.[3] Lamya Kaddor, a professora que me convidou, é uma grande defensora de uma interpretação liberal do islã. Convidada recorrente em programas de entrevistas do país, ela hoje representa o Partido Verde no Bundestag.

Tão logo pus os pés na sala de aula, percebi que algo em sua linguagem direta, articulada na cadência cantante do noroeste alemão, fazia seus estudantes confiarem cegamente nela. Seus alunos, do sexto ano, pediam conselho em relação a tudo: de como responder a uma avó devota que pressionava meninas a cobrir a cabeça a como lidar com um homem em uma rede social que alegava estar matando uma mulher ao vivo.[4]

Kaddor, cujo rosto arredondado é emoldurado por longos cabelos negros, respondia às perguntas com uma paciência imperturbável. ("Você só deve usar véu se quiser." "Não acho que ele estivesse realmente matando a mulher.") Quando um estudante, nervoso, contou à classe que sua mãe não queria que ele se revelasse xiita, Kaddor aproveitou a ocasião para enfatizar que todos os credos religiosos merecem o mesmo respeito. "Não importa se você é xiita, sunita ou qualquer outra coisa. Um ser humano é um ser humano. Não importa se ele é muçulmano ou não."

"É isso aí", gritou Federico, garoto superanimado, de olhos grandes, que não parava de interromper a aula para compartilhar suas opiniões. "Eu tenho um amigo alemão!"

"Vocês acham que as outras pessoas valem menos?", Kaddor perguntou. "Ou acham que Yascha Mounk — não sei qual é sua religião, mas suspeito que você seja judeu — vale menos do que nós?"

"Não", murmuraram todos.

"Um ser humano é um ser humano", acrescentou uma das crianças.

"Exatamente", disse Kaddor. "Julgamos as pessoas por suas ações. Por como elas nos tratam."

Enquanto palestrava sobre o tema da tolerância religiosa, Federico voltou-se para mim. "Está tudo certo", sussurrou, fazendo um belo joinha.

Num primeiro momento, achei a aula inspiradora — um atestado tanto do espírito empreendedor de muitos imigrantes, como Kaddor, que estão transformando a cara da educação pública no país, quanto da tolerância das novas gerações, como Federico, que vê o mundo de forma muito mais inclusiva. Mas então comecei a refletir sobre pequenos detalhes, cujo significado de início me escapou.

Até que ponto Federico sente que pertence à terra onde nasceu, se acha digno de nota ter um "amigo alemão"? Federico nasceu e cresceu na Alemanha. No entanto, para ele, apenas alguns poucos colegas de classe, brancos e cristãos, eram "alemães".

Mesmo Kaddor mencionou limites consideráveis à sua liberdade religiosa como se fossem fatos da natureza. A certa altura, um garoto sério chamado Kheder disse a ela, com uma mescla de orgulho e embaraço, que ele levantava às cinco da manhã para rezar nos fins de semana do verão. "Uau, Kheder! Às cinco da manhã?", perguntou Kaddor. Ela explicou com toda a calma que, de acordo com a religião, era aceitável compensar uma oração perdida em outro horário. Ela, por sua vez, como contou à classe, costumava rezar cinco vezes por dia. "Mas, claro", complementou de passagem, "não posso rezar na escola."

"Por que não?", perguntou um estudante.

"Não quero rezar na frente dos meus colegas. Talvez eles não entendam. Vão pensar que sou uma fundamentalista ou coisa do tipo. Talvez começassem a sentir medo de mim."

A maioria das democracias desenvolvidas foi fundada com base numa concepção monoétnica e monocultural. Se, em 1950 ou 1970, você pedisse à primeira pessoa que encontrasse em Roma, Berlim ou Estocolmo que lhe dissesse quem contava como verdadeiro italiano, alemão ou sueco, a resposta provavelmente seria inequívoca: alguém cujos pais e avós e bisavós também tivessem nascido e vivido no país.

Nos últimos cinquenta anos, essas sociedades se tornaram muito mais diversificadas. A parcela de cidadãos que tem, como as prolixas autoridades alemãs costumam dizer, "um background imigratório" cresceu rápido.[5] Mas embora a realidade dessas democracias tenha se tornado muito mais diversificada, algumas de suas ideias e práticas continuam moldadas por uma ideologia fundadora que define a filiação de seus habitantes em termos muito mais restritivos e excludentes.

Da Itália[6] à Suíça,[7] membros de minorias étnico-raciais e religiosas relatam que ainda encontram pessoas que se recusam a vê-los como verdadeiros compatriotas. Na cabeça de alguns europeus, alguém de nome Ali ou Mohammed será sempre visto como alguém que não é "um dos nossos".

Pesquisas também indicam certa resistência persistente às novas concepções de filiação. Uma minoria significativa de europeus continua a crer que é a descendência compartilhada, não um passaporte ou a fluência linguística, que faz de alguém um "verdadeiro" polonês, espanhol ou italiano.[8] Na cabeça deles, qualquer pessoa cujos pais migraram para o país não é e não deve ser contada como um compatriota de verdade.

Mesmo em países que há muito enfatizam suas origens imigrantes, como o Canadá e os Estados Unidos, uma forte ligação entre etnia e exclusão persiste. Asiático-americanos, por exemplo, não raro relatam ter de lidar com perguntas insistentes relacionadas a suas origens. Uma conhecida me descreveu o diálogo de abertura de uma interação desse tipo: "De onde você é?", perguntaram a ela. "De Iowa", ela respondeu. "Não", insistiu o interlocutor. "De onde você é *de verdade*?"

Mesmo estereótipos sobre grupos imigrantes que, muitas vezes, parecem positivos acabam se revelando facas de dois gumes. Latinos, por exemplo, podem ter a reputação de serem bons trabalhadores. Mas, para alguns americanos, isso sugere que eles são mais naturalmente aptos a empregos subalternos do que a carreiras profissionais.[9] (Algo semelhante acontece com poloneses no Reino Unido ou albaneses na Itália.)[10]

No conjunto, essas formas de marginalização podem aumentar a percepção de que existe cidadania de segunda classe. Alguns descendentes de imigrantes acabam sentindo que sua filiação a este que é o único clube que eles conhecem será sempre condicional.

Tudo isso ajuda a explicar o mundo no qual Federico cresceu. Para ele, colegas de classe com nomes como Thomas ou Susanne são alemães. Os que têm nomes como Kheder e Lamya são — como ele — "estrangeiros".

Isso mudará algum dia?

Mesmo para alguns defensores do grande experimento, a resposta para essa questão parece ser claramente negativa. Vendo como os membros dos grupos minoritários continuam a ser excluídos na maioria das democracias desenvolvidas, eles concluem que as coisas provavelmente não vão melhorar. Os grupos minoritários, mesmo nas décadas por vir, continuarão a ser definidos pelo fato de que seus ancestrais vieram de outro lugar, de que a cor de sua pele é diferente ou pelo fato de que professam uma fé diferente.

É curioso, mas o pessimismo entre os que se veem como orgulhosos defensores do grande experimento é por vezes reproduzido por pessoas que se contrapõem a ele abertamente. A diferença é que, enquanto os defensores tendem a enfatizar os modos como o grupo majoritário perpetua formas injustas de marginalização, os opositores tendem a culpar os grupos minoritários por sua própria exclusão.

Imigrantes e outros grupos minoritários, de acordo com esta última posição, rejeitam valores democráticos, são intolerantes no que diz respeito à religião e não demonstram qualquer interesse de se adaptar aos costumes locais. Vivem em "enclaves étnicos" que constituem "mundos paralelos" e nunca se integrarão à corrente cultural dominante.

Uma preocupação fundamental, frequentemente mencionada por autores que defendem essa posição, é a suposta lentidão com que os recém-chegados aprendem o idioma local. Thilo Sarrazin, ex-membro do Partido Social-Democrata alemão, por exemplo, alertou que filhos e netos de imigrantes turcos talvez jamais se tornem fluentes em alemão. Em um cenário fictício que apresenta em seu best-seller *Deutschland Schafft Sich Ab* [A Alemanha extingue a si mesma],[11] o autor imagina que os descendentes de imigrantes um dia conseguirão o direito de serem escolarizados em sua língua ancestral, efetivamente impedindo seus filhos de aprenderem alemão. "Por volta de 2054, ainda teremos 48% [...] de estudantes de alfabetização que escolherão o ensino em alemão", especula Sarrazin. Pela virada do século, apenas um em cada cinco estudantes o fará.[12]

Nos Estados Unidos, alguns escritores de destaque expressam visões semelhantes, agora mirando os hispânicos. Como o eminente cientista político Samuel Huntington escreveu em 2009, "diferentemente de grupos imigrantes do passado, mexicanos e outros latinos não se deixaram assimilar à cultura dominante dos Estados Unidos, formando antes seus próprios enclaves linguísticos e políticos — de Los Angeles a Miami — e rejeitando os valores anglo-protestantes que construíram o sonho americano".[13]

Há algum fundamento nesses temores? Os imigrantes e membros de outros grupos minoritários — seja por formas injustas de exclusão ou por suas próprias deficiências — continuarão eternamente fora da cultura geral, vivendo em uma espécie de mundo paralelo?

Para nossa felicidade, as evidências contrariam fortemente esses medos.

Em várias democracias diversificadas, as atitudes da maioria em relação àqueles que "verdadeiramente" pertencem aos seus países vêm se liberalizando rapidamente. Ao mesmo tempo, os membros dos grupos minoritários têm se integrado a um mainstream que se amplia cada vez mais.

As evidências de que o ponto de vista sobre quem pertence ao seu país vem se tornando mais inclusivo, por exemplo, entre membros da maioria histórica são bastante claras. De acordo com pesquisas recentes, a maioria dos europeus ainda acredita que é preciso falar o idioma local para ser "verdadeiramente" francês, inglês ou italiano. Quase metade deles pensa que é necessário compartilhar de alguns costumes e tradições naturais. Mas, sobretudo na Europa Ocidental, apenas uma pequena fração da população ainda acredita que ter nascido no país, ter ancestrais em comum ou compartilhar da religião local seja um pré-requisito.[14]

Mesmo nos Estados Unidos, hoje está muito mais claro que latinos e asiático-americanos são parte natural do tecido social do país. Não há dúvida de que alguns preconceitos contra latinos ainda persistem, e asiático-americanos ainda são por vezes tratados como se não fossem americanos "de verdade". Mas, nos últimos anos, a visibilidade de ambos os grupos em praticamente todas as dimensões da cultura cotidiana do país aumentou vastamente. O número de pessoas que acreditam que Eva Longoria, Alex Rodriguez, Ali Wong e Andrew Yang não são americanos "de verdade" não é tão grande assim.[15]

O argumento de que a maioria dos membros de grupos imigrantes ou minoritários rejeita os valores e costumes dos países em que vive é ainda mais espúrio.

O forte apoio aos valores democráticos é um caso. Comparados com os nativos, quem imigra para os Estados Unidos mostra-se mais inclinado a expressar confiança em instituições como o Congresso, a presidência e o Supremo. Na verdade, uma das características mais admiráveis de muitos imigrantes é seu alto grau de patriotismo e otimismo. Nos Estados Unidos, por exemplo, mais de dois em cada três novos cidadãos orgulham-se de ser americanos e acreditam que seu lar adotivo é "melhor do que a maioria dos outros países".[16]

Apesar das projeções de alarmistas como Thilo Sarrazin, as evidências de que os imigrantes vêm se integrando com rapidez são ainda mais fortes quando se trata de comportamentos facilmente observáveis, como aquisição linguística. É verdade que imigrantes mais pobres tendem a chegar a seus novos países com pouco ou nenhum domínio da língua. Quando se estabelecem em comunidades com muitas pessoas do mesmo grupo étnico-racial — como as Chinatowns que seguem recorrentes em muitas das maiores metrópoles americanas ou as *banlieues* que hoje circundam as maiores cidades francesas —, é possível que elas morram sem jamais aprender o novo idioma. Enquanto novas ondas de imigrantes continuarem chegando, será sempre fácil encontrar muitas pessoas que não falam o idioma local.

Mas não é verdade que os imigrantes e seus descendentes não conseguem dominar o idioma local à medida que passam mais tempo em seus novos países. Embora os filhos de imigrantes nos Estados Unidos costumem falar razoavelmente bem sua língua ancestral, já que muitos deles precisam dela para se comunicar com os pais, praticamente todos preferem falar inglês quando estão entre seus pares. Mesmo dentro de casa, imigrantes de segunda geração têm uma relação ambivalente com a língua dos pais. Muitas famílias usam duas línguas, com os pais falando aos filhos em sua língua materna, e as crianças respondendo aos pais em inglês.[17]

Na terceira geração, o inglês geralmente conquista uma vitória decisiva. Como um estudo de 2015 do Pew Research Center apontou, os netos de imigrantes latinos quase não sabem nada de espanhol. Embora uma clara maioria dos imigrantes hispânicos de primeira geração fale predominantemente sua língua ancestral, isso só é o caso para menos de um em cada cem descendentes de imigrantes na terceira geração.[18]

Embora, em comparação com a América do Norte, tanto a integração cultural quanto linguística tendam a proceder de forma um pouco mais lenta em muitos países europeus, a tendência básica parece semelhante. Há alguns casos reais de imigrantes de segunda ou mesmo terceira geração que não falam o idioma local perfeitamente. Mas, no geral, os filhos e netos de imigrantes nascidos na Itália ou na França, na Suécia ou na Grécia, falam o idioma local com muito mais confiança do que seus ancestrais.[19]

Em todas as democracias diversificadas do mundo, membros de grupos minoritários continuam a sofrer formas reais de exclusão. No entanto, seria um equívoco concluir que eles serão marginalizados para sempre — ou que lhes falte a capacidade ou o interesse para ingressar na corrente social dominante.

O progresso acelerado de muitos grupos minoritários contradiz tanto os pessimistas que acreditam que os imigrantes de alguma forma se recusam a se integrar ao novo ambiente quanto aqueles que temem que as democracias diversificadas imponham obstáculos demais em seu caminho para que eles, de fato, se integrem.

A DISCREPÂNCIA NO EMPREGO E NA EDUCAÇÃO

Há uma segunda área que os pessimistas que se desesperam com o atual estado das democracias diversificadas costumam mencionar, sejam eles simpáticos ou hostis ao grande experimento: o grande abismo socioeconômico que persiste entre membros da maioria historicamente dominante e muitos grupos minoritários.

De acordo com essa narrativa, os grupos minoritários tendem a ter uma educação formal mais baixa, menos participação no mercado de trabalho e salários menores. Embora alguns imigrantes tenham prosperado, seus descendentes, na média, em comparação com aqueles cujos ancestrais já viviam no mesmo território, seguem tendo muito menos chances de garantir um salário alto ou conquistar um diploma de pós-graduação.[20]

Uma análise dos números agregados sugere que há uma verdade pelo menos parcial por trás dessa visão pessimista. Nas democracias mais desenvolvidas, os membros dos grupos minoritários tendem, sim, na média, a ter um status socioeconômico mais baixo do que aqueles cujos pais pertencem ao grupo dominante. Os Estados Unidos, por exemplo, padecem de grandes diferenças em termos de salário e patrimônio entre etnias. O americano branco médio ganha significativamente mais do que o latino ou o afro-americano médio, e a diferença em termos de patrimônio é ainda mais significativa.

Nesse sentido, a Organização para Cooperação e Desenvolvimento Econômico (OECD, na sigla em inglês) encontrou "evidências robustas de que, na Europa, jovens nativos com pais imigrantes estão sobrerrepresentados em posições desvantajosas no mercado de trabalho".[21] Residentes da União Europeia que nasceram fora de seu território, reporta outro estudo, têm duas vezes mais chances de viver sob risco de "pobreza e exclusão social" do que os europeus que vivem em seu país de nascimento.[22]

Mesmo países que há muito lutam para se tornarem mais igualitários, oferecendo a todos os seus residentes auxílios generosos, têm visto os destinos de diferentes grupos demográficos divergirem consideravelmente. Na Suécia, por exemplo, estudantes com passado imigratório costumam apresentar uma defasagem significativa em relação a seus pares nativos na escola e têm bem menos chances de cursar uma faculdade.[23]

Tanto os pessimistas que apoiam o grande experimento quanto os pessimistas que o combatem concordam que as diferenças de renda e educação entre grupos majoritários e minoritários permanecem grandes. Mas, tal como nas questões relacionadas à integração e exclusão, esses dois tipos de pessimistas explicam esses dados de maneira bem diferente.

Os que apoiam o grande experimento tendem a citar como principal motivo a discriminação passada e presente. Grupos minoritários cujos ancestrais chegaram a seus países séculos atrás ainda sofrem com a longa sombra da dominação dura; é, por exemplo, impossível compreender os desafios especiais que os afro-americanos enfrentam sem se referir à longa história de escravização e exclusão. Mas mesmo imigrantes cujos ancestrais chegaram mais recentemente, argumentam muitos defensores do grande experimento, são marginalizados no sistema educacional e discriminados nas contratações do mundo corporativo.

Uma série de estudos criativos sugere que a discriminação persistente ainda desempenha, de fato, um papel significativo. Quando pesquisadores enviaram currículos falsos para departamentos de recursos humanos de grandes corporações no Reino Unido, por exemplo, candidatos que exibiam nomes tipicamente ingleses tinham duas vezes mais chances de serem convidados para uma primeira rodada de entrevistas do que aqueles — em tudo mais idênticos — que ostentavam nomes que sugeriam raízes estrangeiras.[24] Ao redor do mundo, estudos encontraram resultados igualmente desalentadores no Japão, na Suíça, nos Países Baixos e nos Estados Unidos.[25]

Mas essa análise é rejeitada por muitos autores pessimistas — tais como a americana Ann Coulter, o francês Éric Zemmour e o japonês Ko Bunyu —, francos adversários do grande experimento.[26] Esses autores colocam a culpa diretamente nos ombros dos imigrantes e das minorias. A razão para as discrepâncias persistentes em termos de trabalho e educação, dizem eles, é a falta de uma ética de trabalho da parte dos imigrantes, seu desinteresse em adotar os costumes locais ou mesmo QIs supostamente mais baixos.[27]

Esses fatores, acreditam os pessimistas etnonacionalistas, dificilmente mudarão. Para eles, a desvantagem socioeconômica dos grupos minoritários não é um problema temporário que pode ser resolvido com as políticas certas ou com um processo multigeracional de mobilidade social. Eles enxergam esse cenário como um estado permanente que só pode ser remediado pela diminuição do número de novos residentes ou pela deportação em massa.[28]

O cenário é mesmo tão ruim assim?

Não.

Na narrativa mais pessimista, a diferença em termos de empregos e formação é vasta e não demonstra qualquer sinal de melhora. Mas essa visão é enganadora em muitos pontos-chave. Para começar, as diferenças reais nos salários de cada grupo, especialmente quando corrigidos de acordo com fatores como idade e tamanho da família, muitas vezes são significativamente menores do que sugerem as estatísticas mais propaladas. Na média, por exemplo, imigrantes indianos no Reino Unido,[29] bem como imigrantes chineses, libaneses e nigerianos nos Estados Unidos,[30] ganham mais do que os membros da maioria branca. Mas o principal problema é que a narrativa pessimista não leva em consideração a mobilidade social positiva que a maioria dos grupos imigrantes experimenta em praticamente todas as democracias diversificadas.

A maioria dos países ricos atrai um bom número de imigrantes altamente qualificados: médicos, empreendedores e engenheiros de software que falam o idioma local fluentemente, têm credenciais educacionais excelentes ou um histórico significativo de conquistas profissionais, aptos a garantir altos salários desde o dia em que chegam. Mas estes são a exceção. Na maioria dos casos, os imigrantes têm pouca formação educacional, não falam o idioma local muito bem e permanecem pobres.

Diante disso, não surpreende que muitos ganhem salários bastante menores do que os dos nativos. São despropositadas, portanto, as estatísticas apregoadas para enfatizar a diferença persistente em termos de empregos e formação. Cálculos que tomam a média entre imigrantes de primeira geração que acabam de chegar de partes muito mais pobres do mundo e aqueles cujos ancestrais estão no país há uma ou duas gerações nos dizem muito pouco sobre o que esperar do futuro. Em vez disso, quem tem uma curiosidade genuína sobre o estado atual das democracias diversificadas deve considerar as métricas que mostram se os imigrantes melhoram ou não de vida quando já estão em seus novos países por um período considerável.

Os filhos e netos de imigrantes têm condições de vida significativamente melhores do que a de seus antepassados? E como se saem em relação aos pares que são parte do grupo historicamente dominante?

As respostas para ambas as questões surpreendem de tão positivas.

Tratando-se da Europa, por exemplo, dois economistas estudaram recentemente como os descendentes de imigrantes se saíam em relação a pares nativos cujos pais tiveram níveis semelhantes de formação. Em praticamente todos os países que Doris Oberdabernig e Alyssa Schneebaum analisaram, os filhos de imigrantes têm muito mais chances de subir na hierarquia educacional. A conclusão das pesquisadoras era inequívoca: a análise dos dados "evidencia a redução das diferenças na formação educacional de nativos e imigrantes nas duas gerações mais recentes. [...] Se esse processo persistir nas gerações futuras, a população com passado imigratório logo poderá alcançar níveis educacionais comparáveis aos da população nativa".[31]

É de se esperar que imigrantes que alcancem níveis mais altos de educação também consigam garantir salários mais elevados; nesse ponto, o que surpreende é o quão rápido esse processo parece se dar, de acordo com estudos recentes. Em um dos esforços mais ambiciosos para investigar a mobilidade econômica dos imigrantes nos Estados Unidos, por exemplo, quatro economistas de destaque analisaram 1 milhão de dados disponíveis relacionados a residentes que imigraram para o país no último século. O que encontraram era acalentador em praticamente todas as frentes.

Os imigrantes saíam-se muito bem, alavancando rapidamente suas rendas de uma geração para a outra. E, surpresa, o sucesso pouco dependia do país de origem. "Filhos de imigrantes de praticamente todos os países", escrevem os economistas, "têm índices de mobilidade que superam os dos filhos dos nascidos nos Estados Unidos."[32]

E mais: os imigrantes ascendem nas fileiras econômicas hoje tão rapidamente quanto há cinquenta ou cem anos. Isso deveria ser especialmente animador para aqueles que temem que os imigrantes de primeira hora, que eram, na maior parte, brancos, tenham tido oportunidades que, por conta do racismo estrutural, seriam negadas aos imigrantes de hoje, que são na maioria não brancos.

Muitos observadores, conclui o economista, "subestimam o sucesso prolongado dos imigrantes". Na verdade, mesmo "os que vêm para os Estados Unidos com poucos recursos e poucas habilidades têm uma chance real de melhorar a perspectiva de vida de seus filhos".[33]

Enquanto as democracias diversificadas permitirem níveis elevados de imigração, alguma discrepância em termos de empregos e formação provavelmente persistirá em cada momento particular. Mas esse foco nos números agregados oculta a mobilidade intergeracional que permite que a segunda e a terceira gerações progridam rapidamente. Mesmo os que chegam hoje oriundos de países pobres têm boas razões para crer que seus filhos e netos terão uma vida melhor.

A experiência dos afro-americanos representa o desafio mais sério para uma análise otimista do futuro das democracias diversificadas. Esse grupo não só sofreu no passado uma das formas mais extremas e violentas de dominação, como continua a enfrentar uma das piores formas de desfavorecimento acumulado no presente. Ainda assim, um retrato preciso dá boa margem para esperanças.

Os afro-americanos sofrem o impacto prolongado da dominação passada mais fortemente do que qualquer outro grupo. Em média, afro-americanos ganham 75% do rendimento por hora dos brancos.[34] A discrepância em termos de riqueza é ainda mais marcante: o patrimônio líquido da típica família branca é de 171 mil dólares, quase dez vezes mais do que o patrimônio líquido da típica família negra.[35]

Essa disparidade é evidente mesmo em comparação com outras minorias étnicas. Por exemplo, a renda média das famílias negras em 2018 foi de 46073 dólares, ao passo que a das famílias hispânicas foi de 56113 dólares. No caso das famílias asiáticas, que ganham significativamente mais do que as famílias brancas, a renda média foi de 98174 dólares.[36]

Essas enormes disparidades econômicas andam de mãos dadas com discrepâncias igualmente chocantes em outras áreas. De acordo com os dados compilados pela Associação Nacional para o Progresso das Pessoas de Cor [National Association for the Advancement of Colored People, NAACP], a maioria dos americanos mortos pela polícia é branca. Mas, em termos per capita, afro-americanos têm muito mais chances de sofrer esse destino trágico. Embora apenas 13% da população americana seja negra, afro-americanos representam 22% das pessoas mortas a tiro pela polícia. Eles também têm muito mais chances de serem encarcerados; em 2014, por exemplo, constituíam um terço da população carcerária total.[37]

Mas nada disso justifica a linguagem apocalíptica que políticos como Donald Trump têm usado para descrever a situação dos afro-americanos. Seus discursos davam a entender que a maioria deles vivia em bairros degradados que praticamente não ofereciam oportunidades, assolados por índices de criminalidade altíssimos. Vendendo esse quadro aos eleitores negros em 2016, Trump perguntava repetidamente: "O que vocês têm a perder?".[38]

Contudo, para a maioria dos afro-americanos, a resposta para essa pergunta é: muito.

Uma minoria significativa de afro-americanos vive, de fato, em condições terríveis. Os obstáculos dos que nascem nas partes mais pobres de Detroit ou Baltimore são enormes. Mas, no geral, a situação dos negros nos Estados Unidos melhorou significativamente nos últimos sessenta anos.

Os comentaristas muitas vezes falam como se a maioria dos afro-americanos que cresceram em meio à pobreza seguirão pobres. E, como a importante pesquisa de Raj Chetty demonstra, tanto a raça quanto a classe social moldam poderosamente as perspectivas do indivíduo na vida.[39] Mas mesmo os seus gráficos — que viralizaram em parte por serem apresentados como prova da narrativa pessimista sobre a situação dos negros nos Estados Unidos — mostram que a maioria dos afro-americanos nascidos na pobreza melhoram de vida significativamente.

De cada cem americanos negros que cresceram com pais cujos ganhos os colocavam no quintil mais baixo da distribuição de renda, 28 permaneceram pobres. Mas 33 alcançaram o quarto quintil, tornando-se membros do que Chetty chama de classe média-baixa. Outros 21 tornaram-se membros da classe média; onze, classe média-alta; seis deles, ricos.[40] E embora meninos negros experimentem menos mobilidade social do que os meninos brancos, meninas negras têm mais chances de ascenderem socialmente para a classe média-baixa ou classe média do que meninas brancas.[41]

Os dados relacionados à renda absoluta indicam uma situação parecida. De acordo com o censo americano, a renda, ajustada para a inflação, dos afro-americanos, com breves interrupções durante recessões, tem crescido em cada quintil da distribuição de renda. Apesar da Grande Recessão e da pandemia global, esse progresso persistiu nas últimas duas décadas. A renda de uma família afro-americana no vigésimo percentil da distribuição cresceu de mais ou menos 11 mil para 17 mil dólares desde 2002; a do quadragésimo percentil foi de 22 mil para 35 mil dólares; a do sexagésimo percentil, de 36 mil para 60 mil dólares; e a do octogésimo percentil, de 60 mil para 100 mil dólares (famílias afro-americanas no nonagésimo percentil, enquanto isso, podem esperar ganhar em torno de 200 mil dólares por ano).[42]

O progresso dos negros nos Estados Unidos se revela de modo ainda mais notável em termos não econômicos. A discrepância na expectativa de vida, por exemplo, está, finalmente, desaparecendo. No começo do século XX, um recém-nascido branco podia esperar viver impressionantes dezesseis anos a mais do que um recém-nascido negro. Por volta de 1950, a discrepância caiu para menos de dez anos. Em 2016, caiu para menos de quatro.[43]

Os afro-americanos também têm cada vez mais conquistado níveis de formação mais elevados. Como reportou recentemente o *New York Times*, "de 2000 a 2019, a porcentagem de afro-americanos com pelo menos o diploma de bacharel cresceu de 15% para 23%, enquanto a parcela com um diploma de mestrado quase dobrou de 5% para 9%". Durante o mesmo período, "a parcela de afro-americanos sem diploma de ensino médio caiu para a metade".[44]

Como resultado dessas mudanças, a grande maioria dos afro-americanos agora pertence à classe média. Hoje, em 2021, afro-americanos típicos[45] vivem em subúrbios de grandes centros metropolitanos ou em pequenas cidades, já não no centro das cidades ou no campo.[46] Completaram o ensino médio e, caso tenham menos de quarenta anos,[47] passaram algum tempo nos chamados *community colleges* ou em uma universidade dedicada à pesquisa. Trabalham como professores e enfermeiras, não como trabalhadores da construção civil ou empregados de redes de fast-food.[48] Têm plano de saúde, que conseguem por meio de seus empregos (em vez de contratarem serviços no mercado).[49]

Consequentemente, as perspectivas do americano negro médio são muito mais otimistas do que poderíamos esperar ouvindo um Donald Trump — ou mesmo lendo as páginas dos grandes jornais. Eles sentem orgulho de seu país e dizem que amam os Estados Unidos. E tendem mais do que seus compatriotas brancos a "acreditar no Sonho Americano" ou a dizer que os melhores dias do país ainda estão no futuro.[50]

CRIME E TERROR

Numa manhã fria de inverno em novembro de 2019, Learning Together, programa da Universidade de Cambridge que busca reabilitar prisioneiros criando "comunidades de aprendizado transformadoras",[51] celebrou seu quinto aniversário[52] nos elegantes salões do London's Fishmongers Hall.[53] Cercados de artefatos históricos, desde presas de baleia a candelabros de ouro, os participantes criticaram duramente o sistema penal britânico. Depois dos discursos de um conjunto de acadêmicos e ativistas, Usman Khan, uma das "histórias de sucesso" mais celebradas do programa, recitou um poema sobre suas experiências traumáticas.[54]

Khan, então, que até recentemente estivera preso por planejar explodir a Bolsa de Londres, acalmou os nervos, revelou as duas facas de cozinha que escondera sob as mangas e atacou os demais participantes. Nos dez minutos seguintes, esfaqueou cinco dos organizadores, matando dois.[55]

Aos olhos de muitos opositores do grande experimento, a história de Khan e do Learning Together ilustra lições urgentes sobre certas políticas que seus defensores bem-intencionados preferem ignorar. Imigração e diversidade cultural, insistem, são empreendimentos carregados de riscos mortais. Nas últimas duas décadas, terroristas domésticos realizaram ataques na França e na Alemanha, no Reino Unido e nos Estados Unidos, e em muitas outras democracias ao redor do mundo.[56] Alguém como Khan não é uma vítima do sistema penal, mas antes um ideólogo perigoso que busca impor seu fundamentalismo a todo custo.

Para piorar, dizem eles, boa parte das elites culturais e políticas fecha os olhos para a realidade. Para os elegantes professores e estudantes da Universidade de Cambridge, Khan era uma vítima incompreendida à espera de alguém que o salvasse. A adulação que dirigiram a alguém que tramava, literalmente, matá-los demonstra em que medida a obsessão dessas pessoas com a podridão de suas próprias sociedades distorce sua visão de mundo.

Por muitas décadas, os oponentes das democracias diversificadas focaram-se, acima de tudo, na suposta tendência ao crime dos imigrantes e seus descendentes. Quando eu morava na Alemanha, por exemplo, um dos slogans mais comuns nos outdoors dos partidos de extrema direita era KRIMINELLE AUSLÄNDER RAUS! [Deportem os criminosos estrangeiros!].

Esses temores são muitas vezes exacerbados pela existência de áreas de forte presença imigrante em que a criminalidade é, de fato, generalizada e onde se proliferam gangues de base étnica. Embora a Suécia como um todo tenha níveis extremamente baixos de criminalidade, houve, por exemplo, 81 tiroteios e 58 explosões de bomba em Malmö, cidade de porte médio ao sul do país, em 2017.[57] Desde então, esses ataques a bomba espalharam-se para vizinhanças de forte presença imigrante em outras grandes cidades, como Gotemburgo e Estocolmo.[58]

Uma vez que os países europeus acolheram milhões de refugiados da África e do Oriente Médio — muitos deles homens jovens sem família — no verão de 2015, estes últimos recém-chegados deflagraram preocupações semelhantes.[59] Depois que, aos vinte anos, um refugiado do Afeganistão matou a namorada de quinze anos na pequena cidade de Kandel, no sudoeste alemão, sendo sentenciado a apenas oito anos e meio em um centro de detenção juvenil, movimentos de extrema direita protestaram contra a leniência do sistema penal alemão. "O que esses homens na melhor idade para batalhar e procriar querem aqui?", perguntava Christiane Christen, uma das organizadoras do protesto em frente ao tribunal na cidade vizinha de Landau, que eu cobria. "Querem guerra", completou, respondendo à própria pergunta.[60]

Mas a grande preocupação agora é, compreensivelmente, a série de ataques terroristas que abalaram as democracias desenvolvidas nas últimas duas décadas. Da morte dos jornalistas da *Charlie Hebdo*[61] ao cerco da casa de concertos Bataclan, e do atentado à maratona de Boston à matança na boate Pulse,[62] terroristas — muitos deles nascidos nos próprios países em que realizaram os ataques — foram responsáveis por centenas de mortes na última década. Isso levou alguns proeminentes políticos de extrema direita a concluir que o islã é incompatível com a civilização ocidental. Como disse Beatriz von Storch, vice-presidente do partido Alternativa para a Alemanha: "O próprio islã é uma ideologia política que não é compatível com a Constituição".[63]

Os pessimistas têm razão em apontar para a história de Usman Khan como um grave alerta sobre as consequências que as democracias diversificadas enfrentarão, caso o grande experimento dê errado. Alguns imigrantes são, de fato, profundamente hostis às regras mais básicas de que necessitamos para vivermos juntos pacificamente. Os acadêmicos e intelectuais que se recusam a reconhecer esse fato fazem um desserviço às causas com as quais eles dizem se importar.

No entanto, há um detalhe revelador que os oponentes do grande experimento geralmente deixam de lado quando mencionam a história do ataque do Fishmongers' Hall. Felizmente, naquele dia, outro imigrante estava trabalhando na cozinha da instituição.

Łukasz Koczocik, cidadão polonês, é um dos muitos milhões que imigraram para o Reino Unido nas últimas duas décadas. Quando ouviu os pedidos de socorro, agiu sem pestanejar.

Buscando desesperadamente qualquer tipo de arma que pudesse usar contra Khan, Koczocik tirou uma espada decorativa de uma parede e foi em direção ao agressor. Khan revidou, esfaqueando as mãos e os ombros de Koczocik. Apesar dos ferimentos, Koczocik perseguiu Khan até a rua. Com a ajuda de outros homens — incluindo Darryn Frost, imigrante sul-africano que se armou de uma presa de baleia —, conseguiu imobilizar Khan até que a polícia finalmente chegasse ao local.[64]

Poucas pessoas, imigrantes ou nativas, conseguiriam igualar a coragem de Koczocik. Mas uma análise desapaixonada das evidências sugere que seu comprometimento com a sociedade em que vive hoje é muito mais representativa da atitude da maioria dos imigrantes do que a determinação de Khan de infligir dor e sofrimento.

A maioria dos imigrantes acolhe os valores básicos das sociedades em que vivem.

Como mostrei neste capítulo, eles querem se integrar à cultura social dominante (e avançam rapidamente nesse sentido). Acreditam nos valores fundamentais da democracia. Em alguns países, têm até mais chances de serem patrióticos do que os nativos.

Ao mesmo tempo, é, sem dúvida, verdade que uma minoria de imigrantes rejeita esses valores. Alguns podem ser fanáticos religiosos. Outros podem ter aderido ao crime por conta da pobreza, da falta de oportunidades ou por uma predisposição psicológica pessoal. Outros podem ter se aliado a gangues ou redes criminosas antes mesmo de chegarem aos países onde vivem hoje. Isso garante aos oponentes das democracias diversificadas uma objeção definitiva ao grande experimento?

Penso que não. Em muitas democracias diversificadas, há um problema genuíno com gangues ou redes de criminosos que têm uma base étnica. Em alguns lugares, os dados sugerem que imigrantes cometem crimes em proporção semelhante à dos outros membros de sua classe socioeconômica, mas em níveis um pouco superiores aos da população geral. Em outros, incluindo os Estados Unidos, os dados vão no sentido contrário, apontando que eles cometem menos crimes do que os nativos.

Tudo isso dá boas razões às democracias diversificadas para fiscalizar quem pretende adentrar seu território — e despachar os que representariam um perigo para seus cidadãos. Mas o fato de que uma fração de recém-chegados cometerá crimes não é razão para barrar todos os possíveis imigrantes. E não é desculpa para violar os direitos de muitas pessoas que já estão vivendo dentro de suas fronteiras e que têm assegurado o direito legal de fazê-lo.

Do mesmo modo, vale notar que gangues formadas por jovens imigrantes oriundos de países pobres não são um fenômeno novo. Nos últimos 150 anos, Nova York viu a ascensão de clãs de criminosos formados por irlandeses, italianos, porto-riquenhos, chineses e agora de salvadorenhos. O fato de que existiram antes não deve mitigar o perigo que representam em sua mais nova versão. O MS-13, por exemplo, é, sem dúvida, capaz de crueldades terríveis.

No entanto, o desaparecimento de outras gangues de base étnica associadas a ondas imigratórias significativas deve nos deixar confiantes de que o mesmo acontecerá agora. Gangues irlandesas e italianas, por exemplo, tornaram-se muito menos poderosas à medida que as autoridades tomaram medidas robustas contra seus líderes e a comunidade mais ampla de onde seus membros eram recrutados integrou-se à corrente social dominante — e em constante expansão — do país. Por razões semelhantes, as democracias diversificadas, com o tempo, derrotarão as gangues de base étnica que hoje operam em várias cidades, de Nova York a Malmö e Berlim.

Por fim, o terrorismo é a preocupação mais difícil de apaziguar, pois é uma área em que um número pequeno de pessoas pode causar danos terríveis.

A grande maioria de muçulmanos na Europa e na América do Norte pratica uma forma tolerante do islã e despreza a forma como os extremistas invocam sua religião para justificar assassinatos violentos. Como Mohamed Moussaoui, presidente do Conselho Francês da Religião Muçulmana, escreveu depois de outro ataque terrorista no país: "Os muçulmanos na França estão horrorizados com esse crime abjeto".[65]

Moussaoui está certo. Alegações de que o islã é incompatível com a democracia são desmentidas pela grande maioria de muçulmanos que são fortes apoiadores dos estados democráticos em que vivem, rejeitando formas violentas de ação política nas mesmas proporções que cidadãos de outros credos.[66]

No entanto, esse argumento provavelmente não convencerá aqueles que temem que o próximo terrorista esteja, em algum lugar na Europa ou na América do Norte, à espreita, esperando uma oportunidade de matar seus compatriotas. Como os defensores das democracias diversificadas podem responder a esse medo de uma maneira honesta?

O primeiro passo é ser franco em relação à gravidade do problema e à nossa incapacidade de resolvê-lo por completo. É verdade que, tecnicamente, terroristas islâmicos, desde o Onze de Setembro, custaram menos vidas americanas do que acidentes em que as pessoas morreram escorregando na banheira.[67] Mas enfatizar esse fato é ignorar a diferença psicológica entre um acidente trágico e um crime de motivação política, projetado para assustar as pessoas.

O segundo passo é dedicar os recursos necessários para combater o terrorismo e neutralizar as redes extremistas. Os defensores das democracias diversificadas não devem tolerar qualquer tentativa de demonização dos membros das minorias religiosas. Mas também não devem evitar discutir as raízes ideológicas do terror islâmico ou punir aqueles que auxiliam ou instigam a violência. Os defensores do grande experimento não devem hesitar em se opor a qualquer pessoa que justifique violências, seja ela parte da maioria dominante ou de uma comunidade minoritária.

Por fim, devem apontar que o poder do terrorismo deriva em parte de sua habilidade de instigar o conflito entre as pessoas, fazendo-as recuar para a segurança de seu próprio grupo e definir os outros por meio de suas identidades hereditárias. Esta é só mais uma razão para nos mantermos fiéis aos ideais que nos unem em face de crimes hediondos, insistindo que a grande maioria dos membros das democracias diversificadas segue disposta a viver em paz. Mesmo nos momentos de maior dificuldade, devemos manter o compromisso de não permitir que os terroristas triunfem em sua missão de destruir democracias que conferem a seus cidadãos — oriundos de uma ampla gama de comunidades — a liberdade para viver uma vida emancipada.

POR QUE O OTIMISMO É IMPORTANTE

Sei por experiência própria que uma insistência em considerar tanto as tendências promissoras quanto as preocupantes pode parecer uma espécie de obstinação fastidiosa. Por outro lado, ainda que por vezes pareça justo, o instinto de atentar principalmente às coisas ruins é um péssimo guia para a realidade — e pode se revelar um grave obstáculo ao progresso do mundo.

Muitos proponentes do grande experimento supõem que, centrando-se nos problemas das democracias diversificadas, conseguirão motivar seus compatriotas a agir com maior compaixão. O raciocínio é o seguinte: quando as pessoas reconhecerem que o país que elas amam e as instituições que elas tomam como muito naturais são, na verdade, profundamente racistas, elas se tornarão mais dispostas a acolher mudanças radicais.

Mas não é bem assim que as coisas funcionam no mundo real. Quando lhes dizem que as injustiças que outrora caracterizaram seus países persistem tal como no passado, apesar de décadas de esforços para remediá-las, algumas pessoas tendem a concluir que não há nada que se possa fazer. Outras podem dar um passo além.

Talvez digam a si mesmas que as coisas realmente nunca melhoraram, e a culpa disso é dos próprios imigrantes e das minorias. (Por isso os proponentes pessimistas do grande experimento deveriam parar e refletir sobre o fato de que seus oponentes enfatizam alguns dos mesmos temas pessimistas — e o fazem com a convicção de que isso alavancará a causa política *deles*.)

Mais importante: é pouco provável que intenções nobres, sozinhas, melhorem as condições dos desfavorecidos. Como muitas iniciativas fracassadas de erradicar a pobreza ou estimular o crescimento econômico já demonstraram, mesmo os programas mais generosos podem dar errado, se baseados em uma análise equivocada das raízes do problema e dos tipos de medidas que funcionaram ou não no passado. Qualquer um que busque remediar os problemas que de fato persistem precisa primeiro adquirir uma visão realista da natureza desses problemas.

Imagine que a casa do seu vizinho acabou de ser destruída em um incêndio.

Se você apenas mostrar que muitas casas da vizinhança continuam muito bonitas, ou que a maioria delas tem um aspecto muito melhor hoje do que há trinta anos, seus vizinhos, compreensivelmente, pensarão que você é, no mínimo, obtuso. A primeira coisa a fazer seria ajudá-los a apagar o fogo e, caso precisem de acomodação, oferecer um cantinho onde eles possam passar a noite.

Mas uma vez que o fogo foi controlado e seus vizinhos têm onde ficar, você deve insistir em descobrir o que aconteceu. Se quer impedir que outras casas peguem fogo no futuro, você precisa entender por que as medidas de segurança existentes falharam.

Agora vamos imaginar que você descubra que costumava haver muitos incêndios na vizinhança. Para diminuir os riscos, cada casa instalou novos alarmes de incêndio. Ainda assim, o número de incêndios nunca diminuiu.

Isso lhe daria uma informação valiosa. Talvez os alarmes sejam defeituosos. Ou talvez os bombeiros demorem demais para chegar às casas em chamas. De todo modo, parece que a solução atual para o problema não está funcionando. Você precisa mudar sua estratégia.

Em outro cenário, vamos imaginar que você, mais uma vez, descubra que costumava haver muitos incêndios na vizinhança. Para diminuir os riscos, a maioria das casas trocou os sistemas elétricos, que eram ultrapassados. E embora algumas poucas casas ainda não tenham instalado um novo sistema, a incidência de incêndios na vizinhança caiu drasticamente desde que essas mudanças foram introduzidas.

Isso provavelmente o levaria a uma conclusão diferente. As medidas tomadas antes estão claramente dando uma contribuição valiosa para a segurança contra incêndios. Talvez você possa dar um jeito de garantir que elas sejam adotadas por todos. Ou talvez você possa acrescentar medidas de segurança adicionais. Mas se quer impedir que mais casas peguem fogo, convém trabalhar a partir dos passos que a vizinhança já tomou até ali, não revertê-los.

Isso, parece-me, se aproxima da situação que enfrentamos agora.

Há problemas e injustiças bastante reais em nossas vizinhanças metafóricas. Por questões tanto morais quanto cautelares, devemos investigá-las seriamente e nos comprometer a remediá-las da melhor forma possível. É uma tarefa urgente e nada fácil. Mas, para fazê-lo, podemos, felizmente, partir do progresso — real — que conquistamos nas últimas décadas.

A ideia de que não estamos fazendo nenhum progresso rumo a um futuro mais igualitário é uma fonte poderosa de pessimismo em relação à democracia diversificada. Outra fonte poderosa de pessimismo é a ideia de que as democracias diversificadas sempre se dividirão entre dois grupos mutuamente hostis: membros da maioria histórica, de um lado, e todos os demais, do outro.

De acordo com essa visão, as identidades hereditárias hoje salientes continuarão a determinar o comportamento político e cultural dos membros das democracias diversificadas por muito tempo. Nos Estados Unidos, os brancos, mesmo em trinta ou sessenta anos, estarão em competição direta com as "pessoas de cor". Nos Países Baixos, a política nos anos por vir consistirá na competição entre os "etnicamente holandeses" e os "descendentes de imigrantes".

Se essa perspectiva se provar verdadeira, será um desastre político: se toda eleição representar uma vitória para um bloco étnico e uma derrota para outro, as democracias alcançarão um ponto de ruptura. Mesmo os que se acreditam capazes de organizar uma coalizão vitoriosa — seja por preservarem o status de maioria, desacelerando a mudança demográfica e retirando direitos das minorias, ou por pertencerem a grupos ora minoritários que tendem a se tornar majoritários nas próximas décadas — devem sentir repulsa por uma visão do futuro em que cada grupo étnico-racial ou religioso está eternamente engajado numa batalha existencial com os demais.

Mas felizmente essas projeções pessimistas baseiam-se numa incompreensão acerca da realidade presente e do provável futuro das democracias diversificadas. Demograficamente, não há garantia de que alguma grande democracia logo terá, de fato, uma "minoria majoritária". As projeções de que os brancos logo serão minoria nos Estados Unidos, por exemplo, fundamentam-se em pressuposições bastante questionáveis sobre quem deve ser considerado branco e sobre como as pessoas vão de fato se identificar. Do mesmo modo, a crença recorrente de que "demografia é destino" é, em essência, uma descrição ruim da política de grande parte das democracias diversificadas. Apesar das previsões confiantes dos políticos estrategistas e dos institutos de análise demográfica, é impossível prever quem vencerá as próximas eleições a partir do número de pessoas que supostamente compõem as diferentes categorias demográficas.

As democracias diversificadas sempre estarão sob risco de fragmentação. É impossível excluir a possibilidade de que a política eleitoral e cultural do futuro gire em torno de conflitos entre maioria e minoria — ou entre os tradicionalmente dominantes e os historicamente marginalizados. Mas como argumento no próximo capítulo, é um erro pensar nesse cenário como uma conclusão inevitável — e qualquer um que torça pelo triunfo do grande experimento deve trabalhar duro para garantir que isso não aconteça.

9. Demografia não é destino

É raro que institutos de pesquisa demográfica ganhem manchetes de primeira página. Mas foi o que aconteceu quando o censo americano projetou que o país, por volta de 2040, teria uma "minoria majoritária".[1] A MAIORIA BRANCA DOS ESTADOS UNIDOS LOGO DESAPARECERÁ PARA SEMPRE, lia-se no *Houston Chronicle*.[2] Outros jornais e revistas trataram de avaliar como essa mudança alteraria todos os aspectos da vida americana, das eleições às "dinâmicas nos escritórios".[3]

Praticamente todos esses artigos tinham uma coisa em comum: eles dividiam, implicitamente, a população americana em dois blocos. De um lado, os brancos, grupo descrito como coeso, apesar de guardar vastas diferenças étnicas e religiosas. Do outro, os membros das minorias étnico-raciais — ou "pessoas de cor" —, retratadas como se tivessem uma identidade genuinamente compartilhada, apesar de oriundas das mais diferentes partes do mundo, incluindo indivíduos de praticamente todas as raças conhecidas.[4]

Como resultado, essas projeções aparentemente simples acabaram por apontar uma transformação muito mais ampla na cultura e na política do país. No futuro por vir — sugere-se —, os Estados Unidos se caracterizarão pelo conflito entre dois blocos mutuamente hostis — e, por conta de seu progressivo encolhimento, o grupo tradicionalmente dominante logo perderá boa parte de seu poder.

Esse enquadramento ajuda a explicar por que essas projeções são capazes de inspirar grandes esperanças numa parcela da população. Muitos americanos mal podem esperar pela década de 2040, quando suas experiências deixarão de ocupar as margens da narrativa do país. Em vez de serem a exceção, eles finalmente se tornarão a regra.

Estrategistas políticos também voltaram seus olhos para esse momento futuro em que o país se tornará supostamente uma minoria majoritária. Porque os hispânicos e os afro-americanos tendem a apoiar o Partido Democrático em peso, muitos democratas hoje esperam que a presente transformação demográfica os ajudará a infligir uma derrota permanente ao Partido Republicano — talvez até remodelando o país de acordo com suas velhas aspirações sociais e culturais.

Entre outros americanos, a mesma perspectiva é motivo para calafrios. A mudança demográfica talvez transforme completamente o país em que cresceram, talvez até relegando seu grupo a uma posição subalterna.

No pior dos casos, esse medo toma a forma de alertas apocalípticos sobre "a grande substituição" que supostamente vem ocorrendo na Europa e nos Estados Unidos.[5] Políticos traidores, alegam os ativistas de extrema direita, planejam substituir a população nativa com imigrantes, que eles esperam controlar mais facilmente.[6]

Como os Estados Unidos são uma das grandes democracias desenvolvidas nas quais o antigo grupo majoritário tem declinado mais rapidamente como parcela da população geral, esse debate se faz mais intenso por lá. Em boa parte deste capítulo, dou ênfase aos Estados Unidos como uma espécie de estudo de caso. Mas, em outras democracias, cujas transformações demográficas ainda levarão algumas décadas para alcançar o estágio em que se encontram os Estados Unidos hoje, suposições semelhantes têm provocado as mesmas esperanças e medos. Até hoje, por exemplo, muitos discípulos alemães da teoria da substituição citam minha entrevista na televisão sobre "o grande experimento" como suposta comprovação de suas teorias conspiratórias.

Isso só torna mais urgente que examinemos a premissa desse debate. Os Estados Unidos — e também, por fim, outras democracias diversificadas, da França à Austrália — realmente terão uma minoria majoritária no sentido que muitos analistas preveem? Os conflitos políticos e culturais mais importantes dentro dessas democracias lançarão os grupos demográficos uns contra os outros? E tais mudanças ajudariam o grande experimento a triunfar — ou antes testariam seus limites?

Minhas respostas a essas perguntas divergem fortemente do senso comum. A maioria das democracias diversificadas jamais será, de modo relevante, composta de minorias majoritárias. É imensamente prematuro supor que a política no futuro oporá "nativos" a "imigrantes" ou "brancos" a "pessoas de cor". E qualquer pessoa que deseje o triunfo do grande experimento deve celebrar o fato de que demografia não é destino — e fazer o possível para garantir que as demarcações do conflito político e cultural nas democracias diversificadas do amanhã se revelem muito mais fluidas do que muitas pessoas hoje preveem.

QUANDO A "CIÊNCIA" NÃO É LÁ MUITO CIENTÍFICA

Quando o censo americano projetou que o país teria uma "minoria majoritária" na década de 2040, seu modelo demográfico foi apresentado — e tratado — como um exercício científico, conferindo à previsão um ar de fato consumado.

De acordo com esse ponto de vista, projeções demográficas são exercícios aritméticos relativamente objetivos. Qualquer americano que tenha antepassados pertencentes a um grupo minoritário relevante — essa é a pressuposição — se tornará parte da nova maioria. O tamanho futuro desse grupo é uma função simples atrelada a fatores tais como quantas pessoas pertencentes a grupos minoritários vivem no país hoje, quantos filhos elas terão e quantos mais imigrarão para os Estados Unidos nas próximas décadas.[7]

Como é impossível prever esses fatores com precisão, construir os modelos necessários envolve, como se admite, um pouco de palpite. É sempre possível que projeções específicas, aqui e ali, errem por alguns poucos pontos percentuais. Mas, contanto que as pessoas envolvidas na construção do modelo sejam profissionais altamente gabaritados fazendo o melhor que podem para oferecer ao público informações objetivas (como, na maior parte, essas pessoas são), as descobertas apontarão numa direção correta.

Talvez os Estados Unidos passem a ser compostos por uma "minoria majoritária" em 2042 ou 2048 e não em 2045. Mas, cedo ou tarde, os brancos serão uma minoria. Isso é, simplesmente, ciência.

O caso é que isso oculta como as categorias popularizadas pelo censo americano para classificar americanos como brancos ou não brancos baseiam-se em pressuposições altamente questionáveis sobre como as pessoas se identificam hoje — e mais questionáveis ainda sobre como elas se identificarão no futuro. O filho de um pai branco e uma mãe chinesa conta como branco ou asiático? (De acordo com a narrativa dominante, a resposta é: asiático.) E alguém que tenha sete bisavós brancos e um bisavô negro? (Negro.)

Embora pareçam científicas, as projeções do censo pressupõem que todos os americanos que tenham uma gota de sangue não branco ou alguma herança cultural distante conectando-os a um país de língua latina serão pessoas "não brancas". Isso faz dessas projeções um guia para a realidade altamente especulativo.

Para se ter uma real noção de como será o futuro dos Estados Unidos — ou, aliás, de outras democracias diversificadas ao redor do globo —, não basta apontar para uma tabela demográfica que estipula identidades a partir de um esquema simplista de classificação racial; precisamos observar comportamentos no mundo real. E, quando analisamos como os diferentes grupos realmente se veem, e como são vistos pelos outros, logo se torna evidente que muitos de seus membros não se encaixam na narrativa simplista que lhes foi imposta.

Há muitas dúvidas sobre o papel que três grandes grupos de americanos — que vêm crescendo rapidamente e que deveriam, de acordo com a narrativa predominante, se ver como pessoas de cor — vão desempenhar de fato na política e na cultura do país.

A ASCENSÃO DA AMÉRICA MISCIGENADA

Três ou quatro décadas atrás, a maioria dos americanos ainda se dizia abertamente contrária a relacionamentos entre brancos e afro-americanos.[8] A realidade refletia esses preconceitos. Em 1980, apenas 3% dos recém-nascidos nos Estados Unidos tinham mãe e pai de diferentes grupos étnicos.[9]

Nas últimas três décadas, isso mudou rápida e radicalmente. O número de pessoas que se opõem ao casamento inter-racial é, hoje, mínimo. Apenas um em cada dez americanos diz que se sentiria desconfortável se um parente próximo se casasse com um membro de uma raça diferente.[10] E, embora parte dessa mudança talvez se deva ao "viés do socialmente desejável" — pelo qual os entrevistados mudam apenas a forma como respondem a pesquisas, não como realmente se sentem —, há fortes indícios de que o comportamento real dos jovens americanos está se transformando drasticamente. No final da década de 2010, uma em cada sete crianças nascidas nos Estados Unidos era miscigenada.[11]

A tendência de "casar fora" é especialmente difundida entre os grupos demográficos de crescimento mais acelerado. Quase um em cada três recém-casados hispânicos e asiático-americanos tem um cônjuge de outra raça.[12] Todos os indicadores sugerem que o número de americanos miscigenados continuará a crescer nos próximos anos.

Como a mídia geralmente aplica a "regra de uma gota só" à identidade americana, cada um dos bebês nascidos desses casais é contado como membro de uma minoria étnica. Mas essa identidade imposta não condiz com as descobertas de sociólogos que realmente se preocuparam em estudar a percepção que as crianças miscigenadas têm de si mesmas.

Análises etnográficas dessas crianças geralmente concluem que a maioria delas integra-se profundamente aos Estados Unidos brancos. Os filhos de progenitores brancos e asiático-americanos ou brancos e hispânicos assemelham-se a suas contrapartes plenamente brancas de maneira significativa. Como Edward Telles e Vilma Ortiz descobriram em um estudo seminal, os filhos de progenitores mexicanos e brancos não hispânicos "tinham menos chances de saber espanhol, menos chances de contrair matrimônio com alguém de mesma origem étnico-racial e se identificavam menos com sua origem mexicana".[13]

Muitos desses americanos miscigenados até se identificavam claramente como brancos. Como um sociólogo proeminente resumiu num minucioso relatório do Pew Research Center, "em muitos casos, americanos com origens familiares miscigenadas asiáticas ou hispânicas identificam-se com a maioria branca".[14]

A COMPLEXA IDENTIDADE DOS LATINOS

Em 2014, havia em torno de 55 milhões de pessoas com raízes espanholas ou latino-americanas nos Estados Unidos.[15] À época, o censo previu que, por volta de 2060, seriam 119 milhões.[16] Mas embora muitos hispânicos sejam negros ou de origem indígena, projetava-se que a vasta maioria, algo em torno de 103 milhões, seria branca.[17] A grande questão é se esse grupo se verá como distinto ou se, como os italianos e irlandeses de fins do século XIX e começos do século XX, se dissolverá na corrente dominante americana.

A questão de como os hispânicos verão a si mesmos em trinta anos é difícil de responder. As noções americanas de raça mudaram drasticamente entre 1960 e 1990 e, mais uma vez, entre 1990 e 2020. Não há por que achar que elas não mudarão drasticamente de novo até 2050.

O que está claro, por outro lado, é que a identidade hispânica já é muito mais fluida do que a classe política do país tende a imaginar. Nas campanhas para a eleição de 2020, dois progressistas hispânicos avaliaram uma série de grupos de referência. Ian Haney López e Tory Gavito pressupunham que os latinos se veriam como pessoas não brancas, rejeitando como discurso tipicamente racista preocupações relacionadas a "imigrantes ilegais, oriundos de lugares infestados de drogas e gangues criminosas". Em vez disso, López e Gavito descobriram que muitas das pessoas que eles entrevistaram insistiam que eram brancas — e que os latinos, na verdade, tendiam *mais* do que os brancos não hispânicos a concordar com o discurso anti-imigração.

Progressistas, concluíram López e Gavito,

comumente categorizam os latinos como pessoas não brancas, sem dúvida porque os latinos progressistas enxergam o grupo dessa maneira e encorajam os demais a também pensarem assim. Antes nós dávamos isso como certo. Contudo, em nossa pesquisa, apenas um em cada quatro hispânicos via o grupo como formado por pessoas não brancas. A maioria, em contraste, rejeitava essa designação, preferindo ver os hispânicos como um grupo que se integrava à corrente dominante americana — um grupo não marcado por excessivas restrições raciais.[18]

O LUGAR INCERTO DOS ASIÁTICO-AMERICANOS

Embora os hispânicos venham adicionando os maiores números à população americana, o grupo que vem crescendo mais rapidamente é de origem asiática.[19] Entre 2014 e 2060, projeta-se que o número de asiático-americanos deve mais que dobrar, de 20 milhões para 46 milhões.

Ao contrário de muitos hispânicos, os asiático-americanos provavelmente continuarão a se identificar — e a serem identificados — como racialmente distintos. Mas isso não significa que eles estabelecerão naturalmente uma coalizão cultural ou eleitoral com outras pessoas de cor.

Enquanto os negros americanos continuam a ganhar menos do que os brancos, na média, os asiático-americanos ganham significativamente mais. Coreano-americanos têm uma renda média de 72 mil dólares; sino-americanos, de 82 mil dólares; e os indiano-americanos, de 119 mil dólares.[20] A mulher asiática nos Estados Unidos hoje também ganha mais, em média, do que a americana branca.[21]

Esse sucesso financeiro se funda em extraordinárias conquistas educacionais. Embora representem hoje menos de um décimo da população americana,[22] por exemplo, os asiático-americanos compõem um quarto dos calouros em Harvard. Em instituições legalmente impedidas de favorecer candidatos por critérios de raça, a presença deles é ainda maior. Em Berkeley, por exemplo, quase metade dos estudantes domésticos que ingressaram na universidade em 2020 eram asiático-americanos.[23]

Nem cultura nem política são questões apenas de interesse próprio. Ainda assim, interesses divergentes podem fazer com que uma coalizão entre hispânicos, afro-americanos e asiático-americanos seja mais difícil de sustentar do que imaginam aqueles que acreditam na ascensão inevitável de um agrupamento coeso de minorias étnico-raciais.

Se o futuro realmente for marcado pela disputa entre brancos e pessoas de cor como muitos acadêmicos e jornalistas hoje acreditam — uma perspectiva, aliás, altamente duvidosa —, não está claro a que grupo os asiático-americanos pertencerão.

Levados pelo foco da mídia na transformação demográfica do país, a maioria dos americanos superestima a natureza e o alcance das mudanças por vir.

Como, de acordo com modelos demográficos repletos de pressuposições questionáveis, o país virá a ter uma "minoria majoritária", os americanos mais politicamente engajados acreditam agora que a população branca está em declínio acelerado.[24] Mas um olhar mais atento aos fatos revela um país que difere drasticamente dessas especulações.

De acordo com o censo, se incluirmos hispânicos que se consideram brancos, em torno de 69% da população americana em 2060 será branca. Outros 5% serão miscigenados, tendo algum antepassado recente branco. Muitos terão esposa ou parente próximo branco. Em suma, não é certo que o corte mais importante na sociedade americana se dará entre brancos e não brancos.

Isso deve ser um alívio ou uma decepção para os que querem que o experimento triunfe? A resposta tem a ver com uma das poucas grandes teorias sobre a política americana que tanto a esquerda quanto a direita hoje endossam: a ideia de que o crescimento dos grupos minoritários como parte da população geral transformará a política do país, facilitando vitórias do Partido Democrata. Acontece que essa "inevitável maioria demográfica" pró-Partido Democrata — ou, como gosto de dizer, a ideia mais perigosa da política americana — é igualmente incerta.

A IDEIA MAIS PERIGOSA DA POLÍTICA AMERICANA

Nos anos que se seguiram ao Onze de Setembro, a guerra ao terror dominou a política americana. O clima social era distintamente conservador, com uma série de referendos estaduais contra o casamento gay vencendo com grandes margens.[25] Embora fosse ridicularizado por muitos jornalistas e intelectuais, George W. Bush era popular entre os americanos comuns.[26] Assim, quando "Dubya" se reelegeu em 2004, muitos concluíram que a direita desfrutava de uma vantagem natural na política americana. O futuro parecia pertencer aos republicanos.

Então, uma dupla de estudiosos de índole questionadora fez uma alegação surpreendente, contradizendo diretamente o senso comum da época. A parcela do eleitorado americano que tradicionalmente favorecia os republicanos, argumentaram Judis e Ruy Teixeira em *The Emerging Democratic Majority* [A emergente maioria democrata], vinha encolhendo rapidamente, ao passo que a parcela que tradicionalmente favorecia os democratas crescia. Em pouco tempo, era possível que esse país à primeira vista direitista se tornasse absolutamente progressista.[27]

Uma parte da tese de Judis e Teixeira tocava nas mudanças sociais e econômicas. Americanos com diplomas universitários ou que viviam em centros urbanos, diziam os autores, tinham valores sociais mais progressistas. Como a parcela de urbanitas e universitários vinha crescendo, o país tendia à esquerda.

Mas a seção mais influente do livro tratava da mudança no peso relativo dos diferentes grupos étnico-raciais. Latinos, afro-americanos e asiático-americanos, apontavam Judis e Teixeira, tendem a favorecer os democratas. Como sua proporção na população americana cresceria, eles provavelmente acrescentariam milhões de votos às fileiras democratas. Ao longo do tempo, "esses grupos de eleitores continuarão a apoiar os democratas em vez dos republicanos, abrindo caminho para uma nova maioria".[28]

Essas previsões contraintuitivas pareceram virar realidade quando um homem chamado Barack Hussein Obama iniciou sua espantosa ascensão. Embora Obama não fosse nem de longe um radical, suas políticas marcavam uma ruptura decisiva com o conservadorismo social da era Bush. E quando se tornou o primeiro político negro na história do país a chegar à Casa Branca, sua vitória tinha por base justamente o tipo de coalizão que Judis e Teixeira haviam previsto. Obama venceu com larga vantagem entre os que tinham alto nível educacional, conquistou vitórias significativas em centros urbanos e subúrbios afluentes e bateu recordes de apoio entre grupos minoritários.[29]

A vitória histórica de Obama parecia provar que demografia era, sim, destino. Mas, embora Judis e Teixeira tivessem enfatizado a necessidade de os democratas construírem uma coalizão ampla — que teria de incluir vários eleitores brancos da classe trabalhadora —, muitos dos que adotaram a teoria dos dois ignoraram esse tipo de sutileza. Na cabeça de muitos jornalistas e estrategistas progressistas, uma maioria democrata apenas incipiente, que teria de ser cuidadosamente cultivada, virou uma maioria demográfica quase inevitável.[30]

Grande parcela da direita americana adotou, curiosamente, os mesmos pressupostos empíricos. Muitos republicanos estão tão convencidos quanto os democratas de que a transformação da população conduzirá o país numa direção progressista. Mas o que enche o coração dos democratas de alegria mete medo nas fileiras conservadoras do país.

Talvez a articulação mais influente desse pânico tenha acontecido nas eleições de 2016. Escrevendo sob pseudônimo, Michael Anton, que mais tarde assumiria um cargo sênior na Casa Branca, reconheceu que Donald Trump era um candidato sem experiência que talvez se provasse incapaz de governar. Mas isso não importava. Os democratas, Anton alertou, estão "prestes a conquistar uma vitória permanente", por conta da "importação incessante de estrangeiros do Terceiro Mundo".[31] Na cabeça de Anton, Donald Trump era a última chance de os republicanos resgatarem o país da bancarrota iminente trazida por sua transformação demográfica.

Durante a campanha, o próprio Trump propagou um discurso notavelmente parecido. "Acho que esta é a última eleição que os republicanos terão chance de vencer, pois vai ter muita gente entrando pela fronteira", disse ele, no auge da eleição de 2016. "Quando isso tudo acontecer, esqueçam."[32]

Quando Trump venceu inesperadamente as primárias republicanas em 2016, praticamente todos os comentaristas e especialistas estavam certos de que ele perderia para Hillary Clinton.

Por conta da transformação demográfica do país, um candidato cujo foco fosse o eleitorado branco simplesmente não conseguiria articular uma coalizão vencedora. "O cenário demográfico por si só parece dar a Clinton uma clara vantagem nessa eleição", proclamou um artigo no site NPR, prevendo que ela arrebataria 354 votos no colégio eleitoral.[33]

A realidade provou-se bem diferente. Quando as cédulas foram contadas naquela noite de 8 de novembro de 2016, os próprios estados que, segundo uma análise de Ruy Teixeira, deveriam cimentar o novo "domínio progressista" dos democratas deram a Trump a vitória imprevista.[34]

A eleição de Trump começou a lançar sérias dúvidas sobre a teoria da inevitável maioria demográfica. Fascinados com o crescimento do voto minoritário, muitos progressistas pareciam ter esquecido que a maioria dos votos de Obama, tanto em 2008 quanto em 2012, vinha de eleitores brancos sem diploma universitário.[35] Os democratas continuavam muito mais dependentes do apoio da classe trabalhadora branca do que muitos de seus ativistas e estrategistas vinham imaginando.

Agora, mesmo os inventores da teoria da maioria demográfica emergente chegaram à conclusão de que essa situação não mudará nos anos por vir. Como Teixeira reconheceu recentemente, os democratas que se queiram competitivos em nível nacional terão de "garantir os votos de uma parcela significativa dos brancos da classe trabalhadora".[36]

Em 2020, os democratas conseguiram desaprender algumas das falsas lições que haviam incorporado. Depois de uma campanha tensa, Joe Biden conquistou uma vitória indiscutível sobre Donald Trump. Quando todos os votos foram contados, Biden venceu Trump por quase 7 milhões de votos, arrebatando mais de trezentos votos no Colégio Eleitoral.[37]

Contudo, longe de ressuscitar a teoria da maioria demográfica emergente, as eleições de 2020 demonstraram o quão rapidamente o comportamento eleitoral dos grupos pode mudar. Os democratas conseguiram, sim, conquistar importantes vitórias em alguns estados com populações minoritárias que vêm crescendo com velocidade, como Nevada e Georgia. Mas, mesmo lá, os padrões de voto reais contradisseram as previsões nas quais os democratas haviam se baseado na década anterior.[38]

Joe Biden venceu porque se saiu muito melhor entre o eleitorado branco do que Hillary Clinton. E Donald Trump seguiu competitivo, estabelecendo entradas com praticamente todos os grupos demográficos. Quando disputou pela primeira vez, Trump não era nada popular com americanos muçulmanos nem com afro-americanos. Nos quatro anos seguintes, ele aumentou em um quarto sua parcela do eleitorado de ambos os grupos.[39]

A virada pró-Trump entre latinos foi ainda mais admirável. A mídia destacou bastante o fato de que muitos imigrantes de Cuba e Venezuela, que tiveram más experiências com líderes esquerdistas, ficaram contrariados com o acolhimento retórico do socialismo entre democratas proeminentes. Isso certamente ajuda a explicar por que Trump venceu com folga na Flórida.[40] Mas os latinos também oscilaram na direção do Partido Republicano em partes do país em que a grande maioria dos eleitores não tinha as mesmas razões históricas para se sentir nervosa com intimações socialistas. Condados no sudoeste do Texas, marcados por uma esmagadora maioria de mexicano-americanos, por exemplo, registraram algumas das maiores viradas republicanas nos Estados Unidos.[41]

Por mais contraintuitivo que isso possa parecer, nos últimos tempos, e em termos de raça, os padrões eleitorais nos Estados

Unidos têm se despolarizado. Como resultado, era mais difícil em 2020 do que em 2016 prever em quem determinado eleitor iria votar, se tomássemos esse critério por base.

É impossível saber se essa curiosa tendência dos últimos quatro anos continuará pelos próximos quarenta. Mas o fato de que justo Trump arrebatou inesperadamente milhões de votos de pessoas de cor em sua fracassada tentativa de reeleger-se deve deixar claro como é ingênuo fazer previsões confiantes sobre os recortes étnico-raciais de 2032 ou 2048.

Meus valores políticos ficam à esquerda do centro. O político americano dos últimos cinquenta anos que mais admiro é Barack Obama. Diante de uma escolha entre Joe Biden ou Hillary Clinton, de um lado, e Donald Trump, do outro, eu escolheria um dos primeiros sem hesitar.

Tudo isso deveria me predispor a pensar que a ideia de uma maioria demográfica inevitável é motivo de esperança. Afinal, tal maioria supostamente garantiria que o "meu time" um dia dominará a política americana. Contudo, quanto mais você pensa sobre esse futuro teoricamente sedutor, mais perturbador ele se revela.

Como já deve ter ficado claro, sou profundamente cético em relação à ideia de que demografia é destino, como tantos acreditam. Mas como exercício imaginativo, vamos supor que as previsões da maioria demográfica se confirmem. A eleição presidencial de 2052 está a todo vapor. A campanha é amarga e bem disputada. Só que, no fundo, todos sabem que o resultado já está selado. Contando com o apoio garantido dos "grupos minoritários" que, na última década, teriam passado a constituir oficialmente a maioria da população americana, os democratas estão a caminho de mais uma vitória.

Esse cenário, para mim, é distópico. Deixemos de lado o fato de que uma eleição democrática cujo resultado é conhecido de antemão deixa um gosto amargo na boca. Esqueçamos que países em que um único partido domina a política por muitas décadas tende a sofrer com corrupção endêmica.[42] O que mais me perturba nessa suposta utopia é que o debate político ainda seria segregado por raça. Caminhando pela rua em Nova York ou San Diego em 2052, eu seria capaz de adivinhar em quem você votará com um alto grau de precisão só pela cor da sua pele.

Obama disse certa vez que não deveríamos fatiar o eleitorado em estados vermelhos (republicanos) e estados azuis (democratas).[43] Na visão que muitos progressistas têm erroneamente considerado alentadora, nós, pelos anos por vir, continuaríamos a fatiar o eleitorado em "raças azuis" e "raças vermelhas". Esta não é lá uma visão muito atraente para o futuro das democracias diversificadas.[44]

RAZÕES PARA CELEBRAR QUE DEMOGRAFIA NÃO É DESTINO

No curso da última década, o discurso dominante começou a dividir os americanos em dois grupos bem distintos: brancos e pessoas de cor. Mas assim como os grupos étnico-raciais minoritários são muito mais heterogêneos política e culturalmente do que supõe essa dicotomia limpinha, os brancos também são bem menos homogêneos política e culturalmente.

Felizmente, há uma visão alternativa para o futuro dos Estados Unidos. Em *The Great Demographic Illusion* [A grande ilusão demográfica], o ilustre sociólogo Richard Alba argumenta que o que ele chama de "mainstream" americano provou-se capaz de se expandir das formas mais inesperadas.[45] Embora a elite histórica do país temesse um dia as mudanças que os imigrantes irlandeses e italianos trariam, esses recém-chegados, no fim, foram absorvidos pela corrente dominante do país; hoje, uma distinção entre americanos com origens em Sussex e aqueles com origens na Sicília parece despropositada.

Se acreditarmos em Alba, a corrente dominante americana se provará mais uma vez capaz de se expandir de uma forma que por ora parece difícil de imaginar. Os primeiros grupos a se juntarem a esse novo mainstream provavelmente serão os hispânicos brancos, os asiático-americanos e os miscigenados. Contudo, como demonstra a cultura cada vez mais multiétnica das metrópoles americanas, de Houston a Nova York, o novo mainstream pode, ao fim e ao cabo, tornar-se ainda mais inclusivo, e uma parcela crescente dos americanos negros também poderá ser absorvida.

A escolha entre um país que se assemelha às projeções do censo americano e outro que se assemelha às projeções de Richard Alba é clara. Os Estados Unidos serão um lugar muito mais agradável de se viver, para brancos e não brancos, se conseguirem integrar um conjunto ainda maior de grupos étnico-raciais e religiosos em uma corrente dominante expandida.

Isso tem implicações em como devem se comportar aqueles de nós que estão comprometidos com o sucesso do grande experimento.

Política eleitoral é importante. Sejam de esquerda ou direita, os políticos devem resistir à tentação de se limitar à "sua" base demográfica. Em vez disso, devem tentar conquistar uma ampla gama de eleitores, ajudando a despolarizar o sistema político de seus países. Felizmente, há pelo menos uma boa razão para crer que muitos políticos, com o tempo, começarão a fazer a escolha moral, pois, de modo geral, será de seu próprio interesse fazê-lo.

Os democratas nos Estados Unidos, por exemplo, não devem concluir nem que tenham o voto garantido dos latinos, asiático-

-americanos ou afro-americanos, nem que sejam incapazes de alavancar seu alcance entre os brancos. Em vez de apostar tudo na ideia de que demografia é destino, devem reconhecer que as perspectivas de seu futuro eleitoral — e do bem-estar do país — dependem de sua capacidade de conquistar americanos oriundos de todos os grupos étnico-raciais.

Para os republicanos, essa escolha é ainda mais importante. Eles podem tentar insistir numa estratégia eleitoral voltada somente para os eleitores brancos. E talvez essa estratégia garanta mais algumas vitórias apertadas. Mas, em algum momento, um Partido Republicano que se recuse a ampliar sua coalizão étnica ou seu apelo cultural perderá eleições de modo consistente. Nesse momento, terá de escolher entre tentar consolidar seu poder buscando estratégias cada vez mais extremas para retirar direitos de eleitores não brancos ou fazer o possível, por fim, para acolhê-los.

Quando e se o partido começar a cortejar sinceramente esses grupos demográficos, é provável que ele seja mais bem-sucedido do que pensam muitos comentaristas. Longe de serem coerentemente progressistas em termos de políticas sociais e econômicas, muitos eleitores dos grupos minoritários são muito mais conservadores do que seu atual comportamento eleitoral sugere. Muitos latinos, asiático-americanos e mesmo afro-americanos podem estar abertos ao apelo de um conservadorismo que se apresente como racialmente inclusivo.

Política é importante. Mas a sociedade é muito mais. Então, a questão que mais me preocupa é qual será a cara dos Estados Unidos de 2052 para além da arena política.

Os americanos se aproximarão das categorias étnico-raciais do censo, supondo que os interesses dos americanos brancos, de um lado, e os dos hispânicos, asiático-americanos e afro-americanos, de outro, são implacavelmente opostos? Ou essas categorias, embora ainda reconhecíveis, perderão parte de seu relevo atual, com a vasta maioria dos americanos integrados a um mainstream diversificado?

É nesse ponto que os desenvolvimentos no mundo real oferecem as maiores razões para otimismo. Todo dia, muitos americanos de todos os grupos demográficos decidem misturar seus destinos como amigos, sócios ou companheiros. Ao menos no dia a dia, a maioria dos americanos não parece engolir a oposição monolítica entre brancos e não brancos.

Contudo, as identidades humanas são profundamente maleáveis. Tomam forma — e mudam de natureza — de acordo com as narrativas herdadas das gerações anteriores, as sugestões das elites e os incentivos criados pelas instituições. Muito, então, depende de como se portarão professores nas escolas e universidades, senadores, CEOs: se apoiarão os processos naturais que vêm tornando as fronteiras entre os grupos mais porosas ou se, de forma deliberada ou inadvertida, reverterão essa tendência.

Isso é uma das coisas que mais me preocupam no momento. Pois, em um número cada vez maior de esferas da vida americana, pessoas bem-intencionadas que acreditam genuinamente estarem lutando por causas justas vêm fazendo de tudo para garantir que a identidade racial seja a linha divisória que atravessará toda a vida americana.

Um foco excessivo na importância da identidade étnico-racial e nos conflitos irreconciliáveis entre brancos e pessoas de cor vem se tornando rapidamente parte da ideologia dominante da elite americana. Uma das questões mais urgentes das próximas décadas é se essa elite conseguirá impor sua perspectiva racial sobre o resto da população — ou se os americanos comuns, de todos os grupos demográficos, serão capazes de se opor a ela, com uma visão mais inspiradora de nosso futuro coletivo.

* * *

Este capítulo tem focado nos Estados Unidos. A razão é simples: a transformação demográfica está mais avançada nesse país do que na maioria das demais democracias diversificadas. Consequentemente, o mesmo vale para o debate sobre a maioria demográfica em ascensão.

Não obstante, os termos básicos do debate são cada vez mais parecidos na maioria das democracias diversificadas: os progressistas sonham com um futuro no qual a parcela crescente de minorias étnico-raciais lhes garantirão maiorias eleitorais, enquanto os conservadores temem que os imigrantes e seus descendentes alterem fundamentalmente o caráter de suas nações. E por toda parte, também, tais previsões representariam um grave risco ao sucesso do grande experimento, caso se realizem. Mas é provável que isso não aconteça.

Isso tem ficado mais claro na esfera política. Em muitos países europeus e anglo-saxões, partidos de direita cujos eleitores antes eram exclusivamente membros da maioria étnico-racial e religiosa vêm ampliando sua base. Muitos líderes de centro-direita devem suas vitórias, em parte, ao apoio de comunidades minoritárias. Na Alemanha, uma pesquisa recente mostrou que a maioria dos imigrantes e de seus descendentes agora votam em partidos de direita.[46] E, no Reino Unido, um governo conservador deu a maioria dos cargos mais importantes a políticos cujos pais e avós eram imigrantes.[47]

Os defensores do grande experimento deveriam, independentemente de suas inclinações políticas pessoais, reconhecer nisso um sinal de progresso. Uma porcentagem significativa dos cidadãos das democracias diversificadas, sejam eles brancos, negros ou pardos, sempre terá posições de direita. Os partidos políticos que representam essas visões, mas que não toleram o racismo em seu meio, ajudariam a liquidar a perigosa ilusão do determinismo demográfico que hoje molda sistemas políticos, da França aos Estados Unidos — dando, assim, uma grande contribuição à construção de democracias que são não apenas diversificadas, mas também tolerantes.

Dez anos atrás, dois professores da Northwestern University decidiram estudar como uma ênfase na mudança demográfica alteraria as atitudes raciais dos americanos brancos. Maureen A. Craig e Jennifer A. Richeson recrutaram participantes e pediram para que todos lessem um de dois textos. O primeiro descrevia a presente composição racial dos Estados Unidos. O segundo sumarizava as projeções do censo americano, que indicavam que o país estava próximo de se tornar de "minoria majoritária".

A descoberta foi fascinante. Os participantes do estudo que foram aleatoriamente solicitados a ler sobre o fim iminente dos Estados Unidos brancos eram mais propensos a dizer que ficariam incomodados se seus filhos se casassem com alguém de outra origem étnico-racial. Eles também sentiam mais emoções negativas em relação às minorias. "Em vez de estimular um futuro mais tolerante", alertaram Craig e Richeson, uma ênfase no (suposto) declínio da maioria branca "pode antes alimentar a hostilidade entre grupos".[48]

Muitos americanos bem-intencionados se convenceram de que enfatizar uma teoria empiricamente dúbia sobre o futuro demográfico do país iria de alguma forma ajudá-los a superar as injustiças do presente. Mas, como Craig e Richeson sugerem, com isso, é mais provável que se torne ainda mais difícil construir democracias diversificadas prósperas.

A maioria demográfica supostamente inevitável não virá salvar as democracias diversificadas. Em política, as linhas de batalha mudam constantemente. Grupos que ora parecem coesos provavelmente se fragmentarão de modo imprevisível. Demografia não é destino. Os residentes das democracias diversificadas — brancos e negros, cristãos e muçulmanos, maiorias e minorias, direita e esquerda, religiosos e seculares — estão presos uns com os outros. Para os que acreditam que o grande experimento pode dar certo, uma tarefa essencial para as próximas décadas consiste em lutar por um futuro em que o maior número de pessoas se conceba não como membros de grupos mutuamente hostis, mas como cidadãos orgulhosos e otimistas de democracias diversificadas.

Há alguma coisa que a arena tradicional da ação política — as políticas públicas — pode fazer para acelerar esse resultado? É essa questão que investigo no décimo e último capítulo deste livro.

10. Boas políticas públicas

Livros sobre grandes ideias muitas vezes padecem de uma falha grave.

Nos primeiros nove capítulos, eles identificam um problema ou desafio fascinante. Explicam causas e contextos. Mostram por que é importante se preocupar com essas questões e por que é necessário remediá-las o quanto antes.

O caso é que qualquer problema grande e importante o suficiente para que alguém escreva um livro interessante sobre ele tem poucas chances de ser resolvido logo. Então, o décimo capítulo de livros desse tipo é quase sempre um pouco frustrante. Nele, sugerem-se grandes mudanças nas políticas públicas ou no comportamento coletivo, mudanças que resolveriam, de fato, o problema — mas que são pouco realistas. Ou então ajustes técnicos nessas políticas ou pequenas alterações em nossa vida que até podem ser alcançáveis — mas que, na melhor das hipóteses, farão pouca diferença.

É o dilema do capítulo 10.

Nenhum escritor pode abolir o capítulo 10. É uma questão

da natureza do nosso mundo, cujo aperfeiçoamento é limitado. Grandes problemas sempre serão mais profundos do que suas supostas soluções. É muito mais fácil identificar o que está errado do que angariar recursos para fazer o que é certo.

Mas um reconhecimento do dilema do capítulo 10 pode ao menos tornar os escritores mais cuidadosos em relação a promessas que não podem cumprir, levando-os a pensar seriamente sobre como contribuir para a construção de um futuro melhor, na ausência de uma bala de prata. As questões que ele sugere podem ser menos excitantes, mas são também bem mais úteis: que tendências do mundo real já estão apontando na direção certa (e como podemos ampliá-las)? Do que a sociedade precisa para que mudanças positivas sejam possíveis (e como as políticas públicas podem ajudar a estabelecer essas condições)?

Nos dois capítulos anteriores, comecei a examinar as transformações sociais mais amplas que estão em andamento nas sociedades diversificadas para ver como elas podem ajudar a atenuar alguns dos problemas de hoje.

Tenho argumentado que uma razão para seguirmos otimistas sobre as perspectivas do grande experimento é que certos desenvolvimentos no mundo real são muito mais positivos do que muitos observadores reconhecem. Em muitas democracias diversificadas ao redor do mundo, imigrantes e outros grupos minoritários têm feito rápido progresso econômico e alcançado novos níveis de aceitação social.

Outra razão para continuarmos otimistas é que, como disse, demografia não precisa ser destino. Embora muitos comentaristas e políticos hoje gostem de fatiar as democracias diversificadas em grupos supostamente monolíticos de pessoas que estão "dentro" e "fora", não sabemos de fato se essas democracias irão se consolidar de acordo com essas demarcações étnico-raciais e religiosas tão estanques. Uma cultura e um mundo político muito mais integrados são um cenário possível.

Mas isso ainda deixa em aberto a questão de que cara devem ter as democracias diversificadas para que triunfem — e como as políticas públicas poderiam (ainda que modestamente) ajudar a estabelecer essas condições. E a melhor forma de abordar essa questão, parece-me, é analisar os obstáculos mais vastos que dificultam o sucesso das democracias diversificadas. Quatro desses obstáculos parecem particularmente pertinentes.

Primeiro, muitas pessoas não vivenciaram quase nenhuma melhora em seu padrão de vida nos últimos anos e agora temem se tornar ainda menos prósperas no futuro. Como algumas pesquisas sociológicas excelentes têm demonstrado, isso as torna muito mais propensas a olhar para os membros de outros grupos com medo ou desdém. É mais fácil torcer pelo sucesso de outros grupos quando sentimos que nosso próprio futuro também tende a ser bom.[1]

Em segundo lugar, alguns grupos étnico-raciais e religiosos seguem sofrendo com condições socioeconômicas significativamente mais precárias. Isso é comum em especial entre aqueles, como a maioria dos afro-americanos, cujos ancestrais sofreram sob esquemas de "dominação forte". Essa longa sombra da subjugação passada, portanto, eleva o risco de transformar as democracias diversificadas em sociedades hierárquicas, em que os membros de alguns grupos desfrutarão, por um período indefinido, de condições superiores às dos demais.

Em terceiro lugar, as instituições de muitas democracias diversificadas hoje têm dificuldade em tomar decisões efetivas, respondem mal à opinião pública ou excluem grupos essenciais dos processos de decisão. O sentimento resultante — de que os cidadãos não têm qualquer controle sobre seu destino coletivo —

eleva o risco de tensões intergrupais e facilita o trabalho de extremistas que se opõem aos princípios fundadores das democracias diversificadas.

Por fim, um aumento na polarização torna mais difícil para os cidadãos das democracias diversificadas olharem com bons olhos para aqueles com quem eles têm discordâncias políticas. Essa falta de respeito mútua solapa a capacidade dessas sociedades de conter os conflitos quando as paixões se exacerbam.

Consertar qualquer um desses problemas não vai ser fácil. Consertá-los todos de uma vez provavelmente seja impossível. No entanto, há algumas ações práticas que tanto os legisladores quanto os cidadãos podem realizar para melhorar as condições básicas do grande experimento.

Argumento neste capítulo que as democracias diversificadas devem oferecer a seus cidadãos *prosperidade segura*: devem tanto alavancar o crescimento econômico quanto garantir que esses ganhos terminem nos bolsos dos cidadãos comuns. Devem insistir na *solidariedade universal*: precisam construir um Estado de bem-estar social generoso que evite que um grupo étnico-racial seja lançado contra outro. Precisam construir *instituições efetivas e inclusivas*: precisam comunicar a todos os cidadãos a sensação de que suas preferências importam. E precisam construir uma *cultura de respeito mútuo*: nas democracias diversificadas, seus cidadãos devem poder ter discordâncias robustas sem se enxergarem como inimigos existenciais.

As democracias diversificadas do futuro devem garantir que todos os seus cidadãos possam levar uma vida de prosperidade e dignidade, que as crianças nascidas de pais de qualquer origem tenham oportunidades genuínas de ascender ao topo, que seus cidadãos sintam que controlam seu destino coletivo e que cultivem um senso de respeito mesmo por aqueles compatriotas com quem têm sérias discordâncias. Ninguém pode fazer esse tipo de futuro surgir magicamente. Mas há muitas políticas e princípios que podem ajudar a apontar as democracias diversificadas nessa direção promissora.

PROSPERIDADE SEGURA

No fim do verão de 2018, eu me deparei com uma grande manifestação na Place de la Republique, em Paris.

Jovens manifestantes em roupas descoladas batiam tambores e entoavam slogans ambientais com um abandono jubiloso. Cartazes coloridos expressavam sua oposição ao consumismo. Um deles ainda trago na memória: HALTE A LA CROISSANC [parem o crescimento econômico], lia-se em grandes letras vermelhas.

Meses depois, um tipo bem diferente de manifestação tomou as ruas de Paris. Quando o governo propôs aumentar o preço da gasolina, milhões de cidadãos de todo o país foram às ruas vestindo coletes amarelos.

Os sociólogos descobriram que o participante médio desses protestos vivia em comunidades rurais ou exúrbios com poucas oportunidades econômicas e tinham menos de mil euros mensais, descontados os impostos, à sua disposição.[2] Embora o perfil ideológico dos coletes amarelos fosse difuso, a demanda por um padrão de vida mais alto era amplamente compartilhada.[3]

Assim como a raiva que se avizinhava do ódio cego. À medida que foram se desgastando, os protestos tornaram-se mais violentos,[4] com uma parcela crescente dos participantes identificando certos "forasteiros", de judeus a árabes, como a causa verdadeira de seu descontentamento.[5]

O contraste entre esses dois protestos é instrutivo. Quando gritam pelo fim do crescimento econômico, os que vivem em condições materialmente confortáveis não raro se deparam com a ira daqueles que nunca tiveram as mesmas oportunidades.

Desde que um filho de um relojoeiro de Genebra venceu inesperadamente o prestigioso prêmio da Academia de Dijon com um elegante ensaio que denunciava a influência moralmente corruptora da riqueza e da civilização, virou moda associar crescimento econômico e degradação moral. A maioria de seus contemporâneos, argumentou Jean-Jacques Rousseau em 1755, culpava a própria natureza da humanidade por vícios comuns, como a ganância e o orgulho. Mas isso era cometer o erro de atribuir males inculcados pela civilização à condição natural do ser humano.

Mais de 250 anos depois de sua publicação, o *Discurso sobre a origem e os fundamentos da desigualdade entre os homens* permanece muito influente. Partindo do lamento de Rousseau, escritores de inclinação anarquista gostam de alegar que os humanos eram mais pacíficos e altruístas antes de cultivarem os campos e construírem assentamentos.[6] A crença na força corruptora da civilização moderna também chegou à cultura popular. Quando voltam de uma viagem a alguma localidade "exótica", por exemplo, ocidentais bem de vida palestram sobre as "virtudes simples" das pessoas que conheceram, exibindo fotografias de crianças sorridentes posando em frente a cabanas arruinadas.[7]

Mas se acreditarmos nos cientistas sociais, pobreza e estagnação econômica não são garantias de altruísmo, muito menos de tolerância. Uma série de estudos descobriu que crises econômicas frequentemente alimentam um clima de ódio, a ascensão de movimentos de extrema direita ou mesmo violência sectária. De acordo com um trio de economistas germânicos, por exemplo, crises econômicas, da Grande Depressão de 1930 à Grande Recessão dos anos 2000, foram sucedidas por um aumento estatisticamente relevante no número de movimentos políticos extremistas. Analisando vinte países diferentes em um período de 140 anos, os pesquisadores descobriram que "partidos políticos de extrema direita parecem ser os grandes beneficiários das crises financeiras",[8] imprimindo grande "pressão nas democracias modernas".[9]

O crescimento econômico acelerado, por outro lado, associa-se geralmente a um relaxamento significativo das atitudes sociais em relação aos "forasteiros", incluindo minorias étnico-raciais, religiosas e sexuais. De acordo com o World Values Survey, por exemplo, os habitantes de países ricos são muito mais propensos do que os de países pobres a dizer que acolheriam como vizinho alguém de um exogrupo proeminente.[10] E como Benjamin Friedman, economista de Harvard, argumentou, o crescimento econômico "no mais das vezes cria maiores oportunidades, mais tolerância com o diferente, mais mobilidade social, mais comprometimento com a justiça e mais dedicação à democracia".[11]

Disputas pela distribuição de bens econômicos ou pela atribuição justa de status social são muito mais fáceis de tolerar quando o bolo está crescendo do que quando está diminuindo. Tudo mais permanecendo igual, as democracias têm mais chances de administrar as tensões induzidas pelo crescimento da diversidade se a maior parte de seus cidadãos se sente confiante em relação ao futuro.

Os defensores das democracias diversificadas devem, portanto, favorecer políticas que estimulem o crescimento econômico. Devem combater monopólios que permitam que corporações ineficientes esmaguem possíveis competidores, bem como devem favorecer o direcionamento de dinheiro para pesquisas com potencial de gerar inovações pioneiras, como as novas vacinas de RNA mensageiro. Devem também facilitar a criação de empresas por jovens ambiciosos e lutar contra regulamentos de edificação urbana restritivos, que reduzem as oportunidades de muitos cidadãos desfavorecidos. É preciso também reformar os sistemas educacionais para garantir que todas as crianças tenham a chance de desenvolver seus talentos e dar aos cidadãos acesso a auxílios básicos, como plano de saúde, independentemente de seu status empregatício.

Mas o crescimento econômico não é suficiente se só beneficia um pequeno grupo de pessoas de alta qualificação e talentos especiais que, em geral, já olham para o futuro com otimismo. Para garantir que o crescimento econômico estimule as pessoas a lidarem com seus compatriotas com generosidade em vez de inveja, é preciso que ele beneficie o maior número de pessoas possível.

Tradicionalmente, os Estados modernos têm tentado garantir que o crescimento econômico traga benefícios a todos por meio de programas de auxílio, como seguro-desemprego ou o crédito de imposto sobre os rendimentos de trabalho. Para promover as precondições sociais para a tolerância mútua, democracias diversificadas devem manter esses programas. E, em países em que os auxílios permanecem lamentavelmente incompletos, como nos Estados Unidos, o governo deve por fim garantir que todos os seus cidadãos ganhem acesso a serviços como assistência médica de qualidade ou outros benefícios básicos, como licença familiar remunerada.

Criar oportunidades para que todos os cidadãos ascendam socialmente é outra ferramenta essencial para as democracias diversificadas. Em muitos países, a mobilidade social estagnou ou caiu nas últimas décadas. As sociedades que desejem garantir que o crescimento econômico beneficie a muitos, não apenas a uns poucos, devem redobrar seus esforços para conferir a todos os cidadãos uma oportunidade real de alcançar posições de influência e riqueza.

Embora possam ajudar a suavizar o destino dos menos afortunados, programas de benefícios como o seguro-desemprego ainda deixam muitos de seus beneficiários com o sentimento de que seus meios materiais são muito modestos e que o respeito que eles inspiram na sociedade é extremamente limitado. E embora seja importante que todos os cidadãos tenham a oportunidade de melhorar de vida, é impossível que todos subam na hierarquia social ao mesmo tempo. O que os cidadãos precisam agora, então, é saber que podem levar uma vida digna e desfrutar de respeito social real, mesmo tendo empregos pouco extraordinários.

Países que conseguem criar uma economia inclusiva desse tipo tendem a ter uma gama de armas diferentes em seu arsenal. Eles geralmente modelam a distribuição de bens materiais por meio de esquemas robustos de taxação progressiva e impostos corporativos que não dão margem para contorcionismos fiscais por parte das grandes empresas. Esses países criam condições que permitem que empregados dos mais variados ramos, incluindo aqueles que não possuem habilidades especiais, tenham poder de barganha para negociar salários mais justos. E investem pesadamente em cursos de formação profissional e programas de aprendizes que possibilitam que pessoas que preferem trabalhar com as próprias mãos ganhem um salário decente.

No futuro, ferramentas mais ambiciosas podem ser necessárias para cumprir esses mesmos objetivos. O governo Biden está tentando uniformizar sistemas internacionais de imposto para impedir que grandes corporações burlem suas obrigações para com as sociedades onde conseguem seus lucros. O Grupo dos 7 (G7) deu um primeiro passo promissor, aprovando recentemente uma nova taxa mínima global de 15% para grandes corporações internacionais.[12] Outras ideias cujo momento talvez ainda chegue incluem novas formas de políticas industriais[13] ou mesmo uma renda básica universal.[14]

A mistura exata de políticas necessárias para alcançar esse crescimento inclusivo deve variar de acordo com cada país e cada década. Mas os objetivos tendem a permanecer os mesmos nos múltiplos contextos: quanto mais as democracias diversificadas conseguirem oferecer a seus cidadãos uma prosperidade segura, melhores serão as condições essenciais para o grande experimento.

SOLIDARIEDADE UNIVERSAL

A maioria das democracias diversificadas não apenas sofre de desigualdade entre ricos e pobres; elas se caracterizam também por diferenças significativas em renda e oportunidade entre membros de grupos historicamente dominantes e historicamente dominados. Para que o grande experimento triunfe, não podemos permitir que isso se torne uma conjuntura perene. Se subjugações passadas se traduzirem eternamente em desvantagens futuras, a promessa de tratar todos os cidadãos como iguais um dia parecerá intoleravelmente vazia.

Felizmente, as últimas décadas sugerem que o progresso nessa frente é mais provável do que muitas pessoas, defensoras ou oponentes do grande experimento, hoje acreditam. Na maioria dos países, descendentes de imigrantes e membros de grupos minoritários alcançaram conquistas educacionais maiores, conquistaram um status profissional mais elevado e começaram a ganhar salários mais generosos. Se "o passado for um prólogo", podemos esperar que a discrepância entre grupos demográficos continue a se afunilar.

Políticas públicas podem ajudar a acelerar essas mudanças.

As democracias diversificadas precisam de leis robustas que garantam que seus empregadores não incorram em discriminação por conta de raça ou religião. Devem garantir que as instituições mais prestigiosas de educação superior estejam genuinamente abertas a candidatos de alto desempenho oriundos de todos os grupos sociais. E devem impedir que empresas e instituições públicas ofereçam estágios não remunerados que tornem mais difícil para aqueles que não têm pais endinheirados adentrar carreiras promissoras.

Contudo, para que as democracias diversificadas superem seus padrões históricos de dominação, elas precisam focar menos em quem frequenta as universidades mais famosas ou quem é contratado para os empregos de maior prestígio e mais em como garantir, para começo de conversa, que as crianças de origens mais desfavorecidas tenham uma chance de desenvolver seus talentos. Embora exista hoje um forte consenso na pedagogia e na psicologia do desenvolvimento de que os primeiros anos das crianças têm um papel crucial para suas perspectivas futuras, muitos países ainda investem muito pouco em desenvolvimento infantil, jardins de infância e ensino fundamental. Um aumento significativo nos recursos dedicados à maximização do potencial de cada criança quando se mais precisa,[15] entre outros benefícios, ajudaria a acelerar o ritmo no qual as discrepâncias nos resultados socioeconômicos entre grupos demográficos vêm diminuindo.

Especialmente em países em que o sistema educacional permanece profundamente segregado e a qualidade da escola pública varia enormemente de bairro a bairro,[16] dar a todas as crianças uma chance de desenvolver seus talentos também demandará um comprometimento urgente com a oferta consistente de educação de alto nível. Nos Estados Unidos, por exemplo, os fundos disponíveis às escolas e os salários pagos aos professores dependem, em parte, da quantidade de impostos recolhidos na comunidade local. Por isso é essencial que os estados e o governo federal ofereçam financiamento suplementar para as escolas em distritos pobres; os estudantes que já sofrem com desvantagens significativas deveriam ter acesso aos mesmos recursos pedagógicos e desfrutar de uma educação tão boa quanto aqueles que vivem nas partes mais ricas do país.[17]

Também vale a pena experimentar abordagens mais inovadoras para alavancar as oportunidades para todas as crianças. Auxílios e subsídios como os chamados *baby bonds* dariam a jovens adultos um capital inicial para cobrir os custos de uma educação de qualidade ou se aventurar em um empreendimento. Isso pode ajudar a garantir que os filhos dos pobres assim como os dos ricos possam ter uma chance de buscar seus sonhos.

Por muitas décadas, a esquerda enfatizou a necessidade de os programas governamentais serem "universais". Na época da minha pós-graduação, cientistas políticos progressistas como Theda Skocpol demonstravam que programas de benefícios que contemplam praticamente todos os cidadãos, como seguridade social, desfrutam de um apoio popular muito maior do que aqueles que pareciam favorecer um grupo étnico-racial ou econômico em particular, como o bônus alimentar. Quem deseja construir um Estado de bem-estar social generoso, capaz de garantir oportunidades para todos, concluía Skocpol, deve promover programas universais.[18]

Nos últimos anos, muitos escritores e políticos de esquerda abraçaram a conclusão oposta. Uma vez que as questões raciais passaram ao centro do discurso público, eles agora defendem políticas públicas que envolvam uma dimensão étnico-racial.[19] Em uma ampla gama de áreas, desde quem tem direito a empréstimos com tarifas especiais[20] a quem deve ter acesso preferencial a vacinas,[21] medidas que encorajam os governos a fazer distinções raciais têm sido promovidas.

Especialmente nos Estados Unidos, políticas do tipo têm sido, de fato, implementadas. Durante a transição presidencial, por exemplo, Joe Biden prometeu que a prioridade de sua administração seria dada às "pequenas empresas tocadas por negros, latinos, asiáticos e nativo-americanos e por mulheres".[22] Uma vez no poder, sua administração tentou cumprir essa promessa. Enquanto a Small Business Administration [Administração de Pequenos Negócios] antes oferecia financiamentos emergenciais de acordo com a dimensão da perda na renda de cada empresa durante a pandemia, novas regras estabeleceram uma ordem de prioridade racial, com negócios pertencentes a afro-americanos, latinos, asiáticos e mulheres na frente. Como os fundos eram limitados, isso garantiu, na prática, que empresas que eram propriedade de homens brancos não tivessem acesso à ajuda emergencial por meio desse programa.[23]

Dada a persistência das graves desvantagens econômicas e educacionais de alguns grupos minoritários, incluindo afro-americanos, é fácil simpatizar com as intenções por trás de tais políticas. Mas é duvidoso que a adoção de políticas que fazem distinções raciais explícitas entre os cidadãos das democracias diversificadas possa cumprir seus nobres propósitos sem provocar consequências muito ruins. O programa do Departamento de Pequenas Empresas, por exemplo, não demoraria a levar a uma série de absurdos. Excluiria da ajuda emergencial empreendedores negros que construíram seus próprios negócios caso acontecesse de terem uma esposa branca a quem metade do negócio pertencesse legalmente. Daria preferência a empresários asiáticos em vez de brancos, embora os asiáticos hoje ganhem mais do que os brancos. E, como tinha por foco pessoas donas de empresa, o programa em todo caso faria muito pouco para ajudar os mais necessitados. (Felizmente, o Tribunal Federal determinou que as novas regras violavam a Constituição.)[24]

Isso sugere que as razões pelas quais os progressistas antes preferiam políticas universais ainda são válidas. Embora medidas de cunho racial talvez se justifiquem em raras circunstâncias, elas são em geral difíceis de implementar e conduzem a distinções arbitrárias entre candidatos. Um conjunto crescente de estudos sugere também que elas são inimigas do tipo de solidariedade universal que as democracias diversificadas precisam para preservar um Estado de bem-estar social.

Numa democracia, políticas raciais não têm apenas de melhorar vidas para que valha a pena implementá-las; elas têm também de angariar e sustentar o apoio da maioria. Isso pode ser difícil.

Num estudo revelador do Reino Unido, os cientistas políticos Robert Ford e Anouk Kootstra buscaram entender "como mudar o foco de políticas similares de redistribuição e promoção de oportunidades iguais — mudando o critério de classe social ou renda para critérios étnico-raciais — influencia as atitudes do grupo majoritário".[25] Quando Ford e Kootstra perguntaram a um grupo aleatório de britânicos brancos até que ponto eles achavam que era responsabilidade do governo reduzir desigualdades entre ricos e pobres, a resposta da maioria foi entusiástica.[26] Quando perguntaram a outro grupo aleatoriamente escolhido até que ponto o governo deveria "reduzir a desigualdade entre os brancos e as minorias étnico-raciais",[27] a maioria dos entrevistados foi marcadamente menos favorável.

Depois, Ford e Kootstra testaram o que acontecia quando eles mudavam os beneficiários de uma série de políticas voltadas para a promoção de oportunidades, como as bolsas de estudos.

Quando essas políticas tinham por alvo os filhos de toda a classe trabalhadora e todas as comunidades, recebiam aprovação quase universal — só 3% dos entrevistados se opunham. Quando miravam exclusivamente grupos étnico-raciais desfavorecidos, a oposição disparava: 67% dos entrevistados se opunham.[28]

É possível que a situação seja diferente nos Estados Unidos, onde políticas raciais têm uma história mais antiga, e os membros dos grupos minoritários — que não foram incluídos na pesquisa de Ford e Kootstra — compõem uma parcela significativamente maior da população geral? Como sugere um bom número de estudos similares, a resposta provável é não.

Muitas propostas de expansão do Estado de bem-estar social hoje encontram forte apoio em todo o espectro político. Uma maioria inequívoca de americanos concorda com a elevação dos impostos sobre os ricos, um salário-mínimo mais generoso, a oferta de creches universais e opções públicas para planos de saúde. Mas a maioria dos americanos rejeita políticas raciais que mirem um grupo demográfico específico. Como resultado, políticas que já ajudam desproporcionalmente comunidades minoritárias tornam-se muito menos populares se seu objetivo é expresso explicitamente em termos de igualdade racial.[29]

Um artigo recente de dois cientistas políticos da Universidade Yale, por exemplo, observou que as mesmas políticas perdiam muito apoio quando seus objetivos eram expressos em termos de raça em vez de classe.[30] Os entrevistados americanos a quem foram apresentadas justificativas não raciais para medidas como salários-mínimos mais altos, perdão das dívidas estudantis ou leis de zoneamento mais permissivas apoiaram, em grande parte, essas propostas. Mas quando eram apresentadas justificativas com um "enquadramento explicitamente racial",[31] a oposição disparava. Curiosamente, as justificativas raciais não tornavam as medidas menos populares apenas entre entrevistados brancos; o apoio também diminuía entre hispânicos, asiático-americanos e, mais moderadamente, afro-americanos.[32]

A maioria dos cidadãos das democracias diversificadas, da França aos Estados Unidos, indigna-se quando seus compatriotas vivenciam algum tipo de discriminação de cunho étnico-racial ou religioso. Eles apoiam fortemente medidas que protejam os compatriotas mais vulneráveis contra os reveses da vida e que garantam às crianças de origem humilde uma oportunidade para ascender. Quando apresentadas em termos universais, políticas públicas que ajudam os grupos desfavorecidos a sanarem a discrepância que ainda os separa do grupo majoritário são muito populares — mesmo quando elas beneficiam desproporcionalmente os membros das mesmas minorias étnico-raciais ou religiosas.

A alternativa para essa solidariedade universal recai sobre medidas explicitamente raciais que frequentemente não conseguem cumprir suas nobres promessas. Elas tendem a estimular a competição direta entre grupos por benefícios materiais essenciais, lançando um contra o outro numa competição de soma zero. Muitas vezes fracassam em angariar o apoio da maioria, apoio necessário para que um Estado de bem-estar social seja sustentável a longo prazo. E, por vezes, tais políticas até prejudicam as próprias pessoas que elas pretendiam ajudar.[33]

Há muitas razões para temer que, a longo prazo, tudo isso possa exacerbar o tipo de fragmentação que tanto dificultou, historicamente, o sucesso das sociedades diversificadas. Em vez de encorajar os cidadãos a reconhecerem uns aos outros como compatriotas que compartilham interesses comuns, políticas raciais os levam a se ver como times em competição. Dada a forte tendência humana de favorecer seu próprio grupo e hostilizar os demais, esse tipo de medida não lança boas bases para o sucesso futuro das democracias diversificadas.

Todos os que estão comprometidos com o sucesso do grande experimento devem se preocupar com as profundas desigualdades socioeconômicas que ainda persistem entre alguns grupos demográficos. Mas, em grande parte, uma forma substantiva de solidariedade universal, e não políticas de dimensão racial que mirem explicitamente grupos demográficos em particular, é a melhor forma de remediá-las.

INSTITUIÇÕES EFICAZES E INCLUSIVAS

No outono de 2005, Silvio Berlusconi, primeiro-ministro italiano, começou a se preocupar com seu futuro.

As últimas pesquisas apontavam uma disputa cerrada. Um pequeno número de partidos de esquerda parecia preparado para vencê-lo por uma pequena margem nas próximas eleições. E, para Berlusconi, perder o governo talvez representasse uma temporada na prisão.

Desde que um esquema de corrupção gigante implodiu o sistema político italiano no começo dos anos 1990, o empreendedor bilionário enfrentou investigações criminais relacionadas a uma série de negócios suspeitos.[34] Se não conseguisse se reeleger, Berlusconi perderia o poder de suspender julgamentos até que muitas das acusações contra ele prescrevessem.

Encurralado, Berlusconi decidiu manipular o sistema eleitoral italiano. Menos de seis meses antes das próximas eleições, ele mobilizou sua base política no parlamento para realizar duas mudanças fundamentais. Convencido de que era popular entre os italianos que viviam no exterior, ele criou seis novos membros na Câmara Alta, que representariam territórios fora do país. E como acreditava que a direita era muito mais capaz de se unir sob a mesma bandeira do que a esquerda, ofereceu vários assentos extras na Câmara Baixa para a coalizão de partidos que conseguisse o maior número de votos.[35]

À época, os comentaristas concordavam que essas mudanças se provariam uma dádiva para Berlusconi. O ministro que preparou o projeto de lei admitiu publicamente que se tratava de uma *porcata*, uma manobra "porca" para continuar no poder. A oposição lutou duramente contra as reformas.[36] Mas quando os italianos finalmente se apresentaram para votar, em abril de 2006, o resultado surpreendeu o país.[37]

Tendo vencido a maioria das eleições para senadores que representavam italianos fora do país, a oposição arrancou uma maioria apertadíssima na Câmara Alta. E como a nova lei dava às facções, sempre em conflito, da esquerda um incentivo para colocar suas diferenças de lado, a recém-criada Unione venceu a Casa delle Libertà de Berlusconi por 49,80% contra 49,73%.[38] Sob as novas regras eleitorais, esses 24 700 votos extras garantiram a Romano Podi, o novo primeiro-ministro, uma maioria confortável na Câmara Baixa.[39]

Políticos, jornalistas e acadêmicos frequentemente se convencem de que podem prever como certas mudanças nas instituições políticas de um país alterarão a dinâmica do sistema e o destino de suas muitas facções políticas. Em muitos países, essa húbris está muito bem exposta hoje. Especialmente nos Estados Unidos, muitos estudiosos e ativistas advogam grandes mudanças no sistema político, mudanças que, como anunciam com muita confiança, resolveriam a crise das instituições democráticas do país (ou pelo menos ajudariam seu campo político a vencer).

Alguns acreditam que a insatisfação popular em relação ao

sistema político disfuncional se mitigaria se o país adotasse uma forma de representação proporcional.[40] Outros argumentam que os democratas conseguiriam finalmente resolver muitas das injustiças do país caso se mobilizassem para entupir a Suprema Corte de correligionários.[41] Mas o mais provável é que cada uma dessas mudanças tivesse um impacto bem diferente do que imaginam seus proponentes. Como Silvio Berlusconi — e muitos outros políticos e acadêmicos que brincaram de alterar as instituições com esse ou aquele propósito, nobre ou egoísta —,[42] as pessoas que acreditam que podem prever o impacto de tais reformas estão, provavelmente, equivocadas.

Isso me deixa cético em relação às muitas propostas de reforma radical que não levam em conta como pessoas com intenções bem menos nobres podem ser capazes de abusar dessas instituições recém-transformadas. Por outro lado, é também evidente que as democracias diversificadas precisam de uma coisinha que anda em falta em muitos países: instituições políticas inclusivas, atentas à opinião pública. E, apesar do risco inevitável de que essas instituições também venham a experimentar reveses inesperados, algumas mudanças institucionais um pouco mais modestas podem dar uma boa contribuição para amainar essas deficiências.

Muitos cidadãos das democracias do mundo sentem que seus sistemas políticos não cumprem a principal promessa que o termo "democracia" alardeia: deixar que o povo governe. Esses cidadãos se queixam de que, longe de controlarem seu destino coletivo, eles mal conseguem influenciar a direção de seu governo.

Há muitas razões para esse sentimento tão disseminado. Na Europa, por exemplo, ele nasce da forma enormemente indireta pela qual a União Europeia toma suas decisões. Nos Estados Unidos, por outro lado, ele se deve, em parte, aos muitos poderes de veto que dificultam a aprovação de qualquer lei.

Não é fácil resolver nenhum desses problemas. Mas alguns caminhos se apresentam.

O projeto europeu continua sendo uma tentativa admirável de superar o nacionalismo estreito do século xx. Mas as instituições europeias muitas vezes não conseguem se mostrar à altura dos nobres ideais que motivaram sua fundação. Para reduzir o déficit democrático da UE, os Estados-membros deveriam expandir os poderes do Parlamento Europeu. Mas mesmo se os poderes do Parlamento se fortalecessem, Bruxelas ainda pareceria remota demais para a maioria dos europeus. O bloco deveria, portanto, devolver para o nível nacional o poder decisório em uma série de questões essenciais, sobretudo no campo social e cultural.

Os Estados Unidos, por outro lado, sofrem com um sistema político em que as dificuldades para aprovar uma lei são maiores do que em qualquer outro país. Para que se efetue, uma proposta legislativa precisa conquistar a adesão majoritária na Câmara dos Deputados, a supermaioria no Senado, a aprovação do presidente e a concordância — tácita ou explícita — da Suprema Corte.

Em muitos sentidos, esse intrincado sistema de pesos e contrapesos fez um grande bem ao país. É bom, por exemplo, que a Suprema Corte possa desautorizar o Congresso ou o presidente quando direitos básicos garantidos pela Constituição são violados. Mas para preservar o apoio bipartidário de que precisa para preservar os direitos dos mais vulneráveis quando realmente necessário, a Corte também deve ser mais relutante no que diz respeito a se meter em debates espinhosos sobre políticas públicas que vão da assistência médica ao financiamento de campanhas.

O que tem acontecido é que, enquanto a Suprema Corte e a presidência expandiram vastamente seus poderes, o Congresso tornou-se cada vez menos influente. Tornar mais difícil que uma minoria de senadores bloqueie a aprovação de uma legislação comum pode ajudar a reverter essa tendência. Mas outras mudanças, que mereceram debates menos calorosos, podem fazer uma diferença da mesma magnitude. De acordo com uma regra informal — a chamada "*Hastert rule*" —, por exemplo, o presidente da Câmara dos Deputados hoje se nega a colocar em debate uma lei até que a maioria de seus membros a apoie;[43] isso, na prática, garante a morte de muitas propostas que seriam largamente populares no país. É hora de o Congresso fazer essa e outras mudanças necessárias para devolver o poder para os representantes eleitos.

Uma reforma do sistema eleitoral pode também ajudar a abrandar a polarização que dificulta tanto qualquer ação do Congresso hoje. O Maine, por exemplo, permite que os eleitores listem seus candidatos por ordem de preferência; assim, eles podem apoiar seu candidato favorito sem ter de se preocupar em "desperdiçar" o voto, caso acharem que ele ou ela não tem muitas chances de angariar forte apoio.[44] Já na Califórnia, os dois candidatos que conquistam o maior número de votos nas "primárias selvagens" — apartidárias — agora se enfrentam nas eleições gerais, independentemente dos partidos a que estão afiliados.[45] Ambas reformas podem incentivar os políticos a buscarem apoio para além de suas bases tradicionais.[46]

Há também outro problema especificamente americano. Porque o país é a mais antiga democracia do mundo, seu sistema de gerenciamento de eleições é, em muitos sentidos, ultrapassado e continua a apresentar as marcas de velhas formas de dominação forte. Isso cria muitas das injustiças atuais.

Embora os fundadores americanos tenham se rebelado contra a ideia de pagar impostos sem gozar de representação, o país continua a excluir da plena participação política, por questões geográficas, uma parte de seus cidadãos. Para estar à altura de seus princípios democráticos centrais, os Estados Unidos deveriam conferir estatuto de estado para o Distrito de Columbia e de Porto Rico (se seus habitantes assim o desejarem). Ao mesmo tempo, a voz de muitos cidadãos em todos os cinquenta estados da união se vê diluída, vivendo em distritos eleitorais manipulados para garantir vantagens a um partido ou para garantir a existência de distritos de "minoria majoritária". Adequando-se às práticas da maior parte das demais democracias, os Estados Unidos devem confiar a comissões apartidárias a missão de demarcar os distritos eleitorais de acordo com critérios neutros, como a contiguidade geográfica.

Há também os cidadãos excluídos por conta de sua raça. As democracias têm um interesse legítimo em garantir a segurança das eleições. Mas muitos republicanos invocam tais preocupações como falsa desculpa para leis concebidas com o intuito de suprimir o comparecimento de eleitores minoritários, que tendem a apoiar o Partido Democrata. O modo ético de pôr fim a esses ataques ao direito ao voto é aproximar o gerenciamento das eleições americanas daquele de outras democracias do mundo. Isso incluiria medidas como registro eleitoral automático, um número maior de locais de votação, acesso fácil e gratuito a carteiras de identidade seguras e precauções sensatas para combater a fraude eleitoral.

Mas a ameaça mais urgente para um processo eleitoral livre e justo nos Estados Unidos é algo muito mais singular. Depois que Donald Trump alegou falsamente que o resultado das eleições de 2020 era fraudulento, legisladores republicanos em um número considerável de estados aprovaram leis que conferem a políticos eleitos um papel muito maior na certificação dos resultados eleitorais. Isso eleva o risco de que agentes eleitorais apartidários sejam atropelados por políticos eleitos, que poderão alegar, falsamente, que seu candidato presidencial de escolha venceu um estado disputadíssimo, como o Arizona — levando potencialmente a uma crise constitucional terrível ou a uma eleição, de fato, roubada. Para garantir que o resultado das eleições futuras seja respeitado, essas leis precisam ser revogadas com urgência.

Reformas institucionais podem ajudar a tornar as democracias diversificadas mais atentas às preferências de seus eleitores. Mas também cabe aos políticos serem sensíveis às opiniões de seus constituintes. E há uma área das políticas públicas em que os cidadãos tendem a sentir que seus representantes se recusam a ouvi-los: imigração.

Os cidadãos de praticamente todas as democracias preferem que as fronteiras de seus países estejam sempre muito bem resguardadas. Embora cinco em cada dez entrevistados em uma pesquisa recente com cidadãos de democracias diversificadas tenham dito que queriam reduzir o número de imigrantes que podem se mudar para seus países, apenas um de cada dez afirmou que preferiria elevar esse número.[47] (Em parte por repulsa aos ataques de Trump aos imigrantes,[48] os Estados Unidos têm sido, nos últimos anos, uma das poucas exceções. Mas, mesmo lá, o público mostrou-se menos contente com o gerenciamento de Biden na fronteira ao sul do que com qualquer outro tópico político depois de seus primeiros cem dias de governo.)[49]

Isso coloca os defensores das democracias diversificadas numa situação difícil, comprometidos como estão com um tratamento humanizado dos imigrantes, além do fato de que muitos deles acreditam que níveis altos de imigração conferem mais benefícios do que reveses.[50] Ao mesmo tempo, eles estão — ou deveriam estar — comprometidos também com o ideal democrático de ceder aos posicionamentos mais persistentes e explícitos da maioria. E, como a última década deixou dolorosamente claro, políticos moderados ou progressistas que ignoram as preferências de seus eleitores no que diz respeito à imigração correm o risco de alimentar uma revolta populista capaz de solapar seus valores centrais de uma forma ainda mais fundamental.

Diante disso, que tipo de política de imigração os defensores das democracias diversificadas devem favorecer?

Os princípios básicos da democracia liberal impossibilitam discriminar cidadãos em termos étnico-raciais ou religiosos: os membros dos grupos minoritários precisam desfrutar dos mesmos direitos e proteções de que desfrutam os membros da maioria. Mas isso não implica que as democracias liberais não possam legitimamente determinar o número de pessoas que elas desejam acolher no futuro — ou os requisitos para esse acolhimento. Não há nada inerentemente ilegítimo em limitar o acesso à cidadania de um país para aqueles que ainda não vivem lá.

Na prática, cada país terá de decidir que imigrantes acolher de acordo com critérios tão variados quanto localização geográfica, necessidades econômicas e autocompreensão histórica. Os Estados Unidos, por boas razões, provavelmente adotarão políticas migratórias diferentes das da Suécia, e a Suécia, por sua vez, deve adotar políticas migratórias diferentes das do Japão. Mas um princípio geral provavelmente será de grande ajuda aos legisladores nos contextos mais diferentes.

Parece haver uma forte conexão empírica entre a situação das fronteiras do país e a opinião pública sobre imigração. Grosso modo, os países que enfraqueceram suas fronteiras viram as atitudes em relação à imigração se tornarem mais hostis. Por contraste, os países que fortaleceram o controle sobre as fronteiras viram seus cidadãos se tornarem mais acolhedores. De modo contraintuitivo, aqueles que pretendem persuadir seus compatriotas dos benefícios de níveis relativamente altos de imigração têm boas razões para demonstrar que são capazes de exercer um controle real sobre quem entra no país.

RESPEITO MÚTUO

Várias democracias ao redor do mundo tornaram-se muito mais polarizadas politicamente nos últimos anos. Em vez de verem outros políticos e seus apoiadores como meros adversários, cada vez mais pessoas os veem como inimigos ou mesmo traidores. O respeito mútuo que muitos eleitores um dia nutriram vem desaparecendo numa velocidade perigosa.

A ascensão de políticos populistas que acusam seus oponentes de corruptos ou hipócritas é a causa mais importante para essa nova era de polarização. Mas, em muitos países, suas raízes estão em um divórcio social e cultural mais profundo entre áreas urbanas e rurais, ricos e pobres, os extraordinariamente qualificados e todos os demais.

Nos Estados Unidos do pós-guerra, algumas identidades-chave pelas quais as pessoas se definiam tendiam a ser contrárias umas às outras. Luteranos podiam ter certo receio de budistas, como democratas de republicanos. Contudo, nas igrejas luteranas e nos templos budistas, encontrávamos tanto democratas quanto republicanos. Por mais que dois americanos se vissem divididos por algumas características sociais manifestas, era provável que os dois também tivessem características em comum.

Hoje as divisões sociais de maior relevo cada vez mais se reforçam mutuamente. Luteranos agora tendem a ser republicanos, ao passo que os budistas tendem a ser democratas.[51] Cada vez mais, os americanos se dividem em dois blocos ou "supergrupos" mutuamente hostis. Se dois americanos estão separados por uma identidade socialmente relevante, é provável que eles também se sintam repelidos por uma segunda ou terceira ou quarta.[52]

A polarização racial da política americana torna essa situação ainda mais perigosa. Muitos eleitores não sentem apenas que seus valores políticos ou lealdades partidárias estão sob ataque quando o outro lado vence; temem também que seus compatriotas tenham votado para desrespeitar seu próprio grupo étnico ou racial.

Não é difícil imaginar reformas e medidas que possam ajudar a mitigar a perigosa polarização da sociedade americana. Os políticos têm hoje a responsabilidade urgente de cortejar grupos demográficos que, tradicionalmente, não costumam dar um apoio relevante a seus partidos. Nesse ponto, certas reformas no sistema eleitoral podem ajudar a dar aos políticos incentivos concretos para buscar apoio para além de suas bases.

Outras medidas também podem dar uma contribuição valiosa. Alguns reformadores idealistas, por exemplo, têm buscado estabelecer uma espécie de Corpo da Paz doméstico que possibilite que os jovens conheçam as mais diversas comunidades dentro de seu próprio país.[53] Outros pedem que as escolas voltem a se comprometer com uma forma de educação cívica que enfatize os ideais duradouros da democracia liberal, ainda que sem omitir as sérias injustiças de seus países.[54] Outros enfatizam ainda a importância de as instituições de elite tomarem medidas contra a possibilidade de se tornarem uma monocultura ideológica, de forma a garantir que os agentes responsáveis pelas decisões no futuro não olhem para metade de seus compatriotas com escárnio ou desdém.[55]

Mas todas essas políticas e prescrições provavelmente parecerão insuficientes diante da escala do desafio. Assim, o campo de batalha mais importante para como cultivar um módico de respeito mútuo e evitar a formação de dois supergrupos diametralmente opostos não é político; é social e até mesmo pessoal.

À medida que a polarização em muitas democracias se intensifica, e extremistas tentam envenenar o tom do debate público, há uma crescente tentação de transformar a política numa luta maniqueísta entre "nós" e "eles". A confirmação desse desenvolvimento perigoso, que pode determinar a natureza da vida nas democracias diversificadas, depende do tipo de argumento que cada cidadão faz, aprova e tolera. É por isso que todos nós devemos nos comprometer — bem como nossos amigos, parentes e compatriotas — com três máximas básicas:

1. *Não abra mão dos seus princípios*: Quanto mais um país se polariza, mais fácil se torna ceder a liberdade de nosso próprio pensamento para nossos maiores inimigos. Em vez de se apoiarem em seus próprios princípios para avaliar uma situação, um número assombroso de pessoas hoje parece contente em apenas conferir quais são as posições daqueles que elas mais desdenham e, a partir disso, adotar o ponto de vista diametralmente oposto. Mas, por mais arguto que pareça, o preceito de que o inimigo do meu inimigo é meu amigo é estrategicamente estúpido, pois permite que aqueles que têm mais razões para desafiá-lo definam suas crenças e seus aliados. Além disso, é normativamente desastroso, pois nos conduz a uma visão em que todo mundo ou é inteiramente mau ou inteiramente bom, o que nos obriga a inventar desculpas deslavadas para justificar nosso apoio ao "menor dos males" para todo o sempre. Assim, o único modo de fazer algum progresso político real continua sendo o mesmo: aplicar seus princípios de maneira consistente.

2. *Mostre-se disposto a criticar seu próprio grupo*: uma das dificuldades para nos mantermos fiéis aos nossos princípios é que, por vezes, isso requer que critiquemos pessoas que estão do nosso lado. E sempre que ousamos apontar que certas pessoas que, em geral, estão no nosso time podem estar equivocadas em relação a algum tema, há grandes chances de sermos acusados do pecado da "isenção", por criticar "os dois lados". Mas, se aqueles que se acreditam no lado certo da história evitarem criticar os membros de seu próprio grupo por medo de parecer que estão minimizando os pecados do grupo adversário, será impossível conter os piores instintos de seus aliados. Dessa forma, a acusação de "isenção" eleva os custos da crítica interna, permitindo que os membros mais imorais e cínicos de cada coalizão atuem sem ser questionados. É por isso que devemos permanecer dispostos a criticar nosso grupo, mesmo quando acreditamos que nossos pecados são bem menos graves do que os cometidos por nossos adversários políticos.

3. *Não ridicularize ou demonize; debata e persuada*: Uma parte excessiva do debate sobre o futuro das democracias diversificadas consiste em tentar ridicularizar ou demonizar em vez de debater e persuadir. No lugar de denunciarmos uns aos outros, devemos estabelecer debates reais sobre o tipo de país que queremos construir. Pois nossa ambição final não deve ser marcar alguns pontos retóricos ou vencer as próximas eleições, mas antes arrebatar o maior número possível de compatriotas para a causa do grande experimento.

Como cidadãos de países democráticos, nós, coletivamente, temos muito poder político — e temos também a devida obrigação de nos fazer ouvir em momentos de crise. É nossa incumbência votar em partidos comprometidos com o sucesso do grande experimento, defender políticas que concretizem a promessa das democracias diversificadas e, claro, protestar quando governos perseguem minorias ou aprofundam a discriminação.

No entanto, com exceção dos mais viciados em política, o campo de batalha explicitamente político muitas vezes parece bastante distante. A questão que costuma engajar as pessoas não é como influenciar a próxima eleição ou como imprimir grandes mudanças nas políticas públicas — mas antes como alavancar a causa da democracia diversificada por meio de ações concretas que podemos realizar em nossa vida.

Uma grande parte da resposta para essa questão reside no âmbito pessoal.

O projeto de criar uma democracia diversificada próspera é o projeto de construir uma vida genuinamente compartilhada. Portanto, tem mais chances de dar certo se construirmos conexões mais profundas, empatia e solidariedade entre diferentes grupos — e isso, no fim, depende de milhões de pequenas escolhas que tomamos coletivamente sobre onde investir nosso tempo e nossa energia.

Assim, o melhor que alguém pode fazer para acelerar a consolidação de uma democracia diversificada próspera como realidade vivida é, simplesmente, sair de sua própria bolha: busque oportunidades de criar pontes com membros de outros grupos; procure um grupo mais diversificado de amigos e conhecidos; torne-se mais ativo em organizações de caridade ou interconfessionais; convide seus vizinhos para um café ou organize uma festa de rua. Em suma, passe menos tempo discutindo sobre a situação da democracia diversificada e muito mais tempo dando forma ao futuro que você busca em sua própria vida.

Conclusão

Boa parte do mundo está entrando em um território inexplorado.

Ao longo da história humana, algumas sociedades se caracterizaram pela diversidade étnico-racial e cultural. Praticamente todas elas subjugaram minorias das formas mais cruéis, padeceram de anarquia estruturada ou tiveram de se debater com os efeitos de uma profunda fragmentação. Apenas um punhado delas eram democráticas — e mesmo essas mal fingiam oferecer igualdade verdadeira a seus membros.

Em algumas democracias diversificadas, como nos Estados Unidos, um esquema explícito de dominação excluía membros de uma subclasse étnico-racial dos direitos e liberdades mais básicos desfrutados pela maioria. Em outros países, incluindo aí boa parte da Europa, um esquema implícito de dominação transformava imigrantes e descendentes em cidadãos de segunda classe ou "hóspedes" permanentes. A estabilidade dessas democracias dependia, em grande parte, da exclusão de milhares de pessoas.

Só um tipo de entidade política, nos longos anais da história humana, fez-se notória por sua inexistência: uma democracia que garantisse igualdade verdadeira a um conjunto altamente diversificado de cidadãos. E, no entanto, é precisamente essa sociedade que dúzias de países no mundo estão agora mesmo tentando construir.

Esse é O Grande Experimento. Ele pode triunfar?

A última década nos deixa tentados a responder que não.

Quando cheguei aos Estados Unidos, o primeiro candidato presidencial negro com uma chance realista de alcançar a Casa Branca fazia campanha apostando numa mensagem de esperança e mudança. Quando Barack Obama sagrou-se o 44º presidente americano, muitos comentaristas declararam que o país se preparava para adentrar um "futuro pós-racial".

Nos anos seguintes, logo ficou claro que tais previsões eram lamentavelmente ingênuas. A Grande Recessão deu um golpe forte nas condições econômicas dos grupos minoritários.[1] A oposição ao primeiro presidente negro do país passou a se focar cada vez mais numa teoria da conspiração sobre seu local de nascimento.[2] A disseminação dos celulares com câmeras de vídeo deu visibilidade à brutalidade policial contra afro-americanos.[3]

Inspiradas a refletir sobre suas próprias práticas, muitas pessoas e instituições que se orgulhavam de serem tolerantes começaram a reconhecer que muitas vezes elas também não correspondiam aos seus ideais. Quando morei em Nova York como estudante de intercâmbio em Columbia, fiquei impressionado com a diversidade da cidade e do campus. Mas com o tempo passei a reconhecer que, mesmo instituições que se diziam inclusivas, como as universidades de elite, continuavam estruturadas de acordo com demarcações étnico-raciais. Estudantes negros tendiam a sentar perto de estudantes negros, e os brancos tendiam a travar amizade com alunos brancos.

Depois, as más notícias ficaram ainda piores. Donald Trump se tornou o 45º presidente dos Estados Unidos, com uma campanha em que menosprezava os grupos minoritários e questionava a legitimidade de seu predecessor. Populistas autoritários em algumas das democracias mais poderosas e populosas do mundo, do Brasil à Índia, causaram reveses semelhantes. O sucesso deles torna dolorosamente clara a dramaticidade do que está em jogo no grande experimento. Se as democracias diversificadas fracassarem, os membros mais vulneráveis estarão sujeitos às crueldades mais indizíveis — e mesmo aqueles que escaparem das piores injustiças por serem parte do grupo dominante correrão o risco de perder seus direitos democráticos.

Os reveses da década passada inspiraram duas respostas que hoje lutam por hegemonia no debate sobre o futuro das democracias diversificadas.

A primeira resposta é o pessimismo completo. Países como o Reino Unido ou os Estados Unidos, como acreditam muitos de seus cidadãos mais autocríticos, sempre foram caracterizados por injustiças enormes e é improvável que a situação melhore de maneira significativa no futuro. Grupos socialmente dominantes sempre encontrarão formas de se manter no poder e evitar a indignidade de serem tratados meramente como iguais. O futuro da democracia diversificada é sombrio.

A segunda resposta se baseia na premissa de que as democracias diversificadas são caracterizadas por uma batalha fundamental entre grupos identitários diferentes. Na América do Norte e na Europa Ocidental, isso, historicamente, permitiu que a maioria branca subjugasse todos os demais. Mas como o equilíbrio das forças demográficas estão mudando, é provável que o futuro seja bem diferente. Em breve, os antes subjugados herdarão, supostamente, a terra.

No que concerne à superação de injustiças históricas, a segunda previsão parece mais promissora. Contudo, quanto mais a analisamos, mais distópica ela se revela, pois pressupõe que os diferentes grupos das democracias diversificadas sempre se enxergarão mais como inimigos do que como compatriotas.

É por isso que é hora de voltarmos a nos comprometer com uma visão mais ambiciosa para o futuro das democracias diversificadas. Para que de fato funcione, o grande experimento precisa oferecer uma análise realista da natureza humana e, ao mesmo tempo, ser honesto em relação às injustiças do passado. Mas deve também ser de um otimismo inegociável quanto à possibilidade de os membros dos mais diferentes grupos inventarem, em conjunto, sociedades prósperas e justas cujos cidadãos compartilham um propósito comum.

Os humanos gostam de panelinhas.

Somos instintivamente propensos a distinguir entre aqueles que contam como "um dos nossos" e "os outros". Como tratamos nossos semelhantes depende fortemente da categoria a que pertencem. Mesmo pessoas que não são mais morais do que a média muitas vezes tratam os membros de seu próprio grupo com consideração e generosidade admiráveis. E mesmo pessoas que não são mais imorais do que a média podem, nas circunstâncias erradas, tratar membros de outro grupo com desprezo e crueldade impressionantes.

A natureza grupal humana apresenta muitas vantagens. É por conta dela que o mundo não é a guerra de todos contra todos que aterrorizava Thomas Hobbes. Ela facilita a habilidade distintamente humana de cooperar em grande escala. Está implicada em todas as maravilhas da civilização, desde belos templos religiosos a sinfonias comoventes.

Mas nossa natureza grupal também é responsável por muitas das piores tragédias e injustiças da história. Ela explica como pessoas tementes a Deus podem, em sã consciência, chacinar "infiéis", e como seres humanos altamente civilizados podem desejar destruir outra população com bombardeios ou baionetas.

Por contemplarem o desfile de horrores da história, muitas pessoas, compreensivelmente, perdem a fé no seu país, na sua cultura ou raça. "Como podemos ter feito todas essas coisas terríveis?", perguntam-se. Muitas vezes, as respostas que elas identificam têm a ver com atributos específicos de seu grupo. Nesse caso, essas pessoas ressaltam os capítulos mais sombrios de sua história, os preconceitos mais nocivos que atravessam sua cultura e a tendência perigosa de seus próprios compatriotas de se verem como membros de uma raça superior.

Esses lamentos, em geral, são justos. A maioria dos países, de fato, tem capítulos vergonhosos em sua história. E, na maior parte, esses capítulos têm, de fato, raízes em características persistentes das sociedades em que eles se desenrolaram. Não faltam motivos para se envergonhar, e a necessidade de relembrá-los é real.

Mas justamente porque a capacidade humana para o mal é tão universal, essas respostas deixam de fora um aspecto igualmente importante. Em nossa história, guerra e carnificina, opressão e subordinação estão mais próximas da norma do que da exceção. As sociedades que nunca cometeram injustiças geralmente devem seu status moral superior à falta de oportunidade, não a um excesso de virtude moral. Para corromper um grupo, sugere-nos a história, confira-lhe grandes poderes.

Qualquer tentativa de compreender uma instância de horror, abstraindo todas as demais, leva a conclusões, na melhor das hipóteses, parciais. O grande enigma histórico não é por que algumas sociedades foram capazes de fazer coisas terríveis; praticamente todas o fizeram. O grande enigma é por que outras sociedades, em certos momentos, foram capazes de se sair um pouco melhor — e como elas podem continuar a melhorar.

Tendo em mente o grande arco de nossa história, o que mais impressiona no atual estado da França ou do Japão, da Austrália ou dos Estados Unidos, não são bem os aspectos nos quais essas sociedades se saem mal, por mais reais e enervantes que sejam; são os aspectos nos quais elas se saem bem.

A maioria das democracias diversificadas do mundo é vastamente mais justa e inclusiva hoje do que era há cinquenta ou cem anos atrás. Os Estados Unidos aboliram a escravidão, conferiram direitos civis aos negros e adotaram visões e práticas muito mais inclusivas em áreas que vão da representatividade cultural ao casamento inter-racial. Países europeus como a Alemanha e a Espanha rejeitaram o fascismo, ampliaram suas concepções sobre quem de fato pertence a suas sociedades e começaram a acolher uma cultura cotidiana profundamente diversificada. Mesmo democracias comparativamente homogêneas, como o Japão, têm se tornado, nos últimos anos, um pouco mais dispostas a verem membros de outras culturas como iguais, aceitando imigrantes como compatriotas.[4]

Uma avaliação justa da situação atual desses países precisa mostrar o lado bom e o lado ruim. Os Estados Unidos de hoje são marcados tanto por um problema sério de violência policial quanto pelos milhões de pessoas que protestaram no meio de uma pandemia mortal. A Alemanha de hoje é marcada tanto pelo reaparecimento de um perigoso movimento de extrema direita quanto pelos milhões de pessoas que se debateram seriamente com o passado nazista do país. O Japão de hoje é caracterizado tanto por primeiros-ministros que honram as sepulturas de criminosos de guerra quanto por atitudes perante imigrantes e minorias que vêm se tornando gradualmente mais acolhedoras. E, em todos esses países, os membros dos grupos minoritários e descendentes de imigrantes vêm ascendendo rapidamente nas hierarquias econômicas e educacionais, ocupando posições de maior prestígio inimagináveis para seus pais e avós.

É comum que escritores deixem de enfatizar o lado positivo da fatura, temendo que celebrar o progresso quando muitas coisas estão longe de serem perfeitas pareça uma forma de insensibilidade; talvez sejam até acusados de querer preservar injustiças, minimizando sua severidade. Mas isso é não compreender a importância do progresso. É importante ser franco tanto sobre o que há de bom quanto sobre o que há de ruim, não para aliviar a consciência de alguém, mas para nos encorajar a lutar por um futuro melhor — e para aprender como fazê-lo com sucesso.

Os defensores das democracias diversificadas precisam de coragem e convicção para combater seus detratores.

Da Europa à América, e da Ásia à Austrália, ainda há muita gente que acredita que devemos abandonar o grande experimento antes que seja tarde. Imigração e diversidade étnica, dizem eles, trazem poucos benefícios e muitos problemas. O melhor caminho é limitar ou suspender a chegada de novos imigrantes — e deixar claro aos forasteiros que já residem dentro do país que o grupo historicamente dominante sempre comandará o barco. Os incomodados que se retirem.

Para vencer esses detratores, os que estão comprometidos com as democracias diversificadas devem adotar uma visão confiante de um futuro melhor. Os vários cenários de horror que os inimigos da diversidade adoram provavelmente não se tornarão realidade. Diferentemente do que dizem, nossos países são capazes de integrar os recém-chegados, de construir laços comuns entre pessoas que não compartilham do mesmo credo ou raça e de acolher novas narrativas nacionais. O futuro não precisa ser uma batalha campal entre grupos demográficos diferentes.

Mas para traçar um argumento convincente, os defensores das democracias diversificadas terão de conter os pessimistas que se encontram em suas próprias fileiras. Pois algumas das vozes mais estridentes no debate hoje alegam que religião e raça vão para sempre separar os cidadãos das democracias diversificadas, e isso a ponto de mal conseguirem compreender uns aos outros. A sociedade, na visão dessas pessoas, será sempre caracterizada por uma luta entre o grupo historicamente dominante e os historicamente oprimidos, ou entre brancos e "pessoas de cor". Mesmo em trinta ou sessenta anos, a raça seguirá sendo o atributo definidor dos residentes das democracias diversificadas.

Tal visão do futuro muito provavelmente não conseguirá sustentar a solidariedade política de que precisamos para superar as injustiças históricas. Em vez de aumentar a determinação daqueles que se importam com o destino do grande experimento, ela inadvertidamente valida os medos de seus detratores mais devotos. Seria um equívoco tanto moral quanto estratégico aceitar uma visão tão cínica do futuro.

Felizmente, há uma alternativa melhor. Os defensores das democracias diversificadas devem lutar por sociedades em que o maior número possível de cidadãos sinta que está embarcando numa vida genuinamente compartilhada. E embora não devam ser ingênuas sobre as dificuldades de compreender aqueles que vêm de grupos étnico-raciais e religiosos diferentes, essas sociedades devem confiar em sua capacidade de construir um futuro em que a maioria dos cidadãos venham a enxergar uns aos outros como compatriotas a quem devem empatia e consideração. E mais importante, devem buscar construir democracias diversificadas em que os marcadores raciais, com o tempo, tornem-se menos importantes — não porque as pessoas fechem os olhos para o quanto esses marcadores moldam as sociedades ao redor do mundo hoje, mas porque essas sociedades terão conseguido superar as injustiças que eles ainda inspiram.

Ultimamente tenho ouvido muito as canções de Manu Chao. Na música dele, sente-se uma alegria estimulante. É o tipo de batida que o ajuda a levantar da cama de manhã, o som que você quer que toque numa viagem de carro. Durante os meses de isolamento da pandemia global — meses em que a solidão obrigatória dos *lockdowns* era, no meu caso, aprofundada pela disciplina que me impus para escrever meu livro —, eu me vi consolado pela promessa de aventura por vir que suas canções comunicavam.

Mas hoje compreendo que há uma razão mais profunda para o meu interesse por álbuns como *Próxima estación: Esperanza*. Eles me lembram de uma fé na existência de uma humanidade comum e da compaixão necessária para reconhecê-la — uma fé que se tornou, recentemente, rara demais.

Manu Chao nasceu na França, em 1961, filho de pais espanhóis que fugiram do ditador fascista Francisco Franco.[5] Cresceu nos subúrbios altamente diversificados de Paris, incorporando influências culturais da Europa, da África, do Caribe e do Oriente Médio.[6] Não compartilho de sua posição política (embora meu eu de quinze anos de idade muito provavelmente concordasse com ele em tudo). Acredito nas virtudes da democracia liberal, ao passo que Manu Chao tem um longo histórico de apoio a movimentos violentos de insurreição.

E, no entanto, há algo em seu estilo e em suas canções que

eu aprecio. A música de Chao é uma espécie de colcha de retalhos. Guarda a influência de uma grande variedade de gêneros, do punk à salsa, do folclore francês ao ska jamaicano. Ele e seus colaboradores cantam numa pletora impressionante de línguas, do espanhol ao inglês, do árabe ao wolof. Ele é o som do encontro, da influência cultural mútua, dos povos dos mais diferentes países se debatendo e, juntos, criando um mundo novo.[7]

Isso não significa que as canções de Manu Chao se calem sobre as dificuldades e as injustiças que muitos membros das democracias diversificadas enfrentam. Boa parte de *Clandestino*, seu primeiro álbum,[8] é cantada na voz de imigrantes ilegais que lutam com a indiferença das pessoas que eles encontram. Na segunda canção do álbum, "Desaparecido",[9] ele descreve vividamente a situação de um vendedor de rua que precisa fugir sempre que avista a polícia, fazendo um apelo comovente para que as pessoas o vejam, simplesmente, como um ser humano:

> *Me dicen el desaparecido*
> *Fantasma que nunca está*
> *Me dicen el desagradecido*
> *Pero esa no es la verdade*
> *Yo llevo en el cuerpo un dolor*
> *Que no me deja respirar*
> *Llevo en el cuerpo una condena*
> *Que siempre me echa a caminar**

Esses versos capturam muito da mensagem cultural dos discos de Manu Chao — e de todo um mundo de pensamento humanista

---

* Me chamam de desaparecido/ Fantasma que nunca está/ Me chamam de mal-
-agradecido/ Mas essa não é a verdade/ Levo no corpo uma dor/ Que não me
deixa respirar/ Levo no corpo uma sentença/ Que sempre me faz caminhar. (N. T.)

que hoje pode parecer anacrônico de um jeito perturbador. Apesar de todos os defeitos que ele tinha antes, e embora as últimas décadas façam com que certos reparos adicionais sejam inescapáveis, acredito que seria um grave equívoco abandoná-lo de todo.

Apelos à nossa humanidade comum, mesmo quando acompanhados de uma melodia pegajosa, têm um efeito limitado. "Desaparecido", como "Kumbaya" ou "We Are the World", não tem como sugerir uma receita realista de como construir democracias diversificadas.

Ainda assim, acredito que há algo no espírito das músicas de Manu Chao que vale a pena recuperar. Uma fé numa humanidade compartilhada e em sua capacidade de inspirar empatia — fé que um dia foi dominante em boa parte da nossa cultura. Trata-se de uma visão otimista em relação à nossa capacidade de construir sociedades melhores e de nos relacionarmos como iguais — uma visão muito mais atraente do que as múltiplas distopias vendidas pelos pessimistas que hoje dominam o debate.

Construir democracias diversificadas que conquistem a adesão entusiástica da maior parte da população será difícil. Estamos embarcando, de fato, em um experimento sem precedentes. E é possível, sim, que ele fracasse. Contudo, se aqueles entre nós que estão comprometidos com seus valores desejam maximizar as chances de sucesso, precisamos ter a coragem de vislumbrar um futuro compartilhado no qual a maioria das pessoas realmente queira viver — um futuro em que as pessoas, em sua maior parte, se enxerguem como cidadãos orgulhosos e otimistas de sociedades marcadas pela diversidade, optando por enfatizar o que temos em comum e não o que nos separa.

Cuidemos disso.

Agradecimentos

Se é preciso uma aldeia inteira para criar uma criança, é preciso uma república internacional das letras para escrever um livro. Provavelmente por isso sempre penso que sentar e escrever agradecimentos é uma experiência que envolve tanto humildade quanto ansiedade: humildade, porque você percebe o tamanho da sua dívida para com tantas pessoas, dívida por vezes impossível de expressar com palavras ou de saldar a contento; e ansiedade, pois é impossível não sentir que estamos deixando alguém importante de fora (e geralmente estamos.)

Meu primeiro e mais profundo agradecimento vai para a Penguin Press, uma das maiores editoras do mundo, lar de tantos autores que admiro. Sou muito grato a Ann Godoff e Scott Moyers por aceitarem este projeto, a Natalie Coleman pelo apoio editorial extraordinário e paciente durante todo o processo, a Mia Council e Elizabeth Furlong por comentarem generosamente um rascunho inicial, e a Elisabeth Calamari, Shina Patel e tantos outros da equipe pelo trabalho incrível que realizaram para garantir que o livro alcançasse a atenção de leitores como vocês.

Muitos colegas escritores reclamam das longas semanas — às vezes longos meses — entre o envio de um manuscrito ao editor e a primeira resposta. Com Scott, é possível que, por uma ou duas vezes, eu tenha reclamado do oposto. Depois de finalizar uma primeira versão e enviá-la, minha vontade é esquecer o livro por algumas semanas; em vez disso, encontro comentários detalhados e preciosos na minha caixa de entrada passados poucos dias. Este livro é muito mais forte e muito mais sutil graças à orientação de Scott, e sou extremamente grato por tê-lo como companheiro intelectual em projetos futuros.

Também me sinto incrivelmente grato aos meus editores internacionais por ajudarem este livro a encontrar um público global. Agradecimentos especiais para Alexis Kirshbaum, Mari Yamazaki, Jasmine Horsey e Anna Massardi da Bloomsbury; para Muriel Beyer, Adèle van Reeth, Severine Courtaud e Jeanne de Saint-Hilaire da Editions L'Observatoire; para Margit Ketterle, Thomas Blanck, Esther von Bruchhausen e Johannes Schermaul da Droemer, como também para as equipes da Feltrinelli, Paidos, Companhia, Het Spectrum e Prostor, entre outros.

Quando eu estava refletindo sobre o que escrever depois de *O povo contra a democracia*, Molly Atlas me estimulou pacientemente a perseguir ambições maiores e um plano conceitual mais elevado. Sou eternamente grato pela sua orientação, sua calma e sabedoria. Agradeço também a Claire Nozières e Karolina Sutton pela ajuda em encontrar editores maravilhosos para meu manuscrito fora dos Estados Unidos.

Desde janeiro de 2019, meu lar acadêmico tem sido a Johns Hopkins University. Sou profundamente grato a Ron Daniels por me trazer para Homewood e por sua liderança escrupulosa da universidade. É muito empolgante fazer parte do Stavros Niarchos Foundation (SNF) Agora Institute, novo instituto dedicado a renovar a democracia dentro do país e no exterior, e sou especialmente grato ao seu diretor inaugural, Hahrie Han, bem como a Stephen Ruckman, Elizabeth Smyth, Catherine Pierre e Kristine Wait. Também sou grato a Eliot Cohen, Jim Steinberg, Vali Nasr, Kent Calder, Andrew Mertha, Miji Bell e Julie Micek da School of Advanced International Studies, e a inúmeros colegas discentes maravilhosos e inspiradores por me acolherem em ambos os campi.

Também tive a sorte incrível de me juntar à maravilhosa comunidade de pensadores e estudiosos do Council on Foreign Relations. Devo especialmente a Richard Haass, James Lindsay e Shannon O'Neil, bem como a dois revisores anônimos, por seus comentários atenciosos e detalhados acerca de uma versão inicial do manuscrito; suas sugestões e críticas foram imensamente úteis durante o processo de revisão. Também sou muito grato a todos que me acolheram no Fellows Program ou que ajudaram a encaminhar *O grande experimento* ao longo do processo do CFR Books, incluindo Amy Baker, Patricia Lee Dorff, Lisa Shields, Shira Schwartz, Anya Schmemann, Aliya Medetbekova, David Gevarter e Gideon Weiss. Gideon Rose e Daniel Kurtz-Phelan, líderes excelentes da *Foreign Affairs*, ajudaram-me a lapidar minhas ideias sobre políticas públicas e política internacional, beneficiando enormemente este livro. Por fim, este livro é parte do Diamonstein-Spielvogel Project on the Future of Democracy; agradeço imensamente à Barbaralee Diamonstein-Spielvogel e ao falecido embaixador Carl Spielvogel pelo apoio generoso.

Nos últimos anos, tive a sorte de poder desenvolver minhas ideias sobre o tema deste livro — e muitos outros temas — nas páginas de *The Atlantic*, a revista mais vibrante e intelectualmente diversa nos Estados Unidos hoje. Meu agradecimento vai também para Jeff Goldberg e Yoni Appelbaum, por confiarem em mim, para Juliet Lapidos, por ser uma editora excelente e exigente, e para tantos outros editores e colegas maravilhosos que aprimoraram meu pensamento sobre o mundo.

Nos últimos dois anos, tive o grande prazer de liderar e editar a *Persuasion*, revista e comunidade que luta pelos ideais liberais, a cuja defesa este livro também se dedica. Sou grato especialmente a David Hamburger: sem seus conselhos, sua segurança e liderança habilidosa eu jamais teria encontrado tempo para finalizar este livro; a Seth Moskowitz e Luke Hallam, dois jovens editores excelentes que chegarão longe; a Rob Stein, Mike Markowitz e Rachel Pritzker, os melhores conselheiros que qualquer organização filantrópica poderia desejar; a Sahil Handa, parte deste projeto desde o primeiro minuto; a Moisés Naím e Emily Yoffe, cuja orientação editorial tem sido inestimável; bem como a Eleni Arzoglou, Anne Bagamery, Thomas Chatterton Williams, Martin Eiermann, Bea Frum, Samantha Holmes, Nat Rachman, Tom Rachman, Rebecca Rashid, Brendan Burberry, John Taylor Williams e aos membros do conselho da *Persuasion*.

Tive a imensa sorte de contar com o auxílio de inúmeros pesquisadores-assistentes durante a preparação deste livro. Megan Rutkai foi de grande ajuda no levantamento da literatura secundária e na sintetização dos debates acadêmicos nos primeiros estágios da pesquisa. David Gevarter foi muito prestativo na pesquisa em lugares remotos e no embasamento bibliográfico. Brittin Alfred, a quem devo o maior obrigado, foi em tudo essencial, desde pesquisas intelectualmente custosas a tarefas mais mundanas, como conferir as informações do livro e organizar as notas de rodapé.

Inúmeros amigos e colaboradores dispuseram-se a ler este manuscrito ou o projeto do livro em sua versão inicial ou ajudaram a dar forma aos meus pensamentos sobre o tópico em questão por meio de conversas aprofundadas. Entre eles, incluem-se Anne Applebaum, Ian Bassin, A. B., Sheri Berman, Larry Diamond, Martin Eiermann, Roberto Foa, David Frum, Francis Fukuyama, Jonathan Haidt, David Hamburger, Samantha Hill, C.

M., Henry Midgley, David Miliband, Russ Muirhead, Michael Lind, George Packer, David Plunkett, Nancy Rosenblum, Bernardo Zacka e Dan Ziblatt.

Contudo, minha maior dívida é para com aqueles que foram muito além de seus deveres profissionais, aconselhando-me incontáveis vezes em relação a tudo, desde como frasear determinado argumento a como pensar este projeto de maneira geral. Shira Telushkin foi infatigável em suas sugestões para como aperfeiçoar o manuscrito durante o processo de revisão final. Sam Koppelman leu incontáveis rascunhos de cada iteração deste projeto. Andrew Wylie tem sido um entusiasta aguerrido e um conselheiro maravilhoso para quaisquer questões literárias, grandes ou pequenas.

Por fim, meus agradecimentos mais pessoais vão para amigos e familiares que cuidaram da minha saúde mental durante estes últimos anos tão estranhos, incluindo Thierry Artzner, Eleni Arzglou, Matteo Borselli, Thomas Chatterton Williams, Guillermo del Pinal, Alex Drukier, N. G., Helena Hessel, Samantha Holmes, Tom Meaney, Alicja Mounk, Carl Schoonover e William Seward.

Notas

INTRODUÇÃO [pp. 9-31]

1. *Tagesthemen*, 20 fev. 2018, 22h15, a partir de 24min45. Link para a entrevista disponível em: <www.tagesschau.de/multimedia/sendung/tt-5821.html>. Acesso em: 20 abr. 2023.

2. "Das hatte die Redaktion der Tagesthemen nicht geplant", *Tichys Einblick*, 22 fev. 2018. Disponível em: <www.tichyseinblick.de/daili-es-sentials/das-hatte-die-redaktion-der-tagesthemen-nicht-geplant>. Acesso em: 18 abr. 2023.

3. "*Daily Stormer*: Cloudflare Drops Neo-Nazi Site", BBC, 17 ago. 2017. Disponível em: <www.bbc.com/news/technology-40960053>. Acesso em: 10 abr. 2023.

4. Andrew Anglin, "Yascha Mounk's 'Unique Historical Experiment': Transforming a Mono-Ethnic Country into a Multi-Ethnic One". *The Daily Stormer*, 23 fev. 2018.

5. Ibid.

6. "Experiment", Lexico. Disponível em: <www.lexico.com/en/definition/experiment>. Acesso em: 6 jun. 2021.

7. À época da entrevista, eu lecionava no departamento de administração pública da Universidade Harvard.

8. "Experiment", Lexico, op. cit.

9. "Creating the United States", Biblioteca do Congresso. Disponível em:

<www.loc.gov/exhibits/creating-the-united-states/interactives/declaration-ofindependence/abuses/index.html>. Acesso em: 6 jun. 2021.

10. Keith Lowe, "Five Times Immigration Changed the UK", BBC, 20 jan. 2020. Disponível em: <www.bbc.com/news/uk-politics- 51134644>. Acesso em: 20 jan. 2020.

11. "Migrants in the UK: An Overview", The Migration Observatory, Universidade de Oxford. Disponível em: <https://migrationobservatory.ox.ac.uk/resources/briefings/migrants-in-the-uk-an-overview>. Acesso em: 6 nov. 2020, e também Keith Lowe, "Five Times Immigration Changed the UK". Disponível em: <www.bbc.com/news/uk-politics-51134644>. Acesso em: 12 abr. 2023.

12. "Foreign-Born Population", dados da Organisation for Economic Co-operation and Development (OECD), 2016-19. Disponível em: <https://data.oecd.org/migration/foreign-born-population.htm>. Acesso em: 24 set. 2021.

13. Bill Wirtz, "The German Economic Miracle Depended on Immigrants", Foundation for Economic Education, 28 mar. 2018. Disponível em: <https://fee.org/articles/the-german-economic-miracle-depended-on-immigrants>. Acesso em: 10 abr. 2023. Sobre a Suíça, ver Thomas Liebig et al., "The Labour Market Integration of Immigrants and Their Children in Switzerland", in: *OECD Social, Employment and Migration Working Paper No. 128: Directorate for Employment, Labour and Social Affairs*, 2012. Disponível em: <www.oecd.org/migration/49654710.pdf>. Acesso em: 19 abr. 2023.

14. Erik Bleich, "Colonization and Immigrant Integration in Britain and France", *Theory and Society*, v. 34, n. 2, abr. 2005, pp. 171-95. Disponível em: <www.jstor.org/stable/4501720?seq=1>. Acesso em: 19 abr. 2023.

15. Sobre a Dinamarca, ver Ulf Hedetoft, "Denmark: Integrating Immigrants into a Homogenous Welfare State", Instituto de Políticas Migratórias, 1º nov. 2006, e Arno Tanner, "Overwhelmed by Refugee Flows, Scandinavia Tempers its Warm Welcome", in: *Migration Policy Institute*, 10 fev. 2016. Sobre a Suécia, ver Bernd Parusel, "Sweden's U-Turn on Asylum", *Forced Migration Review*, n. 52, 2016, pp. 89-90. Disponível em: <www.proquest.com/scholarly-journals/swedens-u-turn-on-asylum/docview/1790567102/se-2?accountid=11752>. Acesso em: 23 abr. 2023, e James Traub, "The Death of the Most Generous Nation on Earth", *Foreign Policy*, 10 fev. 2016. Disponível em: <https://foreignpolicy.com/2016/02/10/the-death-of-the-most-generous-nation-on-earth-sweden-syria-refugee-europe>. Acesso em: 23 abr. 2023.

16. A Proclamação de Emancipação efetivamente acabou com a escravidão em grande parte dos Estados Unidos dois anos antes, em 1863. Mas foi somente com a ratificação da Décima Terceira Emenda, em 1865, que o processo de abolição foi finalmente concluído em todo o país.

17. Para uma história clássica da promessa e do posterior fracasso da Reconstrução, ver Eric Foner, *Reconstruction: America's Unfinished Revolution 1863-1877*, ed. rev., Nova York: Harper Perennial, 2014.

18. Kevin Allen Leonard, "'Is That What We Fought for?' Japanese Americans and Racism in California, the Impact of World War II", *The Western Historical Quarterly*, v. 21, n. 4, nov. de 1990, pp. 463-82. Disponível em: <https://doi.org/10.2307/969251>. Acesso em: 19 abr. 2023.

19. Como deixou claro o parlamentar Horace F. Page, proponente de uma lei importante nesse sentido, seu principal propósito era "acabar com o perigo da força de trabalho barata chinesa e com a imoralidade das mulheres chinesas", mostra George Anthony Peffer em "Forbidden Families: Emigration Experiences of Chinese Women Under the Page Law, 1875-1882", *Journal of American Ethnic History*, v. 6, n. 1, 1986, p. 28. Disponível em: <www.jstor.org/stable/27500484>. Acesso em: 19 abr. 2023. Menos de uma década depois, a Lei de Exclusão de Chineses estendia o banimento parcial para todos os imigrantes chineses. Ver "Immigration and Relocation in U.S. History: Legislative Harassment", Biblioteca do Congresso. Disponível em: <www.loc.gov/classroom-materials/immigration/chinese/legislative-harassment>. Acesso em: 24 set. 2021, e "Chinese Exclusion Act", *Enciclopédia Britânica*. Disponível em: <www.britannica.com/topic/Chinese-Exclusion-Act>. Acesso em: 24 set. 2021.

20. Ver Modern Immigration Wave Brings 59 Million to U.S., Driving Population Growth and Change Through 2065, cap. 1: "The Nation's Immigration Laws, 1920 to Today". Pew Research Center. Disponível em: <www.pewresearch.org/hispanic/2015/09/28/chapter-1-the-nations-immigration-laws-1920-to-today>. Acesso em: 28 set. 2015, e "The Immigration Act of 1924 (The Johnson-Reed Act)", Departamento de Estado dos Estados Unidos: Agência do Historiador. Disponível em: <https://history.state.gov/milestones/1921-1936/immigration-act>. Acesso em: 24 set. 2021.

21. "Modern Immigration Wave Brings 59 Million to U.S.", Pew Research Center, op. cit.

22. Linden B. Johnson, "Remarks at the Signing of the Immigration Bill, Liberty Island, New York, October 3, 1965", The American Presidency Project. Disponível em: <www.presidency.ucsb.edu/documents/remarks-the-signing-the-immigration-bill-liberty-island-new-york>. Acesso em: 24 set. 2021.

23. "Modern Immigration Wave Brings 59 Million to U.S.", Pew Research Center, op. cit.

24. Quando Donald Trump procurou impor o que ele próprio chamou de "interdição aos muçulmanos" (*Muslim ban*), os tribunais inferiores inicialmente consideraram que sua proposta violava a Constituição, que proibia o favore-

cimento de uma religião em detrimento de outra. Mas, quando seu governo emitiu uma ordem executiva sutilmente revisada, que enfatizava proibir apenas cidadãos de vários países de maioria muçulmana, a Suprema Corte concedeu-lhe um inverossímil benefício da dúvida. Na prática, Trump proibiu milhões de pessoas de viajarem para os Estados Unidos pelo fato de professarem uma crença diferente da religião da maioria dos americanos. (Joe Biden reverteu a medida.) Narendra Modi, primeiro-ministro da Índia, teve ainda mais sucesso em suas aspirações de mudar o caráter de seu país. Por meio de propostas apresentadas por seu governo, um Registro Nacional de Cidadãos em breve rastreará quem se encontra no país legalmente e quem está sujeito à deportação. Como certidões de nascimento eram incomuns até algumas décadas atrás, esse plano coloca em risco os direitos de milhões de muçulmanos que não possuem a documentação necessária para provar que são cidadãos. Embora tenham todo o direito de estar no país, agora têm razões para temer a deportação. (Tecnicamente, o Registro Nacional de Cidadãos pode também fisgar imigrantes hindus que fugiram para a Índia depois de serem expulsos de países vizinhos. Para amenizar seus temores, Modi concedeu aos imigrantes não autorizados de países de maioria muçulmana um caminho rápido para a naturalização, caso enfrentem perseguição religiosa em seu local de origem. Solicitado a garantir direitos semelhantes aos 200 milhões de muçulmanos da Índia, ele se recusou firmemente a fornecer-lhes a mesma garantia.) Ver Jeffrey Gettleman e Suhasini Raj, "India Steps Toward Making Naturalization Harder for Muslims", *New York Times*, 9 dez. 2019.

25. David Kamp, "Heidi Schreck Is Giving New Meaning to Political Theater", *Vogue*, 16 out. 2020. Disponível em: <www.vogue.com/article/heidis-chreckpolitical-theater-vogue-august-2019-issue>. Acesso em: 13 mar. 2023.

26. Ramtin Arablouei e Rund Abdelfatah, "The Shadows of the Constitution", *Throughline*, podcast, 12 nov. 2020, 46min38. Disponível em: <www.npr.org/transcripts/933825483>. Acesso em: 20 abr. 2023.

27. Andrew Ferguson, "Who Is the Constitution For?", *The Atlantic*, 28 ago. 2019. Disponível em: <www.theatlantic.com/ideas/archive/2019/08/who-constitution/596341>. Acesso em: 19 abr. 2023.

28. Jesse Green, "Review: Can a Play Make the Constitution Great Again?", *The New York Times*, 31 mar. 2019. Disponível em: <www.nytimes.com/2019/03/31/theater/what-the-constitution-means-to-me-review.html>. Acesso em: 19 abr. 2023.

29. Naureen Khan, "The Tony-Nominated Play That Savages the U.S. Constitution", *The Atlantic*, 8 jun. 2019. Disponível em: <www.theatlantic.com/entertainment/archive/2019/06/what-constitution-means-me-takes-easy-out/591040>. Acesso em: 14 mar. 2023.

30. Frederick Douglass, "What to the Slave Is the Fourth of July?", *The Speeches of Frederick Douglass*, John R. McKivigan e Julie Husband (eds.). New Haven, CT: Yale University Press, 2018, pp. 52-92.

31. Martin Luther King Jr. e James Melvin Washington, "I Have a Dream". *A Testament of Hope: The Essential Writings and Speeches of Martin Luther King, Jr. 1st.* San Francisco: HarperSanFrancisco, 1991, pp. 217-21.

32. Argumento pelo otimismo em relação ao progresso econômico de imigrantes e grupos minoritários em maior detalhe no capítulo 8.

33. Pode parecer que assumo aqui, implicitamente, a perspectiva dos membros da maioria. Mas pesquisas sugerem que muitos descendentes de imigrantes e membros de grupos minoritários mostram-se igualmente divididos no tocante a essas questões. Por exemplo, uma parte substancial deles é a favor de políticas mais duras contra a imigração ilegal. Para um tratamento mais longo das visões políticas e culturais de grupos minoritários, especialmente nos Estados Unidos, ver o capítulo 9.

PARTE I: POR QUE SOCIEDADES DIVERSIFICADAS FRACASSAM [pp. 33-9]

1. Yvonne Rekers, Daniel B. M. Haun e Michael Tomasello, "Children, but Not Chimpanzees, Prefer to Collaborate", *Current Biology*, v. 21, out. 2011, pp. 1756-8. Disponível em: <https://doi.org/10.1016/j.cub.2011.08.066>. Acesso em: 19 abr. 2023.

2. Citado em Jonathan Haidt, *The Righteous Mind: Why Good People Are Divided by Politics and Religion*. Nova York: Vintage Books, 2013, p. 237. [Ed. bras.: *A mente moralista: por que pessoas boas são segregadas por política e religião*. Rio de Janeiro: Alta Cult, 2020.]

3. Ver, por exemplo, Michael Tomasello et al., "Two Key Steps in the Evolution of Human Cooperation: The Interdependence Hypothesis", *Current Anthropology*, v. 53, n. 6, dez. 2012, pp. 673-92. Disponível em: <www.journals.uchicago.edu/doi/10.1086/668207#sc2>. Acesso em: 10 mar. 2023.

1. POR QUE NÃO SABEMOS CONVIVER? [pp. 41-56]

1. Para uma visão geral sobre sua vida, ver o verbete escrito por Gustav Jahoda "Tajfel, Henri [antes Hersz Mordche]", *Oxford Dictionary of National Biography*, 23 set. 2004. Disponível em: <www.oxforddnb.com/view/10.1093/

ref:odnb/9780198614128.001.0001/odnb-9780198614128-e-58393>. Acesso em: 19 abr. 2023.

2. Sobre a Austrália, ver Wesley Kilham e Leon Mann, "Level of Destructive Obedience as a Function of Transmitter and Executant Roles in the Milgram Obedience Paradigm", *Journal of Personality and Social Psychology*, v. 29, n. 5, maio 1974, pp. 696-702. Disponível em: <https://doi.org/10.1037/h0036636>. Acesso em: 20 abr. 2023. Sobre a Alemanha, ver David Mark Mantell, "The Potential for Violence in Germany", *Journal of Social Issues*, v. 27, n. 4, abr. 2010, pp. 101-12. Disponível em: <https://doi.org/10.1111/j.1540-4560.1971.tb00680.x>. Acesso em: 19 abr. 2023. Sobre a Jordânia, ver M. E. Shanab e Khawla A. Yahya, "A Cross-Cultural Study of Obedience", *Bulletin of the Psychonomic Society*, n. 11, 1978, pp. 267-9. Disponível em: <https://doi.org/10.3758/BF03336827>. Acesso em: 19 abr. 2023.

3. Ver Muzafer Sherif, B. Jack White e O. J. Harvey, "Status in Experimentally Produced Groups", *American Journal of Sociology*, n. 60, 1955, pp. 370-9. Disponível em: <www.journals.uchicago.edu/doi/abs/10.1086/221569>. Acesso em: 19 abr. 2023. Para uma reavaliação crítica, ver Maria Konnikova, "Revisiting Robbers Cave: The Easy Spontaneity of Intergroup Conflict", *Scientific American*, 5 set. 2012. Disponível em: <https://blogs.scientificamerican.com/literally-psyched/revisiting-the-robbers-cave-the-easy-spontaneity-of-intergroup-conflict>. Acesso em: 19 mar. 2023.

4. Henri Tajfel, "Experiments in Intergroup Discrimination", *Scientific American*, v. 223, n. 5, 1970, pp. 96-103. Disponível em: <www.jstor.org/stable/10.2307/24927662>. Acesso em: 19 abr. 2023.

5. Na realidade, os garotos foram divididos em dois grupos diferentes de forma totalmente aleatória para descartar a remota possibilidade de que a tendência de subestimar ou superestimar o número de pontos em algum exercício arbitrário pudesse estar de alguma forma relacionada às tarefas que foram solicitados a realizar em seguida.

6. Dave Hauser (@DavidJHauser), "Caso você vá lecionar psicologia social, saiba que é fácil replicar o efeito do paradigma de grupo mínimo em classe se você substituir 'que arte você prefere' por 'cachorro-quente é sanduíche?'", Twitter, 5 dez. 2019, 10h26. Disponível em: <https://twitter.com/DavidJHauser/status/1202610237934592000>. Acesso em: 19 abr. 2023.

7. Henri Tajfel, "Experiments in Intergroup Discrimination", op. cit., p. 102.

8. "'Your Ancestors Were Gauls', France's Sarkozy Tells Migrants", Reuters, 20 set. 2016. Disponível em: <www.reuters.com/article/us-france-election-sar-

kozy/your-ancestors-were-gauls-frances-sarkozy-tells-migrants-idUSKCN-11Q22Y>. Acesso em: 19 mar. 2023.

9. Luke S. K. Kwong, "What's in a Name: Zhongguo (or Middle Kingdom) Reconsidered", *Historical Journal*, v. 58, n. 3, set. 2015, pp. 781-804. Disponível em: <www.jstor.org/stable/24532047>. Acesso em: 20 abr. 2023.

10. Jennifer Garlick, Basil Keane e Tracey Borgfeldt, *Te taiao = Māori and the Natural World*. Auckland: Ministério de Cultura e Patrimônio da Nova Zelândia, 2010. Disponível em: <https://manukau.primo.exlibrisgroup.com/discovery/fulldisplay?context=L&vid=64MANUKAU_INST:64MANUKAU&search_scope=MyInst_and_CI&tab=Everything&docid=alma994276853405101>. Acesso em: 5 mar. 2023.

11. Sobre os zoroastrianos, ver Saioa Lopez et al., "The Genetic Legacy of Zoroastrianism in Iran and India: Insights into Population Structure, Gene Flow and Selection", *American Journal of Human Genetics*, v. 101, set. 2017, pp. 353--68. Disponível em: <https://doi.org/10.1016/j.ajhg.2017.07.013>. Acesso em: 11 mar. 2023. Sobre os judeus, ver Michael Balter, "Tracing the Roots of Jewishnewss", *Science*, 3 jun. 2010. Disponível em: <www.sciencemag.org/news/2010/06/tracing-roots-Jewishness>. Acesso em: 3 abr. 2023, e Gil Atzmon et al., "Abraham's Children in the Genome Era: Major Jewish Diaspora Populations Comprise Distinct Genetic Clusters with Shared Middle Eastern Ancestry", *American Journal of Human Genetics*, v. 86, n. 6, jun. 2010, pp. 850-9. Disponível em: <https://dx.doi.org/10.1016%2Fj.ajhg.2010.04.015>. Acesso em: 19 abr. 2023.

12. Hui Li et al., "Refined Geographic Distribution of the Oriental ALDH2*504Lys* (nee *487Lys*) Variant", *Annals of Human Genetics*, v. 73, n. 3, 2009, pp. 335-45. Disponível em: <www.ncbi.nlm.nih.gov/pmc/articles/PMC 2846302>. Acesso em: 12 abr. 2023.

13. Ver Centros para Controle e Prevenção de Doenças. "Data and Statistics on Sickle Cell Disease". Disponível em: <www.cdc.gov/ncbddd/sicklecell/data.html>. Acesso em: 24 mar. 2020, e Nadia Solovieff et al., "Ancestry of African Americans with Sickle Cell Disease", *Blood Cells, Molecules, and Diseases*, n. 47, jun. 2011, pp. 41-5. Disponível em: <www.ncbi.nlm.nih.gov/pmc/articles/PMC3116635>. Acesso em: 20 mar. 2023.

14. Ver Centros para Controle e Prevenção de Doenças. "Jewish Women and BRCA Gene Mutations". Disponível em: <www.cdc.gov/cancer/breast/young_women/bringyourbrave/hereditary_breast_cancer/jewish_women_brca.htm>. Acesso em: 24 mar. 2020, e Ellen Warner et al., "Prevalence and Penetrance of BRCA1 and BRCA2 Gene Mutations in Unselected Ashkenazi Jewish Women With Breast Cancer", *Journal of the National Cancer Institute*, v. 91, n. 14,

jul. 1999, pp. 1241-7. Disponível em: <https://doi.org/10.1093/jnci/91.14.1241>. Acesso em: 24 mar. 2020.

15. Ver "About Hispanic Origin", Departamento do Censo dos Estados Unidos, revisado pela última vez em 16 out. 2020. Disponível em: <www.census.gov/topics/population/hispanic-origin/about.html>. Acesso em: 14 fev. 2023, e Lucia Benadiaz, "Why Labeling Antonio Banderas a 'Person of Color' Triggers Such a Backlash", NPR, 9 fev. 2020. Disponível em: <www.npr.org/2020/02/09/803809670/why-labeling-antonio-banderas-a-person-of-color-triggers-such-a-backlash>. Acesso em: 14 fev. 2023.

16. Ginger Gibson, "Democratic Hopeful Warren Apologizes for Native American Ancestry Claims", Reuters, 19 ago. 2019. Disponível em: <www.reuters.com/article/us-usa-election-warren/democratic-hopeful-warren-apologizes-for-native-american-ancestry-claims-idUSKCN1V91QY>. Acesso em: 2 abr. 2023.

17. Ver "The Road Map to Reparations", ADOS: American Descendants of Slavery. Disponível em: <https://adoschicago.org/roadmap-to-reparations/>. Acesso em: 3 abr. 2023.

18. Karen E. Fields e Barbara Fields, *Racecraft: The Soul of Inequality in American Life*. Londres: Verso Books, 2014, p. 262.

19. Collins Mtika, "Malawi and Zambia Struggle to Mark Their Border", DW, 7 set. 2009. Disponível em: <www.dw.com/en/malawi-and-zambia-struggle-to-mark-their-border/a-4459275>. Acesso em: 19 mar. 2023.

20. Uma explicação óbvia para a diferença entre a Zâmbia e o Malaui, por exemplo, era que os aldeões de um lado da fronteira eram menos conscientes de suas diferenças culturais do que os do outro lado. Mas Posner foi capaz de descartar essa possibilidade. Embora os entrevistados na Zâmbia fossem muito menos hostis uns com os outros, eles eram igualmente capazes de enumerar as diferenças culturais que os dividiam.

Outra explicação óbvia seria que um desses países poderia ser mais "moderno" ou desenvolvido que outro, tornando a identidade étnica e as diferentes práticas culturais menos relevantes para seus habitantes. Mas Posner também descartou essa possibilidade. As aldeias de ambos os lados da fronteira tinham níveis semelhantes de educação e desenvolvimento econômico. Daniel N. Posner, "The Political Salience of Cultural Difference: Why Chewas and Tumbukas are Allies in Zambia and Adversaries in Malawi", *American Political Science Review*, v. 98, n. 4, nov. 2004, pp. 529-45. Disponível em: <www.jstor.org/stable/4145323>. Acesso em: 5 mar. 2023.

21. Orlando Patterson, "Context and Choice in Ethnic Allegiance: A Theoretical Framework and Caribbean Case Study", in: Nathan Glazer e Daniel P.

Moynihan (orgs.). *Ethnicity: Theory and Experience*. Cambridge, MA: Harvard University Press, 1975, pp. 305-49.

22. Ver, por exemplo, Robert H. Bates, "Ethnic Competition and Modernization in Contemporary Africa", *Comparative Political Studies*, v. 6, n. 4, jan. 1974, pp. 457-84. Disponível em: <https://journals.sagepub.com/doi/pdf/10.11 77/001041407400600403>. Acesso em: 8 mar. 2023. Ver também R. H. Bates, *Markets and States in Tropical Africa: The Political Basis of Agricultural Policies*. Berkeley: University of California Press, 2014.

23. Barry R. Posen, "The Security Dilemma and Ethnic Conflict", *Survival*, v. 35, n. 1, primavera de 1993, pp. 27-47. Disponível em: <www.rochelleterman. com/ir/sites/default/files/posen-1993.pdf>. Acesso em: 3 mar. 2023.

24. Daniel Schatz, "Poland Reckons with its 1968 Campaign Against Jews", CNN, 15 mar. 2018. Disponível em: <www.cnn.com/2018/03/15/opinions/expulsion-polish-jews-50th-anniversary-schatz>. Acesso em: 19 abr. 2023.

25. Cientistas políticos que se debruçam sobre tópicos como tribalismo, etnia e guerra civil tendem a ter visões totalmente divergentes sobre as raízes do conflito entre diferentes grupos.

Uma parcela de estudiosos acredita que grupos que lutam entre si tendem a ter uma longa história de identificação com o endogrupo e de hostilidade para com o exogrupo. Eles insistem que há uma verdade relevante nas explicações "primordiais" dos conflitos.

Outro conjunto de estudiosos enfatiza o aspecto estratégico ou "instrumental" do conflito intergrupal, tendendo a se concentrar nas formas pelas quais as coalizões étnicas ou religiosas permitem que seus membros ganhem poder e distribuam benefícios concretos a seus membros. Quer esses autores se concentrem em líderes inescrupulosos que articulam coalizões étnicas para se fortalecer, quer se concentrem na ação de cidadãos comuns que esperam obter benefícios concretos organizando-se de acordo com demarcações étnicas, suas teorias mostram como os incentivos políticos ajudam a moldar quem está dentro e quem está fora.

Um último conjunto de estudiosos enfatiza o poder da retórica. Eles se concentram na maneira como as identidades são "construídas" por meio de ações, por exemplo, de administradores coloniais, das escolhas dos governos ou da influência da mídia de massa.

Mas essas três teorias não são tão mutuamente exclusivas quanto seus principais proponentes parecem acreditar. Todas as três capturam um aspecto importante da realidade. É apenas ao analisar como as características do mundo para as quais elas chamam nossa atenção se inter-relacionam que podemos entender os riscos que as democracias diversificadas enfrentam ao redor do globo.

26. Gênero é outra fonte importante de conflitos e identidade. As tarefas e responsabilidades alocadas socialmente para homens e mulheres variam de modo significativo. As mulheres por muitos séculos se viram confinadas a uma "esfera privada" bastante estreita que restringia severamente sua liberdade de autodeterminação na vida. Previsivelmente, a injustiça inerente a esses arranjos tornou-se, progressivamente, uma fonte importante de contestação política, situação que persiste até hoje.

2. TRÊS MODOS DE FRACASSAR DAS SOCIEDADES DIVERSIFICADAS [pp. 57-91]

1. Thomas Hobbes e W. G. Pogson Smith, *Hobbes's Leviathan*. Oxford, UK: Clarendon Press, 1943, capítulo 13. [Ed. bras.: *Leviatã*. Trad. João Paulo Monteiro e Maria Beatriz Nizza Da Silva. São Paulo: Martins Fontes, 2003.]

2. Ibid., capítulo 13.

3. Ibid., capítulo 13.

4. William Lomas, "Conflict, Violence and Conflict Resolution in Hunter-Gatherer Societies", Brewminate, 3 nov. 2018. Disponível em: <https://brewminate.com/conflict-violence-and-conflict-resolution-in-hunting-and-gathering-societies>. Acesso em: 9 maio 2023. Baseado em Jean L. Briggs, "Conflict Management in a Modern Inuit Community", in: Megan Biesele, Robert K. Hitchcock e Peter P. Schweitzer (orgs.). *Hunters and Gatherers in the Modern World: Conflict, Resistance, and Self-Determination*. Nova York: Berghahn Books, 2006, pp. 110-24.

5. Debra L. Martin e Ryan P. Harrod, "Bioarchaeological Contributions to the Study of Violence", *American Journal of Physical Anthropology*, v. 156, fev. 2015, pp. 116-45. Disponível em: <https://doi.org/10.1002/ajpa.22662>. Acesso em: 19 abr. 2023.

6. Steven Pinker, *The Better Angels of Our Nature: Why Violence Has Declined*. Nova York: Viking, 2011, p. xxiv. [Ed. bras.: *Os anjos bons da nossa natureza*. Trad. Bernardo Joffily e Laura Teixeira Motta. São Paulo: Companhia das Letras, 2013.]

7. Baseado em dados de 2017. Sobre os Estados Unidos, Singapura e El Salvador, ver United Nations Office on Drugs and Crime (UNODC), *Global Study on Homicide 2019*. Viena, Áustria: UNODC, 2019. Disponível em: <www.unodc.org/documents/data-and-analysis/gsh/Booklet2.pdf>. Acesso em: 20 abr. 2023.

8. Institute for Economics and Peace, *Glabal Peace Index 2020: Measuring Peace in a Complex World*. Sydney, Austrália: IEP, 2020. Disponível em: <https://

reliefweb.int/sites/reliefweb.int/files/resources/GPI_2020_web.pdf>. Acesso em: 20 abr. 2023. Sobre Venezuela, ver William Finnegan, "Venezuela, a Failing State", *New Yorker*, 6 nov. 2016. Disponível em: <www.newyorker.com/magazine/2016/11/14/venezuela-a-failing-state>. Acesso em: 20 abr. 2023. Sobre a República Central Africana, ver Hans de Marie Heumgoup, "In Search of the State in the Central African Republic", *International Crisis Group*, 13 mar. 2020. Disponível em: <www.crisisgroup.org/africa/central-africa/central-african-republic/search-state-central-african-republic>. Acesso em: 20 abr. 2023.

9. Flora Drury, "Afghan Maternity Ward Attackers 'Came to Kill the Mothers'", BBC, 15 maio 2020. Disponível em: <www.bbc.com/news/world-asia-52673563>. Acesso em: 19 abr. 2023. Sobre os detalhes do ataque, ver mais relatos contemporâneos, incluindo "Babies among 24 Killed as Gunmen Attack Maternity Ward in Kabul", Al Jazeera, 13 maio 2020. Disponível em: <www.aljazeera.com/news/2020/5/13/babies-among-24-killed-as-gunmen-attackmaternity-ward-in-kabul>. Acesso em: 20 abr. 2023, e Orooj Hakimi, Abdul Qadir Sediqi e Hamid Shalizi, "Maternity Ward Massacre Shakes Afghanistan and Its Peace Process", Reuters, 13 maio 2020. Disponível em: <www.reuters.com/article/us-afghanistan-attacks-hospital-insight/maternity-ward-massacre-shakes-afghanistan-and-its-peace-process-idUSKBN22P2F5>. Acesso em: 19 abr. 2023.

10. Kathy Gannon e Tameen Akhgar, "US Blames Brutal Attack on Afghan Maternity Hospital on IS", AP News, 15 maio 2020. Disponível em: <https://apnews.com/article/eebcd4af6c821e5530f3795352542f9f>. Acesso em: 19 abr. 2023.

11. Para um bom relato jornalístico, ver Ruhullah Khapalwak, David Rohde e Bill Marsh, "Tribal Custom and Power in Daily Life", *New York Times*, 31 jan. 2010. Disponível em: <https://archive.nytimes.com/www.nytimes.com/imagepages/2010/01/31/weekinreview/13rohde-grfk-2.html?action=click&module=RelatedCoverage&pgtype=Article&region=Footer>. Acesso em: 20 abr. 2023.

12. Nem os chefes de diferentes grupos são completamente estranhos uns aos outros. Antes, cada chefe tribal ou senhor da guerra local tem uma forte noção dos recursos políticos, materiais e militares que tem à sua disposição, e o tipo de preço que isso lhe permite exigir para estabelecer uma aliança política — no mais das vezes frágil — com o governo nominal do país ou com as forças rebeldes que, durante a maior parte das últimas cinco décadas, tentaram derrubá-lo.

Ver uma pesquisa interessante e recente sobre a ideia do "mercado político" na Somália e outras partes da África, por exemplo, em Alex De Waal, *The Real Politics of the Horn of Africa: Money, War and the Business of Power*. Nova

York: John Wiley & Sons, 2015, e Alex De Waal, "Introduction to the Political Marketplace for Policymakers". *JSRP Policy Brief* 1. Londres: JSRP, 2016.

13. Thomas J. Barfield, *Afghanistan: A Cultural and Political History*. Princeton, NJ: Princeton University Press, 2010, p. 18.

14. Khapalwak, Rohde e Marsh, "Tribal Custom and Power in Daily Life", op. cit.

15. Ver, por exemplo, *Special Inspector General for Afghanistan Reconstruction, Support for Gender Equality: Lessons from the US Experience in Afghanistan*. Arlington, VA: Government Printing Office, 2021.

16. Hamid Shalizi, "Who Is an Afghan? Row over ID Cards Fuels Ethnic Tension", Reuters, 8 fev. 2018. Disponível em: <www.reuters.com/article/uk-afghanistan-politics-idUKKBN1FS1WH>. Acesso em: 19 abr. 2023.

17. "Afghanistan — Education", Unicef. Disponível em: <www.unicef.org/afghanistan/education>. Acesso em: 19 abr. 2023.

18. Abdul Majeed Labib, "The Islamic Republic of Afghanistan: Updating and Improving the Social Protection Index", Asian Development Bank, ago. 2012. Disponível em: <www.adb.org/sites/default/files/project-document/76049/44152-012-reg-tacr-01.pdf>. Acesso em: 19 abr. 2023.

19. "Coronavirus Pushing Millions into Poverty: SIGAR", Al Jazeera, 31 jul. 2020. Disponível em: <www.aljazeera.com/economy/2020/7/31/coronavirus-pushing-millions-of-afghans-into- poverty-sigar>. Acesso em: 19 abr. 2023.

20. "Afghanistan", CIA World Factbook, 21 abr. 2021.

21. "Interview: 'Literacy Rate in Afghanistan Increased to 43 percent'", Unesco Institute for Lifelong Learning, 17 mar. 2020. Disponível em: <https://uil.unesco.org/interview-literacy-rate-afghanistan-increased-43-cent#:~:text=-Currently%2C%20over%2010%20million%20youth,increased%20to%2043%20per%20cent>. Acesso em: 19 abr. 2023.

22. "Country Profile: Afghanistan", Unicef. Disponível em: <https://data.unicef.org/country/afg>. Acesso em: 20 abr. 2023.

23. "Life Expectancy at Birth — Afghanistan", The World Bank. Disponível em: <https://data.worldbank.org/indicator/SP.DYN.LE00.MA.IN?locations=AF>. Acesso em: 19 abr. 2023.

24. Joshua D. Rothman, "Anthony Burns and the Resistance to the Fugitive Slave Act", We're History, 27 jul. 2018.

25. Charles Emery Stevens, *Anthony Burns, a History*. Boston: J.P. Jewett & Co, 1856, pp. 154-5. Disponível em: <https://docsouth.unc.edu/neh/stevens/stevens.html>. Acesso em: 20 abr. 2023.

26. Ibid., p. 172.

27. Ibid., pp. 172-3.

28. Ibid., p. 177.

29. Rothman, "Anthony Burns and the Resistance to the Fugitive Slave Act", op. cit.

30. Stevens, *Anthony Burns, a History*, op. cit., p. 16.

31. Jeffrey L. Amestoy, "Richard Henry Dana's Second Act", *Los Angeles Times*, 31 jul. 2015. Disponível em: <www.latimes.com/opinion/op-ed/la-oe-amnestoy-richard-dana-birthday-20150831-story.html>. Acesso em: 19 abr. 2023.

32. Rothman, "Anthony Burns and the Resistance to the Fugitive Slave Act", op. cit.

33. "Anthony Burns Captured, 1854", PBS. Disponível em: <www.pbs.org/wgbh/aia/part4/4p2915.html>. Acesso em: 25 set. 2021.

34. Rothman, "Anthony Burns and the Resistance to the Fugitive Slave Act", op. cit.

35. Ibid.

36. "Trans-Atlantic Slave Trade: Estimates: 1501-1866", Slave Voyages. Disponível em: <www.slavevoyages.org/assessment/estimates>. Acesso em: 25 set. 2021.

37. "On Views of Race and Inequality, Blacks and Whites Are Worlds Apart", Pew Research Center, 27 jun. 2016, pp. 18-26. Disponível em: <www.pewresearch.org/social-trends/2016/06/27/1-demographic-trends-and-economic-well-being>. Acesso em: 19 abr. 2023.

38. Sobre educação, ver "Australia's Welfare: Indigenous Education and Skills", Australian Government: Australian Institute of Health and Welfare, 11 set. 2019. Disponível em: <www.aihw.gov.au/reports/australias-welfare/indigenous-education-and-skills>. Acesso em: 19 abr. 2023. Sobre renda, ver "Australia's Welfare: Indigenous Income and Finance", Australian Government: Australian Institute of Health and Welfare, 11 set. 2019. Disponível em: <www.aihw.gov.au/reports/australias- welfare/indigenous-income-and-finance>. Acesso em: 19 abr. 2023.

39. Maitreyi Bordia Das e Soumya Kapoor Mehta, "Poverty and Social Exclusion in India: Dalits", World Bank, 2012. Disponível em: <https://openknowledge.worldbank.org/handle/10986/26336, License: CC BY 3.0 IGO>. Acesso em: 20 abr. 2023.

40. "Reconquista", *Enciclopédia Britânica*, 25 set. 2021. Disponível em: <www.britannica.com/event/Reconquista>. Acesso em: 19 abr. 2023.

41. Ver "History of Europe: Wars of Religion", *Enciclopédia Britânica*. Disponível em: <www.britannica.com/topic/history-of-Europe/The-Wars-of-Religion>. Acesso em: 20 abr. 2023, e "Peace of Augsburg", *Enciclopédia Britânica*.

Disponível em: <www.britannica.com/event/Peace-of-Augsburg>. Acesso em: 25 set. 2021.

42. Mesmo aqueles tempos, claro, estavam longe de ser modelos de justiça ou harmonia. Na Bagdá do século IX, por exemplo, as minorias religiosas sofriam de uma série de desvantagens importantes. Eram excluídas dos principais cargos estatais, tinham de pagar impostos punitivos e eram proibidas de usar certas formas de vestimenta. Minorias em Istambul e Viena enfrentavam limitações semelhantes. Mas, pelos padrões de seu tempo, esses impérios multiétnicos eram surpreendentemente tolerantes. Durante os 1500 anos entre o saque de Roma e a ascensão dos Estados-Nação modernos, eles representam alguns dos exemplos mais brilhantes da promessa das sociedades diversificadas.

43. Ver, por exemplo, Andrew Cockburn, "Iraq's Oppressed Majority", *Smithsonian*, dez. 2003. Disponível em: <www.smithsonianmag.com/history/iraqs-oppressed-majority-95250996>. Acesso em: 19 abr. 2023. "Rwanda Genocide: 100 Days of Slaughter", BBC, 4 abr. 2019. Disponível em: <www.bbc.com/news/world-africa-26875506>. Acesso em: 19 abr. 2023. Oded Haklai, "A Minority Rule over a Hostile Majority: The Case of Syria", *Nationalism and Ethnic Conflict*, v. 6, n. 3, set. 2000, pp. 19-50. Disponível em: <https://doi.org/10.1080/13537110008428602>. Acesso em: 19 abr. 2023, e "Guatemala's State Corruption and the Heirs of Colonial Privilege", *Al Jazeera*, 18 jul. 2019. Disponível em: <www.aljazeera.com/opinions/2019/7/18/guatemalas-state-corruption-and-the-heirs-of-colonial-privilege>. Acesso em: 19 abr. 2023.

44. As explicações para minorias dominantes são muitas. Em algumas colônias, potências estrangeiras promoveram grupos minoritários a posições de poder pensando que estes seriam menos capazes de desafiá-los; quando finalmente foram forçados a conceder independência às suas ex-colônias, esses grupos minoritários encontravam-se em uma posição forte para assumir o controle da máquina do Estado.

Em outros países, as origens da minoria hegemônica estão nas tradições religiosas ou culturais. Na Índia, por exemplo, as castas superiores que há muito dominam o governo e a economia são muito menos numerosas do que as castas inferiores, relegadas ao trabalho braçal.

Mas como todos compartilhavam um conjunto de crenças que forneciam uma justificativa religiosa para essa hierarquia, os questionamentos permaneceram muito mais silenciosos do que a extrema desigualdade no país sugeriria.

Por fim, diferentes taxas de crescimento demográfico são mais uma razão pela qual as minorias podem, por vezes, dominar as maiorias. As famílias governantes dos Emirados Árabes Unidos, por exemplo, compartilham uma identidade étnica e religiosa com seus súditos. Mas como o país atraiu um número enorme de imigrantes durante as décadas de seu rápido crescimento, os cidadãos dos Emirados estão agora em grande desvantagem numérica em relação aos não cidadãos, que vêm de uma ampla gama de culturas e etnias. Assim, nos Emirados Árabes Unidos, a minoria governa simplesmente porque já foi a maioria e nunca abriu mão do poder.

45. Pierre Louis Van den Berghe, *Race and Racism: A Comparative Perspective*. Nova York: John Wiley & Sons, 1978.

46. "South Africa — The National Party and Apartheid", *Enciclopédia Britânica*. Disponível em: <www.britannica.com/place/South-Africa/The-National-Party-and-apartheid>. Acesso em: 19 abr. 2023.

47. Sabrina Tavernise, "For Sunnis, Dictator's Degrading End Signals Ominous Dawn for the New Iraq", *New York Times*. Disponível em: <www.nytimes.com/2007/01/01/world/middleeast/01sunnis.html>. Acesso em: 19 abr. 2023. Ver também George Packer, *The Assassins' Gate: America in Iraq*. Londres: Faber and Faber, 2007.

48. Ruanda é mais um exemplo trágico desse padrão tristemente comum. Em 1959, os hutus conseguiram desafiar o governo de longa data da minoria tutsi, forçando o rei a fugir do país. Tutsis exilados formaram um grupo rebelde que invadiu Ruanda em 1990. Um acordo de partilha de poder, firmado em 1993, provou-se insuficiente para manter a paz. Quando um avião que transportava o presidente de Ruanda, um hutu, foi abatido no ano seguinte, líderes extremistas incitaram seus seguidores a se vingarem de centenas de milhares de tutsis inocentes. Em três meses, soldados e aldeãos hutus assassinaram pelo menos 500 mil tutsis em Ruanda.

49. Staf Hellemans, "Pillarization ('Verzuiling'): On Organized 'Self--Contained Worlds' in the Modern World", *The American Sociologist*, v. 51, n. 2, jun. 2020, pp. 124-47. Disponível em: <https://doi.org/10.1007/s12108-020-09449-x>. Acesso em: 19 abr. 2023.

50. Nivek Thompson e Arend Lijphart, "Patterns of Democracy with Professor Lijphart", *Real Democracy Now*, podcast, temporada 3, episódio 2, 34min20, discutido em 2min30, 24 set. 2017. Disponível em: <https://realdemocracynow.com.au/podcast/podcasts/season-3-elections>. Acesso em: 19 abr. 2023.

51. Lijphart tenta responder a essa questão em: *The Politics of Accommodation: Pluralism and Democracy in the Netherlands*. Na página 70, ele pergunta: "O que esse caso [Holanda] pode nos dizer sobre as condições de uma democracia estável e efetiva?". Arend Lijphart, *The Politics of Accommodation: Pluralism and Democracy in the Netherlands*. Berkeley: University of California Press, 1976.

52. Donald L. Horowitz, "Democracies in Divided Societies", *Journal of*

Democracy, v. 4, n. 4, out. 1993, pp. 18-38 (citação na p. 29). Veja também seu clássico relato sobre os problemas enfrentados pela democracia em sociedades divididas, em Donald L. Horowitz, *Ethnic Groups in Conflict*. Berkeley: University of California Press, 2001.

53. Horowitz, "Democracies in Divided Societies", op. cit., p. 29. Em outros países, o problema é um pouco diferente. Lá, o equilíbrio de poder entre os diferentes grupos étnicos pode ser melhor. Mas, caso se tornem bastante hostis uns aos outros, cada grupo muito provavelmente temerá que o outro manipule o sistema na primeira oportunidade. O que está em jogo em cada eleição passará então a parecer uma ameaça existencial.

54. Lijphart, *The Politics of Accommodation*, op. cit., pp. 112-3. O Conselho Econômico e Social da Holanda era composto por 45 membros, todos cuidadosamente selecionados por meio de diferentes processos de nomeação pelos vários sindicatos socialistas, católicos e protestantes, blocos de empregadores ou membros do governo. Os membros do conselho eram, portanto, calculadamente representativos das proporções de socialistas, católicos e protestantes presentes na população em geral. Embora seus poderes formais fossem limitados, Lijphart escreve que as sugestões do conselho eram "muitas vezes equivalentes a uma futura medida política nacional".

55. Lijphart, *The Politics of Accommodation*, op. cit., p. 112, sub-rubrica "The Institutionalization of Accommodation". Ver também Arend Lijphart, "Typologies of Democratic Systems", *Comparative Political Studies*, v. 1, n. 1, abr. 1968, pp. 7-44. Disponível em: <https://doi.org/10.2307/421322>. Acesso em: 19 abr. 2023.

56. Para uma visão geral, ver Imad Harb, "Lebanon's Confessionalism: Problems and Prospects", United States Institute of Peace, 30 mar. 2006. Disponível em: <www.usip.org/publications/2006/03/lebanons-confessionalism-problems-and-prospects>. Acesso em: 19 abr. 2023.

57. Lijphart, "Typologies of Democratic Systems", op. cit.

58. Lijphart, "Typologies of Democratic Systems", op. cit. A apresentação canônica da teoria veio um ano mais tarde, em um artigo de 1969 na *World Politics*, intitulado "Consociational Democracy". Arend Lijphart, "Consociational Democracy", *World Politics*, v. 21, n. 2, jan. 1969, pp. 207-25. Disponível em: <www.jstor.org/stable/i308670>. Acesso em: 20 abr. 2023.

59. "APSA Presidents and Presidential Addresses: 1903 to Present", Associação Americana de Ciência Política. Disponível em: <www.apsanet.org/ABOUT/Leadership-Governance/APSA- Presidents-1903-to-Present>. Acesso em: 19 abr. 2023.

60. Arend Lijphart, *Democracy in Plural Societies: A Comparative Exploration*. New Haven, CT: Yale University Press, 1977.

61. "Lebanon: History: Lebanon after Independence: Civil War". *Enciclopédia Britânica*. Disponível em: <www.britannica.com/place/Lebanon/Lebanon-after-independence>. Acesso em: 19 abr. 2023.

62. É provável que tenha sido sempre um tanto absurdo imaginar que instituições que funcionavam bem em um país como a Holanda trariam resultados igualmente positivos em um país como o Líbano.

A Holanda tem uma longa história de tolerância religiosa que remonta à República Holandesa do século XVII. Os principais "pilares" de sua sociedade consistiam em diferentes denominações da mesma religião. De uma forma ou de outra, foi uma nação soberana por muitos séculos. Na década de 1960, quando Lijphart estava desenvolvendo sua teoria, o país estava rapidamente se tornando mais secular, vindo a ser incorporado à Comunidade Europeia (como era então chamada), poderosa organização supranacional que ajudava a proteger os direitos das minorias religiosas e étnicas. Além disso, a Holanda estava cercada por países pacíficos e ricos.

O Líbano, por outro lado, sofreu muitas vezes com crises que envolviam conflitos étnicos. A população do país dividia-se entre diferentes religiões com uma longa história de hostilidade mútua. Suas fronteiras eram em grande parte artificiais. Alguns de seus principais grupos tinham fortes laços com aliados em países vizinhos. O Líbano está localizado em uma região altamente volátil. Desde sua fundação, viu-se envolvido em guerras periódicas com um dos dois países com os quais partilha uma fronteira física.

Muitos dos outros países aos quais os cientistas políticos tentaram aplicar as supostas lições do consociativismo enfrentaram obstáculos semelhantes. Em comparação com a Holanda, eram mais pobres, mais profundamente divididos e localizados em ambientes muito menos tolerantes. Com o que sabemos hoje, foi arrogância pensar que qualquer conjunto de mecanismos institucionais inteligentes — sejam os mais consensuais, prevalecentes na Bélgica ou na Suíça, ou os mais majoritários, predominantes na Austrália e no Reino Unido — poderia ter resolvido os problemas enfrentados por países como o Líbano.

63. Para detalhes sobre o casamento, bem como sobre o contexto mais amplo dos casamentos interconfessionais no Líbano, ver Martin Chulov, "Society Couple Said 'I Do' — but Lebanon Won't Accept That They Are Married", *Guardian*, 25 ago. 2019. Disponível em: <www.theguardian.com/world/2019/aug/25/lebandon-high-society-wedding-tests-civil-freedom>. Acesso em: 20 abr. 2023.

64. "Interfaith Marriages Still a Rarity in the Muslim World", DW, 11 set.

2019. Disponível em: <www.dw.com/en/interfaith-marriages-still-a-rarity-in-the-muslim-world/a-50391076>. Acesso em: 20 abr. 2023.

65. Chulov, "Society Couple Said 'I Do' — but Lebanon Won't Accept That They Are Married", op. cit.

66. Ibid.

67. Nayla Geagea e Lama Fakih, "Unequal and Unprotected: Women's Rights under Lebanese Personal Status Laws", Human Rights Watch, 19 jan. 2015. Disponível em: <www.hrw.org/report/2015/01/19/unequal-and-unprotected/womens-rights-under-lebanese-personal-status-laws>. Acesso em: 20 abr. 2023.

68. Alice Fordham, "A Wedding and a Challenge: Lebanese Couples Fight for Civil Marriage", NPR, 22 maio 2015. Disponível em: <www.npr.org/sections/parallels/2015/05/22/407769876/a-wedding-and-a-challenge-lebanese-couples-fight-for civil-marriage>. Acesso em: 20 abr. 2023. Como o Líbano, a Índia tem leis específicas para vários grupos religiosos importantes, incluindo hindus, muçulmanos, cristãos e parsis. Para não conferir poder demais às autoridades religiosas, a Índia optou por promulgar esse tipo de lei pela mesma via das demais: uma votação majoritária no Lok Sabha, o parlamento do país. Mas isso cria outro problema de legitimidade: representantes eleitos por centenas de milhões de hindus e muçulmanos podem alterar, por exemplo, a "Lei Parsi de Casamento e Divórcio", que rege a vida pessoal dos 60 mil zoroastrianos que vivem hoje no país.

69. Um modo de fazer isso é introduzir as chamadas instituições centrípetas. Embora sua natureza exata dependa do contexto local, elas tentam forçar os atores políticos a cooperar para além das fronteiras das divisões sociais tradicionais. Em países profundamente marcados por uma forte divisão geográfica, por exemplo, pode-se condicionar a representação no parlamento nacional à capacidade de um partido de obter uma parcela significativa dos votos em todas as partes do país. Para uma explicação e uma crítica do modelo centrípeto, ver, por exemplo, Donald L. Horowitz, "Ethnic Power Sharing: Three Big Problems", *Journal of Democracy*, v. 25, n. 2, abr. 2014, pp. 5-20. Disponível em: <https://muse.jhu.edu/article/542442>. Acesso em: 20 abr. 2023.

70. Lijphart, "Typologies of Democratic Systems", op. cit., pp. 25-6.

71. Sobre a Alemanha, ver Edith Palmer, "Citizenship Pathways and Border Protection: Germany", Biblioteca do Congresso, atualizado em 30 nov. 2020. Disponível em: <www.loc.gov/law/help/citizenship-pathways/germany.php>. Acesso em: 20 abr. 2023. Sobre o Uruguai e outros países latino-americanos, ver Deisy Del Real, "Migrant Legalization and Rights: Ideas and Strategies from South America", Universidade do Sul da Califórnia: Instituto de Pesquisas em

Igualdade, 6 abr. 2021. Disponível em: <https://dornsife.usc.edu/eri/blog-migrant-legalization-rights-ideas-strategies>. Acesso em: 20 abr. 2023, e Diego Acosta, "Free Movement in South America: The Emergence of an Alternative Model?", Instituto de Políticas Migratórias, 23 ago. 2016. Disponível em: <www.migrationpolicy.org/article/free-movement-south-america-emergence-alternative-model>. Acesso em: 20 abr. 2023. Sobre o Japão, ver Deborah J. Milly, "Japan's Labor Migration Reforms: Breaking with the Past?", Instituto de Políticas Migratórias, 20 fev. 2020. Disponível em: <www.migrationpolicy.org/article/japan-labor-migration-reforms-breaking-past>. Acesso em: 20 abr. 2023.

72. "Civil Rights Act; July 2, 1964", Yale Law School. Disponível em: <https://avalon.law.yale.edu/20th_century/civil_rights_1964.asp>. Acesso em: 24 set. 2021.

73. Sobre a América do Norte, ver Rachel Wetts e Rob Willer, "Privilege on the Precipice: Perceived Racial Status Threats Lead White Americans to Oppose Welfare Programs", *Social Forces*, v. 97, n. 2, dez. 2018, pp. 793-822. Disponível em: <https://doi.org/10.1093/sf/soy046>. Acesso em: 20 abr. 2023. Sobre a Europa, ver Christian Albrekt Larsen, "Ethnic Heterogeneity and Public Support for Welfare: Is the American Experience Replicated in Britain, Sweden and Denmark?", *Scandinavian Political Studies*, v. 34, n. 4, out. 2011, pp. 332-53. Disponível em: <http://dx.doi.org/10.1111/j.1467-9477.2011.00276.x>. Acesso em: 20 abr. 2023. Dennis C. Spies e Alexander W. Schmidt-Catran, "Immigration and Welfare Support in Germany: Methodological Reevaluations and Substantive Conclusions", *American Sociological Review*, v. 84, n. 4, jul. 2019, pp. 764-8. Disponível em: <http://dx.doi.org/10.1177/0003122419858729>. Acesso em: 20 abr. 2023, e Maureen A. Eger, "Even in Sweden: The Effect of Immigration on Support for Welfare State Spending", *European Sociological Review*, v. 26, n. 2, abr. 2010, pp. 203-17. Disponível em: <http://dx.doi.org /10.1093/esr/jcp017>. Acesso em: 20 abr. 2023.

Partes da esquerda rejeitaram ruidosamente essas descobertas, talvez por temerem que elas sirvam de justificativa para políticas antimigratórias. Mas curiosamente uma tese com estrutura semelhante é bem popular na esquerda em um contexto mais propriamente americano: a ideia de que os eleitores americanos brancos se voltaram contra o fornecimento de generosos serviços públicos quando tiveram de compartilhá-los com afro-americanos. Veja, por exemplo, Heather McGhee, *The Sum of Us: What Racism Costs Everyone and How We Can Prosper Together*. Nova York: One World, 2021. E Jeff Wiltse, *Contested Waters: A Social History of Swimming Pools in America*. Chapel Hill: University of North Carolina Press, 2007.

74. Ver, por exemplo, Rebecca Collard, "How Sectarianism Helped Des-

troy Lebanon's Economy", *Foreign Policy*, 13 dez. 2019. Disponível em: <https://foreignpolicy.com/2019/12/13/sectarianism-helped-destroy-lebanon-economy>. Acesso em: 20 abr. 2023.

75. Ellen Francis e Alaa Kanaan, "Protests Sweep Lebanon as Fury at Ruling Elite Grows over Economic Corruption", Reuters, 18 out. 2019. Disponível em: <www.reuters.com/article/us-lebanon-economy-protests/protests-sweeplebanon-as-fury-at-ruling-elite-grows-over-economic-corruption-idUSKBN-1WX0Q8>. Acesso em: 20 abr. 2023.

76. Ver, por exemplo, Robin DiAngelo, *White Fragility: Why It's So Hard for White People to Talk about Racism*. Boston, MA: Beacon Press, 2018.

3. COMO MANTER A PAZ [pp. 92-102]

1. Mark Tully, "Tearing Down the Babri Masjid", BBC, 5 dez. 2002. Disponível em: <http://news.bbc.co.uk/2/hi/south_asia/2528025.stm>. Acesso em: 20 abr. 2023.

2. Lauren Frayer, "Nearly 27 Years after Hindu Mob Destroyed a Mosque, the Scars in India Remain Deep", NPR, 25 abr. 2019. Disponível em: <www.npr.org/2019/04/25/711412924/nearly-27-years-after-hindu-mob-destroyed-amosque-the-scars-in-india-remain-dee>. Acesso em: 20 abr. 2023.

3. Akash Bisht, "Babri Mosque Demolition Case: India's BJP Leaders Acquitted", Al Jazeera, 30 set. 2020. Disponível em: <www.aljazeera.com/news/2020/9/30/indian-court-acquits-all-accused-in-babri-mosque-demolition-case>. Acesso em: 20 abr. 2023.

4. Ver Praveen Jain, "Babri Mosque: The Build-Up to a Demolition that Shook India", BBC, 5 dez. 2017. Disponível em: <www.bbc.com/news/world-asia-india-42106056>. Acesso em: 20 abr. 2023, e Bisht, "Babri Mosque Demolition Case: India's BJP Leaders Acquitted", op. cit. (Havia também a forte presença de políticos de outro partido hinduísta, o Vishwa Hindu Parishad Pary, ou VHP.)

5. Jain, "Babri Mosque: The Build-Up to a Demolition that Shook India", op. cit.

6. Ver Tully, "Tearing Down the Babri Masjid", op. cit. E Jain, "Babri Mosque: The Build-up to a Demolition that Shook India", op. cit.

7. "Timeline: Ayodhya Holy Site Crisis", BBC, 6 dez. 2012. Disponível em: <www.bbc.com/news/world-south-asia-11436552>. Acesso em: 20 abr. 2023.

8. Para detalhes sobre esse episódio terrível, ver Ashutosh Varshney, "Ethnic Conflict and Civil Society: India and Beyond", *World Politics*, v. 53, abr. 2001, p. 381. Disponível em: <http://dx.doi.org/10.1353/wp.2001.0012>. Acesso em:

20 abr. 2023, e Barbara Crosette, "Aligarh Journal; Campus Under Fire: Not Just a Crisis of Identity", *New York Times*, 10 jan. 1991. Disponível em: <www.nytimes.com/1991/01/10/world/aligarh-journal-campus-under-fire-not-just-a-crisis-o-fidentity.html>. Acesso em: 20 abr. 2023.

9. Sanjoy Hazarika, "Muslim- Hindu Riots in India Leave 93 Dead in 3 Days", *New York Times*, 10 dez. 1990. Disponível em: <www.nytimes.com/1990/12/10/world/muslim-hindu-riots-in-india-leave-93-dead-in-3-days.html>. Acesso em: 20 abr. 2023.

10. Para um exemplo dos usos do termo, ver Sruthisagar Yamunan e Ipsita Chakravarty, "Divided City: How Violence Occurred on Frontiers between Hindu and Muslim Neighbourhoods in Delhi", Scroll.In, 28 fev. 2020. Disponível em: <https://scroll.in/article/954560/divided-city-how-delhi-violence-occurre-d-on-frontiers-between-hindu-and-muslim-neighbourhoods>. Acesso em: 20 abr. 2023.

11. Varshney, "Ethnic Conflict and Civil Society: India and Beyond", op. cit., pp. 362-98.

12. Ibid., p. 373.

13. Ibid., p. 380.

14. Ibid., pp. 381-2.

15. Ibid., p. 380.

16. Ibid., p. 380.

17. "Gordon Allport", *Enciclopédia Britânica*. Disponível em: <www.britannica.com/biography/Gordon-W-Allport>. Acesso em: 20 abr. 2023.

18. Samuel Hopkins Adams, *The Great American Fraud: Articles on the Nostrum Evil and Quackery*. Chicago: American Medical Association, 1912, p. 118. Disponível em: <https://archive.org/details/greatamericanfra00adamuoft/page/118/mode/2up>. Acesso em: 20 abr. 2023.

19. "Gordon Allport of Harvard Dies: *'Maverick' Psychologist,* 69, Outspoken on Prejudice", *New York Times,* 10 out. 1967, p. 47. Disponível em: <https://timesmachine.nytimes.com/timesmachine/1967/10/10/83635986.pdf?pdf_re-direct=true&ip=>. Acesso em: 20 abr. 2023.

20. G. W. Allport, *The Nature of Prejudice*. Boston: Addison-Wesley, 1954, p. xiii.

21. Thomas F. Pettigrew, "Intergroup Contact Theory", *Annual Review of Psychology*, v. 49, n. 1, fev. 1998, pp. 65-85. Disponível em: <http://dx.doi.org/10.1146/annurev.psych.49.1.65>. Acesso em: 20 abr. 2023.

22. Allport, "The Nature of Prejudice", op. cit., p. 267.

23. Ibid., p. 277.

24. Ibid., p. 271.

25. Para uma visão geral recente, ver, por exemplo, Loris Vezzali e Sofia Stathi, *Intergroup Contact Theory: Recent Developments and Future Directions*. Londres: Routledge, 2016.

26. Allport, "The Nature of Prejudice", op. cit., p. 274.

27. Como Thomas F. Pettigrew, professor da Universidade da Califórnia em Santa Cruz, escreveu em uma influente metanálise de centenas de estudos em 1998, as condições de Allport "continuam a ser apoiadas por uma grande variedade de situações, grupos e sociedades". Pettigrew, "Intergroup Contact Theory", op. cit., p. 68. O resumo das condições para contato intergrupal nos parágrafos seguintes é baseado na formulação de Pettigrew.

28. Esta é a base para a importante ideia da "pedagogia do quebra-cabeça", descrita por Elliot Aronson. Ver Elliot Aronson, *The Jigsaw Classroom*. Beverley Hills, CA: Sage, 1978.

29. Pettigrew, "Intergroup Contact Theory", op. cit., pp. 65-85.

30. Allport, "The Nature of Prejudice", op. cit., p. 281.

31. O estudo clássico sobre capital social é de Robert D. Putnam, *Making Democracy Work: Civic Traditions in Modern Italy*. Princeton, NJ: Princeton University Press, 2006. Ver também um trabalho posterior de Robert D. Putnam, *Bowling Alone: The Collapse and Revival of American Community*. Nova York: Simon & Schuster, 2000.

32. Sobre a distinção entre capital social interacional (de "bonding") e capital social de "bridging", ver Robert D. Putnam, "E Pluribus Unum: Diversity and Community in the Twenty-First Century: The 2006 Johan Skytte Prize Lecture", *Scandinavian Political Studies*, v. 30, n. 2, jun. 2007, pp. 137-74. Disponível em: <https://doi.org/10.1111/j.1467- 9477.2007.00176.x>. Acesso em: 20 abr. 2023. Comparar também com Putnam, *Bowling Alone*, op. cit., p. 22.

33. Varshney, "Ethnic Conflict and Civil Society: India and Beyond", op. cit.

34. Ashutosh Varshney, *Ethnic Conflict and Civic Life: Hindus and Muslims in India*. New Haven, CT: Yale University Press, 2002, p. 383.

35. Ibid., p. 381.

36. Ibid., pp. 384-5.

37. Ibid., p. 384.

38. Ibid., p. 384.

39. Ibid., p. 388.

40. Como diz Elizabeth Anderson em sua explicação sobre por que faz sentido levar em consideração o que os filósofos chamam de "teoria não ideal" ao se discutirem tópicos como integração e segregação: "devemos afinar nossos princípios às capacidades motivacionais e cognitivas dos seres humanos. [...] Instituições justas devem ser projetadas para bloquear, contornar ou anular nos-

sas deficiências motivacionais e cognitivas, para aproveitar nossas motivações não morais para fins morais e compensar as limitações uns dos outros reunindo nossos conhecimentos e vontades. Para elaborar tais mecanismos, devemos analisar nossos vieses motivacionais e cognitivos, diagnosticar como eles levam os indivíduos a maltratar os outros e como as instituições podem direcioná-los para uma melhor conduta". Elizabeth Anderson, *The Imperative of Integration*. Princeton, NJ: Princeton University Press, 2010, pp. 3-4.

4. QUAL DEVE SER O PAPEL DO ESTADO? [pp. 109-31]

1. Alasdair MacIntyre, *After Virtue: A Study in Moral Theory*. 2. ed. South Bend, IN: University of Notre Dame Press, 1984, pp. 33-4. Patrick Deneen condena o liberalismo em termos ainda mais extremos. Em *Why Liberalism Failed* [Por que o liberalismo falhou], ele argumenta que alguns dos problemas centrais do mundo moderno decorrem diretamente das falhas dessa ideologia. Por colocar a autonomia individual em um pedestal, o liberalismo concede aos cidadãos direitos e liberdades que prejudicam os interesses do coletivo. Podre até o talo, conclui Deneen, o liberalismo precisa ser abandonado. Patrick J. Deneen, *Why Liberalism Failed*. New Haven, CT: Yale University Press, 2018.

2. Mais recentemente, pensadores de maior sofisticação traçaram um argumento mais "refinado" para a afirmação da maioria, incluindo aí, curiosamente, escritores que vêm de comunidades que dificilmente constituirão a maioria nos países em que esses autores estão escrevendo. Por exemplo, de acordo com Adrian Vermeule, professor da Harvard Law School, "os atores não liberais [devem] posicionar-se estrategicamente dentro das instituições liberais e trabalhar para desfazer por dentro o liberalismo do Estado". Adrian Vermeule, "Integration from Within", *American Affairs*, v. 2, n. 1, primavera de 2018. Disponível em: <https://americanaffairsjournal.org/2018/02/integration-from-within>. Acesso em: 9 maio 2023. Sohrab Ahmari, editor de opinião do *New York Post*, argumenta até que os conservadores devem buscar construir "uma praça pública redirecionada para o bem comum e, em última instância, para o Bem Maior". Sohrab Ahmari, "Against David French-ism", *First Things*, 29 maio 2019. Disponível em: <https://www.firstthings.com/web-exclusives/2019/05/against-david-french-ism>. Acesso em: 20 abr. 2023.

3. Chandran Kukathas, "Cultural Toleration". *Nomos*, v. 39, 1997, p. 94.

4. André Orban, "An S7 Flight with Alexey Navalny Onboard Diverted after Suspected Poisoning of Russian Opposition Leader", *Aviation24.be*, 20 ago. 2020. Disponível em: <www.aviation24.be/airlines/s7-airlines/an-s7-flight-

with-alexey-navalny-onboard-diverted-after-suspected-poisoning-of-russia-nopposition-leader>. Acesso em: 20 abr. 2023.

5. BBC russa, "Alexei Navalny: Two Hours That Saved Russian Opposition Leader's Life", BBC, 4 set. 2020. Disponível em: <www.bbc.com/news/world-europe-54012278>. Acesso em: 20 abr. 2023.

6. Ibid.

7. Anton Zverev e Gleb Stolyarov, "Exclusive: Russian Paramedics' Accounts Challenge Moscow's Explanation for Navalny's Coma — Sources", Reuters, 14 set. 2020. Disponível em: <www.reuters.com/article/us-russia-politics-navalny-health-exclus/exclusive-russian-paramedics-accounts-challenge-moscows-explanation-for-navalnys-coma-sources-idUSKBN265298>. Acesso em: 20 abr. 2023.

8. "Doctor Who Treated Navalny and Denied Novichok Poisoning Promoted to Regional Health Minister", *The Moscow Times*, 7 nov. 2020. Disponível em: <www.themoscowtimes.com/2020/11/07/omsk-doctor-who-treated-navalny-and-denied-novichok-poisoning-promoted-to-regional-health-ministera71980>. Acesso em: 20 abr. 2023.

9. Luke Harding e Andrew Roth, "A Cup of Tea, Then Screams of Agony: How Alexei Navalny Was Left Fighting for His Life", *The Guardian*, 20 ago. 2020. Disponível em: <www.theguardian.com/world/2020/aug/20/a-cup-of-tea-thenscreams-of-agony-how-alexei-navalny-was-left-fighting-for-his-life>. Acesso em: 20 abr. 2023.

10. "Alexei Navalny: Russian Doctors Agree to Let Putin Critic Go to Germany", BBC, 21 ago. 2020. Disponível em: <www.bbc.com/news/world-europe-53865811>. Acesso em: 20 abr. 2023.

11. "Statement by Charité: Clinical Findings Indicate Alexei NavalnyWas Poisoned", Charité: Universitätsmedizin Berlin, comunicado oficial, 24 ago. 2020. Disponível em: <www.charite.de/en/service/press_reports/artikel/detail/statement_by_charite_clinical_findings_indicate_alexei_navalny_was_poisoned>. Acesso em: 20 abr. 2023.

12. Anton Troianovski, "Aleksei Navalny Says He'll Return to Russia on Sunday", *New York Times,* 13 jan. 2021. Disponível em: <www.nytimes.com/2021/01/13/world/europe/aleksei-navalny-russia-return.html>. Acesso em: 20 abr. 2023.

13. Associated Press, "Poisoned Kremlin Critic Alexei Navalny Detained after Landing in Moscow", *Los Angeles Times*, 17 jan. 2021. Disponível em: <www.latimes.com/world-nation/story/2021-01-17/navalny-plans-to-return-to-russia-after-recovery-in-germany>. Acesso em: 20 abr. 2023.

14. Anton Troianovski e Ivan Nechepurenko, "Navalny Arrested on Re-

turn to Moscow in Battle of Wills with Putin", *New York Times,* 17 jan. 2021. Disponível em: <www.nytimes.com/2021/01/17/world/europe/navalny-russia-return.html>. Acesso em: 20 abr. 2023.

15. Ibid.

16. Anton Troianovski, "Russian Activist Navalny Sentenced to More Than 2 Years in Prison", *New York Times,* 2 fev. 2021. Disponível em: <www.nytimes.com/2021/02/02/world/europe/russia-navalny-putin.html>. Acesso em: 20 abr. 2023.

17. Troianovski, "Russian Activist Navalny Sentenced to More Than 2 Years in Prison", op. cit.

18. Conselho Editorial do *Washington Post,* "Opinion: Navalny's Fiery Indictment of the 'Small Man in a Bunker' Could Rattle Putin's Autocracy", *Washington Post,* 2 fev. 2021. Disponível em: <www.washingtonpost.com/opinions/global-opinions/navalnys-fiery-indictment-of-the-small-man-in-a-bunker-could-rattle-putins-autocracy/2021/02/02/2a79140e-657e-11eb-8468-21bc48f07fe5_story.html>. Acesso em: 20 abr. 2023.

19. Conselho Editorial do *New York Times,* "Opinion: Vladimir the Poisoner of Underpants", *New York Times,* 4 fev. 2021. Disponível em: <www.nytimes.com/2021/02/03/opinion/navalny-putin-speech.html>. Acesso em: 20 abr. 2023.

20. "North Korea: Systematic Repression", Human Rights Watch, 14 jan. 2020. Disponível em: <www.hrw.org/news/2020/01/14/north-korea-systematic-repression>. Acesso em: 20 abr. 2023.

21. "Report of the Commission of Inquiry on Human Rights in the Democratic People's Republic of Korea", Conselho de Direitos Humanos das Nações Unidas, Documento da UN número A/HRC/25/CRP.1, 62. Disponível em: <www.ohchr.org/EN/HRBodies/HRC/CoIDPRK/Pages/ReportoftheCommissionofInquiryDPRK.aspx>. Acesso em: 20 abr. 2023.

22. Para alguns exemplos espantosos de sentenças de morte ou de outras punições severas impostas por transgressões triviais, ver Faine Greenwood, "North Korean Military Officer Executed — by Mortar Round — for Drinking During Mourning Period for Kim Jong Il", *The World,* 25 out. 2012. Disponível em: <www.pri.org/stories/2012-10-25/north-korean-military-officer-executed-mortar-round-drinking-during-mourning>. Acesso em: 20 abr. 2023, e Maya Salam e Matthew Haag, "Atrocities Under Kim Jong-un: Indoctrination, Prison Gulags, Executions", *New York Times,* 11 jun. 2018. Disponível em: <www.nytimes.com/2018/06/11/world/asia/north-korea-human-rights.html>. Acesso em: 20 abr. 2023.

23. Sobre a Nicarágua, ver, por exemplo, Ned Price, "Nicaragua's Foreign Agents Law Drives Nicaragua Toward Dictatorship, Silencing Independent

Voices", Departamento de Estados dos Estados Unidos, comunicado oficial, 8 fev. 2021. Disponível em: <www.state.gov/nicaraguas-foreign-agents-law-drives-nicaragua-toward-dictatorship-silencing-independent-voices>. Acesso em: 20 abr. 2023. Sobre a Turquia, ver, por exemplo, Simon Tisdall, "Recep Tayyip Erdoğan: A Dictator in All but Name Seeks Complete Control", *The Guardian*, 19 abr. 2018. Disponível em: <www.theguardian.com/world/2018/apr/19/recep-tayyip-erdogan-turkey-president-election-dictator-seeks-total-control>. Acesso em: 20 abr. 2023. Sobre o Zimbábue, ver, por exemplo, Farai Mutsaka, "Zimbabwe Continues Arrests of Critics, Says Opposition Party", *Washington Post*, 3 ago. 2020. Disponível em: <www.washingtonpost.com/world/africa/zimbabwecontinues-arrests-of-critics-says-opposition-party/2020/08/03/1434e6ba-d586-11ea-a788-2ce86ce81129_story.html>. Acesso em: 20 abr. 2023.

24. Nas Filipinas, por exemplo, o presidente Rodrigo Duterte reivindica o direito de matar traficantes à queima-roupa. Sem surpresa, seus capangas muitas vezes acabam matando um inocente. Ver Howard Johnson e Christopher Giles, "Philippines Drug War: Do We Know How Many Have Died?", BBC, 12 nov. 2019. Disponível em: <www.bbc.com/news/world-asia-50236481>. Acesso em: 20 abr. 2023.

25. Larry Diamond, "Facing Up to the Democratic Recession", *Journal of Democracy*, v. 26, n. 1, jan. 2015, pp. 141-55. Disponível em: <www.journalofdemocracy.org/articles/facing-up-to-the-democratic-recession>. Acesso em: 20 abr. 2023.

26. "Esses golpes devastadores marcaram o 15º ano consecutivo de declínio nos índices de liberdade global. Os países que experimentaram uma deterioração superaram aqueles que apresentaram melhorias pela maior margem registrada desde que a tendência negativa teve início em 2006. A longa recessão democrática está se aprofundando." Sarah Repucci e Amy Slipowitz, "Freedom in the World 2021: Democracy under Siege", Freedom House. Disponível em: <https://freedomhouse.org/report/freedom-world/2021/democracy-under-siege>. Acesso em: 26 abr. 2023.

27. "New Report: The Global Decline in Democracy Has Accelerated", Freedom House, comunicado de imprensa, 3 mar. 2021. Disponível em: <https://freedomhouse.org/article/new-report-global-decline-democracy-has-accelerated>. Acesso em: 20 abr. 2023.

28. Sobre as limitações do "paradigma da consolidação" e a possibilidade de desconsolidação democrática nos países desenvolvidos, ver Roberto Stefan Foa e Yascha Mounk, "The Signs of Deconsolidation", *Journal of Democracy*, v. 28, n. 1, jan. 2017, pp. 5-15. Disponível em: <www.journalofdemocracy.org/articles/the-signs-of-deconsolidation>. Acesso em: 20 abr. 2023.

29. Em alguns casos, essa forma de perseguição tolerada pelo Estado pode até ser perpetrada por grupos minoritários ideologicamente comprometidos que gozam da sanção de autoridades públicas.

30. Para detalhes sobre o episódio, ver Shruti Jain, "Bikaner: Hindu Woman's Family Kill Muslim Man ahead of Her 'Arranged' Marriage", *The Wire*, 3 maio 2018. Disponível em: <https://thewire.in/communalism/in-rajasthansbikaner-man-killed-over-inter-faith-relationship>. Acesso em: 20 abr. 2023, e Harsha Kumari Singh, "Bikaner Man, Killed by Girlfriend's Family, Was Also Run Over", NDTV, 5 maio 2018. Disponível em: <www.ndtv.com/india-news/bikaner-man-killed-by-girlfriends-family-was-also-run-over-by-car-1847509>. Acesso em: 20 abr. 2023. Sobre a longa tradição de oposição a casamentos interconfessionais, ver também o romance seminal de Vikram Seth, *A Suitable Boy*. Londres: Phoenix, 1995.

A história da comunidade local que pune um jovem por se apaixonar por alguém que não pertence ao mesmo grupo, infelizmente, não é uma aberração. É algo deprimentemente comum na Índia e em muitos outros países ao redor do mundo. Poucos meses antes, por exemplo, Ankit Saxena, hindu de 23 anos, apaixonara-se por Shehzadi, jovem muçulmana. Quando descobriu que ela havia concordado em se casar com Ankit sem permissão, a família de Shehzadi encenou um elaborado acidente de trânsito para se vingar. No início da noite de 1º de fevereiro de 2018, a mãe de Shehzadi deliberadamente bateu uma scooter no veículo de Ankit. Quando ele saiu do carro para ajudar, toda a família o atacou, e o pai da noiva cortou a garganta de Ankit. Ver Shiv Sunny, "Eyewitnesses Recount Delhi Street Horror, Say Girl's Family Feigned Road Rage to Stab Ankit to Death", *Hindustan Times: New Delhi News*, 5 fev. 2018. Disponível em: <www.hindustantimes.com/delhi-news/girl-s-mother-feigned-road-rage-to-draw-ankit-out-of-car-eyewitnesses/story-Fj1W2VBCvc3V4nTe4SGNhM.html>. Acesso em: 20 abr. 2023, e Hemani Bhandari, "Over a Year after Ankit Saxena's Death, Shehzadi Talks about Her Transformation to a Woman in Charge of Her Life", *The Hindu*, 9 jun. 2019. Disponível em: <www.thehindu.com/news/cities/Delhi/ankit-saxena-murder-shehzadi-opens-up/article27700098.ece>. Acesso em: 20 abr. 2023.

31. Daron Acemoglu e James A. Robinson, *The Narrow Corridor: States, Societies, and the Fate of Liberty*. Nova York: Penguin Press, 2019. [Ed. bras.: *O corredor estreito*. Trad. Rogerio W. Galindo e Rosiane Correia de Freitas. Rio de Janeiro: Intrínseca, 2022.]

32. Thomas Hobbes e W. G. Pogson Smith, *Hobbes's Leviathan*. Oxford: Clarendon Press, 1943, capítulo 13. [Ed. bras.: *Leviatã*. Trad. João Paulo Monteiro e Maria Beatriz Nizza da Silva. São Paulo: Martins Fontes, 2003.]

33. Acemoglu e Robinsonw, *The Narrow Corridor*, op. cit., p. 19.

34. Topeka, Kansas, é a sede da Westboro Baptist Church. Ver também Larissa MacFarquhar, "When One Parent Leaves a Hasidic Community, What Happens to the Kids?", *New Yorker,* 30 nov. 2020. Disponível em: <www.newyorker.com/magazine/2020/12/07/when-one-parent-leaves-a-hasidic-community-what-happens-to-the-kids>. Acesso em: 20 abr. 2023. Richard Orange e Alexandra Topping, "FGM Specialist Calls for Gynecological Checks for All Girls in Sweden", *The Guardian*, 27 jun. 2014. Disponível em: <www.theguardian.com/society/2014/jun/27/female-genital-mutilation-fgm-specialist-sweden-gynaecological-checks-children>. Acesso em: 20 abr. 2023, e Yassin Musharbash, "Man lebte in Kreuzberg, aber wohl nicht in Deutschland", *Der Spiegel*, 4 abr. 2006. Disponível em: <www.spiegel.de/panorama/justiz/ehrenmord-prozess-man-lebte-in-kreuzberg-aber-wohl-nicht-in-deutschland-a-411283.html>. Acesso em: 20 abr. 2023.

35. Sydney Ahistrom, "Lord Acton's Famous Remark", *New York Times*, 13 mar. 1974. Disponível em: <www.nytimes.com/1974/03/13/archives/lord-actons-famous-remark.html>. Acesso em: 20 abr. 2023.

36. John Locke, *Locke: Two Treatises on Government*. Cambridge, UK: Cambridge University Press, 1967.

37. A única exceção óbvia nos Estados Unidos é a Suprema Corte, que é composta por juízes com nomeação vitalícia e agora exerce enorme influência sobre a vida política do país.

38. Mugabe, no fim, renunciou à presidência em novembro de 2017, aos 93 anos, cerca de 37 anos depois de ter começado a governar o país como primeiro-ministro. Veja, por exemplo, Alan Cowell, "Robert Mugabe, Zimbabwe's 'Founding Father' and Tyrant, Dies", *New York Times*, 7 set. 2019. Disponível em: <www.nytimes.com/2019 /09/06/obituaries/robert-mugabe-dead.html>. Acesso em: 20 abr. 2023, e Norimitsu Onishi e Jeffrey Moyo, "Robert Mugabe Resigns as Zimbabwe's President, ending 37-Year Rule", *New York Times*, 21 nov. 2017. Disponível em: <www.nytimes.com/2017/11/21/world/africa/zimbabwemugabe-mnangagwa.html>. Acesso em: 20 abr. 2023.

39. Alguns filósofos referem-se a isso como a obrigação do Estado de "manter a neutralidade do ponto de vista" — para uma discussão (e crítica limitada) dessa teoria, ver, por exemplo, "Value Democracy as the Basis for Viewpoint Neutrality: A Theory of Free Speech and Its Implications for the State Speech and Limited Public Forum Doctrines", *Northwestern University Law Review*, v. 107, n. 2, 2013, pp. 603-45. Disponível em: <https://scholarlycommons.law.northwestern.edu/nulr/vol107/iss2/7>. Acesso em: 20 abr. 2023. Ver, por exemplo, Joseph Raz, *The Morality of Freedom*. Oxford, UK: Oxford University Press,

2000, e Chris Mills, "How Should Liberal Perfectionists Justify the State?", *Moral Philosophy and Politics*, v. 4, n. 1, jan. 2017, pp. 43-65. Disponível em: <http://dx.doi.org/10.1515/mopp-2016-0035>. Acesso em: 20 abr. 2023. Outros falam da "prioridade do certo em relação ao bem". Ver, por exemplo, John Rawls, *A Theory of Justice*. Oxford, UK: Clarendon Press, 1971, bem como reformulações posteriores em John Rawls, *Political Liberalism*. Nova York: Columbia University Press, 1993, e John Rawls, "The Priority of Right and Ideas of the Good", *Philosophy and Public Affairs*, v. 17, n. 4, outono de 1988, pp. 251-76. Embora essas formulações apontem para diferenças importantes de ênfase, a ambição subjacente permanece a mesma: democracias diversificadas devem reconhecer que existem aspectos importantes da vida — questões de fé e moralidade, de consciência e convicção — em que o Estado deve deixar os cidadãos livres para fazerem suas próprias escolhas.

40. Como apontou o filósofo anglo-ganês Anthony Kwame Appiah, as sociedades comunitárias podem não se sair muito bem quanto ao reconhecimento dos direitos associativos de organizações comparativamente novas. Tratar um grupo com grande respeito, ou permitir que outros grupos continuem a exercer uma forma de quase-soberania sobre seus membros, talvez venha a depender de algum agente do Estado decidir que tal associação tem as características "grupais" necessárias. Como diz Appiah em uma discussão sobre que tipo de práticas sociais os comunitários devem permitir, caso seja necessária a sanção de um grupo reconhecido: "Como, em suma, vamos estabelecer os limites do grupo merecedor de deferência? Fico imaginando uma vasta brigada de etnógrafos estatais, encarregados de certificar esta ou aquela prática como legitimada por este ou aquele grupo social". Kwame Anthony Appiah, *The Ethics of Identity*. Princeton, NJ: Princeton University Press, 2010, p. 76.

41. Para piorar as coisas, as democracias concebidas como uma "associação de associações" também limitariam a capacidade de seus cidadãos de se misturar. Em um estado baseado em grupos étnicos ou religiosos que guardam zelosamente o direito de governar a vida de "seus" membros, qualquer pessoa que não se enquadre em uma categoria preexistente torna-se uma ameaça para todo o sistema. Se você tem raízes em mais de um grupo, talvez descubra que um conflito de jurisdições torna impossível obter uma certidão de nascimento ou receber uma herança, e se você deseja se casar com alguém de fora de sua própria tribo, você pode, como meu amigo Abdallah, se deparar com um governo que simplesmente se recuse a registrar sua união.

42. Com isso não se nega que os liberais, como os adeptos de qualquer outro ponto de vista, terão que tomar decisões difíceis nessa arena. Haverá casos em que as democracias diversificadas terão que pesar a necessidade de libertar

os indivíduos da gaiola de normas e a cautela que o Estado deve demonstrar ao ditar às comunidades culturais ou religiosas como elas devem se constituir. Nenhum padrão filosófico pode ignorar esses casos difíceis. Mas a maneira de avaliar um enquadramento teórico é averiguar se ele captura adequadamente as considerações concorrentes, e o liberalismo, ao contrário do comunitarismo, o faz.

5. O PATRIOTISMO PODE SER BOM? [pp. 132-53]

1. George Orwell, *A Homage to Catalonia*. Boston: Mariner Books, 1980. [Ed. bras.: *Homenagem à Catalunha*. Trad. Claudio Alves Marcondes. São Paulo: Companhia das Letras, 2021.]

2. George Orwell, "Wells, Hitler, and the World State", *Horizon*, v. 4, n. 20, ago. 1941, p. 133. Disponível em: <https://gutenberg.net.au/ebooks03/0300011h.html>. Acesso em: 20 abr. 2023.

3. Os ensaios mais famosos de Orwell sobre patriotismo são "Notes on Nationalism" e "The Lion and the Unicorn: Socialism and the English Genius". Mas é em "Wells, Hitler and the World State" que ele formula mais claramente os problemas implicados na falta de um patriotismo saudável. Ver George Orwell, "Notes on Nationalism", *The Orwell Foundation: Essays and Other Works*. Disponível em: <www.orwellfoundation.com/the-orwell-foundation/orwell/essaysand-other-works/notes-on-nationalism>. Acesso em: 20 abr. 2023; George Orwell, "The Lion and the Unicorn: Socialism and the English Genius", *The Orwell Foundation: Essays and Other Works* "Wells, Hitler, and the World State", op. cit.

4. Orwell, "Wells, Hitler, and the World State", op. cit., p. 133.

5. Ibid., p. 133.

6. Para a melhor defesa do cosmopolitismo, ver Kwame Anthony Appiah, *Cosmopolitanism: Ethics in a World of Strangers*. Nova York: W.W. Norton, 2007. Comparar também com Martha Nussbaum, "Patriotism and Cosmopolitanism", in: Garrett W. Brown e David Held (orgs.). *The Cosmopolitanism Reader*. Cambridge, UK: Polity, 2010, pp. 155-62.

7. A formulação clássica desse ponto, que também se aplica a outros vínculos locais para além da nação, foi feito por Peter Singer, "Famine, Affluence, and Morality", *Philosophy & Public Affairs*, v. 1, n. 3, primavera de 1972, pp. 229-43. Disponível em: <www.jstor.org/stable/2265052>. Acesso em: 20 abr. 2023.

8. Eu digo provavelmente, porque muitos esforços altruístas para ajudar os pobres em países distantes não conseguiram, historicamente, ter um impacto positivo. Ver William Easterley, *The White Man's Burden: Why the West's Efforts*

to Aid the Rest Have Done So Much Ill and So Little Good. Nova York: Penguin Press, 2006.

9. Os últimos parágrafos partem do meu argumento em Yascha Mounk, *The People Versus Democracy: Why Our Freedom Is in Danger and How to Save It*. Cambridge, MA: Harvard University Press, 2018, capítulo 7. [Ed. bras.: *O povo contra a democracia: por que nossa liberdade corre perigo e como salvá-la*. Trad. Cássio de Arantes Leite e Débora Landsberg. São Paulo: Companhia das Letras, 2019.]

10. Sobre a Índia, ver, por exemplo, "Republic Day, January 26: History, Significance & Celebration", *The Times of India*, 25 jan. 2020. Disponível em: <https://timesofindia.indiatimes.com/home/education/news/republic-day-january-26-history-significance-celebration/articleshow/73604790.cms>. Acesso em: 20 abr. 2023, e Christophe Jaffrelot, "The Fate of Secularism in India", Carnegie Endowment for International Peace, 4 abr. 2019. Disponível em: <https://carnegieendowment.org/2019/04/04/fate-of-secularism-in-india-pub-78689>. Acesso em: 19 abr. 2023.

11. Ver Dolf Sternberger, *Verfassungspatriotismus*. Frankfurt: Insel Verlag, 1990, e Jürgen Habermas, "Eine Art Schadensabwicklung", *Die Zeit*, v. 29, 11 jul. 1986, p. 40. Disponível em: <www.zeit.de/1986/29/eine-art-schadensabwicklung>. Acesso em: 19 abr. 2023.

12. Alguns escritores gostam de distinguir cuidadosamente nacionalismo e patriotismo. Acreditam que o nacionalismo é mau, pois necessariamente implica que um país é superior aos demais. O patriotismo, por outro lado, consiste no amor ao país, sem inveja de outras nações. Temo que isso seja simplista demais. Mesmo no que tem de pior, o nacionalismo pode inspirar um propósito comum. E, mesmo no que tem de melhor, o patriotismo pode ser instrumentalizado. Embora eu concorde muito mais fortemente com os objetivos e aspirações dos pensadores que, historicamente, se apresentaram como patriotas do que com aqueles que se disseram nacionalistas, preocupa-me que uma distinção muito marcada entre esses dois conceitos nos cegue para uma importante realidade empírica: em vez de serem entidades completamente separadas, patriotismo e nacionalismo são apenas o lado feio e o lado bonito da mesma moeda. Contudo, como a distinção entre nacionalismo e patriotismo é largamente aceita, eu, nas páginas seguintes, sigo a convenção que me é de costume, descrevendo as formas de orgulho coletivo que apoio como "patriotismo" e aquelas que considero preocupantes como "nacionalismo".

13. Ver "Pericles", *Enciclopédia Britânica*. Disponível em: <www.britannica.com/biography/Pericles-Athenian-statesman>. Acesso em: 19 abr. 2023, e

Thomas R. Martin, *Pericles: A Biography in Context*. Cambridge, UK: Cambridge University Press, 2016, p. 155.

14. Sobre os privilégios da cidadania, ver John K. Davies, "Athenian Citizenship: The Descent Group and the Alternatives", *The Classical Journal*, v. 73, n. 2, dez. 1977-jan. 1978, p. 105. Disponível em: <www.jstor.org/stable/i366015>. Acesso em: 19 abr. 2023. Sobre ancestralidade, ver K. R. Walters, "Perikles' Citizenship Law", *Classical Antiquity*, v. 2, n. 2, out. 1983, pp. 316-7. Disponível em: <https://doi.org /10.2307/25010801>. Acesso em: 19 abr. 2023.

15. Ver, por exemplo, "Civitas", *Encyclopaedia Britannica*. Disponível em: <www.britannica.com/topic/civitas>. Acesso em: 19 abr. 2023. "Roman Citizenship", Oxford Reference. Disponível em: <www.oxfordreference.com/view/10.1093/oi/authority.20110803095613737>. Acesso em: 26 set. 2021, e "Africa", *Enciclopédia Britânica*. Disponível em: <www.britannica.com/place/Africa>. Acesso em: 19 abr. 2023.

16. Idi Amin expulsou todos os sul-asiáticos, a maioria dos quais eram muçulmanos. Sobre Uganda, ver, por exemplo, Reem Shaddad, "Uganda's Asian Exodus: Rose-Tinted Memories and Current Realities", Al Jazeera, 19 jun. 2018. Disponível em: <www.aljazeera.com/features/2018/6/19/uganda-sasian-exodus-rose-tinted-memories-and-current-realities>. Acesso em: 19 abr. 2023, e "1972: Asians Given 90 Days to Leave Uganda", BBC, 7 ago. 1972. Disponível em: <http://news.bbc.co.uk/onthisday/hi/dates/stories/august/7/newsid_2492000/2492333.stm>. Acesso em: 19 abr. 2023. Sobre Bangladesh, ver Ajaz Ashraf, "Interview: Hindus in Bangladesh Have Faced Ethnic Cleansing Since 1947", Scroll.in, 17 set. 2017. Disponível em: <https://scroll.in/article/847725/interview-hindus-in-bangladesh-have-faced-ethnic-cleansing-since-1947>. Acesso em: 19 abr. 2023.

17. As exceções mais importantes à regra são nações, como a Índia ou os Estados Unidos, fundadas com base em uma forma de patriotismo cívico. Discutirei isso com mais detalhes mais adiante neste capítulo.

18. Ver, por exemplo, David Whitehead, "Aristotle the Metic", *Proceedings of the Cambridge Philological Society*, v. 21, n. 201, jan. 1975, pp. 94-9. Disponível em: <https://doi.org/10.1017%2FS0068673500003734>. Acesso em: 19 abr. 2023.

19. Para uma influente defesa do modelo republicano cívico de patriotismo, e seu contraste com uma forma étnica de nacionalismo, ver Maurizio Viroli, *For Love of Country: An Essay on Patriotism and Nationalism*. Oxford, UK: Clarendon Press, 2003.

20. Ramachandra Guha, "The Indian Tragedy", *Liberties*, v. 1, n. 1, 2021, p. 65. Disponível em: <https://libertiesjournal.com/articles/issue/volume-01-number-01>. Acesso em: 19 abr. 2023.

21. Ver Habermas, "Eine Art Schadensabwicklung", op. cit., e Jürgen Habermas, *The Crisis of the European Union: A Response*. Cambridge, UK: Polity, 2012. Ver também Jan-Werner Müller, *Constitutional Patriotism*. Princeton, NJ: Princeton University Press, 2007.

22. A realidade, como sempre, é um pouco mais complicada do que a teoria. No curso da história americana, milhões de pessoas se viram excluídas da cidadania plena por conta de seu gênero ou de sua origem étnica. E mesmo países fundados no patriotismo cívico não raro violaram os direitos de outras nações ou deflagraram guerras injustificáveis.

23. Azeem Ibrahim, "Modi's Slide Towards Autocracy", *Foreign Policy*, 13 jul. 2020. Disponível em: <https://foreignpolicy-com.proxy1.library.jhu. edu/2020/07/13/modi-india-hindutva-hindu-nationalism-autocracy>. Acesso em: 19 abr. 2023.

24. "Partisan Antipathy: More Intense, More Personal", Pew Research Center, 10 out. 2019. Disponível em: <www.pewresearch.org/politics/2019/10/10/ how-partisans-view-each-other>. Acesso em: 19 abr. 2023.

25. Chris Cillizza, "Americans Know Literally Nothing about the Constitution", CNN, 13 set. 2017. Disponível em: <www.cnn.com/2017/09/13/politics/ poll-constitution/index.html>. Acesso em: 19 abr. 2023.

26. John Major, "Mr. Major's Speech to Conservative Group for Europe, 22 April 1993", The Rt. Hon. Sir John Major KG CH, 22 abr. 1993. Disponível em: <https://johnmajorarchive.org.uk/1993/04/22/mr-majors-speech-to-conservative-group-for-europe-22-april-1993>. Acesso em: 19 abr. 2023. Para algum contexto, ver Frances Perraudin, "How Politicians Have Struggled to Define Britishness", *The Guardian*, 10 jul. 2014. Disponível em: <www.theguardian. com/uk-news/2014/jun/10/how-politicians-have-struggled-to-define-british-ness>. Acesso em: 19 abr. 2023.

27. Conselho Editorial do *Independent*, "Leading Article: What a Lot of Tosh", *Independent*, 24 abr. 1993. Disponível em: <www.independent.co.uk/ voices/leading-article-what-a-lot-of-tosh-1457335.html>. Acesso em: 19 abr. 2023.

28. Quando perguntei ao meu velho amigo e guia para tudo relacionado ao idioma inglês, William Seward, sobre o significado de "*pool fillers*", ele me disse: "Presumo que *pool fillers* sejam pessoas que participam de apostas/ bolões envolvendo o campeonato de futebol. [...] Ironicamente, foi o próprio Major quem liquidou os bolões de futebol quando introduziu a Loteria Nacional em 1994".

29. Orwell, "The Lion and The Unicorn", op. cit.

30. Hamburgo era membro-chave da Liga Hanseática, que também incluía

cidades livres como Stettin na atual Polônia, Estocolmo na atual Suécia e Kaliningrado na atual Rússia. Ver, por exemplo, Donald Harreld, *A Companion to the Hanseatic League*. Leiden: Brill, 2015.

31. Offenburg era parte da zona francesa de ocupação depois da Segunda Guerra Mundial. Ver "Strasbourg History", French Moments. Disponível em: <https://frenchmoments.eu/strasbourg-history>. Acesso em: 19 abr. 2023.

32. Cliff Goddard e Anna Wierzbicka, "Cultural Scripts: What Are They and What Are They Good For?", *Intercultural Pragmatics*, v. 1, n. 2, jan. 2004, p. 157. Disponível em: <http://dx.doi.org/10.1515/iprg.2004.1.2.153>. Acesso em: 19 abr. 2023.

33. Goddard e Wierzbicka, "Cultural Scripts", op. cit., p. 157.

34. Ver, por exemplo, "Umfrage: Das essen die Deutschen am liebsten", *Volksstimme*, 22 jul. 2013. Disponível em: <www.volksstimme.de/leben/gesundheit/umfrage-das-essen-die-deutschen-am-liebsten-549578#:~:text=Damit%20liegt%20der%20SPD%2DKanzlerkandidat,auf%20fast%20acht%20Kilo%20Nudeln>. Acesso em: 19 abr. 2023, e Shireen Khalil, "Germany's Favourite Fast Food", bbc, 9 fev. 2017. Disponível em: <www.bbc.com/travel/story/20170203-germanys-favourite-fast-food>. Acesso em: 19 abr. 2023.

35. Claire Nowak, "This Is Officially America's Favorite Food — It's Not Burgers", *Reader's Digest*, 20 mar. 2019. Disponível em: <www.tasteofhome.com/article/this-is-officially-americas-favorite-food-its-not-burgers/>. Acesso em: 24 abr. 2023.

36. Ver, por exemplo, Frankie Allan, "In Pictures: South Asian Culture in Scotland over 30 Years", bbc, 9 dez. 2018. Disponível em: <www.bbc.com/news/uk-scotland-46291009>. Acesso em: 19 abr. 2023, e Sonal Nerukar, "Kilt Meets Kirpan", *The Times of India*, 21 set. 2014. Disponível em: <https://timesofindia.indiatimes.com/home/Sunday-times/deep-focus/kilt-meets-kirpan/articleshow/43047014.cms>. Acesso em: 19 abr. 2023.

37. Orwell, "The Lion and the Unicorn", op. cit.

6. OS MUITOS DEVEM VIRAR UM SÓ? [pp. 154-72]

1. Neil Larry Shumsky, "Zangwill's 'The Melting Pot': Ethnic Tensions on Stage", *American Quarterly*, v. 27, n. 1, mar. 1975, p. 29. Disponível em: <www.jstor.org/stable/i327424>. Acesso em: 19 abr. 2023.

2. Israel Zangwill, *The Melting-Pot: Drama in Four Acts*. Nova York: Macmillan, 1909, p. 40.

3. Ibid., p. 47.

4. Ibid., p. 150.

5. Ibid., p. 37.

6. Ibid., p. 37.

7. Ibid., p. 37.

8. Ibid., p. 38.

9. Ibid., p. 18.

10. Ibid., pp. 143-5.

11. Ibid., p. 98.

12. Ibid., pp. 160-5.

13. Ibid., p. 166.

14. Ibid., p. 173.

15. Ibid., pp. 173-4.

16. Ibid., p. 192.

17. Ibid., p. 193.

18. Ibid., p. 197.

19. Ibid., p. 197.

20. Ibid., p. 197.

21. Shumsky, "Zangwill's 'The Melting Pot': Ethnic Tensions on Stage", op. cit., pp. 29-41.

22. Ver, por exemplo, Mike Wallace, "Against the 'Melting Pot' Metaphor", *Lit Hub*, 30 out. 2017. Disponível em: <https://lithub.com/against-the-melting-pot-metaphor/>. Acesso em: 9 maio 2023, William Booth, "The Myth of the Melting Pot: One Nation, Indivisible: Is it History?", *Washington Post*, 22 fev. 1998. Disponível em: <www.washingtonpost.com/wp-srv/national/longterm/meltingpot/melt0222.htm>. Acesso em: 20 abr. 2023, e Timothy Egan, "A Narrative Shattered by Our National Crack-up", *New York Times*, 27 out. 2017. Disponível em: <www.nytimes.com/2017/10/27/opinion/the-national-crackup.html>. Acesso em: 20 abr. 2023.

23. Ver Elizabeth M. Grievo et al., "The Size, Place of Birth, and Geographic Distribution of the Foreign-Born Population in the United States: 1960 to 2010", Departamento do Censo dos Estados Unidos. Population Division Working Paper n. 96, out. 2012. Disponível em: <www.census.gov/content/dam/Census/library/working-papers/2012/demo/POP-twps0096.pdf>. Acesso em: 19 abr. 2023, e Campbell Gibson e Kay Jung, "Historical Census Statistics on The Foreign-Born Population of The United States: 1850 To 2000", Departamento do Censo dos Estados Unidos. Population Division Working Paper n. 81, fev. 2006, p. 37. Disponível em: <www.census.gov/content/dam/Census/library/working-papers/2006/demo/POP-twps0081.pdf>. Acesso em: 19 abr. 2023.

24. Sidney Ratner, "Horace M. Kallen and Cultural Pluralism", *Modern Ju-*

daism, v. 4, n. 2, maio 1984, pp. 185-200. Disponível em: <www.jstor.org/stable/i260692>. Acesso em: 19 abr. 2023.

25. Sobre o mosaico e a tigela de salada, ver, por exemplo, Julia Higgins, "The Rise and Fall of the American 'Melting Pot'", *The Wilson Quarterly*, dez. 2015. Disponível em: <www.wilsonquarterly.com/quarterly/_/the-rise-and-fall-of-the-american-melting-pot>. Acesso em: 19 abr. 2023.

26. Para as defesas filosóficas clássicas do multiculturalismo, ver Will Kymlicka, *Multicultural Citizenship: A Liberal Theory of Minority Rights*. Oxford, UK: Clarendon Press, 1995, e Charles Taylor e Amy Gutmann, *Multiculturalism: Examining the Politics of Recognition*. Princeton, NJ: Princeton University Press, 1994.

27. Sobre a Alemanha, ver Yascha Mounk, *A Stranger in My Own Country: A Jewish Family in Modern Germany*. Nova York: Farrar, Straus and Giroux, 2014, p. 200. Sobre a Itália, ver Demetrios G. Papademetriou e Kimberly A. Hamilton, *Converging Paths to Restriction: French, Italian, and British Responses to Immigration*. Washington, DC: Carnegie Endowment for International Peace, 1996, capítulo 3.

28. Sobre a oposição às mudanças culturais causadas pela imigração no mais alto nível da política europeia, ver, por exemplo, Carl Altaner, "The Weight of Public Opinion: Tracing the Social and Political Genealogy of the British Nationality Act 1981", Universidade de Oxford: Centro de Migração, Política e Sociedade, Working Paper n. 152, 2020, pp. 17-8, e Claus Hecking, "Kohl Wanted Half of Turks Out of Germany", *Der Spiegel*, 1º ago. 2013. Disponível em: <www.spiegel.de/international/germany/secret-minutes-chancellor-kohl-wanted-halfof-turks-out-of-germany-a-914376.html>. Acesso em: 19 abr. 2023.

29. Isso também se refletia nas políticas culturais tanto em termos nacionais quanto europeus. Ver, por exemplo, Oriane Calligaro, "From 'European Cultural Heritage' to 'Cultural Diversity'? The Changing Core Values of European Cultural Policy", *Politique Européenne*, v. 45, n. 3, 2014, pp. 60-85. Disponível em: <www.cairn.info/revue-politique-europeenne-2014-3-page-60.htm>. Acesso em: 19 abr. 2023.

30. "The Integration Debate in Germany: Is Multi-Kulti Dead?", *The Economist*, 22 out. 2010. Disponível em: <www.economist.com/newsbook/2010/10/22/is-multi-kulti-dead>. Acesso em: 19 abr. 2023. Ver também seções sobre Claudia Roth em Yascha Mounk, "How a Teen's Death Became a Political Weapon", *New Yorker*, 21 jan. 2019. Disponível em: <www.newyorker.com/magazine/2019/01/28/how-a-teens-death-has-become-a-political-weapon>. Acesso em: 19 abr. 2023.

31. "Cool Britannia", *The Economist*, 12 mar. 1998. Disponível em: <www.economist.com/leaders/1998/03/12/cool-britannia>. Acesso em: 20 abr. 2023.

32. Ver, por exemplo, Arend Lijphart, "Typologies of Democratic Systems", *Comparative Political Studies Journal*, v. 1, n. 1, abr. 1968, pp. 7-44. Disponível em: <https://doi.org/10.2307/421322>. Acesso em: 20 abr. 2023, e Chandran Kukathas, "Cultural Toleration", *Nomos*, v. 39, 1997, p. 94. Disponível em: <www.jstor.org/stable/24219972>. Acesso em: 19 abr. 2023.

33. Ver, por exemplo, "Facts about Faith Schools", *The Guardian*, 14 nov. 2001. Disponível em: <www.theguardian.com/education/2001/nov/14/schools.uk2>. Acesso em: 20 abr. 2023, e Emily Dugan, "Inside Britain's First Hindu State-Funded Faith Schools", *The Independent*, 10 fev. 2014. Disponível em: <www.independent.co.uk/news/education/education-news/inside-britain-s-first-hindu-state-funded-faith-school-1711566.html>. Acesso em: 20 abr. 2023.

34. Ver Tony Halpin, "Islamic Schools Are Threat to National Identity", *The Sunday Times*, 18 jan. 2005. Disponível em: <www.thetimes.co.uk/article/islamic-schools-are-threat-to-national-identity-says-ofsted-tmhw6w2sgtb>. Acesso em: 19 abr. 2023, e Rebecca Smithers, "Anger at Muslim Schools Attack", *The Guardian*, 18 jan. 2005. Disponível em: <www.theguardian.com/uk/2005/jan/18/schools.faithschools>. Acesso em: 20 abr. 2023.

35. Anthea Lipsett, "MPs to Voice Concerns over Faith Schools", *The Guardian*, 2 jan. 2008. Disponível em: <www.theguardian.com/education/2008/jan/02/schools.faithschools>. Acesso em: 19 abr. 2023.

36. Toby Helm e Mark Townsend, "Taxpayers' Cash Should Not Be Used to Fund Faith Schools, Say Voters", *The Guardian*, 14 jun. 2014. Disponível em: <www.theguardian.com/education/2014/jun/14/taxpayers-should-not-fund-faith-schools?guni=Keyword:news-grid%20main-1%20Main%20trailblock:Editable%20trailblock%20-%20news:Position2>. Acesso em: 20 abr. 2023.

37. Dave Hill, "Labour's Tower Hamlets Win Is Deserved, but John Biggs Cannot Be Complacent", *The Guardian*, 12 jun. 2015. Disponível em: <www.theguardian.com/commentisfree/2015/jun/12/labour-tower-hamlets-lutfurrahman-john-biggs>. Acesso em: 20 abr. 2023.

38. Oscar Rickett, "London's Most Controversial Mayor Got Kicked Out of Office for Corruption", *Vice*, 24 abr. 2015. Disponível em: <www.vice.com/en/article/yvxz95/lutfur-rahman-kicked-out-corruption-399>. Acesso em: 20 abr. 2023.

39. Hill, "Labour's Tower Hamlets Win Is Deserved, but John Biggs Cannot Be Complacent", op. cit. Para mais detalhes sobre Rahman, ver também Ed Davey, "Tower Hamlets Election Case Witnesses 'Intimidated'", BBC, 31 out. 2014. Disponível em: <www.bbc.com/news /uk-england-london-29850569>. Acesso em: 20 abr. 2023.

40. Renée Kool e Sohail Wahedi, "Criminal Enforcement in the Area of Female Genital Mutilation in France, England and the Netherlands: A Comparative Law Perspective", *International Law Research*, v. 3, n. 1, abr. 2014, pp. 1-15. Disponível em: <https://dx.doi.org/10.2139/ssrn.2433554>. Acesso em: 20 abr. 2023, e Richard Orange e Alexandra Topping, "FGM Specialist Calls for Gynecological Checks for All Girls in Sweden", *The Guardian*, 27 jun. 2014. Disponível em: <www.theguardian.com/society/2014/jun/27/female-genital-mutilation-fgm-specialist-sweden-gynaecological-checks-children>. Acesso em: 20 abr. 2023.

41. Orange e Topping, "FGM Specialist Calls for Gynecological Checks for All Girls in Sweden", op. cit.

42. Ellen Gruenbaum, *The Female Circumcision Controversy: An Anthropological Perspective*. Philadelphia: University of Pennsylvania Press, 2001.

43. Orange e Topping, "FGM Specialist Calls for Gynecological Checks for All Girls in Sweden", op. cit.

44. Quanto mais você pensa sobre ela, menos acolhedora parece a metáfora da salada. Ninguém quer comer uma salada completamente seca — ou feita basicamente de croutons. Os ingredientes de uma salada podem até manter um pouco do seu caráter original. Mas, para que a salada seja saborosa, alguém precisa fazer um molho saboroso e selecionar os ingredientes — e a proporção entre eles — com muito cuidado. Levada a sério, a salada sugere uma visão estranhamente paranoica de como democracias diversificadas poderiam funcionar. Os políticos teriam de monitorar cuidadosamente que tipo de grupos de imigrantes seriam adicionados à mistura existente, para que um deles não viesse a predominar, colidir com grupos existentes ou fazer a tigela transbordar? E seria preciso impor algum tipo de cultura compartilhada para amarrar bem o prato? (Objeções semelhantes se aplicam aos mosaicos, que podem consistir em muitos elementos diferentes, mas que devem ser organizados com o máximo cuidado para que formem um todo coerente.) É claro que poucas metáforas funcionam se as tomamos literalmente. Mas as dificuldades provenientes do mundo real que resultam quando as democracias pensam em si mesmas como compostas por diferentes elementos que mal precisam se comunicar são muito mais difíceis de ignorar.

7. UMA VIDA GENUINAMENTE COMPARTILHADA É POSSÍVEL? [pp. 173-97]

1. Há muitas maneiras diferentes de responder a cada uma das questões que hoje são amplamente debatidas, e muitas outras formas de combinar cada uma dessas diferentes respostas em uma visão geral. O número de futuros pos-

síveis é grande, e qualquer tentativa de condensá-los em alguns modelos básicos — como faço aqui — será necessariamente incompleta. No entanto, acredito que grande parte do debate público é agora ocupado por três conjuntos mais amplos de perspectivas que têm certa coerência interna. Mesmo que não capturem a posição de cada um dos participantes desses debates, eles constituem "tipos ideais" úteis que podem ajudar a elucidar o conjunto básico de opções para o futuro das democracias diversificadas.

2. A descrição de Benjamin Jahn Zschocke e dos protestos de extrema direita em Chemnitz é retirada de um artigo publicado originalmente na *The New Yorker*: Yascha Mounk, "How a Teen's Death Became a Political Weapon", *New Yorker*, 21 jan. 2019. Disponível em: <www.newyorker.com/magazine/2019/01/28/how-a-teens-death-has-become-a-political-weapon>. Acesso em: 20 abr. 2023.

3. Rachel Donadio, "The New Populist Playbook", *The Atlantic*, 5 set. 2019. Disponível em: <www.theatlantic.com/international/archive/2019/09/matteo-salvini-italy-populist-playbook/597298>. Acesso em: 20 abr. 2023.

4. Brooke Seipel, "Trump: 'Make America Great Again' Slogan 'Was Made Up by Me'", *The Hill*, 2 abr. 2019. Disponível em: <https://thehill.com/homenews/administration/437070-trump-make-america-great-again-slogan-was-made-up-by-me>. Acesso em: 20 abr. 2023.

5. Sobre a Europa Central, ver, por exemplo, "Multiculturalism Doesn't Work in Hungary, Says Orban", Reuters, 3 jun. 2015. Disponível em: <www.reuters.com/article/us-hungary-orban/multiculturalism-doesnt-work-in-hungary-says-orban-idUSKBN0OJ0T920150603>. Acesso em: 20 abr. 2023, e Kata Karath, "Viktor Orbán's Bigoted Vision Leaves Me Ashamed to Be Hungarian", *The Guardian*, 7 mar. 2021. Disponível em: <www.theguardian.com/commentisfree/2018/mar/07/hungary-young-national-pride-viktor-orban-europe>. Acesso em: 20 abr. 2023. Sobre o Leste Asiático, ver, por exemplo, Alanna Schubach, "The Case for a More Multicultural Japan", Al Jazeera, 12 nov. 2014. Disponível em: <http://america.aljazeera.com/opinions/2014/11/multiculturalismjapanantikoreanprotests.html>. Acesso em: 20 abr. 2023.

6. Nick Cumming-Bruce e Steven Erlanger, "Swiss Ban Building of Minarets on Mosques", *New York Times*, 29 nov. 2009. Disponível em: <www.nytimes.com/2009/11/30/world/europe/30swiss.html>. Acesso em: 20 abr. 2023.

7. Ver "Legal Restrictions on Religious Slaughter in Europe", The Law Library of Congress, mar. 2018. Disponível em: <www.loc.gov/law/help/religious-slaughter/religious-slaughter-europe.pdf>. Acesso em: 20 abr. 2023, e "EU Court Backs Ban on Animal Slaughter without Stunning", BBC, 17 dez. 2020.

Disponível em: <www.bbc.com/news/world-europe-55344971>. Acesso em: 20 abr. 2023.

8. Ver William H. Frey, "The Nation Is Diversifying Even Faster Than Predicted, According to New Census Data", Brookings, 1º jul. 2020. Disponível em: <www.brookings.edu/research/new-census-data-shows-the-nation-is-diversifying-even-faster-than-predicted>. Acesso em: 20 abr. 2023, e "Polling Update: Americans Continue to Resist Negative Messages about Immigrants, but Partisan Differences Continue to Grow", National Immigration Forum, 18 set. 2020. Disponível em: <https://immigrationforum.org/article/polling-update-americans-continue-to-resist-negative-messages-about-immigrants-but-partisan-differences-continue-to-grow>. Acesso em: 20 abr. 2023.

9. Termo cunhado por Wesley Yang. Ver, por exemplo, minha entrevista com Wesley Yang, "The Woke Future", *Persuasion*, 6 jan. 2021. Disponível em: <www.persuasion.community/p/the-woke-future>. Acesso em: 20 abr. 2023.

10. Nenhum dos termos existentes para descrever esse movimento é satisfatório. "Woke" é muito polêmico. "Teoria crítica racial" foca demais nas origens acadêmicas do movimento e não captura o fato de que ele também se preocupa profundamente com tópicos afins, como gênero e religião. O que Wesley Yang chamou de "ideologia sucessora" é o mais promissor: tem a vantagem de ser moralmente neutro e de chamar atenção para como a teoria busca suplantar muitos dos princípios que, tradicionalmente, regeram as democracias ocidentais. Contudo, como ele pressupõe equivocadamente que a guerra já acabou, com o novo movimento sagrando-se vitorioso, usarei, então, um termo de minha própria lavra: "ideologia desafiante".

11. Karen Elise Fields e Barbara J. Fields, *Racecraft: The Soul of Inequality in American Life*. Nova York: Verso, 2012.

12. Gayatri Chakravorty Spivak, *The Spivak Reader: Selected Works of Gayatri Chakravorty Spivak*, in: Donna Landry e Gerald MacLean (orgs.). Londres: Taylor & Francis Group, 1995, em especial pp. 204-5.

13. William Shakespeare, *The Merchant of Venice*. Oxford: Clarendon Press, 1993. Citação do ato 3, cena 1.

14. Humans of New York. Disponível em: <www.humansofnewyork. com>. Acesso em: 1º jun. 2021.

15. Citado em Robert Andrews, *The Columbia Dictionary of Quotations*. Nova York: Columbia University Press, 1993, p. 531.

16. David Comer Kidd e Emanuele Castano, "Reading Literary Fiction Improves Theory of Mind", *Science 342*, n. 6156, out. 2013, pp. 377-80. Disponível em: <https://science.sciencemag.org/content/342/6156/377.abstract?sid=-f192d0cc-1443-4bf1-a043- 61410da39519>. Acesso em: 20 abr. 2023.

17. Para uma discussão acadêmica da "epistemologia do ponto de vista", ver, por exemplo, Sandra Harding, "Rethinking Standpoint Epistemology: What's 'Strong Objectivity?'", *The Centennial Review*, v. 36, n. 3, outono de 1992, pp. 437-70. Disponível em: <www.jstor.org/stable/23739232>. Acesso em: 20 abr. 2023. Para uma instância da epistemologia do ponto de vista no discurso público, ver, por exemplo, Lorraine Devon Wilke, "No, White People Will Never Understand the Black Experience", *Huffpost*, 6 dez. 2017. Disponível em: <www.huffpost.com/entry/no-white-people-will-neve_b_7875608>. Acesso em: 20 abr. 2023.

18. Ross Coggins, "The Development Set", 27 jan. 2012. Disponível em: <https://morenewsfromafar.wordpress.com/2012/01/27/the-development-setby-ross-coggins-2>. Acesso em: 20 abr. 2023. O poema continua: "Fotografias em um ângulo na altura dos olhos garantem sutilmente que seu anfitrião se sente em casa com ricos e pobres".

19. Wesley Morris, "For Centuries, Black Music, Forged in Bondage, Has Been the Sound of Complete Artistic Freedom. No Wonder Everybody Is Always Stealing It", *New York Times,* 14 ago. 2019. Disponível em: <www.nytimes.com/interactive/2019/08/14/magazine/music-black-culture-appropriation.html>. Acesso em: 19 abr. 2023.

20. Terry Tang, "Debate Erupts over Halloween Costumes Crossing Racial Lines", PBS, 28 out. 2018. Disponível em: <www.pbs.org/newshour/nation/debate-erupts-over-halloween-costumes-crossing-racial-lines>. Acesso em: 19 abr. 2023.

21. Para discussões filosóficas da apropriação cultural, ver, por exemplo, Richard A. Rogers, "From Cultural Exchange to Transculturation: A Review and Reconceptualization of Cultural Appropriation", *Communication Theory*, v. 16, n. 4, nov. 2006, pp. 474-503. Disponível em: <https://doi.org/10.1111/j.1468-2885.2006.00277.x>. Acesso em: 19 abr. 2023. James O. Young, "Profound Offense and Cultural Appropriation", *The Journal of Aesthetics and Art Criticism*, v. 63, n. 2, primavera 2005, pp. 135-46. Disponível em: <www.jstor.org/stable/3700467>. Acesso em: 19 abr. 2023. Erich Hatala Matthes, "Cultural Appropriation Without Cultural Essentialism?", *Social Theory and Practice*, v. 42, n. 2, abr. 2016, pp. 343-6. Disponível em: <www.jstor.org/stable/24871347>. Acesso em: 19 abr. 2023, e C. Thi Nguyen e Matthew Strohl, "Cultural Appropriation and the Intimacy of Groups", *Philosophical Studies*, v. 176, n. 4, abr. 2019, pp. 981-1002. Disponível em: <https://link.springer.com/article/10.1007/s11098-018-1223-3>. Acesso em: 19 abr. 2023. Para uma exploração jornalística, ver Rivka Galchen e Anna Holmes, "What Distinguishes Cultural Exchange from Cultural Appropriation?", *New York Times*, 8 jun. 2017. Disponível em:

<www.nytimes.com/2017/06/08/books/review/bookends-cultural-appropriation.html>. Acesso em: 19 abr. 2023.

22. Carolina Moreno, "Portland Burrito Cart Closes after Owners Are Accused of Cultural Appropriation", *Huffpost*, 25 maio 2017. Disponível em: <www.huffpost.com/entry/portland-burrito-cart-closes-after-owners-are-accused-of-cultural-appropriation_n_5926ef7ee4b062f96a348181>. Acesso em: 20 abr. 2023.

23. Mira Miller, "New Toronto Clothing Store Ditches Broth Bar after Cultural Appropriation Complaints", *blogTo*, nov. 2020. Disponível em: <https://www.blogto.com/eat_drink/2020/11/toronto-clothing-store-ditches-broth-bar-cultural-appropriation-complaints>. Acesso em: 20 abr. 2023.

24. Raul A. Reyes, "Hispanic Republicans? Yep, and They're Here to Stay, Says Author Geraldo Cadava", NBC, 2 jun. 2020. Disponível em: <www.nbcnews.com/news/latino/hispanic-republicans-yep-they-re-here-stay-says-author-geraldo-n1215556>. Acesso em: 20 abr. 2023. Jessica Fulton e Ryan Pougiales, "A Nuanced Picture of What Black Americans Want in 2020", *Third Way*, 30 dez. 2019. Disponível em: <http://thirdway.imgix.net/pdfs/a-nuanced-picture-of-what-black-americans-want-in-2020.pdf>. Acesso em: 20 abr. 2023.

25. Shekhar Gupta, "India Has a New Political Divide — Majority Kanwarias vs Elite Halloweeners", *The Print*, 10 nov. 2018. Disponível em: <https://theprint.in/national-interest/kanwarias-vs-halloweeners-indias-new-political-faultline/147733>. Acesso em: 20 abr. 2023.

26. Aditya Sharma, "India's Modi Gets Invitation for Valentine's Day from Citizenship Law Protesters", DW, 14 fev. 2020. Disponível em: <www.dw.com/en/indias-modi-gets-invitation-for-valentines-day-from-citizenship-law-protesters/a-52376124>. Acesso em: 20 abr. 2023.

27. M. E. Schauff, "Collecting and Preserving Insects and Mites: Techniques and Tools", U.S. Department of Agriculture: Agricultural Research Service, Publication no. 84791 Systematic Entomology Laboratory, USDA and National Museum of Natural History, NHB, Washington, DC, 1998. Disponível em: <www.ars.usda.gov/ARSUserFiles/80420580/CollectingandPreservingInsectsandMites/collpres.pdf>. Acesso em: 20 abr. 2023.

28. Elias Leight, "Lil Nas X's 'Old Town Road' Was a Country Hit. Then Country Changed Its Mind", *Rolling Stone*, 26 mar. 2019. Disponível em: <www.rollingstone.com/music/music-features/lil-nas-x-old-town-road-810844>. Acesso em: 20 abr. 2023.

29. Para uma defesa filosófica sutil da necessidade desse tipo de grupo, especialmente no contexto dos afro-americanos, ver Tommie Shelby, *We Who*

Are Dark: The Philosophical Foundations of Black Solidarity. Cambridge, MA: Harvard University Press, 2009.

8. RAZÕES PARA OTIMISMO [pp. 204-34]

1. Sobre a França, ver Eric Zemmour, *Le Suicide Francais.* Paris: Albin Michel, 2015, e Eleanor Beardsley, "A French Best- Seller's Radical Argument: Vichy Regime Wasn't All Bad", NPR, 5 nov. 2014. Disponível em: <www.npr. org/2014/11/05/361790018/a-french-best-sellers-radical-argument-vichy-regime-wasnt-all-bad>. Acesso em: 19 abr. 2023. Sobre o Japão, ver Sharin Yamano, *Manga Kenkanryu.* Tóquio: Shin'yūsha, 2011, Leo Lewis, "Neighbor Fails to See Funny Side of Comic", *The Times*, 1º nov. 2005. Disponível em: <www.thetimes.co.uk/article/neighbour-fails-to-see-funny-side-of-comictcjqp-jwdmg7>. Acesso em: 19 abr. 2023, e os livros de Ko Bunyu. Sobre a Alemanha, ver Thilo Sarrazin, *Deutschland Schafft Sich Ab: Wie wir unser Land aufs Spiel setzen.* Munique: DVA, 2010. Sobre os Estados Unidos, ver Ann Coulter, *Adios America: The Left's Plan to Turn Our Country into a Third World Hellhole.* Nova York: Regnery, 2015.

2. Tanto pessimistas à esquerda quanto à direita expressam alguma versão das duas primeiras alegações, embora culpando fatores diferentes. A terceira alegação é defendida, em geral, pela direita.

3. "Europe's Largest Wastewater Project Gets Boost by KSB Pumps", *Waterworld*, 7 abr. 2017. Disponível em: <www.waterworld.com/international/wastewater/article/16203176/europes-largest-wastewater-project-gets-boost-by-ksb-pumps>. Acesso em: 19 abr. 2023.

4. A descrição de Lamya Kaddor é baseada em artigo que publiquei originalmente na *Harper's Magazine.* Yascha Mounk, "Echt Deutsch", *Harper's Magazine*, abr. 2017. Disponível em: <https://harpers.org/archive/2017/04/echtdeutsch>. Acesso em: 19 abr. 2023.

5. Ver "German Population of Migrant Background Rises to 21 Million", DW, 28 jul. 2020. Disponível em: <www.dw.com/en/german-population-of-migrant-background-rises-to-21-million/a-54356773>. Acesso em: 19 abr. 2023, e "Germany: In 20 years, 1 in 3 People Will Have Migrant Roots", DW, 11 abr. 2019. Disponível em: <www.dw.com/en/germany-in-20-years-1-in-3-people-will-have-migrant-roots/a-51101172>. Acesso em: 19 abr. 2023.

6. Ver Catherine Edwards, "What Does It Mean to Be a 'New Italian'? The Question Facing a Divided Italy", *The Local*, 21 jul. 2017. Disponível em: <www. thelocal.it/20170721/who-are-the-new-italians-second-generation-childrenmi-

grants-ius-soli-citizenship>. Acesso em: 19 abr. 2023, e AFP, "'We're Italian Too': Second-Generation Migrants Renew Calls for Citizenship", *The Local*, 25 ago. 2020. Disponível em: <www.thelocal.it/20200825/were-italian-too-second-ge-neraton-immigrants-renew-calls-for-citizenship>. Acesso em: 19 abr. 2023.

7. Philip Olterman, "Switzerland Puzzles over Citizenship Test after Life-long Resident Fails", *The Guardian*, 18 jul. 2017. Disponível em: <www.theguar-dian.com/world/2017/jul/18/switzerland-puzzles-over-citizenship-test-after lifelong-resident-fails>. Acesso em: 19 abr. 2023.

8. Bruce Stokes, "What It Takes to Be Truly 'One of Us: 3. Birthright Natio-nality'", Pew Research Center, 1º fev. 2017. Disponível em: <www.pewresearch.org/global/2017/02/01/birthright-nationality>. Acesso em: 19 abr. 2023.

9. Marta Maria Maldonado, "'It Is Their Nature to Do Menial Labour': The Racialization of 'Latino/a Workers' by Agricultural Employers", *Ethnic and Racial Studies*, v. 32, n. 6, jul. 2009, pp. 1017-36. Disponível em: <http://dx.doi.org/10.1080/01419870902802254>. Acesso em: 19 abr. 2023.

10. Ros Taylor, "'I Want to Try and Tell Them the Facts': Adolescents Chal-lenging the Negative Stereotypes of Polish migration", *LSE Blog*, 24 jun. 2019. Disponível em: <https://blogs.lse.ac.uk/brexit/2019/06/24/i-want-to-try-and-tell-them-the-facts-adolescents-challenging-the-negative-stereotypes-of-po-lish-migration>. Acesso em: 19 abr. 2023.

Um fenômeno semelhante ajuda a limitar também as perspectivas de um dos grupos minoritários de maior sucesso nos Estados Unidos. Graças a suas no-táveis conquistas educacionais e seu sucesso econômico, os asiático-americanos são frequentemente celebrados como "minoria-modelo". Mas como Wesley Yang relatou, eles geralmente atingem um teto. Vistos como se carecessem de certas características intangíveis necessárias para posições de liderança, as comissões de admissão de faculdades os descartam como tendo "má personalidade" e as grandes corporações negam-lhes a promoção a cargos de liderança. Na América corporativa, escreveu Yang em um ensaio viral de 2011 na *New York Magazine*, há "muitos asiáticos em níveis iniciantes, alguns na gerência intermediária e pra-ticamente nenhum nos escalões mais altos de governança". Wesley Yang, "Paper Tigers", *New York Magazine*, 6 maio 2011. Disponível em: <https://nymag.com/news/features/asian-americans-2011-5>. Acesso em: 19 abr. 2023.

11. Sarrazin, *Deutschland Schafft Sich Ab: Wie wir unser Land aufs Spiel*, op. cit.

12. "Die Auswertung der Einschulungsstatistik ergab, dass 2045 noch 48 Prozent, 2075 lediglich 30 Prozent und 2105 gar nur noch 20 Prozent der Ein-schüler für den muttersprachlichen Unterricht das Fach Deutsch wählten", tre-cho em: Thilo Sarrazin, "Deutschland in 100 Jahren — Traum oder Albtraum",

Bild, 28 ago. 2010. Disponível em: <www.bild.de/politik/2010/deutschlandin-100-jahren-traum-oder-albtraum-13775464.bild.html>. Acesso em: 19 abr. 2023.

13. Samuel P. Huntington, "The Hispanic Challenge", *Foreign Policy*, mar. 2004. Disponível em: <https://foreignpolicy.com/2009/10/28/the-hispanic-challenge>. Acesso em: 19 abr. 2023.

14. Stokes, "What It Takes to Be Truly 'One of Us'", op. cit.

15. Comparados aos latinos e asiáticos, os afro-americanos há muito tendem a ser vistos como "verdadeiramente americanos". A maioria dos americanos brancos traça sua chegada ao Novo Mundo aos séculos XIX ou XX, ao passo que a maioria dos afro-americanos tem pelo menos alguns ancestrais que foram trazidos à força para o país quando a República Americana foi fundada no final do século XVIII. Assim, enquanto a maioria dos outros grupos minoritários está sempre sujeita a receber ordens de "voltar para onde você veio", mesmo os mais intolerantes e racistas costumam conceder aos afro-americanos a cortesia de reconhecer que, com exceção dos nativos americanos, eles têm um dos argumentos mais contundentes sobre o direito de viver no país. Obviamente, porém, isso não os protege de outras formas de discriminação, que são em muitos aspectos ainda mais perniciosas. Para uma discussão sobre o desafio específico que eles representam para uma visão otimista do estado atual de democracias diversificadas, ver o final da próxima seção, sobre "A discrepância no emprego e na educação".

16. Ver Alex Nowrasteh e Andrew C. Forrester, "Immigrants Recognize American Greatness: Immigrants and Their Descendants Are Patriotic and Trust America's Governing Institutions", 4 fev. 2019, CATO Institute. Disponível em: <www.cato.org/publications/immigration-research-policy-brief/immigrants-recognize-american-greatness-immigrants>. Acesso em: 19 abr. 2023, e Zaid Jilani, "Immigrants Are Far More Patriotic Than the Right Fears or the Left Hopes", *Persuasion*, 29 jul. 2020. Disponível em: <www.persuasion.community/p/immigrants-are-far-more-patriotic>. Acesso em: 19 abr. 2023.

17. Ver, por exemplo, Richard Alba, "Bilingualism Persists, but English Still Dominates", Migration Policy Institute, 1º fev. 2005. Disponível em: <www.migrationpolicy.org/article/bilingualism-persists-english-still-dominates>. Acesso em: 19 abr. 2023, Michael Skapinker, "Immigrants' Descendants Lose the Language — Sadly", *Financial Times*, 14 maio 2019. Disponível em: <www.ft.com/content/d16f54b6-730f-11e9-bbfb-5c68069fbd15>. Acesso em: 19 abr. 2023, e David Cho, "Separated by a Wall of Words", *Washington Post*, 11 abr. 2001. Disponível em: <www.washingtonpost.com/archive/politics/2001/04/11/

separated-by-a-wall-of-words/ed1cb1d3-18ed-4c0b-ac2a-da629399f68f>. Acesso em: 19 abr. 2023.

18. Mark Hugo Lopez, Jens Manuel Krogstad e Antonio Flores, "Most Hispanic Parents Speak Spanish to Their Children but This Is Less the Case in Later Immigrant Generations", Pew Research Center, 2 abr. 2018. Disponível em: <www.pewresearch.org/fact-tank/2018/04/02/most-hispanic-parents-speak-spanish-to-their-children-but-this-is-less-the-case-in-later-immigrant-generations>. Acesso em: 19 abr. 2023.

19. Para ser claro, não é nem de longe um bem inquestionável que imigrantes das gerações seguintes percam o domínio do idioma de seus ancestrais. Embora há poucas décadas muitos educadores ainda aconselhassem os imigrantes a não falarem com seus filhos em sua língua materna, o consenso pedagógico, felizmente, passou a favorecer a educação multilíngue. Meu ponto aqui é, simplesmente, que uma das grandes preocupações expressas pelos oponentes do grande experimento — que os descendentes de imigrantes jamais se integrarão ou jamais aprenderão a língua local — é fortemente desmentida pelas evidências.

20. Maurice Crul e Jens Schneider, "The Second Generation in Europe: Education and the Transition to the Labor Market", TIES: The Integration of the European Second Generation University of Amsterdam, jun. 2009. Disponível em: <www.migrationpolicy.org/pubs/Crul2010.pdf>. Acesso em: 20 abr. 2023.

21. Anthony Heath e Wouter Zwysen, "The European Union: Entrenched Disadvantage? Intergenerational Mobility of Young Natives with a Migration Background", em OECD, *Catching Up? Country Studies on Intergenerational Mobility and Children of Immigrants*. Paris: OECD Publishing, 2018, p. 145. Disponível em: <https://doi.org/10.1787/9789264301030-en>. Acesso em: 20 abr. 2023.

22. "Migrant Integration Statistics — at Risk of Poverty and Social Exclusion", European Commission, jan. 2021. Disponível em: <https://ec.europa.eu/eurostat/statistics-explained/index.php?title=Migrant_integration_statistics_-_at_risk_of_poverty_and_social_exclusion>. Acesso em: 20 abr. 2023.

23. "Finding the Way: A Discussion of the Swedish Migrant Integration System", OECD, jul. 2014, pp. 5-7. Disponível em: <www.oecd.org/migration/swedish-migrant-intergation-system.pdf>. Acesso em: 20 abr. 2023. Alguns grupos de imigrantes têm-se saído especialmente mal. Só um de cada quatro imigrantes da Somália tem emprego fixo.

24. "New CSI Research Reveals High Levels of Job Discrimination Faced by Ethnic Minorities in Britain", Centre for Social Investigation, Nuffield College, Oxford, 18 jan. 2019. Disponível em: <http://csi.nuff.ox.ac.uk/?p=1299>. Acesso em: 20 abr. 2023.

25. Sobre o Japão, ver Jonathon Baron, "Mass Attitudes and Discrimination Against Hypothetical Job Candidates in Japan: A Resume- based Survey Experiment", Yale University, 19 jun. 2020. Disponível em: <https://papers.ssrn.com/sol3/papers.cfm?abstract_id=3631838>. Acesso em: 20 abr. 2023. Sobre a Suíça, ver Eva Zschirnt e Rosita Fibbi, "Do Swiss Citizens of Immigrant Origin Face Hiring Discrimination in the Labour Market?", fev. 2019, Working Paper n. 20 em "NCCR — The Migration-Mobility Nexus". Disponível em: <https://cadmus.eui.eu/handle/1814/65726>. Acesso em: 20 abr. 2023. Sobre os Países Baixos, ver Iris Andriessen, Eline Nievers e Jaco Dagevos, "Ethnic Discrimination in the Dutch Labor Market: Its Relationship with Job Characteristics and Multiple Group Membership", *Work and Occupations*, v. 39, n. 3, ago. 2012, pp. 237-69. Disponível em: <https://journals.sagepub.com/doi/10.1177/0730888412444783>. Acesso em: 20 abr. 2023. Sobre os Estados Unidos, ver Lincoln Quillian, Devah Pager, Ole Hexel e Arnfinn H. Midtbøen, "Meta-Analysis of Field Experiments Shows No Change in Racial Discrimination in Hiring over Time", *Proceedings of the National Academy of Sciences*, v. 114, n. 41, set. 2017, pp. 10870-5. Disponível em: <http://dx.doi.org/10.1073/pnas.1706255114>. Acesso em: 20 abr. 2023.

26. Ver Coulter, *Adios America*; Zemmour, *Le Suicide Francais*, op. cit., e os livros de Ko Bunyu. Embora Bunyu seja de Taiwan, ele escreve principalmente para o público japonês. Ver, por exemplo, Julian Ryall, "China Should Pay Its Respects at Japan's Yasukuni Shrine, says Taiwan author Ko Bunyu", *South China Morning Post*, 24 abr. 2015. Disponível em: <www.scmp.com/news/asia/article/1774876/taiwanese-author-ko-bunyu-says-china-should-pay-its-respects-japans>. Acesso em: 20 abr. 2023.

27. Ver, por exemplo, Sander L. Gilman, "Thilo Sarrazin and the Politics of Race in the Twenty-First Century", *New German Critique*, v. 39, n. 3, 2012, pp. 47-59. Disponível em: <https://doi.org/10.2307/j.ctvss3xg0.10>. Acesso em: 20 abr. 2023.

28. Para um resumo dos debates na França, ver, por exemplo, Catherine Fieschi, "Muslims and the Secular City: How Right-Wing Populists Shape the French Debate over Islam", Brookings, 28 fev. 2020. Disponível em: <www.brookings.edu/research/muslims-and-the-secular-city-how-right-wing-populists-shape-the-french-debate-over islam/#cancel>. Acesso em: 20 abr. 2023.

29. Prasun Sonwalkar, "Indians Earn More Than White British Employees in UK, Says Report", *Hindustan Times*, 9 jul. 2019. Disponível em: <www.hindustantimes.com/india-news/indians-earn-more-than-whites-in-uk-says-report/story-qd02npVJaFvVjzFvXtQa4I.html>. Acesso em: 20 abr. 2023.

30. Mark J. Perry, "Chart of the Day", American Enterprise Institute, 17

mar. 2016. Disponível em: <www.aei.org/carpe-diem/chart-of-the-day-4>. Acesso em: 20 abr. 2023.

31. Doris Oberdabernig e Alyssa Schneebaum, "Catching up? The Educational Mobility of Migrants' and Natives' Children in Europe", *Applied Economics*, v. 49, n. 37, 2017, p. 3716. Disponível em: <https://doi.org/10.1080/00036846.2016.1267843>. Acesso em: 20 abr. 2023. Dos onze países estudados, as duas exceções foram Estônia e Letônia. As descobertas também se confirmaram em países como Bélgica, Alemanha, França e Reino Unido. Outras fontes de dados sugerem conclusões semelhantes. Enquanto apenas um em cada oito casais de imigrantes sahelianos na França possui diplomas que os qualificam para estudar na universidade, por exemplo, quase metade de seus filhos conclui o ensino médio. Ver Cris Beauchemin, "Chapter 2: France: Intergenerational mobility outcomes of natives with immigrant parents", *Catching Up? Country Studies on Intergenerational Mobility and Children of Immigrants*. OECD, 2017. Disponível em: <www.oecd-ilibrary.org/sites/9789264301030-4-en/index.html?itemId=/content/component/9789264301030-4-en>. Acesso em: 20 abr. 2023.

Da mesma forma, no Reino Unido, crianças de minorias étnicas cujos pais são pobres agora têm grande probabilidade de ir para a universidade. Em Londres, duas em cada três crianças chinesas pobres, três em cada cinco crianças pobres bengalesas e indianas e uma em cada duas crianças negras africanas pobres embarcam em cursos superiores. Ver Tony Sewell, Maggie Aderin-Pocock e Aftab Chughtai et al., "Commission on Race and Ethnic Disparities: The Report", Comissão do Governo do Reino Unido, mar. 2021, p. 93. Disponível em: <https://assets.publishing.service.gov.uk/government/uploads/system/uploads/attachment_data/file/974507/20210331_-_CRED_Report_-_FINAL_-_Web_Accessible.pdf>. Acesso em: 20 abr. 2023.

O mesmo acontece na América do Norte. No Canadá, imigrantes de primeira e segunda geração são mais propensos a ir para a faculdade do que canadenses cujos ancestrais estão no país há mais de três gerações. Ver Martin Turcotte, "Education and Labour Market Outcomes of Children With An Immigrant Background By Their Region Of Origin", Statistics Canada: Ethnicity, Language and Immigration Thematic Series, 15 nov. 2019. Disponível em: <www150.statcan.gc.ca/n1/en/pub/89-657-x/89-657-x2019018-eng.pdf?st=b-wLMozx8>. Acesso em: 20 abr. 2023.

32. Ran Abramitzky, Leah Platt Boustan, Elisa Jácome e Santiago Pérez, "Intergenerational Mobility of Immigrants in the US over Two Centuries", Comitê Nacional de Pesquisa Econômica, Working Paper 26408, out. 2019, p. 30. Disponível em: <www.nber.org/papers/w26408>. Acesso em: 20 abr. 2023.

33. Ibid., p. 31.

34. Eileen Patten, "Racial, Gender Wage Gaps Persist in U.S. Despite Some Progress", Pew Research Center, 1º jul. 2016. Disponível em: <www.pewresearch.org/fact-tank/2016/07/01/racial-gender-wage-gaps-persist-in-u-s-despite-some-progress>. Acesso em: 20 abr. 2023.

35. Kriston McIntosh, Emily Moss, Ryan Nunn e Jay Shambaugh, "Examining the Black-White Wealth Gap", Brookings, 27 fev. 2020. Disponível em: <www.brookings.edu/blog/up-front/2020/02/27/examining-the-black-whitewealth-gap>. Acesso em: 20 abr. 2023.

36. Valerie Wilson, "Racial Disparities in Income and Poverty Remain Largely Unchanged Amid Strong Income Growth in 2019", Economic Policy Institute, 16 set. 2020. Disponível em: <www.epi.org/blog/racial-disparities-inincome-and-poverty-remain-largely-unchanged-amid-strong-income-growth-in-2019>. Acesso em: 20 abr. 2023.

37. "Criminal Justice Fact Sheet", NAACP. Disponível em: <www.naacp.org/criminal-justice-fact-sheet>. Acesso em: 20 abr. 2023.

38. Tom LoBianco e Ashley Killough, "Trump Pitches Black Voters: 'What the Hell Do You Have to Lose?'", CNN, 19 ago. 2016. Disponível em: <www.cnn.com/2016/08/19/politics/donald-trump-african-american-voters/index.html>. Acesso em: 20 abr. 2023.

39. "Racial Disparities in Income Mobility Persist, Especially for Men", Opportunity Insights. Disponível em: <https://opportunityinsights.org/race>. Acesso em: 26 set. 2021.

40. Emily Badger, Claire Cain Miller, Adam Pearce e Kevin Quealy, "Income Mobility Charts for Girls, Asian-Americans and Other Groups. Or Make Your Own", *New York Times*, 27 mar. 2018. Disponível em: <www.nytimes.com/interactive/2018/03/27/upshot/make-your-own-mobility-animation.html>. Acesso em: 20 abr. 2023. Para encontrar esse resultado, colocar "Follow the lives of [black boys and girls] and [black boys and girls] from [poor] households, using their [individual] incomes as adults and including kids of [only native-born mothers]".

Ver também Raj Chetty, Nathaniel Hendren, Maggie R. Jones e Sonya R. Porter, "Race and Economic Opportunity in the United States: An Intergeracional Perspective", NBER Working Paper n. 24441, mar. 2018. Disponível em: <www.nber.org/system/files/working_papers/w24441/w24441.pdf>. Acesso em: 20 abr. 2023.

41. Badger, Miller, Pearce e Quealy, "Income Mobility Charts for Girls, Asian-Americans and Other Groups. Or Make Your Own", op. cit. Para encontrar esse resultado, colocar: "Follow the lives of [white girls] and [black girls]

from [poor] households, using their [individual] incomes as adults and including kids of [only native-born mothers]".

42. Departamento do Censo dos Estados Unidos, "Historical Income Tables: People", Tabela do: "Historical Income Tables: Income Inequality, Table H-1. Income Limits for Each Fifth and Top 5 Percent [Black]". Disponível em: <www2.census.gov/programs-surveys/cps/tables/time-series/historical-income-households/h01b.xlsx>. Acesso em: 10 maio 2023. Comparar também com Departamento do Censo dos Estados Unidos: "Historical Income Tables: People, Table P-1Total CPS Population and Per Capita Income [Black]". Disponível em: <www2.census.gov/programs-surveys/cps/tables/time-series/historical-income-people/p01b.xlsx>. Acesso em: 10 maio 2023. Note-se que cito os dados de "Black Alone or In Combination", que incluem entrevistados que abarcam múltiplas raças, incluindo negros. Os dados para "Black Alone", que excluem afro-americanos definidos como multirraciais, mostram resultados muito similares.

43. "Black Men in America Are Living almost as Long as White Men", *The Economist*, 15 jun. 2019. Disponível em: <www.economist.com/united-states/2019/06/15/black-men-in-america-are-living- almost-as-long-as-whitemen>. Acesso em: 10 maio 2023.

44. Thomas B. Edsall, "How Strong Is America's Multiracial Democracy?", *New York Times*, 1º set. 2021. Disponível em: <www.nytimes.com/2021/09/01/opinion/us-multiracial-democracy.html>. Acesso em: 10 maio 2023.

45. Nas descrições a seguir, pinto um retrato dos fatos mais representativos sobre as condições socioeconômicas dos afro-americanos. Alguns deles se aplicam a mais da metade da população. Outros se aplicam a uma pluralidade. (Por exemplo, 46% dos americanos negros têm assistência médica patrocinada pelo empregador, com o restante consistindo em uma gama de pessoas que contratam serviços de seguro de saúde no mercado aberto, são elegíveis para Medicare ou Medicaid ou não têm plano de saúde.)

46. Alana Semuels, "No, Most Black People Don't Live in Poverty — or Inner Cities", *The Atlantic*, 12 out. 2016. Disponível em: <www.theatlantic.com/business/archive/2016/10/trump-african-american-inner-city/503744>. Acesso em: 10 maio 2023.

47. Jennifer Cheeseman Day, "88% of Blacks Have a High School Diploma, 26% a Bachelor's Degree", Departamento do Censo dos Estados Unidos, 10 jun. 2020, "Gap Narrower Among the Young". Disponível em: <www.census.gov/library/stories/2020/06/black-high-school-attainment-nearly-on-par-with-national-average.html>. Acesso em: 10 maio 2023.

48. Ver "Report: Labor Force Characteristics by Race and Ethnicity", Departamento Americano de Estatísticas do Trabalho, out. 2019, especialmente a

seção sobre "indústria". Disponível em: <www.bls.gov/opub/reports/race-and-ethnicity/2018/home.htm>. Acesso em: 10 maio 2023.

49. Bobbi M. Bittker, "Racial and Ethnic Disparities in Employer-Sponsored Health Coverage", American Bar Association, 8 set. 2020. Disponível em: <www.americanbar.org/groups/crsj/publications/human_rights_magazine_home/health-matters-in-elections/racial-and-ethnic-disparities-in-employer-sponsored-health-coverage>. Acesso em: 10 maio 2023.

50. Ver, por exemplo, Kim Parker, Rich Morin e Juliana Menasce Horowitz, "America in 2050", Pew Research Center, 21 mar. 2019. Disponível em: <www.pewresearch.org/social-trends/2019/03/21/america-in-2050>. Acesso em: 10 maio 2023, Russel Berman, "As White Americans Give Up on the American Dream, Blacks and Hispanics Embrace It", *The Atlantic*, 4 set. 2015. Disponível em: <www.theatlantic.com/politics/archive/2015/09/the-surprising-optimism-of-african-americans-and-latinos/401054>. Acesso em: 10 maio 2023, e Carol Graham, "Why Are Black Poor Americans More Optimistic Than White Ones?", Brookings, 30 jan. 2018. Disponível em: <www.brookings.edu/articles/why-are-black-poor-americans-more-optimistic-than-white-ones>. Acesso em: 10 maio 2023.

51. "Learning Together: What Happens When Students from Universities and Prisons Learn Together?", Universidade de Cambridge. Disponível em: <www.ccgsj.crim.cam.ac.uk/research/learning-together-what-happens-whenstudents-from-universities-and-prisons-learn-together>. Acesso em: 1º jun. 2021.

52. "Fishmongers' Hall: Usman Khan Described Education Project as 'Kind of Family'", BBC, 23 abr. 2021. Disponível em: <www.bbc.com/news/ukengland-london-56858078>. Acesso em: 10 maio 2023.

53. "Fishmongers' Hall: Usman Khan Unlawfully Killed Cambridge Graduates", BBC, 30 maio 2021. Disponível em: <www.bbc.com/news/uk-englandlondon-57260509>. Acesso em: 10 maio 2023.

54. "Fishmongers' Hall: Usman Khan Described Education Project as 'Kind of Family'", op. cit.

55. Sebastian Shukla, Nicole Chavez e Hollie Silverman, "This Is What We Know about London Bridge Stabbing Suspect Usman Khan", CNN, 30 nov. 2019. Disponível em: <www.cnn.com/2019/11/29/europe/london-bridge-stabbing-suspect-what-we-know/index.html>. Acesso em: 10 maio 2023.

56. Sobre a França, ver, por exemplo, "Paris Attacks: Who Were the Attackers?", BBC, 27 abr. 2016. Disponível em: <www.bbc.com/news/world-europe-34832512>. Acesso em: 10 maio 2023. Sobre a Alemanha, ver, por exemplo, Marcel Fürstenau, "Berlin Islamist Terror Attack: A Deadly Story of Failure", DW,

28 dez. 2020. Disponível em: <www.dw.com/en/berlin-islamist-terror-attack-a-deadly-story-of-failure/a-55990942>. Acesso em: 10 maio 2023. Sobre o Reino Unido, ver, por exemplo, "London Attack: Who Were the Attackers?", BBC, 28 jun. 2017. Disponível em: <www.bbc.com/news/uk-40173157>. Acesso em: 10 maio 2023. Sobre os Estados Unidos, ver, por exemplo, "Profile: Who Is Boston Bomber Dzhokhar Tsarnaev?", BBC, 8 abr. 2015. Disponível em: <www.bbc.com/news/world-us-canada-31734557>. Acesso em: 10 maio 2023.

57. Nancy Isenson, "Bombs, Shootings Are a Part of Life in Swedish City Malmo", DW, 23 nov. 2019. Disponível em: <www.dw.com/en/bombs-shooting-sare-a-part-of-life-in-swedish-city-malmo/a-51337737>. Acesso em: 10 maio 2023.

58. Richard Orange, "Bombs and Blood Feuds: The Wave of Explosions Rocking Sweden's Cities", *The Guardian*, 25 jan. 2020. Disponível em: <www.theguardian.com/world/2020/jan/25/bombs-blood-feuds-malmo-explosions-rocking-swedens-cities>. Acesso em: 11 maio 2023.

59. Ver Yascha Mounk, "Figures of Division", *New Yorker*, 28 jan. 2019. Disponível em: <www.newyorker.com/magazine/2019/01/28/how-a-teens-death-has-become-a-political-weapon>. Acesso em: 10 maio 2023. Ver também "Migrant Crisis: Migration to Europe Explained in Seven Charts", BBC, 4 mar. 2016. Disponível em: <www.bbc.com/news/world-europe-34131911>. Acesso em: 10 maio 2023.

60. Mounk, "Figures of Division", op. cit.

61. "Charlie Hebdo Attack: France Seeks Long Jail Terms in Paris Trial", BBC, 8 dez. 2020. Disponível em: <www.bbc.com/news/55231200>. Acesso em: 10 maio 2023.

62. Alyson Hurt e Ariel Zambelich, "3 Hours in Orlando: Piecing Together an Attack and Its Aftermath", NPR, 26 jun. 2016. Disponível em: <www.npr.org/2016/06/16/482322488/orlando-shooting-what-happened-update>. Acesso em: 10 maio 2023.

63. "Islam Not Compatible with German Constitution, Says AfD Party", Reuters, 17 abr. 2016. Disponível em: <www.reuters.com/article/us-germany-afd-islam/islam-not-compatible-with-german-constitution-says-afd-party-i-dUSKCN0XE0T0>. Acesso em: 10 maio 2023.

64. Ver "Fishmongers' Hall Porter 'Stabbed Usman Khan with Spear'", BBC, 20 abr. 2021. Disponível em: <www.bbc.com/news/uk-england-london-56815632>. Acesso em: 10 maio 2023, e Daniel Tilles, "Polish Hero Who Confronted London Bridge Terrorist to Be Given Top British Honour", *Notes from Poland*, 26 dez. 2019. Disponível em: <https://notesfrompoland.

com/2019/12/26/polish-hero-who-confronted-london-bridge-terrorist-to-be-given-top-british-honour>. Acesso em: 10 maio 2023.

65. Louise Couvelaire, "After the Conflans Attack, Many Imams Condemn the Assassination of Samuel Paty", *Le Monde*, 19 out. 2020. Disponível em: <www.lemonde.fr/societe/article/2020/10/19/apres-l-attentat-de-conflans-de-nombreux-imams-condamnent-l-assassinat-de-samuel-paty_6056566_3224.html>. Acesso em: 24 abr. 2023.

66. No Reino Unido, por exemplo, 84% dos muçulmanos disseram que é "sempre errado" se valer de "extremismo violento para protestar contra coisas que eles consideram muito injustas ou erradas". O número para os cristãos foi de 88%. Quando questionados especificamente sobre a violência com justificativas religiosas, um número ainda maior de muçulmanos britânicos rejeitou a ideia, com 92% deles dizendo que é "sempre errado" que as pessoas usem "extremismo violento em nome de uma religião para protestar ou alcançar um objetivo".

67. John Mueller e Mark G. Stewart, "Terrorism and Bathtubs: Comparing and Assessing the Risks", *Terrorism and Political Violence*, v. 33, n. 1, 2021, pp. 138-63. Disponível em: <https://doi.org/10.1080/09546553.2018.1530662>. Acesso em: 10 maio 2023.

9. DEMOGRAFIA NÃO É DESTINO [pp. 235-56]

1. Sam Roberts, "Minorities in us Set to Become Majority by 2042", *New York Times*, 14 ago. 2008. Disponível em: <www.nytimes.com/2008/08/14/world/americas/14iht-census.1.15284537.html>. Acesso em: 10 maio 2023.

2. Dudley Poston, "The U.S. White Majority Will Soon Disappear Forever", *Houston Chronicle*, 30 abr. 2019. Disponível em: <www.houstonchronicle.com/local/gray-matters/article/The-US-white-majority-will-soon-disappear-forever-13806738.php>. Acesso em: 10 maio 2023.

3. Pavithra Mohan, "How the End of the White Majority Could Change Office Dynamics in 2040", *Fast Company*, 27 jan. 2020. Disponível em: <www.fastcompany.com/ 90450018/how-the-end-of-the-white-majority-could-change-office-dynamics-in-2040>. Acesso em: 10 maio 2023.

4. Considerando que, para o propósito dessas projeções, os "hispânicos brancos" contam como as chamadas pessoas de cor, algo na casa das dezenas de milhões de pessoas com ascendência total ou predominantemente europeia estão incluídas nessa categoria. O único grupo racial quase totalmente excluído da categoria são os árabes, que contam como brancos, embora a maioria seja oriunda do continente asiático. (Como existem alguns árabes na América La-

tina, e alguns deles migraram para a América, um número muito pequeno de árabes, tecnicamente, contaria como "pessoas de cor".)

5. Ver Norimitsu Onishi, "The Man Behind a Toxic Slogan Promoting White Supremacy", *New York Times*, 20 set. 2019. Disponível em: <www.nytimes.com/2019/09/20/world/europe/renaud-camus-great-replacement.html>. Acesso em: 10 maio 2023, e Scott Sayare, "French Provocateur Enters Battle Over Comments", *New York Times,* 11 fev. 2011. Disponível em: <www.nytimes.com/2011/02/12/world/europe/12zemmour.html>. Acesso em: 10 maio 2023.

6. Ver Lauretta Charlton, "What Is the Great Replacement?", *New York Times*, 6 ago. 2019, e Nellie Bowles, "'Replacement Theory,' a Racist, Sexist Doctrine, Spreads in Far-Right Circles", *New York Times*, 18 mar. 2019. Disponível em: <www.nytimes.com/2019/03/18/technology/replacement-theory.html>. Acesso em: 10 maio 2023.

7. Esta não é uma lista completa de todos os fatores relevantes. A expectativa de vida e a idade em que as pessoas têm filhos, por exemplo, também afetam esses modelos.

8. "22% of Americans Have a Relative in a Mixed-Race Marriage", Pew Research Center, 4 mar. 2006. Disponível em: <www.pewresearch.org/social-trends/2006/03/14/guess-whos-coming-to-dinner>. Acesso em: 10 maio 2023.

9. Kim Parker, Juliana Menasce Horowitz, Rich Morin e Mark Hugo Lopez, "Multiracial in America", Pew Research Center, 11 jun. 2015. Disponível em: <www.pewresearch.org/social-trends/2015/06/11/multiracial-in-america>. Acesso em: 10 maio 2023.

10. Gretchen Livingston e Anna Brown, "Intermarriage in the us: 50 Years after Loving v. Virginia", Pew Research Center, 17 maio 2018. Disponível em: <www.pewresearch.org/social-trends/2017/05/18/intermarriage-in-the-u-s-50-years-after-loving-v-virginia>. Acesso em: 10 maio 2023. Enquanto a oposição ao casamento inter-racial costumava ser mais forte entre os brancos, agora é mais forte entre os afro-americanos. De acordo com o Pew Research Center, por exemplo, os entrevistados negros eram duas vezes mais propensos do que os entrevistados brancos a dizer que "o casamento entre pessoas de raças diferentes" é, em geral, "uma coisa ruim". Gretchen Livingston e Anna Brown, "Public Views on Intermarriage", Pew Research Center, 18 maio 2017. Disponível em: <www.pewresearch.org/social-trends/2017/05/18/2-public-views-on-intermarriage/#americans-are-now-much-more-open-to-the-idea-of-a-close-relative-marrying-someone-of-a-different-race>. Acesso em: 10 maio 2023.

11. Gretchen Livingston, "The Rise of Multiracial and Multiethnic Babies in the U.S.", Pew Research Center, 6 jun. 2017. Disponível em: <www.pewresear-

ch.org/fact-tank/2017/06/06/the-rise-of-multiracial-and-multiethnic-babies-in-the-u-s>. Acesso em: 10 maio 2023.

12. Livingston e Brown, "Intermarriage in the US: 50 Years after Loving v. Virginia", op. cit.

13. Edward Eric Telles e Vilma Ortiz, *Generations of Exclusion: Mexican Americans, Assimilation, and Race*. Nova York: Russell Sage Foundation, 2008, p. 281.

14. Richard Alba, "The Likely Persistence of a White Majority", *The American Prospect*, 11 jan. 2016. Disponível em: <https://prospect.org/civil-rights/likely-persistence-white- majority>. Acesso em: 10 maio 2023. Ver também a excelente e profunda análise do Pew Charitable Trust: Parker, Menasce Horowitz, Morin e Hugo Lopez, "Multiracial in America", op. cit.

A única exceção digna de nota são crianças miscigenadas que têm um progenitor negro. Enquanto os americanos miscigenados de ascendência asiática são muito propensos a "dizer que têm mais em comum com os brancos" (Alba, "The Likely Persistence of a White Majority"), Pew relata que aqueles com ascendência africana "têm um conjunto de experiências, atitudes e interações sociais muito mais alinhadas com a comunidade negra". Parker, Menasce Horowitz, Morin e Hugo Lopez, "Multiracial in America", op. cit.

Isto não surpreende. Nos Estados Unidos, historicamente, pessoas escravizadas seriam consideradas negras — e teriam seus direitos civis negados — mesmo que tivessem apenas um bisavô negro. Esse legado ainda condiciona as concepções americanas sobre quem é considerado negro hoje. Mas é um erro supor que a "regra da gota única" tenha um poder igualmente forte sobre outros grupos étnicos. As projeções do Departamento do Censo dos Estados Unidos estão, simplesmente, equivocadas ao dar por certo que a experiência histórica dos afro-americanos anuncia o comportamento futuro da maioria dos americanos miscigenados.

15. Renne Stepler e Anna Brown, "2014, Hispanics in the United States Statistical Portrait", 19 abr. 2016, Pew Research Center. Disponível em: <www.pewresearch.org/hispanic/2016/04/19/2014-statistical-information-on-hispanics-in-united-states>. Acesso em: 10 maio 2023.

16. Sandra L. Colby e Jennifer M. Ortman, "Projections of the Size and Composition of the U.S. Population: 2014 to 2060", Departamento do Censo dos Estados Unidos, Current Population Reports, P25-1143, mar. 2015. Disponível em: <www.census.gov/content/dam/Census/library/publications/2015/demo/p25-1143.pdf>. Acesso em: 10 maio 2023.

17. Ver Colby e Ortman, "Projections of the Size and Composition of the U.S. Population: 2014 to 2060", op. cit., p. 9. Segundo a projeção, haverá 285

milhões de brancos no país até 2060, dos quais 182 milhões serão brancos não hispânicos. Note-se que uma combinação de fatores, incluindo uma mudança na redação do formulário do Censo e uma maior capacidade de codificar respostas manuscritas, resultou em um aumento significativo na proporção de hispânicos que se consideram miscigenados ou não brancos no Censo de 2020. Ver Sabrina Tavernise, Tariro Mzezewa e Giulia Heyward, "Behind the Surprising Jump in Multiracial Americans, Several Theories", *New York Times*, 13 ago. 2021. Disponível em: <www.nytimes.com/2021/08/13/us/census-multiracial-identity.html>. Acesso em: 10 maio 2023. Ver também Sabrina Tavernise e Robert Gebeloff, "Census Shows Sharply Growing Numbers of Hispanic, Asian and Multiracial Americans", *New York Times*, 12 ago. 2021. Disponível em: <www.nytimes.com/2021/08/12/us/us-census-population-growth-diversity.html>. Acesso em: 10 maio 2023.

18. Ian Hany Lopez e Tory Gavito, "This Is How Biden Should Approach the Latino Vote", *The New York Times*, 18 set. 2020. Disponível em: <https://www.nytimes.com/2020/09/18/opinion/biden-latino-vote-strategy.html>. Acesso em: 10 maio 2023.

19. Colby e Ortman, "Projections of the Size and Composition of the U.S. Population: 2014 to 2060", op. cit.

20. Por comparação, brancos têm uma renda média de 76 057 dólares. Ver Valerie Wilson, "Racial Disparities in Income and Poverty Remain Largely Unchanged Amid Strong Income Growth in 2010", Economic Policy Institute, set. 2020. Disponível em: <www.epi.org/blog/racial-disparities-in-income-and-poverty-remain-largely-unchanged-amid-strong-income-growth-in-2019>. Acesso em: 10 maio 2023, Abby Budiman, "Koreans in the U.S. Fact Sheet", Pew Research Center. Disponível em: <www.pewresearch.org/social-trends/fact-sheet/asian-americans-koreans-in-the-u-s>. Acesso em: 10 maio 2023, Abby Budiman, "Chinese in the U.S. Fact Sheet", Pew Research Center. Disponível em: <www.pewresearch.org/social-trends/fact-sheet/asian-americans-chinese-in-the-u-s>. Acesso em: 10 maio 2023, e Abby Budiman, "Indians in the U.S. Fact Sheet", Pew Research Center. Disponível em: <www.pewresearch.org/social-trends/fact-sheet/asian-americans-indians-in-the-u-s>. Acesso em: 10 maio 2023.

21. De acordo com o Departamento de Estatísticas Trabalhistas, mulheres asiáticas com mais de dezesseis anos têm rendimentos semanais médios de 1134 dólares. Entre homens brancos acima dos dezesseis anos, a renda média semanal é de 1118 dólares. "Usual Weekly Earnings of Wage and Salary Workers: First Quarter 2021", Bureau of Labor Statistics. Disponível em: <www.bls.gov/news.release/pdf/wkyeng.pdf>. Acesso em: 10 maio 2023.

22. Abby Budiman e Neil G. Ruiz, "Key Facts about Asian Americans, a Diverse and Growing Population", 29 abr. 2021, Pew Research Center. Disponível em: <www.pewresearch.org/fact-tank/2021/04/29/key-facts-about-asian-americans>. Acesso em: 10 maio 2023.

23. "Admissions Statistics", Harvard College. Disponível em: <https://college.harvard.edu/admissions/admissions-statistics>. Acesso em: 10 maio 2023, e "UC Berkeley Fall Enrollment Data for New Undergraduates", UC Berkeley. Disponível em: <https://opa.berkeley.edu/uc-berkeley-fall-enrollment-data-newundergraduates>. Acesso em: 10 maio 2023. (O corpo estudantil da graduação é 41,8% de asiático-americanos. Destes, 11,8% são estudantes estrangeiros, incluindo uma boa porção de chineses. Outros 4,2% dos estudantes se recusaram a revelar sua etnia.)

24. No outono de 2020, fiz uma pesquisa informal no meu Twitter. Enfatizando que incluía brancos hispânicos, perguntei qual porcentagem da população americana seria branca em 2060, de acordo com as últimas projeções do Departamento do Censo dos Estados Unidos. Mais de 70% dos entrevistados responderam que menos da metade da população seria, sob essa definição, branca. Menos de 5% dos entrevistados acertaram: daqui a quarenta anos, mais de dois terços dos americanos ainda serão brancos.

O resultado dessa pesquisa não é representativo, obviamente; não capta nem de longe o que os americanos médios pensam sobre essa questão. Mas como as pessoas que seguem cientistas políticos nas redes sociais e passam o fim de semana clicando em pesquisas sobre a futura composição demográfica do país são provavelmente muito engajadas politicamente, essa pesquisa revela algo interessante sobre como é equivocada a percepção da classe política americana sobre seu próprio país.

25. Ver Richard Wolf, "Timeline: Same-sex Marriage through the Years", *USA Today*, 24 jun. 2015. Disponível em: <www.usatoday.com/story/news/politics/2015/06/24/same-sex-marriage-timeline/29173703>. Acesso em: 10 maio 2023, e Associated Press, "Voters Pass All 11 Bans on Gay Marriage", NBC, 1º nov. 2004. Disponível em: <www.nbcnews.com/id/wbna6383353>. Acesso em: 10 maio 2023.

26. Associated Press, "Bush Edges Kerry em 'Regular Guy' Poll", NBC, 26 maio 2004. Disponível em: <www.nbcnews.com/id/wbna5067874>. Acesso em: 10 maio 2023.

27. John B. Judis e Ruy A. Teixeira, *The Emerging Democratic Majority*. Nova York: Scribner, 2002.

28. Ibid., p. 35.

29. David Paul Kuhn, "Exit Polls: How Obama Won", *Politico*, 5 nov. 2008.

Disponível em: <www.politico.com/story/2008/11/exit-polls-how-obamawon-015297>. Acesso em: 10 maio 2023.

30. Para alguns ativistas de esquerda, a ideia da inevitável maioria demográfica também continha uma segunda promessa. Visto que os democratas tinham sempre de articular uma ampla coalizão para vencer as eleições, como os estrategistas de campanha acreditavam há muito tempo, os políticos progressistas viam-se sempre obrigados a fazer uma série de concessões. Como muitas de suas políticas são profundamente impopulares entre os eleitores brancos da classe trabalhadora — que, tradicionalmente, constituem o maior segmento da base do partido —, os democratas sempre enfrentaram uma tensão entre pureza ideológica e viabilidade eleitoral.

A teoria da inevitável maioria demográfica aparentemente libertou os democratas de tais restrições. Tocar adiante um programa de políticas profundamente progressistas não lhes parecia correto por uma questão de princípio apenas; era também a maneira mais óbvia de construir a coalizão eleitoral do futuro.

31. Publius Decius Mus (Michael Anton), "The Flight 93 Election", *Claremont Review of Books*, 5 set. 2016. Disponível em: <https://claremontreviewofbooks.com/digital/the-flight-93-election>. Acesso em: 10 maio 2023.

32. Martin Pengelly, "Trump Predicts Demographics Make 2016 'Last Election Republicans Can Win'", *The Guardian*, 9 set. 2016. Disponível em: <www.theguardian.com/us-news/2016/sep/09/trump-demographics-2016-election-republicans-can-win>. Acesso em: 10 maio 2023.

33. Sama Khalid, "The 270 Project: Try to Predict Who Will Win the Election", NPR, 30 jun. 2016. Disponível em: <www.npr.org/2016/06/30/483687093/the-270-project-try-to-predict-who-will-win-the-election>. Acesso em: 10 maio 2023. *Vox* colocou em termos ainda mais duros: "Simplesmente não há, nos Estados Unidos, um número suficiente de pessoas brancas ressentidas, xenófobas e em dificuldade econômica que constitua uma maioria nacional capaz de vencer uma eleição presidencial". David Roberts, "Why I Still Believe Donald Trump Will Never Be President", *Vox*, 30 jan. 2016. Disponível em: <www.vox.com/2016/1/30/10873476/donald-trump-never-president>. Acesso em: 10 maio 2023.

34. As forças demográficas que fizeram de Obama uma potência eleitoral tão grande, previu Teixeira numa triunfante análise pós-eleições publicada em março de 2009, só vão se acelerar nos anos seguintes. Citando o Departamento do Censo dos Estados Unidos, ele apontava que "os Estados Unidos serão um país de minoria majoritária em 2042". Essas tendências demográficas favoráveis, argumentava ele, seriam especialmente pronunciadas em estados que desempenham um papel crucial no colégio eleitoral. Michigan e Pensilvânia,

em particular, logo se caracterizariam por uma nova "hegemonia progressista". No caso, foram esses mesmos estados que deram a vitória a Trump. Ver Ruy Teixeira, "Twenty Years of Demographic, Geographic, and Attitudinal Changes across the Country Herald a New Progressive Majority", Center for American Progress, 11 mar. 2009, p. 20. Disponível em: <www.americanprogress.org/issues/democracy/reports/2009/03/11/5783/new-progressive-america>. Acesso em: 10 maio 2023.

35. Nate Cohn, "How the Obama Coalition Crumbled, Leaving an Opening for Trump", *New York Times*, 23 dez. 2016. Disponível em: <www.nytimes.com/2016/12/23/upshot/how-the-obama-coalition-crumbled-leaving-an-opening-for-trump.html>. Acesso em: 10 maio 2023.

36. Ruy Teixeira, "Democrats Can't Rely on Demographics Alone", Persuasion, 4 jun. 2021. Disponível em: <www.persuasion.community/p/demography-is-not-destiny>. Acesso em: 10 maio 2023.

37. Mark Sherman, "Electoral College Makes It Official: Biden Won, Trump Lost", AP News, 14 de dezembro de 2020. Disponível em: <https://apnews.com/article/joe-biden-270-electoral-college-vote-d429ef97af2bf574d-16463384dc7cc1e>. Acesso em: 10 maio 2023.

38. Ver Nate Cohn, "Why Rising Diversity Might Not Help Democrats as Much as They Hope", *New York Times*, 4 maio 2021. Disponível em: <www.nytimes.com/2021/05/04/us/census-news-republicans-democrats.html>. Acesso em: 10 maio 2023, e Teixeira, "Democrats Can't Rely on Demographics Alone", op. cit.

39. Ver, por exemplo, "Understanding The 2020 Electorate: AP VoteCast Survey", NPR, 21 maio 2021. Disponível em: <www.npr.org/2020/11/03/929478378/understanding-the-2020-electorate-ap-votecast-survey>. Acesso em: 10 maio 2023, Leila Fadel, "Majority of Muslims Voted for Biden, but Trump Got More Support Than He Did in 2016", NPR, 4 dez. 2020. Disponível em: <www.npr.org/2020/12/04/942262760/majority-of-muslims-voted-for-biden-but-trump-got-more-not-less support>. Acesso em: 10 maio 2023, Sean Collins, "Trump Made Gains with Black Voters in Some States. Here's Why", *Vox*, 4 nov. 2020. Disponível em: <www.vox.com/2020/11/4/21537966/trump-black-voters-exit-polls>. Acesso em: 10 maio 2023, e "An Examination of the 2016 electorate, Based on Validated Voters", Pew Research Center. Disponível em: <www.pewresearch.org/politics/2018/08/09/an-examination-of-the-2016-electorate-based-on-validated-voters>. Acesso em: 10 maio 2023.

40. Nicole Narea, "How Latinos in Miami-Dade County Helped Trump Win Florida", *Vox*, 3 nov. 2020. Disponível em: <www.vox.com/policy-and-po-

litics/2020/11/3/21548510/florida-miami-dade-latinos-cuba>. Acesso em: 10 maio 2023.

41. Keith Collins et al., "Hispanic Voters Deliver a Texas Win for Trump", *New York Times*, 10 nov. 2020. Disponível em: <www.nytimes.com/interactive/2020/11/05/us/texas-election-results.html>. Acesso em: 10 maio 2023.

42. Ver, por exemplo, Jose Maria Martin, "Literature Review: Corruption and One-Party Dominance", *Transparency International*, 29 maio 2015. Disponível em: <https://knowledgehub.transparency.org/assets/uploads/helpdesk/Corruption_and_one-party_dominance_2015.pdf>. Acesso em: 10 maio 2023.

43. Barack Obama, "Keynote Address at the 2004 Democratic National Convention", 27 jul. 2004. Disponível em: <https://web.archive.org/web/20080403144623/http://www.barackobama.com/2004/07/27/keynote_address_at_the_2004_de.php>. Acesso em: 10 maio 2023.

44. Há outro problema com essa suposta utopia. Mesmo que as definições do Departamento do Censo dos Estados Unidos estejam corretas, e os netos de Cameron Diaz, Martin Sheen e Snooki se identifiquem devidamente como "pessoas de cor" daqui a quarenta anos, a parcela "branca" ainda constituirá um pouco menos de metade da população dos Estados Unidos. E embora esse grupo possa vir a perder todas as eleições, continuará a exercer muito poder no país. Mesmo não sendo mais capaz de impor sua vontade ao resto da população, certamente será capaz de solapar de todas as formas a maioria ascendente.

45. Richard D. Alba, *The Great Demographic Illusion: Majority, Minority, and the Expanding American Mainstream*. Princeton, Nova Jersey: Princeton University Press, 2020.

46. Bojan Pancevski, "Immigrants and Their Children Shift Towards Center-Right in Germany", *Wall Street Journal*, 9 fev. 2021. Disponível em: <www.wsj.com/articles/immigrants-and-their-children-shift-toward-center-right-in-germany-11612872336>. Acesso em: 10 maio 2023.

47. DiversityUK: "Britain's most ethnically diverse Cabinet ever", 25 jul. 2019. Disponível em: <https://diversityuk.org/britains-most-ethnically-diverse-cabinet-ever>. Acesso em: 10 maio 2023.

48. Maureen A. Craig e Jennifer A. Richeson, "On the Precipice of a 'Majority-Minority' America: Perceived Status Threat from the Racial Demographic Shift Affects White Americans' Political Ideology". *Association for Psychological Science*, v. 25, n. 6, abr. 2014, pp. 1189-97. Disponível em: <http://dx.doi.org/10.1177/0956797614527113>. Acesso em: 10 maio 2023.

10. BOAS POLÍTICAS PÚBLICAS [pp. 257-85]

1. Ver, por exemplo, a "história profunda" sugerida no livro de Arlie Russell Hochschild, *Strangers in Their Own Land: Anger and Mourning on the American Right*. Nova York: The New Press, 2018.

2. Jake Cigainero, "Who Are France's Yellow Vest Protesters, and What Do They Want?", NPR, 3 dez. 2018. Disponível em: <www.npr.org/2018/12/03/672862353/who-are-frances-yellow-vest-protesters-and-what-do-they-want>. Acesso em: 10 maio 2023.

3. Matt Bradley, Mac William Bishop e Marguerite Ward, "'Yellow Vests' Find Support among France's Far-Right and Far-Left — but Can They Win Votes?", NBC, 26 fev. 2019. Disponível em: <www.nbcnews.com/news/world/yellow-vests-find-support-among-france-s-far-right-far-n976021>. Acesso em: 10 maio 2023.

4. "Yellow Vest Protests: More Than 100 Arrested as Violence Returns to Paris", BBC, 16 nov. 2019. Disponível em: <www.bbc.com/news/world-europe-50447733>. Acesso em: 10 maio 2023.

5. Ver Alice Kantor, "Why Are France's Yellow Vest Protests so White?", Al Jazeera, 28 jan. 2019. Disponível em: <www.aljazeera.com/features/2019/1/28/why-are-frances-yellow-vest-protests-so-white>. Acesso em: 10 maio 2023, e Adam Nossiter, "Anti-Semitic Taunts by Yellow Vests Prompt French Soul-Searching", *New York Times*, 18 fev. 2019. Disponível em: <www.nytimes.com/2019/02/18/world/europe/france-antisemitism-yellow-vests-alain-finkielkraut.html>. Acesso em: 10 maio 2023.

6. Para a explicação mais sutil dessa tese, ver James Scott, *Against the Grain: A Deep History of the Earliest States*. New Haven, CT: Yale University Press, 2017.

7. Isso foi caricaturizado perfeitamente pelos Humanitarians of Tinder, website com fotografias desse tipo retiradas de perfis de usuários do aplicativo. Ver <https://humanitariansoftinder.com>. Acesso em: 10 maio 2023.

8. Manuel Funke, Moritz Schularick, Christoph Trebesch, "Going to Extremes: Politics after Financial Crisis, 1870-2014", Center for Economic Studies and Ifo Institute, CESifo Working Paper n. 5553, out. 2015, p. 2. Disponível em: <www.statewatch.org/media/documents/news/2015/oct/financial-crises-cesifo-wp-5553.pdf>. Acesso em: 10 maio 2023.

9. Ibid., p. 35.

10. Brandon Ambrosino, "What the World Values, in One Chart", *Vox*, 29 dez. 2014. Disponível em: <www.vox.com/2014/12/29/7461009/culture-values-world-inglehart-welzel>. Acesso em: 10 maio 2023. Para ver e manusear direta-

mente os dados, acessar o World Values Survey aqui: <www.worldvaluessurvey.org/WVSDocumentationWV7.jsp>. Acesso em: 10 maio 2023.

11. Benjamin M. Friedman, *The Moral Consequences of Economic Growth*. Nova York: Alfred A. Knopf, 2005, p. 4. [Ed. bras.: *As consequências morais do crescimento econômico*. Rio de Janeiro: Record, 2009.]

12. Alan Rappeport e Liz Alderman, "Yellen Aims to Win Support for Global Tax Deal", *New York Times*, 2 jun. 2021. Disponível em: <www.nytimes.com/2021/06/02/us/politics/yellen-global-tax.html>. Acesso em: 10 maio 2023, e Alan Rappeport, "Global Tax Deal Reached among G7 Nations", *New York Times*, 11 jun. 2021. Disponível em: <www.nytimes.com/2021/06/05/us/politics/g7-global-minimum-tax.html>. Acesso em: 10 maio 2023.

13. Noam Scheiber, "The Biden Team Wants to Transform the Economy. Really", *New York Times*, 11 fev. 2021. Disponível em: <www.nytimes.com/2021/02/11/magazine/biden-economy.html>. Acesso em: 10 maio 2023.

14. Para uma influente justificação filosófica da renda básica universal, ver Philippe van Parijs, *Real Freedom for All: What (If Anything) Can Justify Capitalism?* Oxford, UK: Oxford University Press, 1997. Para uma discussão sobre tentativas recentes de implementá-la, ver Sigal Samuel, "Guaranteed Income Is Graduating from Charity to Public Policy", *Vox*, 3 jun. 2021. Disponível em: <www.vox.com/future-perfect/2021/6/3/22463776/guaranteed-universal-basic-income-charity-policy>. Acesso em: 10 maio 2023.

15. Notavelmente, alavancaria o crescimento econômico para a sociedade como um todo, ajudando as democracias diversificadas a gerar crescimento — e receita tributária, necessária para oferecer a seus cidadãos a prosperidade segura.

16. Rich Motoko, Amanda Cox e Matthew Bloch, "Money, Race and Success: How Your School District Compares", *New York Times*, 29 abr. 2016. Disponível em: <www.nytimes.com/interactive/2016/04/29/upshot/money-race-and-success-how-your-school-district-compares.html>. Acesso em: 10 maio 2023.

17. O governo Biden propôs um fundo de 20 bilhões de dólares para ajudar a mitigar as desigualdades de financiamento entre distritos pobres e ricos. Ver Kevin Carey, "Rich Schools, Poor Schools and a Biden Plan", *New York Times*, 9 jun. 2021. Disponível em: <www.nytimes.com/2021/06/09/upshot/biden-s-chool-funding.html>. Acesso em: 10 maio 2023. Para uma visão geral do problema do financiamento desigual das escolas e uma série de propostas para como mitigá-lo, ver Carmel Martin, Ulrich Boser, Meg Benner e Perpetual Baffour, "A Quality Approach to School Funding: Lessons Learned from School Finance Litigation", Center for American Progress, 13 nov. 2018. Disponível em: <www.americanprogress.org/issues/education-k-12/reports/2018/11/13/460397/quality-approach-school-funding>. Acesso em: 10 maio 2023. Fornecer um ensino

de qualidade mais consistente também poderia contribuir para os objetivos cruciais da integração educacional e residencial, pois reduziria os incentivos para residentes brancos afluentes se mudarem para bairros mais ricos depois de seus filhos alcançarem idade escolar.

18. Ver, por exemplo, Theda Skocpol, "Universal Appeal", *The Brookings Review*, v. 9, n. 3, 1991, p. 28. Disponível em: <https://doi.org/10.2307/20080225>. Acesso em: 10 maio 2023, e Theda Skocpol, "Targeting within Universalism: Politically Viable Policies to Combat Poverty in the United States", in: Christopher Jencks e Paul E. Peterson, *The Urban Underclass*. Washington, DC: The Brookings Institution, 1991, pp. 411-36.

19. Isabel Sawhill e Richard V. Reeves, "The Case for 'Race-Conscious' Policies", Brookings, 4 fev. 2016. Disponível em: <www.brookings.edu/blog/social-mobility-memos/2016/02/04/the-case-for-race-conscious-policies>. Acesso em: 10 maio 2023.

20. "Civil Rights, Fair Lending and Consumer Rights Organizations Urge a More Race-Conscious CRA", National Community Reinvestment Coalition, 16 fev. 2021. Disponível em: <https://ncrc.org/civil-rights-fair-lending-and-consumer-rights-organizations-urge-a-more-race-conscious-cra>. Acesso em: 10 maio 2023.

21. Ver Isaac Stanley Becker e Lena H. Sun, "Aiming for Fairness in the Coronavirus Fight", *Washington Post*, 20 dez. 2020. Disponível em: <www.washingtonpost.com/health/2020/12/18/covid-vaccine-racial-equity/>. Acesso em: 10 maio 2023, e Yascha Mounk, "Why I'm Losing Trust in the Institutions", Persuasion, 23 dez. 2020. Disponível em: <www.persuasion.community/p/why-im-losing-trust-in-the-institutions>. Acesso em: 10 maio 2023.

22. Twitter, 10 jan. 2021, 17h55. Disponível em: <https://twitter.com/WhiteHouse/status/1348403213200990209>. Acesso em: 10 maio 2023.

23. Associated Press, "Court Rules against Biden Administration's Use of Race, Sex to Allocated COVID-19 Aid", *The Oregonian*, 28 maio 2021. Disponível em: <www.oregonlive.com/business/2021/05/court-rules-against-using-race-sex-to-allocate-federal-aid.html>. Acesso em: 10 maio 2023. Ver também Zaid Jilani, "What's Race Got to Do with It?", Persuasion, 10 maio 2021. Disponível em: <www.persuasion.community/p/whats-race-got-to-do-with-it>. Acesso em: 10 maio 2023.

24. Ver Hailey Konnath, "6th Circ. Blocks SBA's COVID-19 Loan Priority for Minorities", *Law 360*. Disponível em: <www.law360.com/articles/1389372/6th-circ-blocks-sba-s-covid-19-loan-priority-for-minorities>. Acesso em: 10 maio 2023.

25. Robert Ford e Anouk Kootstra, "Do White Voters Support Welfare

Policies Targeted at Ethnic Minorities? Experimental Evidence from Britain", *Journal of Ethnic and Migration Studies*, v. 43, n. 1, 2017, p. 81. Disponível em: <https://doi.org/10.1080/1369183X.2016.1180969>. Acesso em: 10 maio 2023.

26. Ibid., p. 97.

27. Ibid., p. 85.

28. Ibid., p. 87.

29. Ver, por exemplo, Marc Novicoff, "Stop Marketing Race-Blind Policies as Racial Equity Initiatives", *Slow Boring*, 20 fev. 2020. Disponível em: <http://slowboring.com/p/race-blind-policies-racial-equity>. Acesso em: 10 maio 2023, e Brink Lindsey, "Moderation in Pursuit of Social Justice Is an Indispensable Virtue", Niskanen Center, 20 abr. 2021. Disponível em: <www.niskanencenter.org/moderation-in-pursuit-of-social-justice-is-an-indispensable-virtue>. Acesso em: 10 maio 2023.

30. Micah English e Joshua Kalla, "Racial Equality Frames and Public Policy Support: Survey Experimental Evidence", OSF Preprints, 23 abr. 2021. Disponível em: <https://doi.org/10.31219/osf.io/tdkf3>. Acesso em: 10 maio 2023.

31. Ibid., p. 1.

32. Ibid., tabela A4 e tabela A5. Várias outras pesquisas e estudos chegaram ao mesmo resultado. Quando uma empresa de pesquisa de inclinações esquerdistas apresentou aos eleitores uma proposta para facilitar a construção de moradias multifamiliares em termos universais, por exemplo, obteve forte apoio. Quando o objetivo declarado era "impulsionar o crescimento econômico, pois mais pessoas poderão se mudar para regiões com muitas oportunidades de bons empregos", uma pluralidade de eleitores apoiava a política. Já os eleitores que foram apresentados à mesma proposta, mas com uma justificativa, agora, explicitamente racial, eram significativamente menos propensos a apoiar a medida. Quando informados de que a política era "uma questão de justiça racial", pois os regulamentos atuais "cristalizavam o sistema de segregação racial dos Estados Unidos, impedindo os negros americanos de buscar oportunidades econômicas", a oposição à medida se fortaleceu tanto entre democratas quanto entre republicanos. Ver Jerusalem Demsas, "How to Convince a NIMBY to Build More Housing", *Vox*, 24 fev. 2021. Disponível em: <ww.vox.com/22297328/affordable-housing-nimby-housing-prices-rising-poll-data-for progress>. Acesso em: 10 maio 2023.

33. Para um exemplo de política de base racial que provavelmente deu errado ao prejudicar o próprio grupo cujos interesses pretendia favorecer, ver Mounk, "Why I'm Losing Trust in the Institutions", op. cit.

34. Para uma das melhores análises da ascensão de Berlusconi ao poder,

ver Alexander Stille, *The Sack of Rome: Media + Money + Celebrity = Power = Silvio Berlusconi*. Nova York: Penguin, 2007.

35. Ian Fisher, "Berlusconi Changes Rules to His Benefit", *New York Times*, 15 dez. 2005. Disponível em: <www.nytimes.com/2005/12/15/world/europe/berlusconi-changes-rules-to-his-benefit.html>. Acesso em: 10 maio 2023.

36. "Italy Moves to Change Electoral System", *New York Times*, 13 out. 2005. Disponível em: <www.nytimes.com/2005/10/13/world/europe/italy-moves-to-change-electoral-system.html>. Acesso em: 10 maio 2023.

37. Elisabetta Povoledo, "An Overseas Surprise for Berlusconi", *New York Times*, 13 abr. 2006. Disponível em: <www.nytimes.com/2006/04/13/world/europe/an-overseas-surprise-for-berlusconi.html>. Acesso em: 10 maio 2023.

38. Corinne Deloy, "The Left Wins Both Houses in Italian Parliamentary Elections in a Ballot Marked by Much Confusion and Division in the Country", Robert Schuman Fondation, 12 abr. 2006. Disponível em: <www.robert-schuman.eu/en/eem/0513-the-left-wins-both-houses-in-italian-parliamentary-elections-in-a-ballot-marked-by-much-confusion-and-division-in-the-country>. Acesso em: 10 maio 2023.

39. "Top Court Confirms Prodi's Win in Italian Election", *The New York Times*, 19 abr. 2006. Disponível em: <www.nytimes.com/2006/04/19/world/europe/top-court-confirms-prodis-win-in-italian-election.html>. Acesso em: 10 maio 2023.

40. Lee Drutman, *Breaking the Two-Party Doom Loop: The Case for Multiparty Democracy in America*. Nova York: Oxford University Press USA, 2020. Para um projeto de lei, ver "The Fair Representation Act", Fair Vote. Disponível em: <www.fairvote.org/fair_rep_in_congress#why_rcv_for_congress>. Acesso em: 26 set. 2021.

41. Ver, por exemplo, Quinta Jurecic e Susan Hennessey, "The Reckless Race to Confirm Amy Coney Barrett Justifies Court Packing", *The Atlantic*, 4 out. 2020. Disponível em: <www.theatlantic.com/ideas/archive/2020/10/skeptic-case-court-packing/616607>. Acesso em: 10 maio 2023, e Adam Serwer, "The Supreme Court Is Helping Republicans Rig Elections", *The Atlantic*, 22 out. 2020. Disponível em: <www.theatlantic.com/ideas/archive/2020/10/dont-letsupreme-court-choose-its-own-electorate/616808>. Acesso em: 10 maio 2023. Em abril de 2021, democratas seniores, incluindo Jerrold Nadler, presidente do Comitê Judiciário da Câmara, apresentaram ao Congresso uma lei cujo objetivo descarado era encher a Suprema Corte de correligionários. Carl Hulse, "Democrats' Supreme Court Expansion Plan Draws Resistance", *New York Times*, 15 abr. 2021. Disponível em: <www.nytimes.com/2021/04/15/us/politics/democrats-supreme-court-expansion.html>. Acesso em: 10 maio 2023.

42. Há uma legião de exemplos de fracassos desse tipo. Em 1950, por exemplo, a Associação Americana de Ciência Política convocou os mais eminentes acadêmicos da época para discutir os problemas que assolavam as instituições dos Estados Unidos. O relatório deles concluiu que o país sofria por ter dois partidos políticos sem um perfil ideológico claro. Seria muito melhor, eles sugeriram, se democratas e republicanos discordassem mais fortemente sobre as questões-chave do dia.

Nas décadas seguintes, esse desejo se tornou realidade. Tornando mais fácil para os americanos votarem em políticos que representassem seus valores centrais, essas mudanças tiveram, sem dúvida, alguns efeitos positivos. Mas como os últimos anos dolorosamente demonstraram, elas também criaram novos problemas de grande magnitude. A política americana está agora profundamente polarizada. A cada eleição, as questões em jogo parecem mais dramáticas. Preocupados com as questões de seu próprio tempo, os eminentes membros do comitê subestimaram em larga medida outros problemas que as transformações pelas quais eles ansiavam trariam.

A transição democrática dos regimes pós-comunistas oferece outro exemplo instrutivo da dificuldade de prever o impacto das instituições. Como mostra uma rica literatura em ciência política, os sistemas políticos de muitos países da Europa Central e Oriental foram profundamente influenciados pela percepção de seus líderes sobre quais regras os beneficiariam. E, no entanto, a maioria desses líderes rapidamente perdeu o poder. Em um cenário político em rápida mudança, os recursos institucionais que foram projetados para atendê-los frequentemente os prejudicaram.

43. Ver, por exemplo, Tara Golshan, "The 'Hastert Rule', the reason a DACA Deal Could Fail in the House, Explained", *Vox*, 24 jan. 2018. Disponível em: <www.vox.com/policy-and-politics/2018/1/24/16916898/hastert-rule-daca-could-fail-house-ryan>. Acesso em: 10 maio 2023, e Yascha Mounk, "The Rise of McPolitics", *New Yorker*, 25 jun. 2018. Disponível em: <www.newyorker.com/magazine/2018/07/02/the-rise-of-mcpolitics>. Acesso em: 10 maio 2023.

44. Patrick Whittle, "Maine's Ranked Choice Voting Rules and Procedures, Explained", AP News, 2 nov. 2020. Disponível em: <https://apnews.com/article/election-2020-senate-elections-voting-maine-united-states-355f2859cf5dab-f25bb0bb953f9c66bd>. Acesso em: 10 maio 2023.

45. "How California's 'Jungle Primary' System Works", NPR, 5 jun. 2018. Disponível em: <www.npr.org/2018/06/05/617250124/how-californias-jungle-primary-system-works>. Acesso em: 10 maio 2023.

46. Outra reforma proposta para mudar o duopólio dos partidos políticos americanos consiste na introdução de "distritos de membros múltiplos", que su-

postamente facilitariam a representação de outras entidades políticas no Congresso. Isso introduziria uma forma atenuada de representação proporcional nos Estados Unidos sem a necessidade de uma mudança na Constituição. Para um argumento contra a representação proporcional no Congresso dos Estados Unidos, veja "Two Cheers for Two Parties", Intelligence2 Debates, 13 fev. 2020. Disponível em: <www.intelligencesquaredus.org/debate/two-cheers-two-parties/>. Acesso em: 10 maio 2023.

47. Philip Connor e Jens Manuel Krogstad, "Many Worldwide Oppose More Migration — Both into and out of Their Countries", Pew Research Center, 10 dez. 2018. Disponível em: <www.pewresearch.org/fact-tank/2018/12/10/many-worldwide-oppose-more-migration-both-into-and-out-of-their-countries>. Acesso em: 10 maio 2023.

48. William A. Galston, "As Trump's Zero-Tolerance Immigration Policy Backfires, Republicans Are in Jeopardy", Brookings, 18 jun. 2018. Disponível em: <www.brookings.edu/blog/fixgov/2018/06/18/trumps-zero-tolerance-immigration-policy-puts-republicans-in-jeopardy>. Acesso em: 10 maio 2023.

49. Joel Rose, "Despite Concerns about Border, Poll Finds Support for More Pathways to Citizenship", NPR, 20 maio 2021. Disponível em: <www.npr.org/2021/05/20/998248764/despite-concernsabout-border-poll-finds-support-for-more-pathways-to-citizenshi>. Acesso em: 10 maio 2023.

50. Ana Gonzalez-Barrera e Phillip Connor, "Around the World, More Say Immigrants Are a Strength Than a Burden", Pew Research Center, 14 mar. 2019. Disponível em: <www.pewresearch.org/global/2019/03/14/around-the-world-more-say-immigrants-are-a-strength-than-a-burden>. Acesso em: 10 maio 2023.

51. Michael Lipka, "U.S. Religious Groups and Their Political Leanings", Pew Research Center, 23 fev. 2016. Disponível em: <www.pewresearch.org/fac-t-tank/2016/02/23/u-s-religious-groups-and-their-political-leanings>. Acesso em: 10 maio 2023.

52. Ver Lilliana Mason, *Uncivil Agreement: How Politics Became Our Identity.* Chicago: University of Chicago Press, 2018.

53. Theodore Johnson, *When the Stars Begin to Fall: Overcoming Racism and Renewing the Promise of America.* Nova York: Atlantic Monthly Press, 2021.

54. Ver, por exemplo, Jill Lepore, *This America: The Case for the Nation.* Nova York: Liverlight, 2019, e Rebecca Winthrop, "The Need for Civic Education in 21st-Century Schools", Brookings, 4 jun. 2020. Disponível em: <www.brookings.edu/policy2020/bigideas/the-need-for-civic-education-in-21st-century-schools>. Acesso em: 10 maio 2023.

55. Michael Lind, *The New Class War: Saving Democracy from the Managerial Elite*. Nova York: Portfolio, 2020.

CONCLUSÃO [pp. 286-96]

1. Ver, por exemplo, Christopher Famighetti e Darrick Hamilton, "The Great Recession, Education, Race, and Homeownership", Economic Policy Institute, 15 maio 2019. Disponível em: <www.epi.org/blog/the-great-recession-education-race-and-homeownership>. Acesso em: 10 maio 2023, e Amanda Logan e Christian E. Weller, "The State of Minorities: The Recession Issue", Center for American Progress, 16 jan. 2009. Disponível em: <www.americanprogress.org/issues/race/news/2009/01/16/5482/the-state-of-minorities-the-recession-issue>. Acesso em: 10 maio 2023.

2. Anthony Zurcher, "The Birth of the Obama 'Birther' Conspiracy", BBC, 16 set. 2016. Disponível em: <www.bbc.com/news/election-us-2016-37391652>. Acesso em: 10 maio 2023.

3. Nicol Turner-Lee, "Where Would Racial Progress in Policing Be without Camera Phones?", Brookings, 5 jun. 2020. Disponível em: <www.brookings.edu/blog/fixgov/2020/06/05/where-would-racial-progress-in-policing-be-without-camera-phones>. Acesso em: 10 maio 2023.

4. Bruce Stokes e Kat Devlin, "Perceptions of Immigrants, Immigration and Emigration", Pew Research Center, 12 nov. 2018. Disponível em: <www.pewresearch.org/global/2018/11/12/perceptions-of-immigrants-immigration-and-emigration>. Acesso em: 10 maio 2023.

5. Ver Marcos Hassan, "At 20, Manu Chao's 'Clandestino' Remains a Radical and Compassionate Work of Art", *Remezcla*, 5 out. 2018. Disponível em: <https://remezcla.com/features/music/manu-chao-clandestino-album-20thanniversary>. Acesso em: 10 maio 2023, e Jasmine Garsd e Manu Chao, "This Week On Alt.Latino: Special Guest Manu Chao", 8 set. 2011, em *Alt.Latino*, NPR, entrevista, trecho relevante entre 1min33-2min31. Disponível em: <www.npr.org/sections/altlatino/2011/09/08/140257279/this-week-on-alt-latino-specialguest--manu-chao>. Acesso em: 10 maio 2023.

6. Ver Jasmine Garsd e Manu Chao, "This Week On Alt.Latino: Special Guest Manu Chao," trecho relevante entre 2min35-4min11, e Hassan, "At 20, Manu Chao's 'Clandestino' Remains a Radical and Compassionate Work of Art", op. cit.

7. Richard Harrington, "Seeing the World Through Manu Chao's Eyes", *Washington Post*, 22 jun. 2007. Disponível em: <www.washingtonpost.com/

wp-dyn/content/article/2007/06/21/AR2007062100690.html>. Acesso em: 5 mar. 2023. Como Manu Chao contou a *The Guardian*, ele desenvolveu seu estilo tocando nos metrôs parisienses: "As pessoas no metrô de Paris eram muito ecléticas — havia gente de muitos países diferentes, culturas diferentes —, então tínhamos de saber tocar todo tipo de música para satisfazer todas as pessoas no metrô. Era a escola perfeita para aprender muitos estilos diferentes de música". Jasmine Garsd e Manu Chao, "This Week On Alt.Latino: Special Guest Manu Chao", op. cit.

8. Peter Culshaw, "Clandestino: The Story of Manu Chao's Classic Album", *The Guardian*, 9 maio 2013. Disponível em: <www.theguardian.com/music/2013/may/09/manu-chao-clandestino-culshaw>. Acesso em: 19 abr. 2023. Embora *Clandestino* seja o primeiro álbum que Manu Chao tenha lançado com esse nome, ele já havia gravado discos com o nome de Mano Negra.

9. Manu Chao, "El Desaparecido", *Genius*. Disponível em: <https://genius.com/Manu-chao-el-desaparecido-lyrics>. Acesso em: 6 jun. 2021.

Índice remissivo

23andMe, 47

Abi-Nassif, Marie-Joe, 84-5
abolição da escravatura, 68, 291
Academia de Dijon, 262
ação afirmativa, 4
Acemoglu, Daron, 120
Acton, barão John Emerich Edward, 122
Afeganistão, 66, 225
África, 49-52, 139, 225; subsaariana, 52
África do Sul, 75-6
afro-americanos: e arranjos de compartilhamento de poder, 88; e conflito guiado pela diversidade, 17-8; e a hipótese do "contato intergrupos", 95-7; e identidade americana, 347n; e a "ideologia desafiante", 184; e lacunas em empregos e educação, 352n; e o legado da dominação social, 20, 220-3, 259; e perspectivas para democracias diversificadas, 291; e políticas apoiando solidariedade universal, 269, 271; e tendências demográficas nos Estados Unidos, 236, 245, 248, 252-3; e tendências socioeconômicas e educacionais, 215, 217, 222-3
After Virtue (MacIntyre) [Além da virtude], 112
agrupamento: e causas de conflito, 61; e instinto de sociabilidade, 37-9; e natureza humana, 100-1; e o passado da família do autor, 35-6; e perspectivas para democracias diversificadas, 289-90; psicologia de identidade de grupo, 42-6; e valor do patriotismo, 135; e visão otimista de democracias diversificadas, 29
Alba, Richard, 250
albaneses, 209
álcool, consumo de, 47

Alemanha: e ativismo de direita, 175-9, 341*n*; e conflito guiado pela diversidade, 16; controvérsia em torno do conceito de "grande experimento", 10-1; e a diversidade tipo "tigela de salada", 162, 165; e formas de nacionalismo, 136; e fronteiras de territórios coloniais, 50; e a hipótese do "contato intergrupos", 95; impacto de pressões econômicas, 262; influência cultural francesa, 192; e o legado da dominação social, 72; e o legado do Holocausto, 152; e nacionalismo de direita, 133; e nacionalismo étnico, 138; e passado da família do autor, 36-7; e patriotismo cívico, 142-4; e patriotismo cultural, 147-50; e perseguição do Estado, 116; e perspectivas para democracias diversificadas, 291; e resistência à mudança cultural, 180; e a Segunda Guerra Mundial, 41-2; e tendência para agrupamento, 101; e tendências de crime e terrorismo, 224-5; e tendências demográficas, 237, 254; e tendência rumo à diversidade cultural, 206-10; e tendência rumo à integração cultural, 88, 210; e visão pessimista de democracias diversificadas, 204

Ali Khan, Saif, 119-21

Ali, Mohamad, 141

Aligarh (Índia), 93, 98-9

Allport, Gordon W., 94-8

American Descendants of Slavery [Os Descendentes Americanos da Escravidão], 48

americanos cubanos, 248

americanos irlandeses, 159, 228, 241, 250

americanos italianos (ítalo-americanos), 159, 167, 228, 241, 250

americanos libaneses, 217

americanos nativos, 48, 69, 269, 347*n*

americanos nigerianos, 217

americanos venezuelanos, 248

anarquia, 58-62, 87; atomizada, 61; estruturada, 62-6, 77, 81, 286; social, 58-62

Anderson, Elizabeth, 324*n*

anglo-protestantes, valores, 211

anglo-saxões, países, 254

Anjos bons de nossa natureza, Os (Pinker), 60

anticolonialismo, 78; *ver também* descolonização

antifascistas, 175

antissemitismo, 36, 41, 53, 157

Anton, Michael, 246

antropologia, 60

apartheid, 76

Appiah, Anthony Kwame, 331*n*

apropriação cultural, 173, 186-90, 193-4

árabes, 261, 355*n*

Aristóteles, 137, 140

Arizona, 279

armênios, 73

arranjos de compartilhamento de poder, 77-8, 80-7, 90, 317*n*

Ásia Oriental, 20, 177

asiático-americanos: e a história da política de imigração nos Estados Unidos, 18; e limites para o progresso, 346*n*; e mistura racial nos Estados Unidos, 239; e políticas apoiando solidariedade universal, 269-72; e relações inter-raciais,

357n14; e tendência rumo à integração cultural, 209, 212; e tendências demográficas nos Estados Unidos, 242-5, 251-2
asilo, leis de, 17
assassinatos, 117
assassinatos "em nome da honra", 121
assassinatos em massa, 45, 93, 118, 156
assédio e violência sexual, 186, 191
assimilação cultural, 159-62, 340n
Assírio, Império, 14
Associação Americana de Ciência Política, 83, 368n
"associação de associações", 113, 163, 331n
Associação de Professores e Docentes, 163
Associação Nacional para o Progresso das Pessoas de Cor (National Association for the Advancement of Colored People — NAACP), 220
ataques terroristas de Onze de Setembro de 2001, 229, 244
Atenas, 75, 137, 139
atentados a bomba, 225; *ver também* terrorismo
Atlantic, The (revista), 24
Auschwitz, 11
Austrália, 16, 26, 69, 71, 184
Áustria, 16, 81
Austro-Húngaro, Império, 139
autodeterminação, 73, 113, 143
autoridade moral, 111
autoritarismo, 31, 79, 288
Ayodhya (Índia), 92

Babri Masjid, ataque de, 92-3, 99
baby bonds (subsídio para jovens), 268
Bagdá, 15, 73, 316n

Baltimore, Maryland, 221
bandos, 61; *ver também* tribalismo
Bangladesh, 139
Bataclan, atentado à sala de concertos, 225
batistas, 129
Bay Ridge, 162
Bélgica, 30, 81
Bell, David, 163
benefícios, programas de, 189, 264, 268
bengalenses, imigrantes, 165, 350n
Berlusconi, Silvio, 273-4
bettani, tribo, 64
Bharatiya Janata Party (BJP — Índia), 92
Biblioteca Presidencial John F. Kennedy, 140
Biden, Joe, 247, 249, 265, 269, 279, 364n
Bikaner (Índia), 119
Blair, Tony, 111
bode expiatório, 205, 261
Bolsa de Valores de Londres, 224
Bolsonaro, Jair, 133
Bonnot, Frederic, 63
Boston, atentado a bomba na Maratona de, 225
Bousted, Mary, 163
Brandt, Willy, 111
Brasil, 55, 69, 116, 133
Briggs, Jean, 60
Brighton Beach, 162
Bulgária, 178
bullying, 193
Bundestag, 206
Burns, Anthony, 66-8, 71
Bush, George W., 244
Butman, Asa O., 67

375

Cabul (Afeganistão), 62-5
caçadores-coletores, 62
Califórnia, 277
Canadá, 17, 30, 59, 69, 209, 350*n*
capital social, 98-9
capital social interacional ("bonding"), 99
Carta de Direitos (Estados Unidos), 70, 88, 125
casamento, práticas e normas de, 84-5, 119-20, 160, 166, 329*n*, 331*n*
castas, sistema de, 52, 316*n*
católicos, 79, 126, 192, 318*n*
céticos da diversidade, 196
Chao, Manu, 294-6, 371*n*
Charlie Hebdo, ataque terrorista a, 225
Chávez, Hugo, 124
Chemnitz (Alemanha), 175-7, 341*n*
Chetty, Raj, 221
chewas, 49-52, 310*n*
chimpanzés, 37
China, 46, 116
Chinatown, 162, 213
Chipre, 85
Christen, Christiane, 225
cidadania: e associações cívicas, 99; cultura cívica e engajamento, 136; e desafios enfrentados por democracias diversificadas, 91; direitos e deveres, 17-8, 76, 171, 291; e dominação suave, 72, 74; e metas de democracias diversificadas, 108; e mitigação de conflitos, 54; e nacionalismo étnico, 137-40; patriotismo cívico, 136, 140-5, 335*n*; poder político de cidadãos, 284-5; reconhecimento oficial, 127; e tendência para agrupamento, 100; e tradições cívicas, 29

ciências sociais, 184
cinismo a respeito de democracias diversificadas, 31, 201-3
Clandestino (Manu Chao), 295
clãs, 63; *ver também* tribalismo
Clinton, Hillary, 246-9
coerção, 109, 114, 119-21, 126-31
coerção intragrupo, 114, 119-21
Colégio Eleitoral (Estados Unidos), 248, 360*n*
colonialismo, 47-8, 50, 70, 75-6, 78-9, 139, 311*n*
colonialismo holandês, 75-6, 79-80
Columbia, Distrito de, 278
compaixão, 230
competição, 58, 61
comunitarismo, 113, 126-8, 331*n*
condições econômicas: crescimento econômico, 231, 263-4; crises econômicas, 262; e declínios na liberdade global, 328*n*; e o legado da dominação social, 287; políticas de apoio a prosperidade econômica, 261-6; e perspectivas para democracias diversificadas, 292
conflito intergrupos, 130
conflito sectário: e a "ideologia desafiante", 189; e anarquia estruturada, 62-3; e arranjos de compartilhamento de poder, 80-5; e diversidade tipo "caldeirão de culturas", 159; e domínio da minoria, 77; e pressões econômicas, 262; e tendência rumo à integração cultural, 207; *ver também* identidade religiosa
Conselho de Relações Americano-Islâmicas, 126-7
Conselho Francês da Religião Muçulmana, 228

Conselho Social e Econômico (Países Baixos), 81, 318n
conselhos municipais, 162
conservadorismo, 245, 252, 254 ver também direita, ideologia de
constituições, 83, 136, 142-5
Convenção Batista do Sul, 126
conversão forçada, 72
coordenação, 60
coreano-americanos, 194, 242
Coreia, 46; Coreia do Norte, 116
Corpo da Paz, proposta de, 282
Corredor estreito, O (Acemoglu e Robinson), 120
corrupção, 90, 164
cosmopolitismo, 134-5, 187
Costa do Marfim, 78
Coulter, Ann, 216
covid-19, pandemia de, 65, 222, 294
Craig, Maureen A., 255
creches, 271
crime, 28, 206, 223-30; ver também violência
cristãos e cristandade: e arranjos de compartilhamento de poder, 82, 320n; e coerção intragrupo, 121, 126-7; e fragmentação social, 84; e opinião pública sobre extremismo, 355n; e patriotismo cívico, 142; e perseguição religiosa na Europa, 72
cristãos maronitas, 82
croatas, 52
cuidado infantil precoce, política de, 267
cultura alimentar, 150, 160, 162, 173, 187, 194
Curva Furlan, 21

Daily Stormer, The (website), 11
Dana Jr., Richard Henry, 67
Dasht-e-Barchi, Hospital, 62
Declaração da Independência dos Estados Unidos, 24-5, 69
Declaração dos Direitos do Homem e do Cidadão, 125
democracia consociativa, 82-3, 86-7, 319n
democracia e instituições democráticas: e arranjos de compartilhamento de poder, 80-4; democracia consociativa, 82-3, 86-7; e fragmentação social, 79; e o legado da dominação social, 72; e mitigação de conflitos, 54; e políticas apoiando inclusão social, 273-81; e restrições a perseguição do estado, 124-6; e tendência rumo à integração cultural, 154, 210-2, 214; e valor do patriotismo, 135; ver também política pública
"democracia iliberal", 112
democracias desenvolvidas, 90, 101
Democracy in Plural Societies (Lijphart) [Democracia nas sociedades plurais], 83
Demócrito, 137
Deneen, Patrick, 325n
deportações, 14
desafios da democracia diversificada, 13, 17; ver também visão pessimista de democracias diversificadas
"Desaparecido" (canção), 295-6
descolonização, 78-9
desigualdade de renda e riqueza, 27, 88, 219, 222, 266, 268, 270, 281, 364n
Detroit, Michigan, 221

Deutschland Schafft Sich Ab [A Alemanha extingue a si mesma], 211

Diamond, Larry, 117, 300

Dinamarca, 16-7, 139-40

dinâmica familiar, 57, 129

Dinslaken (Alemanha), 206

Diógenes, 137

direita, ideologia de: e controvérsia em torno do conceito de "grande experimento", 10-1; e controvérsias culturais, 174; e nacionalismo, 133-4; e perseguição do Estado, 118; e perspectivas para democracias diversificadas, 291-2; e política eleitoral italiana, 274; e pressões econômicas, 262; e resistência à diversidade, 175-8; e resistência à mudança cultural, 175-9; e sentimento anti-imigrantes, 175-9, 204-5; e tendências de crime e terrorismo, 225; e tendências demográficas na Europa, 254; e tendências demográficas nos Estados Unidos, 236, 246, 256; e visão pessimista de democracias diversificadas, 22-3, 204, 345n

direitos individuais, 125-31

discriminação, 29, 100, 168, 188, 267

discriminação externa ao grupo, 43-6, 113, 130

Discurso sobre a origem e os fundamentos da desigualdade entre os homens (Rousseau), 262

disputas, 156

ditaduras, 41, 75-6, 124

diversidade cultural: assimilação cultural nos Estados Unidos, 250-5; autonomia cultural, 164; e condições fomentadoras de cooperação, 101; festividades culturais, 162, 165; e fragmentação social, 20; e imperialismo cultural, 148; metáfora da "tigela de salada", 161-6, 340n; metáfora do "parque público", 166-70, 195-6; metáfora do "caldeirão de culturas", 156-61; e modelos para identidade compartilhada, 190-6; normas culturais, 170; e patriotismo, 136, 145-51; e perspectivas para democracias diversificadas, 294-5; e proteção igual em democracias, 20; e resistência à mudança cultural, 179-82; solidariedade cultural, 190-2; e tendências de crime e terrorismo, 224; tradições culturais, 49-52

diversidade genética, 46-7

diversidade: tipo "caldeirão de culturas", 155-61; tipo "parque público", 108, 166-70, 195-6; tipo "tigela de salada", 155, 161-6, 171, 340n

divisões de classe: e antissemitismo, 53; e a "ideologia desafiante", 184-6; e o legado da dominação social, 286; e nacionalismo étnico, 137; e políticas apoiando solidariedade universal, 266-73; e psicologia de identidade de grupo, 45; e tendência rumo à integração cultural, 209; tendências socioeconômicas e educacionais, 221; e visão otimista de democracias diversificadas, 30; e a visão primordial de grupos sociais, 53; *ver também* desigualdade de renda e riqueza; situação socioeconômica

dominação: branda, 69, 71-5; dura, 69-71

Douglass, Frederick, 24-5
"duelos de canções", 59
Duterte, Rodrigo, 328*n*

educação: e asiático-americanos, 243; e o custo da anarquia estruturada, 65; e diversidade tipo "tigela de salada", 163-4; e educação multilíngue, 348*n*; financiamento desigual de distritos escolares, 267-8, 364*n*; ganhos de imigrantes e grupos de minorias, 350*n*; e perspectivas para democracias diversificadas, 292; e políticas apoiando respeito mútuo, 281; e políticas apoiando solidariedade universal, 267-72; e políticas promotoras de prosperidade, 264; e tendências demográficas nos Estados Unidos, 214-20; e a tendência rumo à integração cultural, 88, 206-8, 210; e visão otimista de democracias diversificadas, 26-8; e visão pessimista de democracias diversificadas, 205, 214-20
educação da língua, 210-4, 217, 348*n*
educação escolar elementar, 267
educação secular, 129
El Salvador, 61
eleições e política eleitoral: e estruturas políticas indianas, 320*n*; e manipulação na divisão de distritos eleitorais, 278; e o legado da dominação social, 274; e opinião pública italiana, 273-4; e polarização política, 368*n*; e políticas apoiando inclusão social, 277-8; e políticas apoiando respeito mútuo, 284; e restrições a perseguição do estado,

122-6; e tendências demográficas nos Estados Unidos, 244-3, 360*n*, 362*n*; e valor de democracias diversificadas, 15; propostas de reformas nos Estados Unidos, 277, 368*n*; reformas eleitorais, 277
eleições primárias (Estados Unidos), 277
elite, poder e instituições da, 75, 85, 90, 282; *ver também* divisões de classe
Ellis Island, 156
Emerging Democratic Majority, The (Judis e Teixeira) [A emergente maioria democrata], 244-5
Emirados Árabes Unidos, 317*n*
empatia, 108, 191-2, 296
emprego, tendências de, 214-23
encarceramento, taxas de, 221
equilíbrio de poder, 105
Erdoğan, Recep Tayyip, 23
escolas privadas, 164-6
escolas religiosas, 163-6
escravidão, 17, 24, 66-8, 69-71, 357*n*
Escravo Fugitivo, Lei do, 67
escravos fugidos, 67-8
espaços públicos, 29-30
Espanha, 14, 47, 291
essencialismo, 183-5; estratégico, 183-5, 189, 311*n*
estado de bem-estar social, 65, 89, 215, 264, 271
Estado Islâmico, 63
estados pós-coloniais, 139
Estados Unidos: apoio a um estado de bem-estar social, 89; Câmara dos Deputados dos, 276-7; categorização racial nos, 47-8, 52, 238, 356*n*, 357*n*, 362*n*; e a complexidade da

identidade dos latinos, 241; e o conceito de "grande experimento", 12; conflito guiado pela diversidade, 17; Congresso dos, 67, 212, 276-7; Constituição dos, 23-4, 141, 143-4, 276, 305n; controvérsias culturais, 173; eleição de Obama, 287; Exército dos, 95; formas de patriotismo, 136; e a hipótese de "contato intergrupos", 95; história de escravidão e dominação, 70, 286; histórico da política de imigração, 17-9; impacto da descolonização, 79; influência política da Suprema Corte, 330n; e o legado da dominação social, 72, 286-8; e o legado da escravidão, 69; mudança de atitudes raciais, 255; oficiais da Marinha dos, 68; patriotismo cívico, 140-5; patriotismo cultural, 150; e perigos enfrentados por democracias diversificadas, 91; e perspectivas de democracias diversificadas, 288, 291; polarização política, 368n; políticas apoiando inclusão social, 274-81; políticas apoiando respeito mútuo, 281-4; políticas apoiando solidariedade universal, 268-9, 271, 364n; políticas promovendo prosperidade, 264; resistência à mudança cultural, 178, 181; respostas à discriminação, 272; restrições à imigração, 305n; Senado dos, 276; sentimento anti-imigrantes, 176-8, 205; e sentimento nacionalista, 133, 136, 138; status dos asiático-americanos, 242-3; Suprema Corte dos, 212, 275-6, 306n, 330n; tendência rumo à integração cultural, 88, 209, 211-3; tendências de crime e terrorismo, 61, 224, 228; tendências demográficas nos, 235-7, 244-55, 360n; tendências socioeconômicas e educacionais, 221-2, 215-20; e o valor de democracias diversificadas, 13; e visão pessimista de democracias diversificadas, 23, 25, 201, 233; e a visão primordial de grupos sociais, 55

Estados Unidos, Departamento do Censo dos: e a complexidade da identidade dos latinos, 241; e esquemas de categorização racial, 47, 357n; e percepção pública das tendências, 359; projeção da "minoria majoritária", 235, 237-8, 255, 360n, 362n; e tendências demográficas, 251-2; e tendências econômicas, 222

Estados-Nação, 73

estereótipos, 148, 209

Estrasburgo, França, 146-7

estrutura social hierárquica: e consciência racial, 20; hierarquias informais, 74; e identidades étnicas, 174, 176; e identidades religiosas, 174, 176; e o legado da escravidão, 70; *ver também* divisões de classes

estudo de estimativas, 43-6

ética do cuidado mútuo, 201

Europa: legado da dominação social, 72, 88, 286; e perspectivas de democracias diversificadas, 291; e políticas apoiando inclusão social, 275; e proteção igual em democracias, 20; e sentimento anti-imigrantes, 175-9; tendências demográficas na, 254; e tendência rumo à integração cultural, 214; tendências socioeconômicas e educacionais, 215, 218

Europa Central, 368n

Europa Ocidental, 74, 212, 288

Europa Oriental, 368n

evitação e resolução de conflitos, 55, 59

exclusão social, 206-14, 216

execuções, 117

exemplos históricos de sociedades diversificadas, 15, 73, 316n

expectativa de vida, taxas de, 222

exploração, 193

extrema direita ver direita, ideologia de

extremismo, 20, 283; ver também terrorismo

Faneuil Hall, 67

fascismo, 76, 291

feminismo, 165

Fields, Barbara, 48, 184

Fields, Karen, 48, 184

Filipinas, 328n

Fishmongers' Hall, ataque do, 223-4, 226

Flórida, 248

Ford, Robert, 270

fragmentação, 78-87, 90-1, 100; social, 272

França: e apoio a um Estado de bem-estar social, 89; e arranjos de compartilhamento de poder, 82; e conflito guiado pela diversidade, 17; e fronteiras de territórios coloniais, 50; e imigrantes sahelianos, 350n; influência cultural sobre a Alemanha, 192; influências multiculturais, 294; e passado da família do autor, 37; e patriotismo cívico, 145; e patriotismo cultural, 147; e perigos enfrentados por democracias diversificadas, 91; e perspectivas para democracias diversificadas, 291; protestos dos coletes amarelos, 261; e resistência à mudança cultural, 181; resposta à discriminação, 272; e restrições à perseguição do Estado, 125 e a Segunda Guerra Mundial, 41-2; e sentimento anti-imigrantes, 204-5; e tendência rumo à integração cultural, 212, 214; e tendências de crime e terrorismo, 224, 229; e tendências demográficas, 237, 255; tendências socioeconômicas e educacionais, 216; e a virtude do pluralismo cultural, 194; e a visão otimista de democracias diversificadas, 30; e a visão primordial de grupos sociais, 46

Freedom House (organização), 117-8

Friedman, Benjamin, 263

Frost, Darryn, 226

futebol, 35-6, 166-7; torcedores de, 21-2, 35-6

gaiola de normas, 60-1, 120-1, 128, 130, 171, 331-2n

Gandhi, Mahatma, 78, 142

gangues, 228; juvenis, 225

Gavito, Tory, 241-2

genocídio, 45, 57

Georgia, 248

Ghani, Ashraf, 63

gharghashti, tribo, 64

Goddard, Cliff, 147

governos conjuntos, 30; *ver também* arranjos de compartilhamento de poder

Grã-Bretanha e o Reino Unido: e conflito guiado pela diversidade, 16-7; e controvérsias culturais, 173; e descolonização, 78; diversidade tipo "tigela de salada", 163-4; e domínio da minoria, 75; ganhos educacionais de grupos minoritários, 350n; e a "ideologia desafiante", 184; e opinião pública sobre extremismo, 228, 355n; e patriotismo cultural, 145; e patriotismo em tempo de guerra, 133; e perspectivas de democracias diversificadas, 288; e políticas apoiando solidariedade universal, 270-1; racismo em práticas de contratação, 216; tendências de crime e terrorismo, 224, 226; tendências demográficas na, 254; e tendência rumo à integração cultural, 209, 212; tendências socioeconômicas e educacionais, 217

Grande Depressão (1930), 262

"grande experimento", o termo, 10-2

Grande Recessão, 222, 262, 287

"grande substituição", teoria conspiratória da, 11, 236-7

Great American Fraud, The (Adams) [A grande fraude americana], 94

Great Demographic Illusion, The (Alba) [A grande ilusão demográfica], 250

gregos, 73

Grundgesetz, 142-3

Grupo dos 7 (G7), 265

grupos animais, 38

grupos identitários: e controvérsias culturais, 174; e democracia consociativa, 86; e a "ideologia desafiante", 182-90; e instinto de sociabilidade, 37-9; e perseguição externa ao grupo, 113; e valor das democracias diversificadas, 13-6; e virtude do pluralismo cultural, 194; e visão otimista de democracias diversificadas, 28; *ver também* identidades étnicas; grupos minoritários; identidades raciais

grupos minoritários: e anarquia estruturada, 66; apoio às restrições de imigração, 307n; e arranjos de compartilhamento de poder, 80-1, 318n; e o conceito de "grande experimento", 12-3; e conflito guiado pela diversidade, 16; e controvérsias culturais, 174; direitos de minorias, 19; e diversidade tipo "parque público", 196; e diversidade tipo "tigela de salada", 165; e estruturas políticas holandesas, 319n; e fomentação de solidariedade política, 190, 192; governo da minoria, 75-8; e a hipótese de "contato intergrupos", 97; e a "ideologia desafiante", 187-8; e identidade americana, 347n; e impacto de crescimento econômico, 263; e o legado da dominação social, 69, 71-8, 88, 286-8; e limites para o progresso, 346n; e metas de democracias diversificadas, 108; e mistura racial nos Estados Unidos, 239-41; e mudança de atitudes raciais, 255; e nacionalismo étnico, 140; e o papel do poder do Estado, 110; e padrões de vida, 30; e patriotismo cívico, 145; e patriotismo cultural, 149; e perseguição do Estado, 118; e perspectivas para democracias diversificadas, 291; e poder político dos cidadãos, 285; e políticas apoiando inclusão social, 278, 280; e políticas apoiando solidariedade universal, 267, 269-72; e política eleitoral, 278; progresso econômico de, 258; e proteção igual em democracias, 19-21; e resistência à mudança cultural, 178-81; e restrições à perseguição do Estado, 125-6; e sentimento anti-imigrantes, 205; e sociedades multiculturais na história, 316n; e tendências de crime e terrorismo, 228, 230; e tendências demográficas na Europa, 254-5; e tendências demográficas nos Estados Unidos, 235-8, 243-4, 246-51, 359-60n; e tendência rumo à integração cultural, 88, 154, 208-12; tendências socioeconômicas e educacionais, 214-7, 220-1, 350n; e virtude do pluralismo cultural, 194; e visão otimista de democracias diversificadas, 26-7, 30; e visão pessimista de democracias diversificadas, 23, 203, 230, 233-4; e a visão primordial de grupos sociais, 54; *ver também nacionalidades e etnias específicas*

Guardian, The (jornal), 84, 165, 371n

Guatemala, 75

guerra ao terror, 244

guerra civil: e arranjos de compartilhamento de poder, 83; e fragmentação social, 79-80; e legado da dominação social, 77-8; e o papel do poder do Estado, 110; e perigos enfrentados por democracias diversificadas, 90; e raízes do conflito, 311n; e valor das democracias diversificadas, 14; e visão hobbesiana da natureza, 59; e visão pessimista de democracias diversificadas, 23; e a visão primordial de grupo social, 50, 55

Guha, Ramachandra, 142

Guiné-Bissau, 79

Habermas, Jürgen, 142

Hamburgo (Alemanha), 146

Hamilton, Alexander, 141

Harlem, 162

Harvard, Escola de Direito de, 325n

Hassan, Anissa Mohammed, 165

Hastert rule, 277

hazaras, tribo, 64

Hibbing, Daniel, 176

hierarquias informais, 74

hierarquias sociais, 174, 176

hindus: e arranjos de compartilhamento de poder, 320n; e coerção intragrupo, 119-20, 329n; e a hipótese de "contato intergrupos", 99; e nacionalismo étnico, 139; nacionalismo hindu na Índia, 92-3, 306n; e patriotismo cívico, 142, 144; e relações inter-religiosas, 329n

hipótese do "contato intergrupos", 95-100

hispânicos: e políticas apoiando solidariedade universal, 272; e tendências demográficas nos Estados Unidos, 236, 240-2, 251-2, 357-8n;

383

e tendência rumo à integração cultural, 211; e visão pessimista de democracias diversificadas, 205; *ver também* latinos

histórias de origem, 46, 181

Hobbes, Thomas, 58-9, 61-2, 65, 121, 289

Holocausto, 11, 14, 36, 152

Homo sapiens, 47

homogeneidade, 73, 88, 110, 174, 179-82

Horowitz, Donald L., 81

Houston Chronicle, 235

humanismo, 186

Humans of New York, 185

Hungria, 112, 204

Huntington, Samuel, 211

Hussein, Saddam, 77

identidade coletiva, 171

identidade compartilhada: abordagens variadas a, 173-5; e ativismo de direita, 175-9; e experiências compartilhadas, 194-6; e a "ideologia desafiante", 182-90; modelo proposto para, 190-6; e resistência à mudança cultural, 179-82

identidade religiosa: e anarquia estruturada, 64-5; e arranjos de compartilhamento de poder, 80-2, 84-5, 318-9n; e o conceito de "grande experimento", 11; e coerção intragrupo, 119-21, 128-30; e condições fomentando cooperação, 101; e conflito guiado pela diversidade, 16; e controvérsias culturais, 174; e críticas ao liberalismo, 112-4; e diversidade tipo "caldeirão de culturas", 159; e diversidade tipo "par-

que público", 168-9, 196; e diversidade tipo "tigela de salada", 164; e estruturas políticas indianas, 320n; e fomento de solidariedade política, 191; e fontes de patriotismo, 132; e formas de nacionalismo, 135; e fragmentação social, 259; e governo da minoria, 316n; e hierarquias sociais, 174, 176; e identidades étnicas, 49; e a "ideologia desafiante", 189, 342n; e o impacto do crescimento econômico, 263; e instinto de sociabilidade, 39; e o legado da dominação social, 73-4, 259, 286; e liberdade religiosa, 330-1n; e metas de democracias diversificadas, 105-8; e nacionalismo hindu na Índia, 92-3, 305-6n; opinião pública sobre extremismo, 355n; e o papel do poder do Estado, 110-1; e patriotismo cultural, 149; e perigos enfrentados por democracias diversificadas, 91; e perseguição do Estado, 118; e perspectivas de democracias diversificadas, 293; e políticas apoiando inclusão social, 280; e políticas apoiando solidariedade universal, 267, 272; e proteção igual em democracias, 19-20; e psicologia de identidade de grupo, 45; e raízes de conflito, 311n25; e relações inter-religiosas, 119-20, 329n30; e resistência à mudança cultural, 176; e restrições a perseguição do estado, 125-6; em sociedades comunitárias, 331-2n41-2; e sociedades multiculturais na história, 316n44; e tendência para agrupamento, 290; e tendências de crime e terrorismo, 227-30; e tendências demográficas na Europa, 254; e tendências demográficas nos Estados Unidos, 235, 250, 256; e tendência rumo à integração cultural, 154-5, 206-8, 210, 212; e o valor de democracias diversificadas, 13-21; e a virtude do pluralismo cultural, 194; e a visão hobbesiana da natureza, 59; e visão otimista de democracias diversificadas, 26, 28, 31; e visão pessimista de democracias diversificadas, 23, 201-2, 234; e a visão primordial de grupos sociais, 52-4; *ver também religiões específicas*

identidades acidentais: e diversidade tipo "parque público", 168; e fomentar solidariedade política, 190, 195; e a "ideologia desafiante", 183; e metas de democracias diversificadas, 106; e resistência à diversidade, 180; e tendências de crime e terrorismo, 230; e visão otimista de democracias diversificadas, 28, 30; e visão pessimista de democracias diversificadas, 233; *ver também* identidade compartilhada; identidades raciais; identidade religiosa

identidades étnicas: e anarquia estruturada, 65; e arranjos de compartilhamento de poder, 80-1, 319*n*; e condições fomentando cooperação, 101; e conflito étnico, 57, 72-4, 77, 159; e conflito guiado pela diversidade, 16; e esquemas de categorização racial, 48; e

fragmentação social, 91; gangues com base étnica, 228; genocídio e limpeza étnica, 63-4, 151, 178; e hierarquias sociais, 174, 176; e homogeneidade cultural, 72; e identidades tribais, 64; e influência do ambiente político, 49-52; e o legado da dominação social, 259, 286; e metas de democracias diversificadas, 105, 107; e nacionalismo étnico, 135, 137-40, 217, 305-6*n*; e patriotismo cultural, 149; e perseguição do Estado, 118; e perspectivas para democracias diversificadas, 292; e políticas apoiando solidariedade universal, 271; e proteção igual em democracias, 20; psicologia da discriminação externa ao grupo, 44-5; e raízes de conflito, 311*n*; e restrições à perseguição do Estado, 125; e tendências demográficas nos Estados Unidos, 251; e valor de democracias diversificadas, 13-21; e violência étnica, 45; e a visão primordial de grupos sociais, 46; *ver também* identidade compartilhada; identidades raciais

identidades primordiais, 46, 50, 311*n*

identidades raciais: apartheid racial, 76; e discriminação, 130; e diversidade tipo "parque público", 195-6; esquemas de categorização racial, 39, 47-9, 54, 355*n*, 357*n*, 362*n*; e essencialismo estratégico, 183-5; e governo da minoria, 75-8, 316*n*; e hierarquias sociais, 20; e a "ideologia desafiante", 182-5, 187-90; e injustiça social, 25; e o legado americano da escravidão, 69-71; e mistura racial, 95, 239-41; opinião pública sobre justiça racial, 271, 366n; e perspectivas para democracias diversificadas, 293; e políticas apoiando respeito mútuo, 281; e políticas apoiando solidariedade universal, 267, 269-72; e solidariedade política, 192, 195; e tendência para agrupamento, 100; tendência socioeconômicas e educacionais, 221-2; e tensões em democracias diversificadas, 57; e virtude do pluralismo cultural, 194; e visão otimista de democracias diversificadas, 28; e visão pessimista de democracias diversificadas, 22-3

ideologia desafiante, 182-91, 342n

ideologia política, 188

ideologia sucessora, 183, 342n

igualdade jurídica, 21, 70, 72, 111, 169, 171

Imigração e Nacionalidade, Lei de (Estados Unidos), 18

imigrantes chineses, 52, 217, 350n

imigrantes e imigração: e ativismo de direita, 175-9; cerimônias de naturalização, 141; e conflito guiado pela diversidade, 17-9; e deportações, 14; e diversidade tipo "caldeirão de culturas", 156-61; e formas de cultura compartilhada, 154-7, 159-65; e ganhos educacionais, 350n; e a hipótese de "contato intergrupos", 95; imigração ilegal, 241, 295, 307n; e o legado da dominação social, 74, 87-8; e metas de democracias diversificadas, 107; e

nacionalismo étnico, 137; e patriotismo cívico, 140-1; e patriotismo cultural, 149; e perspectivas de democracias diversificadas, 291-2; e políticas apoiando inclusão social, 280; e proteção igual em democracias, 20; refugiados, 10, 175, 225; e resistência à mudança cultural, 179-80; sentimento anti-imigrantes, 18, 23, 175-9, 204-5, 321n; e tendência rumo à integração social, 206-14; e tendências de crime terrorismo, 223-30; tendências socioeconômicas e educacionais, 214-20; e virtude do pluralismo cultural, 192; e visão otimista de democracias diversificadas, 26, 28; e visão pessimista de democracias diversificadas, 22-3, 202, 204-6, 233-4, 345n; *ver também nacionalidades e etnias específicas*

imigrantes indianos, 217

Império Romano, 38

impérios multiétnicos, 73

Independent, The (jornal), 146

Índia: e arranjos de compartilhamento de poder, 320n; e coerção intragrupo, 120, 329n; e formas de patriotismo, 136; e fragmentação social, 78; e governo da minoria, 316n; e o impacto da descolonização, 78; e o legado da dominação social, 71; e nacionalismo de direita, 133, 305-6n; e nacionalismo hindu, 92-3, 305-6n; e patriotismo cívico, 142, 144; e patriotismo cultural, 149; e resistência à mudança cultural, 192; sistema de castas, 52, 316n influências culturais mútuas, 192-4

Inglaterra *ver* Grã-Bretanha e o Reino Unido

injustiça social, 173

instituições centrípetas, 320n

instituições inclusivas, 273-81

instituições *ver* democracia e instituições democráticas

integração social, 206-14

intelectualismo, 133

inuítes, tribo, 59

Iraque, 75-6

Istambul, 73, 316n

Itália: e o legado da dominação social, 72; e nacionalismo étnico, 135, 138; e patriotismo cultural, 149; política pública e instituições inclusivas, 273-4; e resistência à mudança cultural, 176; sentimento anti-imigrantes, 192; e tendência rumo à integração cultural, 208, 212, 214; e visão pessimista de democracias diversificadas, 21-3; e a visão primordial de grupos sociais, 46

Iugoslávia, 52

Jamaica, 52, 69

Japão: e formas de nacionalismo, 135; e perspectivas para democracias diversificadas, 291; e políticas apoiando inclusão social, 280; e resistência à mudança cultural, 178; e tendência rumo à integração cultural, 88; tendências socioeconômicas e educacionais, 216; e visão pessimista de democracias diversificadas, 204; e a a visão primordial de grupos sociais, 46

jardim de infância, educação de, 267

Jefferson, Thomas, 141

Jim Crow, segregação de, 25

Johnsdotter, Sara, 165

Johnson, Lyndon B., 18-9

jornalismo, 124; *ver também* mídia, cultura da

judeus e judaísmo, 46, 72, 152, 178, 261

judeus hassídicos, 127, 167

judeus ortodoxos, 121

Judis, John, 244-5

juízes, 125

Júlio César, 138

justiça social, 174

Kaddor, Lamya, 206-7

Kandinsky, Wassily, 44-5

karlani, tribo, 64

Kenyatta, Jomo, 78

Khan, Usman, 224, 226

King Jr., Martin Luther, 25

Kishineff, massacre de, 156, 158

Klee, Paul, 44-5

Ko Bunyu, 216

Koczocik, Łukasz, 226

Kohl, Helmut, 111

Kootstra, Anouk, 270

Kozhikode (Índia), 93, 98-9

Kukathas, Chandran, 113, 126-7

laços familiares, 61

latinos: complexidade da identidade dos, 241; e esquemas de categorização racial, 47; e identidade americana, 347n; e a "ideologia desafiante", 184; e imigrantes da América Latina, 18, 212; e tendências demográficas nos Estados Unidos, 245, 248, 252; tendências socioeconômicas e educacionais, 215; *ver também* hispânicos

Le Pen, Marine, 23, 204

Learning Together, programa, 223-4

Leitkultur, 180

Leviatã (Hobbes), 58-9

Líbano, 82, 84-6, 90, 319n

liberalismo, 112-21, 325n

liberdade de discurso, 118, 124, 129, 171

liberdade de imprensa, 124

liberdade de religião, 129, 330-1n

Lijphart, Arend, 79-84, 87, 318-9n

Lincoln, Abraham, 69

Locke, John, 123

Lok Sabha, 320n

Londres (Inglaterra), 132

Longoria, Eva, 212

López, Ian Haney, 241-2

Loring, Edward, 68

Maastricht, Tratado de, 145

MacIntyre, Alasdair, 112, 128

Maine, 277

maioria, governo/domínio da: e arranjos de compartilhamento de poder, 80-1; e conflito guiado pela diversidade, 16; e o legado da dominação social, 68, 72; majoritarismo, 112; e restrições a perseguição do Estado, 125; e tendências demográficas nos Estados Unidos, 233, 235-8, 243, 255, 359-60n

Major, John, 145

Malaui, 50-1, 310n

Malmö (Suécia), 225

mandato, limites de, 123

manipulação na divisão de distritos eleitorais, 278

maori, povo, 46

Medicare e Medicaid, 352n

Médicos Sem Fronteiras, 63

Mercador de Veneza, O (Shakespeare), 185

Merkel, Angela, 10, 176

metas de democracias diversificadas, 105-8

metecos, 140

Michigan, 360n

mídia, cultura da, 160, 311n

migração do trabalho, 17-8

mobilidade social, 222, 264

Modi, Narendra, 23, 92, 133, 144, 192, 306n

monarquias, 15, 59, 68, 75, 122

monopólio sobre violência, 64

mortalidade infantil, 222

Moussaoui, Mohammed, 228

movimentos de independência, 78; *ver também* descolonização

muçulmanos e islã: e arranjos de compartilhamento de poder, 320n; e o "banimento a muçulmanos" de Trump, 305-6n; e coerção intragrupo, 119-20, 129; e conflito guiado pela diversidade, 14; e nacionalismo hindu na Índia, 92-3, 306n; opinião pública sobre extremismo, 228, 355n; e patriotismo cívico, 142; e psicologia de identidade grupal, 45; e relações inter-religiosas, 329n; e resistência à mudança cultural, 178; e tendências de crime e terrorismo, 225, 228-9; e tendências demográficas nos Estados Unidos, 248

Mugabe, Robert, 124
Multikulti, festival, 162
Munique (Alemanha), 35
Murachovsky, Alexander, 115
Museu de História Natural, 193
mutilação genital feminina, 165

NAACP *ver* Associação Nacional para o Progresso das Pessoas de Cor
nacionalismo, 73, 131-2, 276, 333n; *ver também nacionalidades específicas*
nacionalismo étnico, 135, 137-40, 217, 305-6n
natureza do Estado, 58-62
natureza humana, 36, 102, 262, 289
Navalny, Alexei, 115-6
Navalny, Yulia, 115
nazismo, 11, 42, 132
neandertal, 47
Nevada, 248
New York Times, The (jornal), 222
Nicarágua, 117
Nigéria, 52
normas, 170, 172, 180
Nova York, cidade de, 150, 162, 166, 228, 287
NPR (National Public Radio), 247

Obama, Barack, 111, 245, 247, 249-50, 287, 360n
Oberdabernig, Doris, 218
OCDE (Organização para Cooperação e Desenvolvimento Econômico), 215
ódios antigos, 50; *ver também* identidades primordiais
Offenburg (Alemanha), 146
opinião pública: e imigração ilegal,

307n; e justiça racial, 271, 366n; e poder político dos cidadãos, 259; e políticas apoiando inclusão social, 275; e tendências demográficas nos Estados Unidos, 359n
Orbán, Viktor, 23, 112, 204
Oriente Médio, 53, 225
Ortiz, Vilma, 240
Orwell, George, 132-3, 146, 151
otimismo em relação à democracias diversificadas: crítica de visões pessimistas, 204-6, 233-4; importância do otimismo, 26-31, 230-2; tendências de crime e terrorismo, 223-30; tendências de empregos e educação, 205; e tendências de políticas, 258; e tendência rumo à integração cultural, 206-14; tendências socioeconômicas e educacionais, 214-23

padrões de vida, 30, 259, 261
Pais Fundadores (Estados Unidos), 12, 24, 138, 141, 181
Países Baixos, 79-81, 83, 216, 233, 318-9n
paradigma do grupo mínimo, 43-5, 308n
Paris (França), 294, 370-1n
Parlamento Europeu, 276
parsis, 142
Partido Casa delle Libertà (Itália), 274
Partido Comunista Polonês, 53
Partido Democrata (Estados Unidos): e polarização política, 368n; e políticas apoiando inclusão social, 275, 278; e políticas apoiando respeito mútuo, 281; e tendências de-

mográficas nos Estados Unidos, 236, 244-7, 249, 251, 360n

Partido Lega (Itália), 22, 176

Partido Republicano (Estados Unidos): e a história da política de imigração nos Estados Unidos, 18; e polarização política, 368n; e políticas apoiando respeito mútuo, 281; e supressão de eleitores, 278; e tendências demográficas nos Estados Unidos, 236, 245-6, 248, 252

Partido Social-Democrata (Alemanha), 210

Partido Trabalhista (Reino Unido), 163

Partido Unione (Itália), 274

Partido Verde (Alemanha), 162, 206

partidos políticos, 22, 79; *ver também nomes de partidos específicos*

pastós, tribo, 64-5

patriotismo: e coesão social, 131; contexto histórico, 132-4; formas e características de, 134-7; e metas de democracias diversificadas, 107; nacionalismo comparado com, 132, 333n; e nacionalismo ético, 137-40; patriotismo cívico, 136, 140-5; patriotismo cultural, 145-51; perigos do, 151, 153

patriotismo inclusivo, 108

Península Ibérica, 72

Pensilvânia, 360n

Péricles, 137

perseguição, 113-9, 122-6

perspectivas para democracias diversificadas, 286-96

pesos e contrapesos, 124, 276

Pettigrew, Thomas F., 324n

Phillips, Wendell, 68

Pierce, Franklin, 68

Pinker, Steven, 60

planos de saúde, 271, 352n

pobreza: e anarquia estruturada, 66; e conflito guiado pela diversidade, 100; impacto sobre famílias, 57; e tendências de crime e terrorismo, 227; tendências socioeconômicas e educacionais, 217-8, 220-3; e visão pessimista de democracias diversificadas, 231

poder do Estado: coerção intragrupo, 126-31; e liberalismo filosófico, 109-14; e liberdades fundamentais, 114-21; e opressão, 108; restrições à perseguição do estado, 122-6

poder que estabelece a lei, 110

poder soberano, 59, 331n; *ver também* monarquias

polarização, política, 281-4

Polidori, Paolo, 21-2

política pública: e poder político dos cidadãos, 284-5; políticas apoiando prosperidade econômica, 261-6; políticas apoiando respeito mútuo, 281-4; políticas apoiando solidariedade universal, 266-73

Polônia, 36, 53, 209

"pontes" de capital social ("bridging"), 99

populismo, 31, 178, 281, 288

Porto Rico, 167, 278

Portugal, 78

Posner, Daniel, 49-51, 310n

povos indígenas, 20, 70, 88; *ver também* americanos nativos

preconceito, 94-100

Primeira Guerra Mundial, 41, 45

Proclamação de Emancipação, 69-70

Prodi, Romano, 274
Prospect Park, 166-7, 169-70
Protágoras, 137, 140
protestantes, 79, 318*n*
protestos dos coletes amarelos (Paris),
261
protestos sociais, 261-2
Próxima Estación: Esperanza (Manu
Chao), 294
psicologia de identidade de grupo, 42-
6, 95-100
psicologia do desenvolvimento, 267
Pulse, atentado a tiros no clube noturno, 225

Quênia, 46, 78

Rahman, Mohammad Lutfur, 164-5
reabilitação, programas de, 223-4
Reagan, Ronald, 19, 111
reconhecimento oficial, 127
Reconquista, 72
Reconstrução, 18
redes sociais, 9, 359*n*
refugiados, 10, 95, 175-9, 225
regimes totalitários, 116-7; *ver também* autoritarismo
Registro Nacional de Cidadãos (Índia), 305-6*n*
regras formais, 171
regras informais, 30, 61, 108, 174-5
Reino Unido *ver* Grã-Bretanha e o
Reino Unido
relações inter-raciais, 26-7, 239-41,
255-6, 291, 356-7*n*; *ver também*
relações inter-religiosas
relações inter-religiosas, 84-5, 119-20,
329*n*
representação proporcional, 368-9*n*

República Centro-Africana, 61
República Espanhola, 132
República Holandesa, 319*n*
República Romana, 138
Revendal, barão, 157
Revendal, Vera, 157
Revolução Francesa, 181
revoluções, 59
Richeson, Jennifer A., 255
Robinson, James A., 120
Rodriguez, Alex, 212
Roosevelt, Franklin Delano, 19
Rothman, Joshua, 68
Rousseau, Jean-Jacques, 262
Ruanda, 14, 45, 75, 139
Rushdie, Salman, 185
Rússia, 114-5, 117, 156-7

sahelianos, imigrantes, 350*n*
Salam, Abdallah, 84-5
salário-mínimo, 271
salários, 219, 265
Salvini, Matteo, 176-7
Sarajevo (Bósnia e Herzegovina), 45
sarbani, tribo, 64
Sarrazin, Thilo, 210, 213
Saxena, Ankit, 329*n*
Schneebaum, Alyssa, 218
Schreck, Heidi, 23-6
segregação, 27, 70, 95, 166, 250
Segunda Guerra Mundial: e conflito
guiado pela diversidade, 16; e descolonização, 78; e diversidade de
tipo "caldeirão de culturas", 159-
60; e patriotismo cívico, 142; e patriotismo em tempo de guerra,
132-3; e psicologia de identidade
de grupo, 41-2, 45
seguridade social, 268

391

seguro-desemprego, 264

senhores da guerra, 64-5, 313n

separação de poderes, 122-6, 276

serviço militar, 129

serviços públicos, 89, 100, 321n

sérvios, 52, 73

Shakespeare, William, 185

sikhs, 142

Singapura, 60

sino-americanos, 18, 242

Síria, 75

situação socioeconômica, 71, 88, 215

Skocpol, Theda, 268

Small Business Administration [Administração de Pequenos Negócios], 269-70

sociabilidade, 37-8, 112

socialmente desejável, viés do, 240

sociedades tipo "mosaicos", 161-2, 340n

sociedades tradicionais, 120

solidariedade, 108; universal, 266-73

Somália, 66, 121, 165

Soros, George, 22

Spivak, Gayatri Chakravorty, 184

Stafford, Condado de (Virginia), 66

Suécia: e coerção intragrupo, 121; e conflito guiado pela diversidade, 16; mutilação genital feminina, 121, 165; e políticas apoiando inclusão social, 280; e tendência rumo à integração cultural, 208, 214; e tendências de crime e terrorismo, 225; e tendências socioeconômicas e educacionais, 215; e visão otimista de democracias diversificadas, 26; e visão pessimista de democracias diversificadas, 201

Suíça, 16, 81, 177, 208, 216, 319

sunitas, 53, 63, 77, 82, 86, 207

supremacista, democracia, 76

Suttle, Charles F., 67

Tagesthemen, 9

Tailândia, 139

Tajfel, Henri, 41-6

tajiques, 64

Talibã, 63-5

Teixeira, Ruy, 244-5, 247, 360n

televisão, 237; *ver também* mídia, cultura da

Telles, Edward, 240

tendências demográficas: e apoio a um estado de bem-estar social, 89; assimilação cultural nos Estados Unidos, 250-5; Estados Unidos miscigenado, 239-41; e governo da minoria, 316n; e identidade asiático--americana, 242-4; e identidades latinas, 241; e resistência à mudança, 179; e sentimento anti-imigrantes, 178; tendência de "minoria majoritária" nos Estados Unidos, 233, 235-9, 243, 255, 359-60n; e tendências políticas nos Estados Unidos, 244-50; e tendência rumo à integração cultural, 213-4; tendências socioeconômicas e educacionais, 221-2

teocrático, governo, 65

teoria crítica da raça, 183, 342n

teoria não ideal, 324n

teorias de conspiração, 10, 22

terapia de conversão, 121

terrorismo, 20, 28, 45, 62-3, 223-30

Thatcher, Margaret, 111

Tichys Einblick, 10

times esportivos, 101

tirania da maioria, 125; *ver também* maioria, governo/ domínio da
Tocqueville, Alexis de, 99
tolerância, 51, 94-100
Tolstói, Liev, 57
Tomasello, Michael, 38
Tower Hamlets, 164
trabalho e emprego, tendências de, 214-23
tradicionalismo, 112, 129
transferências de riqueza, 265
tribalismo, 36, 43-6, 53, 55, 61, 63, 310-1n, 313n
tributação corporativa, 265
tributação progressiva, 265
tributos e poder de tributação: e apoio a um Estado de bem-estar social, 89; e diversidade tipo "tigela de salada", 164; e o papel do poder do estado, 109, 111; e políticas apoiando inclusão social, 277; e políticas apoiando solidariedade universal, 268, 271; e políticas promovendo prosperidade, 265-6; protestos contra, 261; e sociedades multiculturais na história, 316n
Trieste (Itália), 21
Trump, Donald: e a ascensão do autoritarismo, 31; e a ascensão da política de extrema direita, 23, 133, 204; e a dinâmica demográfica dos Estados Unidos, 246-9; perda de eleição para Biden, 247-8, 278; retórica racista e anti-imigrantes, 176-8, 221, 223, 279, 288, 305-6n
tumbukas, 49-52, 310n
Turquia, 117, 121

Uganda, 52, 139
"uma gota só", regra de, 240, 257n

União Europeia, 145, 147, 215, 275
União Humanista, 129
União Soviética, 116
Universidade da Califórnia (Berkeley), 243
Universidade de Cambridge, 223-4
Universidade Harvard, 94, 243, 263
Universidade Yale, 271
Uruguai, 88
uzbeks, 64

valor das democracias diversificadas, 13-21
Van den Berghe, Pierre L., 76
Varshney, Ashutosh, 98
vendetas, 156
Venezuela, 61, 124
Vermeule, Adrian, 325n
Viena, 15, 73, 316n
vikings, 140
violência: e genocídio, 45, 57; opinião pública sobre extremismo, 355n; e relações inter-religiosas, 329n; e sentimento anti-imigrantes, 178; taxa de crimes nos Estados Unidos, 61; e tendências de crime e terrorismo, 228; violência doméstica, 57; violência étnica, 45; violência de gênero, 64-5; violência policial, 21, 186, 221, 287, 291
visão ingênua da diversidade, 28
visão pessimista de democracias diversificadas: e falta de progresso, 201-2, 204-6, 233-4; e passado da família do autor, 36; e perspectivas de democracias diversificadas, 292; perspectiva histórica sobre, 21-6; e visão otimista de democracias diversificadas, 31

visão utópica da diversidade, 27
votação por ranqueamento hierárquico, 277
votação *ver* eleições e política eleitoral
Vox, 360n

Wagner, Richard, 192
Warren, Elizabeth, 48
Washington, George, 141
Why Liberalism Failed (Deneen) [Por que o liberalismo falhou], 325n
Wierzbicka, Anna, 147
Wilson, Woodrow, 19
Włocławek (Polônia), 41

Wong, Ali, 212
World Values Survey, 263

xiitas, 53, 63, 77, 82, 207

Yang, Andrew, 212
Yang, Wesley, 342n, 346n

Zâmbia, 50-1, 55, 310n
Zangwill (Israel), 158-61
Zemmour, Éric, 216
Zimbábue, 117, 124
zoroastrianos, 46, 320n
Zschocke, Benjamin Jahn, 175-9, 341n

ESTA OBRA FOI COMPOSTA PELA SPRESS EM MINION E IMPRESSA EM OFSETE
PELA LIS GRÁFICA SOBRE PAPEL PÓLEN NATURAL DA SUZANO S.A.
PARA A EDITORA SCHWARCZ EM JANEIRO DE 2024.

A marca FSC® é a garantia de que a madeira utilizada na fabricação do papel deste livro provém de florestas que foram gerenciadas de maneira ambientalmente correta, socialmente justa e economicamente viável, além de outras fontes de origem controlada.